ERICA JONG

La Peur de l'âge

Ne craignons pas nos 50 ans

TRADUIT DE L'AMÉRICAIN PAR DOMINIQUE RINAUDO

W0393031

GRASSET

L'édition originale de cet ouvrage a été publiée en 1994
par Harper Collins, New York, sous le titre :
FEAR OF FIFTY

© Erica Mann Jong, 1994.
© Éditions Grasset & Fasquelle, 1996, pour la traduction française.

À ma fille, Molly : c'est ton tour

Répondons à un livre écrit à l'encre
par un livre en chair et en os.

Ralph Waldo EMERSON.

REMERCIEMENTS

Je tiens à remercier particulièrement mes intrépides relecteurs : Gladys Justin Carr, vice-présidente et éditrice associée de Harper-Collins, Tracy Devine, qui représente ce même éditeur à New York, ainsi que Carmen Callil et Alison Samuel, de chez Chatto & Windus à Londres. Merci également à Ed Victor, Joni Evans, Ken Burrows et Mari Schatz, mes premiers lecteurs, section sifflets et cris d'encouragement, et préparateurs de copie officieux. Lors de la publication de mon premier livre, je m'étais offusquée des coupures et des suggestions que l'on me proposait. Aujourd'hui, à mon seizième ouvrage, j'en suis profondément reconnaissante. Néanmoins, les défauts du livre, comme ceux de ma vie, ne sont attribuables qu'à moi seule.

La citation de Robert Lowell (« Pour Sheridan ») est extraite de son recueil *Day by Day* (Jour après jour), et reproduite avec la permission de Faber & Faber ; celle de W.H. Auden (« À la mémoire de Sigmund Freud ») est extraite de ses *Poèmes choisis* présentés par Edward Mendelson, et reproduite également avec la permission de Faber & Faber.

NE JAMAIS PASSER APRÈS UN NUMÉRO DE CHIENS SAVANTS

« On est sur la pente savonneuse le jour où on commence à jouer dans la version filmée de sa propre vie », me répétait souvent mon père quand j'avais neuf ans. Je ne savais pas de quoi il parlait.

Il avait quitté le monde du spectacle pour faire fortune dans le commerce de *tchotchke*[1] et, même une fois lancé dans le trafic de céramiques et de fausses poupées anciennes, il continuait d'emprunter toutes ses métaphores à son premier métier, qu'il avait délaissé avant la trentaine.

« Ne jamais passer après un numéro de chiens savants » était son autre dicton favori. Celui-là non plus, je n'ai jamais su ce qu'il voulait dire, ni en quoi il pouvait m'être utile. Mais le hasard de la vie s'est chargé de me donner ces deux leçons.

« Laisse tomber, va, maman, me dit ma fille ; tu es un auteur des années soixante-dix. » Dans sa bouche, « les années soixante-dix » est synonyme de « l'âge de pierre ». « Au collège, les copains disent que tu écris des trucs pornos, c'est vrai ? »

J'explique à Molly que les femmes qui transgressent les limites sont souvent traitées moins que respectueusement, et je lui donne à lire *Le Complexe d'Icare.* Elle s'y plonge dans le train qui nous amène de Venise à Arezzo l'été de son treizième anniver-

1. Mot yiddish signifiant babiole, colifichet.

saire. Il ne s'écoule jamais plus de quelques minutes sans qu'elle lève la tête : « Dis, maman... c'est arrivé en vrai ? » ou encore : « Mais enfin, ce type, qui était-ce ? »

Je lui dis la vérité, en y mettant toute la drôlerie dont je suis capable. Au bout d'une centaine de pages, ça ne l'intéresse plus et elle prend *L'Attrape-cœur.*

Un an plus tard, à l'occasion d'une tournée de promotion de mon dernier livre, *Henry Miller ou le diable en liberté,* Molly confie à Wilder Penfield III du *Toronto Star* : « Je me suis fait ma politique : je ne lis aucun des livres de ma mère ; ils me fichent bien trop la frousse. J'ai avalé une centaine de pages du *Complexe d'Icare* et ça m'a mise dans un état ! Je n'arrêtais pas de lui demander : "Tu as vraiment fait ça ?" J'étais tellement choquée que je n'ai pas pu continuer. »

Un sourire de satisfaction flotte sur ses lèvres tandis que ses paroles sont fidèlement transcrites. Elle meurt d'envie de nous jouer son numéro sur le thème : « Les Maris de ma mère » (le mari n° 1 sort par la droite ; le mari n° 2 entre par la gauche, etc.) mais je la fusille du regard et lui décoche un coup de pied sous la table.

À quatorze ans, Molly sait déjà que je suis son matériau brut, de même qu'elle a parfois été le mien. Puisqu'il faut qu'elle supporte une mère écrivain, sa vengeance s'exercera par les mots.

Molly n'est jamais à court de mots.

Jamais personne ne pourrait la faire passer après un numéro de chiens savants.

Je me retrouve donc à cinquante ans, bonne pour le coup du lapin entre deux générations, réduite à une sorte de maillon manquant dans la chaîne de l'évolution, dépositaire de tous ces conseils que m'a donnés mon père et de tous ces sarcasmes dont m'abreuve ma fille. Et je sens qu'il faut que j'en tire quelque chose de cohérent.

Ainsi est né ce livre.

IL A CINQUANTE ANS, ELLE PAS.

Lorsque j'eus cinquante ans, pour rien au monde je n'aurais voulu donner une grande fête. Trois jours avant mon anniversaire, je pliai bagage et partis pour une station thermale dans les Berkshires avec Molly, qui avait alors treize ans. Nous partagions le même lit et piquions des fous rires avant de nous endormir, style pyjama party. Je me mis à la gymnastique du matin au soir (comme si j'étais Tarzan et non une vieille routarde du canapé), découvris les dernières recettes végétariennes basses calories, me fis enlever les points noirs, masser la cellulite, étirer les muscles, et entrepris de réfléchir à la seconde moitié de ma vie.

Mes réflexions oscillaient de la terreur à l'acceptation. Passer la cinquantaine, me disais-je, c'est comme de voler : des heures entières d'ennui ponctuées d'instants de pure épouvante.

Quand mon mari (qui est né le même jour que moi mais un an plus tôt) arriva le soir de mon anniversaire, ce fut une véritable intrusion dans mon univers féminin : je dus faire un effort pour m'y adapter. Bien qu'appréciant la nourriture, il se mit à tourner en ridicule tout le blabla sur l'harmonie corps-esprit. Si son regard masculin critico-satirique ne me gâcha pas complètement ma retraite, il réussit tout de même à m'empoisonner la vie. Sous l'apparence de l'exercice physique, je réalisais un travail intérieur, que sa présence me rendait plus difficile.

Les vrais hommes n'aiment pas les stations balnéaires.

L'année précédente, j'avais organisé une soirée pour ses cinquante ans. Sur mes cartons d'invitation, on pouvait lire :

Il a cinquante ans.
Elle pas.
Ensemble, essayons d'en faire une fête.

Quant à moi, toujours incapable de me faire à

l'idée de ma propre cinquantaine, je ne voulais surtout pas qu'il me rende la pareille pour mon anniversaire. Pas plus que je n'avais envie de suivre les traces de Gloria Steinem : lancer une action d'intérêt public, collecter des fonds pour la cause des femmes, faire une apparition, resplendissante, en robe du soir découvrant de jolies épaules couvertes de paillettes, et déclarer : « Cinquante ans, c'est ça. »

Comment ne pas admirer une prise de position aussi courageuse de la part d'une femme qui n'est plus toute jeune ? Pour ma part, je virais comme une girouette entre l'envie de changer ma date de naissance dans le *Who's Who* et celle d'aller m'enterrer dans le Vermont pour m'adonner à la culture biologique en pantalon à cordons et sandales à semelles de bois.

Il me fallait quelque chose d'intime, de féminin, de contemplatif, pour débrouiller ces sentiments contradictoires. Une ville d'eaux était l'endroit idéal, ma fille la compagne idéale malgré ses sarcasmes d'adolescente qui n'épargnaient personne, et surtout pas sa mère. Car il y a dans le cap de la cinquantaine féminine un travail entre femmes, un travail de mère à fille impossible à partager avec l'univers des hommes, y compris avec ses quelques représentants chers à notre cœur.

Mon mari et moi avons toujours fait grand cas de notre anniversaire, en partie parce qu'il tombe le même jour, mais aussi parce que, nous étant rencontrés assez tard, après plusieurs relations catastrophiques, nous accordons une importance particulière au synchronisme de nos naissances en pleine guerre mondiale, à une époque marquée par les tickets de rationnement et la peur d'invasions par les puissances de l'Axe, dont nous nous souvenons vaguement grâce aux récits familiaux. Une année, nous avons emmené nos filles à Venise, ma cité magique, une autre nous avons fait une fête à tout casser dans l'appartement de New York que nous venions d'acheter ensemble (signe d'engagement s'il en est, dans un monde où les mariages meurent en série).

Mais la cinquantaine, pour une femme, ce n'est pas pareil que pour un homme. C'est un passage plus radical sur l'autre versant de la vie, et cela, nous ne pouvions le partager. Que mon mari tourne en dérision ma méditation sur « le grand tournant » si ça lui faisait plaisir. Cette contemplation m'était nécessaire, comme à toutes les femmes depuis l'Antiquité. La Vénus de Milo assiste à sa métamorphose en Vénus de Willendorf... si elle n'y prend pas garde.

On se dit qu'on ne devrait pas céder à la vanité. On lit des livres féministes en jouant avec l'idée de tomber amoureuse d'Alice B. Toklas. Mais il n'est pas si facile d'oublier des années entières de lavage de cerveau, et le piège de la beauté est plus profond qu'on ne le croyait. Ce qui nous ligote, ce sont moins les pressions externes que les contraintes internes. Comment s'imaginer entre deux âges, quand on a toujours été mignonne et sexy, même avec quelques kilos en trop ?

Pendant des années j'étais restée officiellement célibataire, par crainte à la fois de m'ennuyer et de me sentir piégée dans une situation qui ne s'appelle pas « liens » matrimoniaux pour rien ; à présent, il m'apparaissait que le plus formidable défi consistait à préserver mon indépendance mentale et spirituelle à l'intérieur d'une relation gratifiante, ce qui imposait d'avoir constamment à négocier les priorités, à élever la voix, à se battre pour le pouvoir. Si on avait assez d'assurance pour affronter conflits et bagarres, on avait vraiment de la chance. Si on se sentait suffisamment aimée pour exercer ouvertement son pouvoir avec force cris et hurlements, le mariage avait une chance sur deux de tenir.

J'avais pu m'engager dans un tel mariage uniquement parce que j'étais arrivée à ne plus avoir peur de vivre seule. J'avais découvert que je préférais ma propre compagnie aux rendez-vous amoureux. Attachée à ma solitude, confiante en ma capacité de subvenir à mes besoins et à ceux de ma fille, je rencontrai soudain l'âme sœur et l'ami.

Pour moi, connue comme l'auteur dont les personnages s'embrasaient d'une passion sexuelle qui ne tardait pas — bref, passons — à mourir à petit feu, cette relation fut une surprise.

La conversation s'enclencha. Tout d'abord, au lit ce fut un désastre : détumescences inopportunes et capotes mollement abandonnées sur le couvre-lit. Une peur de l'engagement si phénoménale de part et d'autre qu'il n'était même plus question d'extase. Nous, nous passions notre temps à discuter. Je découvrais quelqu'un qui me plaisait avant même de comprendre que je l'aimais, ce qui en soi était une nouveauté des plus excitantes. Si je fuyais vers la Californie ou l'Europe, c'était pour pouvoir l'appeler du bout du monde. Nous nous sentions si étroitement liés qu'il nous semblait nous connaître depuis toujours.

Existe-t-il un seul écrivain ayant osé parler de la catastrophe que sont les rapports protégés à l'époque du SIDA ? Une seule voix ayant osé dire que la plupart des hommes préféreraient porter le préservatif autour du cou pour écarter le mauvais œil que de se le mettre sur la queue ? Ayant dressé la liste des traumatismes subis par les amants d'un certain âge qui ont tout connu, de la virginité technique des années cinquante au conflit actuel entre notre libido et notre terreur du SIDA, en passant par la gloutonnerie des années soixante, l'obsession pour la forme physique des années soixante-dix (on rencontrait ses amants au Gymnase Club) et la décadence des années quatre-vingt, maxi-limousines et minijupes, et mecs qui se prenaient pour les Maîtres de l'Univers ?

On en revient toujours aux éternelles questions de l'amour et du sexe : l'amitié entre hommes et femmes est-elle possible tant que les hormones font rage... et font la loi ? Quelle relation y a-t-il entre l'amour physique et l'amour-sentiment, et vice versa ? Avons-nous une sexualité réellement compartimentée, ou est-ce la société qui veut nous le faire croire ? Qu'est-ce qu'un « hétéro » ? Un « homo » ? Un « bisexuel » ? Très sincèrement, ces distinctions sont-elles si importantes ? Ne ferions-nous pas mieux d'effacer ces étiquettes pour tenter de nous ouvrir à nous-mêmes et aux autres ?

Que m'arrivait-il donc dans cette deuxième moitié de ma vie ? Je me sentais rendue à moi-même, et j'aimais l'Erica que je retrouvais : humour, passion, équilibre, tout me revenait de mon enfance, mais grossi de dividendes. Sérénité, peut-être. Ou sagesse. Je faisais la part de ce qui était important et de ce qui ne l'était pas. L'amour comptait, l'orgasme instantané, non.

En regardant autour de moi, je vois les femmes de ma génération aux prises avec leur âge. Elles sont perplexes, et ce n'est pas un énième livre sur les hormones qui leur apportera la réponse à leurs questions. Le problème dépasse de loin la ménopause, les liftings ou la question de savoir si on va se mettre à baiser des jeunots. Il concerne l'image que l'on a de soi dans une culture entichée de jeunesse et complètement indifférente aux femmes en tant qu'êtres humains. La cinquantaine nous terrifie parce que nous ne savons plus quoi faire de nous une fois privées de notre jeunesse et de nos attraits. Comme d'ailleurs aux autres stades de notre existence, il nous manque un modèle auquel nous conformer. Vingt-cinq ans de féminisme, retour du pendule, féminisme deuxième édition, et nous voilà toujours au bord du gouffre. Qu'allons-nous devenir maintenant que nos hormones nous lâchent ?

Il semblerait que ces dernières années aient connu une avalanche de publications visant à réhabiliter la femme mûre. Mais les choses ont-elles vraiment changé ? Est-il si facile de faire table rase sur cinquante ans d'entraînement pour l'autodestruction qui nous guette à l'âge critique ?

Si je ne sais plus où j'en suis, j'imagine que je ne suis pas la seule. Car nous sommes bel et bien la génération coup-du-lapin (brevet en cours de dépôt[1]) : sorties d'une éducation qui voulait faire de nous des Doris Day, à vingt-cinq ans nous aurions tout donné pour être Gloria Steinem ; à quarante-cinq, nous nous retrouvions condamnées à élever nos filles à l'ère de Nancy Reagan et de Lady Di. Aujourd'hui, Déesse merci, nous avons Hillary Rodham Clinton. Le sexisme, comme la mycose, choisit toujours les endroits sombres et humides pour se développer.

Quel parcours de montagnes russes ! Notre sexe subissait les aléas de la mode en même temps que les jupes passaient du mini au maxi et du maxi au mini, que le féminisme donnait de la voix ou se taisait, et que les couleurs de la maternité étaient alternativement hissées ou mises en berne.

Nous qui avions été élevées à l'époque de l'avortement illégal (époque où, pour une lycéenne ou une jeune étudiante, une grossesse sonnait le glas des ambitions), nous avons connu plus tard la révolution sexuelle — événement fabriqué de toutes pièces par les médias et remplacé par le bon vieux puritanisme à l'américaine dès l'explosion du SIDA. Comme on pouvait s'y attendre, la tragédie qu'a été la perte des plus grands talents de notre génération a servi d'excuse à la répression de la force vitale et de son messager, Éros. Le sexe, c'était un coup oui un coup non, version nouvelle et inattendue de ce qu'Anthony Burgess appelle le « dedans-dehors » dans *L'Orange mécanique*.

Il fallait se rendre à l'évidence : que ce soit dans sa vie érotique ou dans sa vie professionnelle, la génération coup-du-lapin n'avait aucun point de repère.

Il suffit de penser aux conseils qui ont accompagné nos jeunes années, et de les comparer au genre de société qui nous attendait à l'âge adulte.

« Ne laisse pas voir tes sentiments ! »

---

1. Mon mari, qui est avocat, me dit que ce terme est inexact. « Génération coup-du-lapin » est en fait une marque déposée.

« Ne montre pas aux hommes que tu es intelligente ! »

« S'il a le lait, pourquoi veux-tu qu'il veuille acheter la vache ? »

« Il est aussi facile d'aimer un riche qu'un pauvre. »

« Pour gagner le cœur d'un homme, remplis-lui l'estomac. »

« L'homme chasse la fille jusqu'à ce qu'elle l'attrape. »

« Un diamant est le meilleur ami d'une fille. »

Si nous avions été assez sottes pour mettre en pratique les proverbes de nos mères et grands-mères, à l'heure qu'il est nous serions toutes en train de faire les poubelles. Si nous avions été assez stupides pour obéir aux magazines et aux films des années soixante et soixante-dix, nous serions toutes mortes du SIDA.

Toute notre enfance, on avait voulu nous faire croire que les hommes étaient là pour nous protéger et nous faire vivre, or, l'expérience nous prouvait le contraire ; on nous avait seriné que nos enfants devaient nous occuper à plein temps (du moins tant qu'ils étaient petits), et nous nous apercevions rapidement que le statut de mère au foyer était un luxe réservé à un petit nombre ; ou encore, on nous avait bercées de l'idée que féminité égalait douceur et conciliation, et il était clair que si nous voulions survivre (en cas de divorce, dans notre travail et même à la maison), mieux valait revoir cette définition et défendre bec et ongles nos propres besoins.

Nous étions toujours déchirées entre la mère que nous avions dans la tête et la femme qu'il fallait devenir si nous voulions rester en vie. Un pied dans le passé et l'autre dans l'avenir, nous sommes passées clopin-clopant du premier amour au veuvage en traversant maternité, mariage, divorce, carrières et ménopause, sans jamais savoir quel rôle ou quelle identité endosser, découvrant à chaque tournant un territoire affectif vierge.

Nous avons été pionnières dans notre propre vie,

mais en payant le tribut du pionnier : un permanent manque de confort. La récompense, c'est le formidable sentiment de fierté que donne la douloureuse réalisation de soi.

« J'ai réussi ! nous exclamons-nous, à la fois ahuries et époustouflées. Si je l'ai fait, pourquoi pas vous ? »

Qui a changé ? Les hommes, ou les femmes ? Ou les deux ? Mes grands-pères et mon père, grands sexistes devant l'Éternel, n'auraient jamais abandonné leurs enfants pour se lancer dans des frasques avec des jeunesses. C'étaient peut-être de vrais salauds, allègrement infidèles qui plus est, mais au moins, c'étaient des salauds pourvoyeurs. Ils avaient signé pour la vie, et ils apportaient à leur famille une sécurité aujourd'hui disparue. Pourquoi la génération suivante n'a-t-elle pas eu les mêmes scrupules ?

Les hommes se sont fait distancer, mais par qui ? Par les femmes, ou par l'histoire. À moins qu'il se soit produit entre les sexes un bouleversement que nous n'avons pas encore reconnu, pas encore nommé ?

À mesure que les femmes acquéraient une certaine force, on aurait dit que les hommes perdaient la leur. Apparence ? Réalité ? Plus nous grappillions de miettes de pouvoir, plus les hommes sombraient dans la paranoïa ; on aurait dit que nous leur avions coupé les jambes.

Faut-il que les femmes se taisent pour que les hommes puissent parler ? Faut-il que les femmes soient culs-de-jatte pour que les hommes puissent marcher ?

Les femmes de ma génération atteignent la cinquantaine dans la rage et la perplexité. De tous nos espoirs, pas un seul ne s'est réalisé. Le sol se dérobe sans cesse sous nos pieds. Le premier psychologue ou psychanalyste venu vous dira qu'il n'y a rien de plus difficile à gérer que l'inconsistance. Et de ce côté-là, on peut dire que nous avons eu notre dose : de quoi devenir carrément schizophrène. Peut-être nos grands-mères étaient-elles mieux armées pour une vie d'oppression que nous pour nous adapter à une liberté tant revendiquée. Une liberté de toute façon discutable. Une « liberté » que nous pouvons toujours mettre entre guillemets pour en rire un bon coup.

Pendant des décennies, il a été impensable de retrouver son emploi après un congé de maternité, et plus encore de faire garder ses enfants à un prix abordable. La sombre vérité, c'est que presque toutes les Américaines travaillant hors de chez elles étaient quasiment obligées de tomber dans l'illégalité pour trouver une nourrice. Je l'ai fait, et je suis loin d'être la seule. (Chez les pauvres, on confie ses enfants à des nourrices non agréées ; dans la classe moyenne, on embauche à domicile des femmes sans permis de travail.) Cherchez la femme d'une probité irréprochable : soit elle n'a pas d'enfants, soit elle a un mec.

Coincées entre des exigences croissantes et un niveau de vie en baisse, nous nous sommes demandé ce qui pouvait bien clocher. Eh bien, rien ne clochait. Simplement, nous avions grandi dans une culture et atteint notre majorité dans une autre. Et aujourd'hui, nous franchissons la cinquantaine dans un monde qui porte de nouveau le féminisme aux nues. Mais cette fois-ci, nous avons de bonnes raisons de nous méfier.

La génération coup-du-lapin est, à sa manière, une génération perdue. Comme les spectateurs d'un match de tennis, nous tournons la tête tantôt d'un côté, tantôt de l'autre.

Après ça, étonnons-nous d'avoir mal au cou !

Chaque génération se voit peut-être comme une génération perdue, et non sans raison. Peut-être certaines petites mignonnes des années vingt regrettaient-elles la sécurité qu'offrait la vie de leurs grands-mères. Mais la première vague du féminisme moderne a au moins eu le mérite de porter ses adeptes dans un courant d'espoir (et avec la deuxième vague, celle des années soixante-soixante-dix, nous avons pu rêver que l'égalité des sexes serait bientôt universelle). Au cours de leur vie pas si longue que cela, les lycéennes de ma génération ont donc vu les revendications féminines exaltées et bafouées tour à tour, dans des laps de temps d'une brièveté étourdissante — et exaspérante.

Les médias tentent toujours de nous consoler à grand renfort de discours lénifiants. « La cinquantaine, c'est fantastique », nous dit-on. Il faudrait que nous nous étalions de la crème antihémorroïdaire sur les rides et que nous avancions bravement vers le crépuscule en avalant du Premarin. Pour nous faire oublier des siècles d'oppression, on nous offre un chapeau tout neuf avec « Ma cinquantaine est fantastique » brodé dessus.

Et que fait-on de notre besoin de nous préparer à la mort — préoccupation masculine autant que féminine — dans une culture pour laquelle la spiritualité n'est qu'un béguin passager ? Que fait-on de notre besoin de nous sentir intégrées au courant créateur ? Que dire du profond sentiment de solitude engendré par notre culture individualiste ? De la notion de communauté et de ses valeurs, que nous avons abandonnées ? De la dévalorisation de toute activité autre que l'enrichissement et la dépense ? Comment gérer notre désespoir, quand on nous ment et qu'on nous manipule pour accumuler richesse et pouvoir au nez des honnêtes gens ? Quand ces honnêtes gens se font constamment évincer et passent entre les mailles du « filet de sécurité » que les baratineurs ont pris soin de tisser pour eux-mêmes et leurs enfants ?

Mais surtout, avons-nous oublié la signification, l'esprit des choses ? Ce ne sont pas de vains mots, c'est la manne que nous réclamons de plus en plus en vieillissant.

« Les choses bougent plus vite, écrivit le poète Louise Bogan à la fin de sa vie, que le flot de sang ne passe dans le cœur. » Nous aussi nous sommes des êtres humains, et nous avons terriblement besoin d'un rituel qui nous intègre à une tribu, à une espèce, à une génération. Au lieu de cela, on nous offre des thérapies hormonales de substitution en nous bourrant le crâne de l'idée que notre cinquantaine est fantastique.

Soyons franche : ces laïus sont une insulte à notre intelligence. Nous n'allons pas oublier en deux minutes que nous avons été élevées dans une société où la maturité féminine était tournée en dérision. Nous n'allons pas passer l'éponge sur plusieurs générations de blagues éculées aux dépens des vieilles biques, qui accumulent les heures de vol, des vieilles peaux qui devraient aller se faire ravaler la façade, qui ont les seins sur les genoux, etc. « Les femmes peintres sur le retour d'âge », disait mon grand-père des femmes qui partageaient un atelier avec lui aux Beaux-Arts. Et moi, je ne me rendais même pas compte du côté sexiste et « âgiste » de sa remarque. J'étais d'accord avec lui pour mettre les vieux tableaux au rancart, sans me douter que c'était mon propre avenir que je condamnais.

Ce n'est pas l'arrivée massive de nouveaux codes sur les ondes et les pages glacées des magazines qui va réparer instantanément l'image que nous avons de nous-mêmes. Nous ne sommes pas de simples consommatrices de revues, d'émissions télévisées, de cosmétiques, de liftings, de vêtements. Nous avons des cicatrices et des blessures internes, et nos besoins propres. Nous n'allons pas nous laisser traiter comme des objets pendant cinquante ans, et céder tout d'un coup à la flatterie politique sous prétexte qu'on vient de découvrir (un peu tard) que nous votons.

Le matraquage publicitaire vante les mérites de la cinquantaine simplement parce qu'aujourd'hui c'est nous, les enfants du baby-boom — ou plus exactement nos maris et nos frères —, qui tenons la barre pour aborder ce cap autrefois dangereux. Mais autour de moi, le système est toujours verrouillé par les plus beaux esprits de ma génération. Les femmes metteurs en scène doivent toujours aller quémander leurs fonds auprès des directeurs de studios ; les femmes écrivains et éditeurs doivent toujours plaider leur cause devant des DG masculins ; les actrices ont toujours du mal à dénicher des rôles qui reflètent véritablement leur vie ; les femmes peintres vendent moins bien et exposent moins que leurs homologues masculins ; les femmes chefs d'orchestre ou compositeurs sont rarement à l'affiche. Partout, les femmes se contentent d'une demi-part du gâteau, quand ce n'est pas de miettes. Ce ne sont pas des ratées, pourtant, mais des femmes extrêmement décidées et brillantes. Ce ne sont pas des geignardes ni des pleurnicheuses, et encore moins des fainéantes. Simplement, elles font les frais d'un impitoyable système à deux vitesses.

Tandis que des hommes médiocres grimpent de promotion en promotion, équipés de leurs parachutes en platine et de leurs femmes blond platine acidulées, de leurs stocks options, de leurs nouvelles familles, nouvelles voitures, nouveaux avions, nouveaux bateaux, l'âge nous rend, nous, de moins en moins faciles à caser sur le marché du travail. Bien sûr, nous possédons la force spirituelle — qui en a jamais douté ? Mais la seule force spirituelle ne suffit pas à triompher de la discrimination.

Dans un monde où les femmes travaillent trois fois plus pour gagner deux fois moins, notre réussite est discréditée, le mariage et le divorce sont retournés contre nous, notre maternité est utilisée comme obstacle à notre succès, notre passion comme piège, notre capacité d'identification aux autres comme excuse pour nous sous-payer.

Lorsque nous étions jeunes, le monde cédait à une vague de viols dont on ne parlait quasiment pas dans les journaux à grand tirage. À l'époque où nos enfants étaient en bas âge, nous n'avons pu assumer toutes nos tâches qu'en rognant sur le sommeil. Et là, la colère, la vraie colère nous a prises, pour la deuxième fois dans notre vie d'adultes ; sauf que cette fois-ci, nous savions que le temps nous était compté.

Nous apprenons enfin à exploiter cette colère, à l'utiliser pour changer la société. Mais nous continuons de nous dresser les unes contre les autres. Tant que nous ne changerons pas, la solidarité féminine restera une théorie réconfortante au lieu de devenir une réalité quotidienne.

Nous touchons là au deuxième grand sujet tabou : *quand les femmes apprendront-elles à s'unir au lieu de se diviser ?* Et comment s'allier quand la société nous renvoie les unes aux autres dans la rivalité ?

À cinquante ans, la folle enfermée dans le grenier s'échappe, descend pesamment l'escalier et met le feu à la maison. La prison, elle n'en veut plus. La seconde vague de colère est plus pure que la première. Tout d'un coup, les divisions entre les femmes ne comptent plus. Vieilles ou jeunes, bronzées ou blanches, homos ou hétéros, mariées ou pas, pauvres ou riches... nous sommes exclues parce que nous sommes femmes. Et nous refusons catégoriquement de revenir à l'ancien régime d'injustice. C'est tout simplement impossible. Il est trop tard.

La colère de la cinquantaine est une colère implacable. À vingt ans, quand le succès et les enfants étaient encore à venir, nous pouvions envisager que la réussite, le mariage ou la maternité nous épargneraient un statut de subalterne. Aujourd'hui, nous savons que rien ne nous apportera ce salut, hormis nous-mêmes.

J'ai écrit tous mes livres poussée par une passion débridée. Bien que vivant précairement de ma plume depuis vingt-trois ans, je suis incapable de travailler sur commande. Il faut que je sente en moi une profonde pression qui me dit : *ce livre ne demande qu'à naître : au travail.* J'écris toujours comme s'il y allait de ma vie. Et il y va de ma vie.

Au début de *Tropique du Cancer,* Henry Miller cite Ralph Waldo Emerson : « Peu à peu, les romans céderont la place à des journaux intimes ou à des autobiographies... ouvrages captivants, si seulement l'homme savait choisir, parmi ce qu'il appelle ses expériences, celles qui lui sont réellement propres, et s'il ne transcrivait que la vérité, sincèrement. » Les femmes ont, plus que les hommes, réalisé la prophétie d'Emerson. Écrivains, elles ont repris son idée et en ont fait tout un courant de littérature — courant qui a également changé la manière d'écrire des hommes.

« La vérité, sincèrement », voilà ce que je recherche. Et il est clair qu'à notre époque, le documentaire ou le témoignage ont pour nous la force qu'avaient autrefois les œuvres de fiction. Les romans et les essais que nous choisissons pour guides dans notre vie ont cette qualité d'urgence, de vérité dite avec sincérité, sans rien sacrifier à la fausse modestie, à la honte ou à l'orgueil.

Aussi difficile soit-il de dévoiler la vérité sans le confort du masque, « une autobiographie doit être de nature à justifier un procès en diffamation contre soi-même », comme le dit Thomas Hoving — qui ne savait apparemment pas qui il paraphrasait. Mary McCarthy, dans ses *Intellectual Memoirs,* attribue ce mot à George Orwell : « Une autobiographie qui n'a rien de mal à révéler sur son auteur ne peut pas valoir grand-chose de bon. » Et McCarthy d'avouer plus de fautes que ses détracteurs ne pourraient lui en mettre sur le dos : nous sommes sous le charme. Mais il faut dire aussi qu'elle est morte — charme supplémentaire, pour une femme.

Au cours de ma carrière, la peur de la critique m'a souvent muselée. Car la critique a souvent été acharnée, personnelle, blessante. Mais — comme le savaient toutes celles qui m'ont précédée, d'Aphra Behn à George Sand en passant par George Eliot et Mary McCarthy — c'est l'une des premières choses auxquelles est confrontée la femme écrivain, et ce pour deux raisons : elle ne traite pas de sujets reconnus comme importants par la culture dominante et, comme tout écrivain, elle écrit sans garantie. Indéniablement, sa tâche principale est de s'aguerrir au ridicule.

Pour m'obliger à la franchise, j'ai souvent eu recours à la ruse de me dire que je ne publierais pas (ou alors sous un pseudonyme, et pourquoi pas un pseudonyme masculin). Plus tard, je me laisserais peut-être amadouer par les lettres affectueuses de mes lecteurs, ou par le fait que mon éditeur avait besoin d'une « marque déposée », et je finirais par signer mon livre. Mais au moment d'écrire, la seule manière de me libérer de la censure, d'empêcher ma mère ou ma grand-mère de regarder par-dessus mon épaule, c'était de me promettre de ne jamais confier mon texte à la publication.

C'est ainsi que j'ai pu faire *Le Complexe d'Icare*, et bien d'autres livres (y compris celui-ci). Pour moi, l'écriture s'est accompagnée de terreur, de silences, mais aussi de ces immenses éclats de rire qui nous font trouver qu'après tout, la peur n'aura pas été inutile.

Mais la grande compensation, lorsqu'on atteint cinquante ans dans une culture qui n'est pas tendre envers les femmes mûres, c'est qu'on s'endurcit à la critique et qu'on appréhende moins la confrontation. Dans un monde qui n'est pas fait pour nous, la critique et le ridicule nous suivent à la trace, chaque jour de notre vie. En général, c'est un gage de la qualité de notre travail.

Cinquante ans, est-ce trop tôt pour entamer une autobiographie ? Oui, évidemment. Mais peut-être que quatre-vingts ans, c'est trop tard.

La cinquantaine est l'époque où le temps commence à manquer. Ce sentiment qu'il nous échappe a été récemment exacerbé par l'épidémie du SIDA et la mort de nos amis avant la soixantaine, la cinquantaine ou même la quarantaine. Qui sait si nous connaîtrons un meilleur moment ? Le bon moment, c'est toujours le présent.

À dix-neuf, vingt-neuf, trente-neuf ans, et même — que Déesse me préserve — à quarante-neuf ans, je croyais qu'un nouvel homme, un nouvel amour, un changement, un déménagement pour une autre ville, pour un autre pays, affecteraient ma vie intérieure d'une manière ou d'une autre.

J'en suis revenue.

Je sais que ma vie intérieure ne dépend que de moi, que j'aie ou non un partenaire dans ma vie. Je sais qu'une folle passion aujourd'hui ne serait qu'une distraction temporaire — même si « temporaire » égale deux ou trois ans. Je sais que mon âme est ce qui doit occuper toute mon attention, recevoir tous mes soins, et que l'escalade de ma montagne ne sera guère différente, que je la fasse seule ou à deux.

Même à l'intérieur d'une relation amoureuse, on a besoin d'autonomie, d'un espace bien à soi. Et en dehors, on aura toujours besoin de savoir s'aimer et s'estimer soi-même.

J'écris ce livre au pays de l'acceptation de soi, de la colère décapante et du rire strident.

J'ai l'âge de savoir que la véritable révélation, c'est le rire et non la colère.

Je pars du principe que je ne suis pas très différente de l'une ou l'autre d'entre vous.

Je veux écrire sur ma génération. Et pour ce faire, tout en restant d'une honnêteté sans faille, je ne peux que commencer par moi-même.

CHAPITRE PREMIER

La peur de l'âge

Lorsque les gens disent
« Je vous l'ai répété cinquante fois »,
C'est dans l'intention de vous réprimander, ce qu'ils font souvent ;
Lorsque les poètes disent « J'ai écrit cinquante vers »,
Vous craignez aussitôt qu'ils vous les récitent ;
C'est en bandes de cinquante que les voleurs commettent leurs crimes ;
À cinquante ans, l'amour pour l'amour est rare, il est vrai,
Mais d'un autre côté, il est vrai également
Que l'on est riche, avec cinquante Louis en poche.

George Gordon, Lord BYRON, *Don Juan.*

(Byron avait-il peur de la cinquantaine ?
Probablement. Il est mort à trente-six ans.)

Je me suis lancée dans une imprudente aventure quand j'ai commencé à parler de moi : on commence, on n'en finit pas. Mes vingt premières années, il y a longtemps que je désirais me les raconter ; je n'ai jamais oublié les appels que j'adressais, adolescente, à la femme qui allait me résorber en elle, corps et âme : il ne resterait rien de moi, pas même une pincée de cendres ; je la conjurais de m'arracher un jour à ce néant où elle m'aurait plongée. Peut-être mes livres n'ont-ils été écrits que pour me permettre d'exaucer cette ancienne prière. À cinquante ans, j'ai jugé que le moment était venu.

Simone DE BEAUVOIR, *La Force de l'âge.*

CINQUANTE ANS : LA PEUR DE L'ÂGE

Me voici donc dans ma ville d'eaux avec Molly, horriblement déprimée à la perspective de mon cinquantième anniversaire. Parmi toutes les femmes présentes dans la pièce, je ne suis ni la plus jeune ni la plus jolie. Je ne serai jamais Madonna, ni Tina Brown, ni Julia Roberts. J'ignore qui sera la coqueluche du moment quand mon livre sortira, mais ce ne sera pas moi. Pendant des années — même si j'avais du mal à l'admettre —, voilà ce qu'ont été mes valeurs. Mais aujourd'hui, ces valeurs sont devenues un luxe.

Chaque année, une nouvelle cuvée de jeunes beautés me saute à la figure dans les rues de New York. Taille plus fine, cheveux plus blonds, dents mieux alignées, combativité remontée à bloc (et moins de cynisme envers le monde), la classe 1994, ou 1984, ou 1974 remplace inexorablement la mienne, Barnard 1963 ; aïe ! Il y a plus de trente ans que j'ai ma licence. La plupart de mes contemporaines sont déjà *grands-mères*[1], comme dirait ma fille. Quand nous sortons ensemble, elles m'inondent de photos de bébés, les rejetons de leurs rejetons.

Comme j'ai démarré tard, je n'ai pas encore de petits-enfants ; mais j'ai tout de même une poignée de petits-neveux qui font leurs premiers pas au

1. En français dans le texte.

Liban, à Lausanne et dans le comté de Litchfield. Les enfants de ma sœur aînée me poussent progressivement vers le statut de grand-mère. Maintenant, la vieille génération, c'est moi ; et je ne suis pas toujours sûre que ça me plaise. J'ai l'impression de voir plus nettement ce que j'y perds que ce que j'y gagne.

L'étonnante énergie que nous promettait Margaret Mead après la ménopause est bien là, mais il manque l'optimisme pour l'alimenter. Le monde semble plus que jamais sous la coupe du matérialisme et du superficiel. Il ne voit que l'image, l'image et encore l'image. Et l'image Erica est de plus en plus floue, je ne peux pas le nier.

Que sont devenues nos vingt-cinq années de protestation contre le modèle imposé : la poupée Barbie ? Que sont devenues Naomi Wolf et son analyse révoltée des mythes de la beauté, ou Germaine Greer, qui fêtait avec provocation son arrivée parmi les vieilles biques, ou Gloria Steinem, qui nous montrait comment accepter avec grâce de vieillir et qui, enfin, venait à l'introspection ?

Toute notre angoisse (et nos efforts pour changer) ne sert-elle qu'à alimenter les entretiens télévisés tandis que le culte de la jeunesse persiste et signe ? Ne sommes-nous donc qu'une bande de vieilles mémères qui bavassent au sauna pour se remonter mutuellement le moral ? Nous avons beau écrire, faire entendre nos voix, reconnaître nos capacités respectives, apparemment l'obsession de la nouveauté et de la jeunesse n'a pas reculé d'un pouce. Nous vivons dans un monde d'images vidéo changeantes, plus réelles et plus puissantes que de simples mots. À l'ère de la télévision, nous, les gens de mots, sommes des reliques d'un passé où le mot pouvait changer le monde parce qu'il était entendu.

Aujourd'hui, l'image est devenue toute-puissante. Et le temps de l'image est toujours le présent immédiat. Dans cette débauche de clignotements, l'Histoire n'a plus sa place.

Voilà les pensées qui m'occupaient tandis qu'en compagnie de Molly j'arpentais la station thermale des Berkshires, faisais aérobic, parcours aquatonique, marche rapide et autres rituels de la forme, tout en évitant de me rencontrer dans un miroir. Molly me tirait du lit : je ne devais manquer aucun de mes cours ; je perdis les quelques kilos que je perds (et reprends) toujours, je bus de l'eau, me fis dilater les pores à la vapeur, et me sentis revivre — mais ma tristesse refusait toujours de se dissiper. (Je me posais l'éternelle question : lifting ou pas lifting, et si oui, fallait-il le faire avant la prochaine tournée de promotion ?)

Mon désespoir tenait davantage au pessimisme du retour d'âge qu'à mon inévitable déclin physique (et à la question de savoir s'il fallait « réparer »). Jamais plus, me disais-je, je n'entrerais dans une pièce où m'attendrait un homme divin qui changerait ma vie. Je me rappelais les folles aventures déclenchées par la rencontre de deux regards et une montée d'adrénaline, entraînant d'inévitables bouleversements. En évitant ces cataclysmes et en embrassant la stabilité, en répudiant ma tendance à mettre ma vie sens dessus dessous tous les sept ans, je m'étais aussi calmée. Je recherchais la contemplation, pas l'ennui ; la sagesse, pas le désespoir ; la sérénité, pas la stagnation. À cinquante ans, je commençais à trouver un peu légères et bêtes la libido qui avait régulièrement fait naître mes livres, et ma vie aventureuse qui n'arrivait jamais à se fixer. Enfin, je me « stabilisais » pour cultiver mon jardin. Restait à découvrir où était ce jardin et ce que j'allais y faire pousser.

Parce que c'est bien de cela qu'il s'agit. Même si nous pouvons nous faire enlever les bajoues et les poches sous les yeux, nous ne pouvons pas remédier à notre condition de mortels, nous ne pouvons pas déjouer la mort. Même si nous faisons encore illusion en photo sur papier glacé, la vie a laissé ses cicatrices. Le véritable enjeu est d'apprendre à s'interroger sur soi dans une société impitoyablement axée sur l'extérieur, à cultiver la spiritualité en plein matérialisme, à marcher à son propre rythme même s'il est couvert par le bruit du rock, du rap et du hip-hop.

Si Thoreau est notre écrivain fondamental, c'est parce qu'il a su définir le dilemme du monde occidental : « *Méfiez-vous de toute entreprise requérant de nouveaux vêtements.* » Sur ce chapitre, la femme contemporaine, davantage que l'homme, est bien son héritière. Si l'esprit de Bill W., exprimé dans l'association des Alcooliques anonymes, est la clé de voûte de notre philosophie spirituelle (que nous soyons ou non alcooliques), c'est parce que nous avons soif d'une spiritualité que nous recherchons là où elle n'est pas : dans l'alcool, la drogue, l'argent, les vêtements à la mode ; c'est aussi parce que, en fin de compte, nous ne pouvons nous trouver qu'en nous perdant, en abandonnant le matérialisme dans lequel nous avons grandi.

Le cœur du sujet, ce n'est pas les liftings, c'est la mort qui nous attend. Pouvons-nous nous réconcilier avec elle, et même apprendre à l'aimer ? Sommes-nous capables de céder nos connaissances à nos enfants avant de dé-céder nous-mêmes, en sachant que notre disparition est dans l'ordre des choses ?

Tel est le problème auquel la cinquantaine nous confronte, mes contemporaines et moi, qui venons de donner en plein dans le vide spirituel de nos vies. Or, la vie spirituelle est indispensable pour regarder en face la vieillesse et la mort. Mais elle n'est pas si facile à trouver quand on est femme dans une société qui persiste à voir en nous des consommatrices, dans une société qui oppose à tous nos combats pour notre autonomie et notre identité les implacables diktats d'un marché où il faudrait tout acheter, des coupe-fringale aux fringues et des bijoux en plastique à la chirurgie plastique.

Je profite des installations de la ville d'eaux avec ma fille, tout en sachant que le problème n'est pas mon corps : c'est mon droit à mon âme immortelle.

L'expression elle-même est suspecte. « Immortel » au féminin ? Une âme ? On entend d'ici les cris de dérision. Et pourtant la question est bien de savoir si les femmes ont le droit d'avoir une âme. Cela n'a rien à voir avec la mode et les engouements, ni avec la nouvelle vague ou les programmes de désintoxication et leur exploitation publicitaire. L'enjeu est essentiel : avons-nous le droit d'être pleinement humaines, oui ou non ?

Si l'on est sûre d'avoir une âme, la cinquantaine n'a rien d'effrayant.

Je me revois à l'époque, exactement trois ans avant mon cinquantième anniversaire, où je sentais battre en moi l'inexorable tic-tac de l'horloge de l'âge.

Je suis dans un avion ; je me rends en Suisse au mariage d'un ex devenu un ami. Cet homme est un superbe Romain de dix ans mon cadet, qui épouse une princesse allemande de dix ans plus jeune encore. Je suis heureuse pour eux, et en même temps inconsolable. Tout est terminé entre le marié et moi, bien sûr, mais simplement nous avions tant et tant parlé de nos retrouvailles (inévitables parce que ni lui ni moi ne nous marierions jamais)... et voilà qu'il se marie et moi pas.

Jamais plus je ne me marierai (c'est ce que je pense alors que je n'ai pas encore quarante-sept ans). Je suis libre. Tellement libre que je suis engagée dans une relation triangulaire à distance avec un autre merveilleux Italien, triangle domestique parce qu'il ne se décide pas à quitter sa femme ; en même temps, je vois tout un tas d'hommes aussi terrifiés que moi à l'idée de pouvoir s'engager. Ma vie est un vrai cirque social, je n'ai jamais le temps de me détendre dans mon lit avec un livre. Malgré ce qu'il m'en coûte de l'avouer, je vais à ce mariage, comme d'habitude, dans l'espoir de rencontrer l'homme idéal. Naturellement, je ne crois pas à l'homme idéal. Naturellement, cela ne m'empêche pas de le chercher.

Le mariage a lieu à la mairie d'un petit village des montagnes suisses, dans un vrai décor de pendule à coucou. Les époux, magnifiques, signent le registre et échangent leurs consentements (le marié dit « *si* », la mariée dit « *ja* ») ; sur ces entrefaites, le juge qui vient de les marier s'écroule par terre avec un bruit sourd, sa peau vire au bleu-gris ardoise : arrêt cardiaque. Pour moi, il ne fait aucun doute qu'il est mort — *gestorben, morto.* Les familles se précipitent pour appeler les secours ; ils sont dans tous leurs états mais se rassurent mutuellement. (Ou plus exactement, les Allemands se disent que le juge va s'en tirer, tandis que les Italiens murmurent d'un air sombre : « Maledizione, maledizione. »)

Bientôt, une ambulance fonce inutilement vers l'hôpital, emportant le juge irrémédiablement mort ; et la noce, silencieuse, assagie, remonte les rues du village ourlé de neige jusqu'à l'élégant chalet de la mère de la mariée, où aura lieu la réception. Flûte à champagne à la main, on porte des toasts, on trinque. Du côté allemand, on nie le fâcheux événement, tandis que chez les Italiens, on se tord les mains et on se touche l'entrejambe pour écarter le mauvais œil.

Bien que tout le monde le nie, le mariage est gâché. Mais le bébé qui arrivera le nombre de mois réglementaire plus tard sera beau et blond : la perfection même. Et les époux seront heureux comme Candide et Cunégonde dans le meilleur des mondes possible. La mort a assombri la vie, mais la vie continue.

Au repas de mariage qui se tient dans l'imposant mais rustique pavillon de chasse d'un autre parent de la mariée, je me retrouve assise à côté d'un jeune et beau play-boy de Monaco, Milan, Paris et Londres qui, lisant mon nom sur le carton indiquant ma place, me fait une proposition qu'il veut spirituelle : « Vos livres sont tout sauf sages. J'espère que vous n'avez pas l'intention d'être sage avec moi. »

Mon moral tombe en flèche. Au beau milieu de la fête, je cède à la tristesse. Ma réputation frise l'histoire cochonne et mon meilleur ami se marie. Je bois trop, danse avec trop de conviction, embrasse les mariés et repars dans la neige au bras d'un ami homo (chez qui je loge). Je me réveillerai en pleurs à trois heures du matin dans la chambre qu'il a aménagée au grenier, en me tordant les mains.

Au matin, les vapeurs se sont dissipées, chassées par le soleil qui brille sur la neige. Je descends des Alpes en voiture avec mon ami ; nous nous arrêtons dans un restaurant pour manger une truite en bavardant, puis, laissant derrière nous le lac de Côme et Milan, nous arrivons à Venise où m'attend mon amant.

Comme toujours entre nous, l'amour physique abolit magiquement le temps ; je connais trois jours de bonheur. Dans son bateau, nous nous laissons bercer par les flots de la lagune et contemplons les mirages de Venise qui dansent sur l'eau. Nous faisons l'amour quand ça nous prend, où ça nous prend, en évitant sa famille. Nous nous séparons en nous promettant de nous retrouver « un jour ». (Je vais acheter le *palazzo* contigu à celui de sa femme et il viendra me voir matin et soir — en passant par un tunnel, j'imagine.)

Pourtant, le nouveau bonheur domestique de mon ex a déséquilibré l'équation. Face à la cinquantaine, je le sais, je dois compter sur mon âme. Mais pourquoi ne compterais-je pas aussi sur un ami et sur un compagnon ? Les femmes libérées auraient-elles, elles aussi, besoin d'amis ?

Je pourrais sans problème continuer à emprunter des maris pendant quelques années encore. Ce n'est pas ça qui manque. Mais la question n'est pas là. J'ai beau avoir mes maisons et mes comptes en banque, une fille merveilleuse et un certain poids sur mon avenir, la vérité est que je me sens partir à la dérive. Je n'ai aucun pouvoir sur mon vieillissement, ni sur ce qu'on fait de mes livres. Seule : je me sens seule. Je peux peut-être me passer de mari, mais certainement pas d'un ami.

Pour la première fois de ma vie d'adulte, je pense au mariage de mes parents. J'y pense avec nostalgie, comme à un type de relation que j'aurais connu autrefois. Quand arrivait le soir, mes parents étaient grands amis. Ils piquaient des fous rires au lit et se lisaient des passages du *New Yorker.* Apparemment, ils ne se lassaient jamais de rire ensemble. Je me rappelle leur lit couvert de livres, et leurs discussions animées qu'ils interrompaient de temps en temps pour se lire à haute voix des satires de S.J. Perelman.

À près de cinquante ans, je n'ai personne à qui faire la lecture au lit. J'ai des amants et j'ai des amis. Mais l'ami qui était aussi un amant vient de se marier : un projecteur a été braqué sur ma solitude.

Pourquoi toutes les femmes indépendantes que je connais sont-elles seules ? Et pourquoi tous mes amis épousent-ils des femmes plus jeunes qu'eux ? Tandis que je rentre à New York, je sens que dans mon armure, une petite entaille vient de s'ouvrir toute grande. Et lorsqu'un de mes amis me propose de me présenter un de ses amis, je me surprends à lui répondre oui.

Tout commence, bien entendu, par le mariage de mes parents. Elle avait dix-huit ans et lui dix-neuf quand ils se rencontrèrent en montagne, dans les Catskill. Il venait de Brownsville et elle de Washington Heights. Ses parents à lui étaient des Juifs polonais au nom allemand : Weisman. Ses parents à elle venaient d'Angleterre ; Juifs russes, ils portaient un nom russe, Mirsky.

Ils tombèrent amoureux à cause d'une grosse caisse. Voyant qu'elle était artiste (et parce qu'il la trouvait bien roulée et sexy), il l'invita à « peindre sa grosse caisse ». Voyant qu'il était beau, qu'il avait les yeux bleus et qu'il jouait bien, elle accepta. Elle lui décora son instrument et flirta avec lui. Il s'insinua dans ses bonnes grâces et finit dans son lit. Dès l'été, Eda Mirsky et Samuel Nathaniel (Seymour) Weisman décidaient de se marier. Ils étaient très jeunes, on était en pleine Dépression.

M. Mirsky dit : « Quoi ? Épouser un *barabantchik* ? » (Batteur, en russe.)

Mme Weisman dit : « À mon avis, elle se sert de toi. »

Mais les phéromones sont plus fortes que les conseils parentaux. Le mariage eut lieu à l'hôtel de ville le 3 mars 1933.

Les premières années furent difficiles. Il travaillait toute la nuit dans des petites boîtes — le Bal musette, le Bal Tabarin — et elle restait à la maison. Entre les chanteuses et les joints de marijuana, il avait trop de tentations. Laissée seule jusqu'au petit matin, elle commença à se demander si elle n'avait pas fait une erreur. Son père était devenu un portraitiste florissant ; il travaillait sur commande pour une petite clientèle célèbre. Tapis d'Orient et porcelaine, on était bien loin du *shtetl* russe où était né mon grand-père Mirsky.

La Dépression n'empêcha pas mes grands-parents de connaître la prospérité, même si mon grand-père avait dû fuir une enfance extrêmement pauvre à Odessa, même si ma grand-mère, comme beaucoup de grands-mères, semblait s'être mésalliée. Elle était la fille d'un Russe exploitant forestier et marchand de bois qui avait émigré à Londres. C'était là, avant la Grande Guerre, que son futur mari lui avait fait la cour et l'avait épousée, en langue russe. À Londres, ses parents tenaient une épicerie dans l'East End ; un beau jour, sauvés par la richesse de leur fils aîné, ils s'étaient retrouvés gentilshommes campagnards.

Plongée dans la vie quotidienne d'une femme de troubadour pauvre, ma grand-mère se réveilla — comme l'avait fait sa propre mère. Le mariage n'est jamais facile pour les jeunes. (Et encore moins pour les moins jeunes.) Ma mère se mit à peindre, devint démonstratrice en fournitures pour artistes chez Bloomingdales, créa des vêtements et des tissus ; au même moment, mon père décrochait son premier contrat dans un théâtre de Broadway — le

Jubilee de Cole Porter — où il jouait « Begin the Beguine » sur scène, avec l'orchestre.

Il s'en vante encore aujourd'hui : « C'est moi qui ai lancé ce morceau », dit-il.

Le succès pointait à l'horizon. Mais lorsque ma mère fut enceinte de son premier enfant, en 1937, elle lui fixa un ultimatum : le spectacle ou la famille.

« Est-ce que je t'ai parlé du jour où ton père m'a ramené vingt filles de la revue à la maison ? J'étais enceinte jusqu'aux dents de ta sœur aînée. Eh bien, les filles étaient si belles, et moi j'étais si enceinte, que le lendemain matin j'enfourchais mon vélo et je filais jusqu'à Riverside Drive ; j'avais décidé de pédaler jusqu'à ce que je perde le bébé. » Elle rit. « J'étais enceinte de huit mois ! »

Mais le bébé ne l'entendait pas de cette oreille. En bon bébé qu'il était, il resta accroché comme une huître à son rocher. Et mon père finit par quitter le monde du spectacle.

Comment peut-on demander à quelqu'un de choisir entre l'amour et le travail ? C'est pourtant ce que les femmes ont dû faire pendant des siècles, et aujourd'hui elles reconnaissent que c'est un choix impossible. Mon père, j'en suis persuadée, aurait réussi dans tout ce qu'il aurait décidé d'entreprendre, tant il était tenace. Mais ma mère lui en voulait de son métier de saltimbanque qui le faisait voyager, alors qu'elle-même avait dû faire une croix sur sa célébrité pour élever ses enfants. Cette guerre-là, elle devait la gagner.

À la naissance de ma sœur aînée, ma mère, épuisée par le monceau de corvées qui accable les jeunes mères, alla chercher un peu de confort chez ses parents. Mon père travaillait toujours de nuit et elle, elle avait toujours sa cour d'admirateurs.

« Je me demande comment j'ai fait pour avoir tous ces admirateurs, alors que j'étais mariée et que j'avais un bébé, dit-elle pour la forme. Mais le fait est qu'ils étaient là. »

Il y en avait un qui était médecin. Un vrai métier, ça, médecin. Ma mère envisagea le divorce.

Mon père envoya son frère chercher ses vêtements pour tout mettre à Brooklyn.

« Ne reste pas avec lui si tu n'es pas heureuse, dit ma grand-mère (qui avait fait ce qu'elle préconisait) à sa fille. Je ferai tout ce que je pourrai pour t'aider. »

J'ai failli ne pas être.

Mais les phéromones l'emportèrent une fois de plus, et mes parents se réconcilièrent. Seymour devint représentant en *tchotchkes.* Eda tomba enceinte une deuxième fois. Je vis le jour en 1942.

« Nous naissons, et tout ce qui est antérieur à notre naissance relève du mythe », dit V.S. Pritchett dans son essai, *A Cab at the Door.* Dans son autobiographie, *Speak, Memory,* Vladimir Nabokov parle d'un landau vide sur un perron, qui attend sa naissance. Si nous nous émerveillons des jours qui précèdent notre émergence à la conscience, c'est parce qu'ils prédisent notre mort inéluctable (que nous mettons toute notre vie à accepter, si tant est que nous y arrivions jamais).

Et si je n'étais jamais née ? Et si un ovule donné n'avait jamais rencontré son spermatozoïde ? Serait-ce pire que la mort ? Ou mieux ? Comme je me dirige vers cet anéantissement final de l'être, je ferais mieux de répondre vite. J'ai plus de temps derrière moi que devant.

Je vois ce hiatus dans le mariage de mes parents comme l'époque où, ectoplasme hésitant, je me demandais si je recevrais jamais un corps. Fruit de leur amour — ambivalent comme tout amour —, je suis venue au monde maladive, allergique au lait et déshydratée par une diarrhée, le cou marqué par un angiome rouge et enflé.

À quelle heure suis-je née ? Je n'arrête pas de poser la question à ma mère parce que je veux me faire faire mon thème astral. (Mon certificat de naissance s'est perdu. L'hôpital a fermé ses portes et les renseignements sont introuvables aux archives municipales.)

« Comment veux-tu que je le sache ? me répond-elle. C'était la guerre. On manquait de médecins. L'infirmière m'a mis un masque d'éther sur le nez pour cacher le fait que j'avais accouché avant l'arrivée du toubib. Je lui ai mordu la main ! J'ai hurlé : "Le bébé est né ! Je vous interdis de me droguer !" »

Donc, j'ai débarqué en pleine rage féministe : mon énergique mère a mordu la main de l'infirmière et a refusé l'anesthésie.

Je devais avoir une tête épouvantable.

Mon père aurait dit, en me voyant pour la première fois : « On est obligé de la ramener à la maison ? » (Soit je m'étais fait ce fameux angiome en tombant du berceau, soit j'étais née avec. Dans un cas comme dans l'autre, tout le monde s'accorde pour dire que je n'étais vraiment pas belle à voir.)

« Tous les nourrissons du service sont morts de diarrhée infectieuse, dit ma mère.

— Tous ?

— Je crois. Tu étais la seule survivante, alors tu penses bien que j'étais décidée à tout faire pour que tu vives. »

Je serais bien incapable de vérifier si cette maladie a réellement décimé tous les bébés jusqu'au dernier. Mais ce qui compte, c'est la conviction de ma mère : j'étais la seule survivante d'une épidémie infantile.

Clairement déçu d'avoir une deuxième fille, mon père essaya de faire de moi un garçon : il m'apprit à jouer de la batterie, à faire des tirs au panier, et à mépriser toutes les contingences féminines. Pendant très longtemps, je me suis prise pour un garçon habillé en fille. Lorsque, plus tard, divers analystes ont tenté des allusions à quelque chose qu'ils appelaient « l'envie du pénis », je leur ai rabattu leur caquet. Un pénis, j'en avais un. De quelle envie parlaient-ils ?

« Je t'aimais d'autant plus que j'avais dû me battre pour que tu vives », me dit ma mère. Et elle se lance une fois de plus dans l'histoire du lait sans lactose qu'on allait chercher en panique à minuit, et du jour où j'avais failli mourir de faim. Elle me dit combien elle m'aimait, malgré l'affreux angiome violacé — qui disparut miraculeusement dans les deux premiers mois, laissant un bébé rose aux cheveux blonds.

« Le jour où tu as été jolie, ça m'était devenu complètement égal, dit-elle : j'avais déjà dû donner tout mon amour pour que tu vives. »

Ma sœur aînée, Suzanna (Shoshana Miriam, ou encore Nana, surnom qui lui était resté d'une déformation enfantine de son nom), était la perfection même à la naissance : formes rondes, cheveux auburn, yeux vifs. Moi, j'étais le parfait vilain petit canard — d'autant plus aimée, s'il faut en croire la version officielle.

Quand j'étais jeune, je me rebiffais quand j'entendais cela. Maintenant, je veux bien le croire. L'énergie qu'il faut pour maintenir un enfant en vie est véritablement sismique. Elle balaye toutes les autres considérations sur son passage. Ce sont la passion de ma mère et les courses au lait en pleine nuit de mon père qui m'ont permis de vivre. Ça, et la chance qu'ont eue mes parents de rencontrer un pédiatre iconoclaste.

Le docteur Aubrey McLean était un Écossais virulent qui osa s'attaquer au lobby du lait. Cinquante ans avant l'heure, il fit un diagnostic d'allergie au lait de vache et me mit à un régime de lait acidifié et de rognures de foie cru. Tant pis si j'avais une diarrhée presque continuelle, il fallait me nourrir sans arrêt : je finirais bien par garder quelque chose. Tous les jours il venait, il m'examinait et restait un moment avec ma mère ; ils parlaient de bébés, de la vie, du destin, et il lui disait toute sa haine contre l'*Establishment* médical, qui l'avait évincé à cause de son radicalisme. Le Dr McLean était aussi un ivrogne.

« Il t'a sauvé la vie, me dit mon père. Il a joué un rôle très important dans cette histoire. Ou alors il était amoureux de ta mère. » Voilà ce que nous ne saurons jamais. Docteur McLean, même si je ne sais pas ce que vous êtes devenu, je vous dis merci.

Née en temps de guerre dans une grande famille de style européen, entre mes parents, ma sœur, mes grands-parents maternels (qui ne nous ont jamais appris le russe pour pouvoir parler entre eux un langage secret), je me rappelle certains de mes premiers jeux, comme « on échappe aux nazis », je revois ma grand-mère qui me savonnait les mains au savon de Marseille pour me laver « des Allemands ». C'est ainsi que la guerre est entrée dans mon enfance. Je me souviens que je faisais exprès de mouiller mon lit pour finir ma nuit dans celui de mes parents, pour dormir entre eux deux, dans le lieu le plus sûr au monde, les séparant et les unissant à la fois. Je me souviens que je regardais, au plafond, les jeux de lumière kaléidoscopiques que j'appelais « petits-pois-carottes », ces fragments de vert et de rouge qui dansaient sous mes paupières quand je refermais les yeux, bien au chaud dans leur grand lit.

« Le tentateur sous la paupière », comme disait Dylan Thomas de cette créature tremblotante. Est-ce lui qui fabrique les poètes ?

Des tout premiers temps j'ai gardé peu de souvenirs, et ils sont tous visuels. Il n'est pas impossible que je me revoie même dans un landau ; on me promène dans un parc, et je regarde les myriades de feuilles vertes qui fracturent la lumière. Et comme aujourd'hui rien ne me rend plus heureuse que de contempler des feuillages, j'imagine que ce n'est pas sans rapport avec une euphorie infantile précoce. Les feuilles des arbres du parc, l'illusion d'optique créée par les petits carreaux octogonaux du sol de la salle de bains, qui semblaient former un entonnoir vers un autre monde quand, assise sur la cuvette des WC, je me penchais pour regarder leurs configurations changeantes... tels sont mes souvenirs les plus nets.

Avant mes deux ans, nous avions emménagé dans

l'appartement que je recrée dans tous mes rêves, un truc néogothique construit sans plan bien précis, qui occupait les trois derniers étages d'un immeuble au nº 44 de la 77e rue ouest, en face du Muséum d'histoire naturelle. Nous avions quitté Castle Village, à Washington Heights, en 1944 ; nous sommes restés dans cet appartement jusqu'en 1959, date à laquelle nous sommes partis nous installer dans un autre *palazzo* de l'avant-guerre, le Beresford, au nord du musée.

Mes souvenirs de la maison de mon enfance ont à la fois un côté somptueux et quelque chose qui donne le frisson. L'immeuble avait été construit au début du siècle pour des artistes, et comprenait un atelier orienté au nord. Apparemment, nous recherchions toujours la lumière du nord, comme une étrange flore poussant toute tordue pour trouver le soleil.

L'appartement tel que je me le rappelle n'est probablement pas l'appartement d'aujourd'hui, beaucoup plus élégant que dans les années quarante. Des têtes de lions encadraient la cheminée du séjour ; la salle à manger, lambrissée de bois sombre aux moulures gothiques, donnait sur une cour ; la cuisine était équipée d'une ancienne cuisinière à gaz, d'une hotte et d'un évier en zinc ; les chambres s'étageaient le long d'un couloir biscornu, et un vestibule de pierre agrémenté d'ornements gothiques en bois ouvrait sur un hall dallé ; de là, on appelait un ascenseur garni de miroirs et de lambris dont les volutes ressemblaient à des hiboux nocturnes à moitié cachés dans des arbres.

La pièce de séjour avait une double hauteur sous plafond, plafond recouvert de quelque chose qu'on appelait une « feuille d'or ». (Je croyais que ces feuilles se cueillaient sur des arbres en or.) Quatre lanternes de style vénitien se balançaient, suspendues aux caissons dorés qui avaient perdu leur éclat. Côté rue, les fenêtres donnaient sur le musée, sa façade de pierre de taille et ses tourelles coniques vertes ; derrière, elles ouvraient sur la cour ensoleillée et les jardins feuillus de la New York Historical Society, ainsi que sur l'alignement des hôtels particuliers de la 76e rue. Au-dessus du séjour courait une petite galerie ; on en avait habillé la rambarde d'un batik balinais sur lequel des démons dansaient de profil. Deux étages plus haut, c'était l'atelier de Papa (mon grand-père), auquel on accédait par une trappe ; il avait un plafond pointu comme un chapeau de sorcière et deux immenses fenêtres, l'une au nord, pour l'éclairage égal que recherchent les peintres, et l'autre au sud ; comme celle-ci diffusait une lumière trop changeante, on l'avait assombrie de deux stores verts actionnés par des poulies.

L'atelier, plein de déguisements d'artistes — des masques de plâtre (Beethoven, Keats, Voltaire), un vrai crâne, un vrai squelette, des reproductions de chevaux de la dynastie T'ang —, était un refuge, mais aussi un endroit terrifiant. Il sentait délicieusement la térébenthine et la peinture à l'huile, comme une forêt enchantée. Mais les masques de Beethoven et de Keats, le squelette et le crâne, faisaient dresser les cheveux sur la tête et ne donnaient pas vraiment envie d'y passer la nuit tout seul.

Tous les ans à Halloween, la famille au grand complet montait s'installer dans l'atelier pour raconter des histoires de fantômes et de vampires. On illuminait le crâne avec une bougie et on habillait les masques mortuaires et le squelette de linceuls blancs, comme les membres du Ku Klux Klan. Papa posait un tableau représentant un crâne (pourquoi pas celui de Yorick) sur son vieux chevalet tout incrusté de taches de peinture. Ce chevalet l'avait accompagné depuis Édimbourg, Bristol et Londres à l'époque où il avait émigré vers le Nouveau Monde, fuyant la conscription en Angleterre tout comme, adolescent, il avait fui la conscription russe à Odessa. Nous croyons nos vies uniques, mais nous sommes portés et jetés à terre par des forces historiques. Mon grand-père, comme le vôtre sans doute, avait fui l'Europe et ses guerres.

Ma mère racontait l'histoire de Dracula — qu'elle embellissait avec force détails sanglants — et les enfants hurlaient de terreur et de plaisir en entendant parler de morts revenant à la vie, de crocs, de jeunes filles pâles et anémiées après leurs orgies nocturnes.

Les autres jours, j'étais la bienvenue si je voulais venir peindre à côté de mon grand-père. Il me préparait une petite toile (il les fabriquait lui-même et en était très fier) et me donnait une palette sur laquelle il avait mis des couleurs douces, comme cramoisi alizarine, laque de garance rose, vert viridian, bleu cobalt, jaune de chrome, terre de Sienne, blanc de Chine ; il fixait deux petites coupelles de métal, une pour l'huile de lin, une autre pour la térébenthine, dans le trou de la palette.

« Ne brouille pas les couleurs », me disait-il en me donnant des brosses en poil de martre et en poil de sanglier. Et je me mettais à peindre près de lui, baignant dans le bonheur, shootée à la térébenthine et bercée par le bruit des coups de pinceau. Mon grand-père sifflait des ballades folkloriques russes et des chants de l'Armée rouge. Au numéro 44 de la 77e rue, on se serait cru sur les rives du Dniepr.

Papa était un maître sévère. Si je « brouillais les couleurs » ou si je ne prenais pas mon travail au sérieux, il se mettait dans une fureur noire et me chassait dans l'escalier en fouettant l'air de sa canne. Il n'a jamais eu à me battre. Il n'avait qu'à rugir pour me terroriser. J'ai lu avec étonnement tous les livres qui traitent de l'inceste et de la maltraitance des enfants ; je dois dire que comme maltraitance, les vociférations de mon grand-père me suffisaient largement. Même si ça fait ringard aujourd'hui, j'avoue que je n'ai pas subi de traumatisme infantile. Sauf psychologique, et je m'en contenterai.

Mon grand-père avait un atelier, mon père avait un bureau, mais ma mère installait un chevalet pliant où elle pouvait, quand elle en trouvait le temps. Elle s'en plaignait amèrement. Entre-temps, ma grand-mère régnait sur la maison et harcelait notre bonne jamaïcaine, Ivy, pour s'assurer qu'elle faisait les choses comme il fallait.

Iviana Banton, Antillaise énergique, faisait tourner la maison quand ma grand-mère voulait bien lui en laisser le loisir. Elle avait le dos de la main parcheminé et noir et les paumes d'un rose merveilleux. J'adorais son accent ; aujourd'hui encore, les expressions antillaises font mes délices.

Ivy était laide ; elle avait sur le nez un énorme nævus où poussait un poil, mais elle était forte et pleine de vie. J'ai appris très jeune qu'être forte et pleine de vie était beaucoup plus important que d'être jolie.

Bien qu'ayant dépensé en analyse de quoi faire vivre un petit pays, j'ai refoulé tous mes souvenirs précoces de ma mère. Je sais qu'elle m'adorait et qu'elle s'en voulait de m'adorer, et aussi que son extrême volatilité avait besoin d'un filtre, comme les poisons quand on les met dans l'eau du robinet. Je l'aimais plus que la vie, mais en même temps j'étais terrifiée par ses humeurs changeantes. Quant à ma sœur aînée, elle me faisait souvent subir des violences physiques : elle me tordait le bras jusqu'à ce que je tombe par terre de douleur, et elle me tourmentait en « gagnant » ma montre en or à des jeux de cartes truqués et des magouilles à elle, ce qui m'emplissait de honte devant mes amies. J'ai donc été tyrannisée par deux femmes pendant une bonne partie de mon enfance, et il ne m'en reste quasiment aucun souvenir. Mais j'en conclus que mon tempérament conciliant, ma propension à me cacher ma propre colère jusqu'à ce qu'elle explose des années plus tard, ou encore ma tendance à utiliser ma plume pour empoisonner mes proches, doivent bien venir de toutes ces années de tyrannie affective oubliée.

Je ne me plains pas. Nous avons tous besoin de nous appuyer sur quelque chose si nous devons nous façonner un personnage complexe. La tyrannie a été la force créatrice de mon amour de la liberté, de mon identification aux déshérités, de ma passion pour les droits de l'homme — et de la femme.

À la naissance de ma sœur Claudia, en 1947, la constellation familiale se trouva décentrée. Tout d'un coup, il y eut « le bébé ». Tout d'un coup, ce fut le boom de l'après-guerre et la richesse (du moins apparente) pour mon père. Tout d'un coup, mes parents se mirent à faire des choses comme prendre l'avion pour La Havane ou la Jamaïque l'hiver, pour Paris et Londres l'été. Tout d'un coup, il y eut une nurse qui m'interdisait de toucher le bébé sous prétexte que le chat de ma meilleure amie m'avait passé la teigne.

Un jour où j'étais rentrée de la maternelle depuis une éternité déjà, la nurse me chassa de la nursery. Ce petit intrus à la tête rougeaude — ma sœur — me rendait la vie impossible. Tout le monde était en admiration devant elle. Ma mère restait alitée comme une rentière qui n'a rien à faire de ses dix doigts ; mes grands-parents déménagèrent pour s'installer pas très loin, enfin chassés par mes parents qui, après une analyse, avaient fini par abandonner certaines idées rétrogrades d'Europe centrale, comme la notion de famille étendue. La vie changea de façon spectaculaire. Ce qu'il m'en reste aujourd'hui, c'est l'image de moi debout dans un tub, mon bras bandé de gaze levé au-dessus de ma tête pendant que ma mère me rince : elle veut se débarrasser de moi en vitesse pour retourner s'occuper de la « petite sœur ».

Cette fichue petite sœur, ce que nous avons pu la faire souffrir, Nana et moi ! Nous l'emmaillotions à l'étouffer, et nous la mettions dans le landau de poupées. Nous la traînions jusqu'à la lingerie, qui était toujours notre abri antinazis parce que la guerre avait beau être terminée, elle continuait dans nos têtes. Dans notre cachette, nous mangions des tartines au beurre, à la compote de pommes et au sucre en poudre, selon une recette que ma sœur avait trouvée dans un livre de Booth Tarkington qu'elle lisait à l'époque. Nous nous parlions en chuchotant, et nous courions nous réapprovisionner à la cuisine dès que la voie était libre.

Claudia, souriante et suante, supportait tous nos mauvais traitements. Elle était « le bébé ». Elle savait tenir sa place. Aujourd'hui, elle me dit qu'elle nous en voulait à mort. Ce n'est rien en comparaison de ce que nous ressentions, nous qui lui en voulions à mort d'être née. Pendant que Nana et moi allions à l'école, elle partit au soleil des Caraïbes. On nous confiait à Mama et Papa, nos grands-parents, et elle restait avec Eda et Seymour. De nous trois, elle est la seule à appeler nos parents Maman et Papa, et nos grands-parents Mamy et Papy. De cela aussi, nous étions jalouses. Pour Nana et moi, mystérieusement, nos parents étaient comme un frère et une sœur. Nos vrais parents, c'étaient plutôt nos grands-parents. C'est peut-être pour ça qu'il a fallu les chasser de la maison.

Quand j'avais huit ans, et mes sœurs treize et trois ans, mes grands-parents partirent pour la France, espérant retrouver le Paris des artistes qu'avait connu Papa dans sa jeunesse. Il y avait séjourné avant son mariage, étudiant aux Beaux-Arts pauvre et émigré de Russie, qui vivait de bananes offertes par quelque philanthrope juif amateur d'art — un Rothschild, à en croire le mythe familial.

« Mirsky voulait faire le voyage seul, dit mon père. Il croyait pouvoir nous laisser Mama sur les bras.

— Mais j'ai refusé, renchérit ma mère. Comment peut-il croire qu'il va retrouver sa jeunesse ? »

Mama et Papa firent la traversée sur le *Mauretania.* Le jour fatidique du départ est consigné sur de petites photos noir et blanc glacées et carrées : Claudia et moi courons sur les ponts dans nos manteaux anglais, bonnets assortis et gants de chevreau ; Nana, adolescente morose, boudeuse, portrait craché d'Elizabeth Taylor, prend des poses sur les transats et les cheminées du bateau, et se dilate les narines devant la caméra.

En voyant partir Papa et Mama, mes parents ont dû se sentir aussi libérés que nous étions tristes. Et mes grands-parents, qu'avaient-ils donc dans la tête ? Comment le Paris de 1951 pouvait-il ne pas décevoir un artiste qui avait quitté Montparnasse en 1901, et qui n'était plus ni jeune, ni célibataire, ni amateur de bananes ? Le jeune Juif russe d'Odessa était devenu un homme du monde (ou tout au moins un homme de Manhattan). Comment revenir en arrière ? Il vit bien que c'était impossible. Ses petits-enfants lui manquaient trop, comme à ma grand-mère. Paris n'arrivait pas à nous remplacer. Au bout de six mois, ils rembarquaient pour New York.

Il y eut une sérieuse prise de bec à leur arrivée. Mes grands-parents voulaient réemménager chez nous, mais mes parents (appuyés par leurs analystes) s'y opposaient. Papa et Mama, trop préfreudiens pour comprendre tout ça, ne se remirent jamais de cette blessure. Ma mère leur trouva un autre petit palais (orienté au nord) dans le West Side, à quelques pas de chez nous, mais ils ne lui pardonnèrent jamais, pas plus qu'ils n'avaient pardonné à Paris d'avoir changé en cinquante ans. Ils auraient voulu que le temps s'immobilise. Hélas, c'est une chose qui n'arrive jamais.

Voilà : j'ai cinquante ans, Papa et Mama sont morts. Demain, je déjeune avec mon père pour voir si je ne me suis pas trop trompée dans ce premier chapitre.

CHAPITRE II

Ce que faisaient mes parents et « toutes ces conneries à la David Copperfield »

Si ça vous intéresse vraiment, alors sûrement la première chose que vous allez me demander c'est où je suis né, et quel genre d'enfance pourrie j'ai eu, et ce que faisaient mes parents, et tout, avant de m'avoir, et toutes ces conneries à la David Copperfield.

J.D. SALINGER, *L'Attrape-cœur.*

Heureuses sommes-nous, qui sommes nées filles dans des familles cultivées et ambitieuses sans garçons...

Tillie OLSEN, *Silences.*

CE QUE FAISAIENT MES PARENTS ET « TOUTES CES CONNERIES À LA DAVID COPPERFIELD »

Aujourd'hui, jeudi, je déjeune avec mon père : je veux vérifier « toutes ces conneries à la *David Copperfield* ».

« Ta mère ne se souvient absolument de rien, me dit-il. Ce n'est pas comme moi. »

D'abord, il faut que je vous dise que mon père est le genre de type qui ne déjeune jamais, mais jamais seul avec moi parce qu'il a peur que ma mère en fasse une crise de jalousie. Si nous nous voyons en semaine, ce qui doit arriver environ tous les dix-sept ans, nous avalons notre repas en vitesse dans une gargote crasseuse, comme des amants qui se cachent. Mais cette fois-ci, l'enjeu a une dimension historique. Mon père porte un intérêt de propriétaire à ma carrière littéraire. Il va jusqu'à changer les livres de place dans les librairies, pour que *Le Complexe d'Icare* ou *Fanny* se retrouve au-dessus du dernier Stephen King, Danielle Steel ou John Grisham ; il s'est abonné à *Publishers' Weekly* et me fait des rapports inquiets quand ma cote de popularité baisse ; il se tord les mains de désespoir quand je me fais descendre par la critique.

« Pourquoi dit-on que tu écris des livres pornos, chérie ? » me demande-t-il parfois, quand il m'informe d'une pique qui m'avait échappé. Moi qui essaie de ne pas lire mes critiques — bonnes ou mauvaises —, voilà que mon père, dans sa sollicitude, attire mon attention sur celles qui sont sûres de me donner une jaunisse à tous les coups.

Pourquoi, pourquoi, pourquoi ? demande-t-il, comme Job. Son purgatoire, c'est d'avoir une fille qui se fait régulièrement lapider par la presse. Nous en sommes au point où cela le blesse plus que moi. J'ai envie d'appeler tous les critiques pour leur dire : « Écoutez, mon père a quatre-vingt-un ans. C'est un chic type. Laissez-le donc souffler un peu. » Dans les années soixante-soixante-dix, mes étudiants du City College me faisaient le coup : « Si vous ne me donnez pas mon UV, ma mère va en faire une crise cardiaque. Et en plus, moi, je finirai au Vietnam. » Pas mal, comme chantage. Et souvent, ça marchait.

Nous sommes donc convenus de nous retrouver au magasin à midi et demi. Mais il tombe des cordes et le taxi met près de quarante minutes pour m'amener de la 69e à la 25e rue ; comme d'habitude, je suis en retard.

Mon père, impatient et tout excité, ne tient plus en place dans son magasin ; il veut présenter sa célébrité de fille à tout son personnel. Il me montre les articles de la « nouvelle ligne » : poupées « anciennes », soupières et théières de céramique, en forme de citrouilles ou d'aubergines, assiettes décoratives imitant des tournesols, des asperges, des roses, des oignons.

Entre mes visites, les années passent. Chaque fois, je m'étonne des créations de mon père et de mon beau-frère — elles sont aussi étranges, à leur manière, que celle qui consiste à faire un livre avec une feuille de papier vierge et un stylo. C'est fou, la manière dont on peut gagner de l'argent en Amérique ! Un *barabantchik* de l'ère de la Dépression peut devenir millionnaire en fabriquant des poupées « anciennes » et en les vendant par correspondance. Quel autre pays peut se vanter de telles absurdités ? En Amérique, on peut changer de classe sociale le temps de dire *barabantchik,* parce qu'en Amérique, il n'y a, réellement, pas de classes sociales — mais ça, c'est pour un autre chapitre.

J'admire les babioles de mon père, je salue son personnel, et nous partons déjeuner à la cafétéria de l'immeuble, d'un sandwich à la dinde et d'un coca light.

Mon père, mince, pas un gramme de graisse, yeux bleus, est encore beau. Il paraît soixante-cinq ans. Bon, d'accord, disons soixante-quinze. Mais certainement pas quatre-vingt-un. (Quelle tête a-t-on, à quatre-vingt-un ans ?) Sa religion, ce sont les vitamines et l'exercice. Il a découvert la vitamine C avant Linus Pauling, le bêta-carotène avant Harry Demopoulos, et il m'affirme que le secret de la jeunesse, c'est « le plaisir d'avoir faim ».

Conscient de la gravité de mon entreprise autobiographique, il m'a préparé un document ; ça ne l'a pas empêché d'appeler mon mari en douce pour lui dire : « J'ai réuni tout ça pour Erica, mais j'espère qu'elle n'a pas l'intention de l'utiliser. » Voilà qui est typique des nombreux messages contradictoires qui circulent dans la famille.

Je reproduis ce document mot pour mot.

> *Une épidémie meurtrière d'infections et de diarrhée a ravagé la pouponnière de l'hôpital.*
>
> *À la naissance, tu avais un gros ballon plein d'hygroma séreux, je crois.*
>
> *Le Dr Aubrey McLean disait qu'il se résorberait.*
>
> *Mais tu ne gardais aucune nourriture — ta mère t'alimentait sans discontinuer. On te forçait à avaler une sorte de bouillie, et aussi de la viande crue hachée. À un moment, ta vie n'a tenu qu'à un fil. Le Dr Aubrey McLean, qui s'était fait renvoyer du service pédiatrique de l'hôpital presbytérien parce qu'on jugeait non orthodoxe le traitement qu'il donnait aux bébés, venait t'examiner tous les jours. Le lait t'était interdit, mais on pouvait se procurer un nouveau produit lacté Walker Gordon au laboratoire Borden. (J'allais en chercher deux ou trois bouteilles tous les deux jours.) Si tu as pris des forces, c'est parce qu'on te nourrissait plus que tu ne perdais par les selles. Au bout d'environ six mois,*

ton métabolisme s'était stabilisé et tu as commencé à prendre du poids. Le liquide de ton ballon s'est résorbé.

Un jour — tu avais deux ans —, alors que nous allions au restaurant, comme toutes les semaines, nous avons eu une conversation très animée dans la voiture. Tout d'un coup, tu as crié : « Eh, vous ! Cette voiture, c'est pas fait pour parler. » Après quoi tu t'es lancée dans un monologue sur le paysage. À un moment, sur une petite route de campagne, nous sommes passés devant une abbaye. Tu as dit : « Tiens, une abeille. »

Ton jeu préféré, dans les restaurants, c'était de verser une petite montagne de sel sur la table. Ensuite, tu traçais des cercles dessus avec ton doigt, tout doucement, et tu créais une œuvre d'art originale que tu appelais un creux-dedans. Dès que tu repérais une salière pleine dans un restaurant, tu donnais libre cours à ton imagination.

Un jour, ta sœur Claudia devait avoir deux ans, toi et Nana l'avez cachée dans un placard en criant d'un air mystérieux : « Les Allemands arrivent ! »

Vers six ou sept ans, tu jouais avec tes amies dans Central Park. Un producteur ambitieux, qui travaillait pour NBC, t'a choisie pour participer à un ballet. Tu es passée sur NBC dans un tutu noir : tu étais danseuse étoile.

Pour ton premier voyage outre-mer sur le Liberté, tu as pris une énorme valise et tu as fourré dedans des rouges à lèvres de toutes les couleurs possibles et imaginables, de la poudre, des atomiseurs, des crèmes et des bigoudis. C'était plein à craquer ; on aurait dit une mallette de démonstration d'Helena Rubinstein.

Je me souviens du fœtus de porc que tu nous as rapporté de Barnard, avec scalpel et tout. On t'a vite échangé tout ça contre des crayons et du papier. D'un seul coup, nous avions perdu un médecin et gagné un écrivain.

Ma réaction ? J'ai été soulagée de ne pas avoir fait trop d'erreurs sur les détails. Et je me suis demandé pourquoi mon père avait écrit tout ça s'il ne voulait pas que je m'en serve.

Mais il y a quelque chose qui me frappe : il ne parle que de moi, et pas du tout de lui. Il est parti du principe que sa vie n'avait pas d'importance et que tout ce qui m'intéressait, c'était de savoir comment j'étais passée de l'épidémie néonatale au fœtus de porc qui avait mis fin à mes rêves de carrière médicale. Ce que je voulais, c'était l'interroger sur sa vie à lui. Cela ne lui était même pas venu à l'esprit.

Je me mets donc à l'interviewer, comme un étranger sur qui je dois faire un article. Il se prend au jeu. Il aime ça. Avec lui, les choses seront dites comme elles sont.

À quoi ressemblait Brooklyn quand tu étais gosse ?

Il y avait des jardins et des cours partout. Les gens qui arrivaient du Lower East Side avaient l'impression de s'installer à la campagne. Les métros étaient tout neufs, et venir habiter Brownsville était une promotion sociale.

Est-ce qu'il n'y avait que des Juifs ?

Il devait y avoir 90 % de Juifs et 10 % d'Italiens.

Parle-moi de tes parents, Max et Annie : quels souvenirs as-tu d'eux ?

Mon père rapportait des travaux de confection à la maison. Je le revois en train de couper un pantalon. En plus de son boulot, il travaillait au noir. Tout le monde essayait de doubler son salaire ; ou de le tripler. Il y avait six enfants à la maison ! Il faisait des retouches pour arrondir les fins de mois. Et ma mère était toujours aux fourneaux ; elle nous distribuait des taloches quand nous passions près d'elle en courant. Je m'en souviens, et aussi du conseil qu'elle m'a donné quand j'étais plus vieux : « Fais attention de ne pas passer ta vie à te faire des émois. » *Des émois !* Quelle expression. Tous les jours, elle menaçait de se jeter par la fenêtre. Tous les jours, je devais l'en empêcher. C'était mon rôle de fils aîné. Une fois par semaine, une lettre arrivait d'Allemagne ou de Pologne, ça dépendait où était la frontière. Mon père la lui lisait à haute voix en yiddish. Elle venait de son *shtetl,* son village, qui s'appelait Czkower, je crois. Mes parents vivaient à cheval sur deux mondes : Brownsville et Czkower. À mon avis, pour eux, Czkower était le plus réel des deux.

Quand as-tu commencé à t'intéresser à la musique ?

C'est Sammy Levinson qui m'a ouvert les yeux sur un monde totalement différent. Il prenait des leçons de musique et avait un violon, un Amati. Il jouait *ms — mit sentiment.* Sa famille le payait pour apprendre. Moi, mon père comptait sur moi pour rapporter de l'argent à la maison. J'ai pris une leçon au Conservatoire de New York — un établissement complètement farfelu qui a fini par perdre ses clients. Une seule leçon ! Après ça, nous nous sommes trouvé de petits engagements : des mariages, des *bar mitzvahs,* des noces d'or. Mon père m'a dit : « Tu gagnes déjà ta vie, quel besoin as-tu d'aller dépenser de l'argent en leçons ? » (Il a aussi caché ma lettre d'admission au City College. Quand je l'ai appris, des années plus tard, j'ai vu rouge.) Il avait besoin de moi pour l'aider à faire vivre la famille. Il ne voyait vraiment pas ce que je pourrais aller faire à la fac. Pour les noces d'or, on jouait tous les vieux tubes ringards : « Un jardin sous la pluie », ou « Comme nous avons dansé le soir de nos noces ». J'ai décidé que je ne fêterais jamais mes noces d'or. Plutôt mourir. Et les danses russes ! Il y avait toujours des danses russes, surtout aux mariages. Les gens dansaient le *kasatchok* jusqu'à tomber d'épuisement.

Raconte-moi tes premières amours avec le monde du spectacle.

Quand Sammy et moi étions au lycée, c'était encore l'époque des revues parodiques. « 8 numéros ! Demandez le programme » [il l'écrit sur une serviette en papier]. Les types qui ont lancé le Hershey aux noisettes avaient trouvé une astuce publicitaire : dans une barre sur dix, ils nous promettaient une pièce d'un dollar. Alors on a vendu les friandises comme des petits pains. On nous avait raconté des histoires, bien entendu. Personne n'a jamais vu la queue d'un dollar. Mais les gens sont prêts à croire n'importe quoi quand il s'agit d'avoir un truc gratuit. Ils ont marché. Alors nous, on se mettait devant le théâtre et on gagnait cinquante *cents* par dollar vendu. Jolie marge.

Pourquoi me disais-tu de ne jamais passer après un numéro de chiens savants ?

Parce que dans les variétés, on ne fait jamais le poids devant les chiens et les enfants. Et puis aussi parce que ce n'est pas une bonne place sur le programme, le milieu. Il faut passer en premier, ou en dernier. Jamais au milieu. La revue à base de saynetes a traversé gaillardement les années vingt. Les sketches satiriques étaient d'une stupidité sans nom, même comparés à ce qu'on voit aujourd'hui à la télévision. Mais la règle était immuable : on avait les sketches, les chiens, un prestidigitateur, un numéro de strip-tease, et le numéro vedette. Il ne fallait jamais passer après les chiens. De toute façon, moi, je faisais partie de l'orchestre.

Pourquoi as-tu changé de nom ?

À vingt ans, je me suis affilié au syndicat — cellule 802. « Seymour Mann et son Orchestre », je trouvais ça pas mal, comme nom. Mais ce n'est pas la seule raison. Au syndicat, il y avait un escroc qui s'appelait Izzy Weisman, et qui avait été mêlé à un scandale. Alors, à la cellule 802, il valait mieux ne pas porter ce nom-là. Et puis Seymour Mann et ses musiciens, ça sonnait bien. Avoir un nom juif dans le monde du spectacle, c'était tout bonnement impensable à l'époque. Cohen est devenu King, Moskowitz Moss, Rabinowitz Ross et Goldfish Goldwyn. La mode n'était pas encore à l'exotisme racial.

Où as-tu rencontré Eda ?

Dans un village des Catskill qui s'appelait Utopia. Utopia : quel nom, hein ? C'était une station familiale près d'Ellenville, dans « les montagnes ». Ta mère portait une cape de velours noir (on était en plein été), qu'elle laissait traîner sur les marguerites et les bouses de vaches des prairies. Elle était artiste... une vraie bohème.

Je n'ai rien trouvé de mieux que de lui servir la phrase la plus galvaudée que je connaissais : « Qu'est-ce qu'une jolie fille comme vous fait dans un trou pareil ? » Ça a marché. Je la prenais pour une fille facile parce qu'elle partageait la chambre du propriétaire. Mais ensuite je me suis aperçu qu'il ne l'avait jamais touchée — il ne pouvait pas, en fait. Il se servait d'elle comme couverture. Toujours est-il qu'elle peignait des fresques, et que je lui ai demandé de décorer ma grosse caisse. Nous sommes tombés follement amoureux. Après l'été, je suis allé la voir une fois par semaine ; je prenais le métro de Brooklyn à Upper Riverside Drive. Papa et Mama nous fichaient une paix royale. Nous avons pris des risques incroyables. Je crois que la première fois que je lui ai dit que je l'aimais, c'était sur la plate-forme d'un bus de la Cinquième Avenue. Tu savais que sur la Cinquième Avenue, il y avait des bus à plate-forme ? Je jouais dans un quintette au Rendez-vous chez Paul, tout en essayant de suivre des cours du soir à l'université de New York. À sept dollars l'heure hebdomadaire, c'était trop cher pour moi. (Comme je te l'ai dit, je ne savais même pas que j'avais été accepté au City College, où les cours sont gratuits.) Il y avait Maxwell Bodenheim qui, pour un verre ou deux, venait chez Paul réciter de la poésie : « La mort vient comme des bijoux tombent dans un sac de velours... » ou quelque chose comme ça. Nous nous sommes mariés en 1933 parce que avec l'abolition du Volstead Act, nous pensions qu'il y aurait du travail dans les clubs. L'investiture de Roosevelt a eu lieu en mars. Les gens mouraient de faim : ils vendaient des pommes dans la rue, ils vivaient dans des bidonvilles sur le fleuve. Nous avons pris un premier appartement sur la 22e rue, entre la Huitième et la Neuvième Avenue, dans un immeuble de rapport, avec la baignoire au milieu de la cuisine. Nous nous arrangions pour avoir un crédit de deux mois sur le loyer, et nous déménagions quand il arrivait à expiration. Nous avons eu plusieurs logements comme ça. À un moment, nous avons vécu au coin de la 118e rue et de Riverside Drive, tout fiers d'habiter la même rue que George Gershwin. Pour les musiciens, les cachets commençaient à huit heures du soir ; on jouait jusqu'à perdre conscience. Eda venait me chercher et nous rentrions par Broadway ; nous prenions le petit déjeuner chez Nedick. C'était romantique. Elle travaillait toute la journée chez Bloomingdales comme démonstratrice en fournitures pour artistes peintres. Elle rapportait les peintures à la maison, si bien que l'arrangement nous paraissait correct. Nous ne dormions jamais. Et puis un jour, en 1935 — j'avais vingt-quatre ans —, j'ai connu mon premier gros coup de chance. Mickey Green, l'agent — ne cite pas son nom, il est encore en vie —, m'a obtenu une audition avec Cole Porter pour *Jubilee*... et j'ai décroché le contrat. À partir de ce moment-là, j'avais du boulot.

Qu'est-ce qui s'est passé, alors ?

Ta mère détestait le monde du spectacle. Les horaires, l'insécurité. Aux Beaux-Arts, elle avait été la meilleure de sa promotion, mais elle n'avait pas eu le Prix de Rome parce qu'on ne le donnait jamais à une fille. Il y avait aussi une compétition acharnée entre elle et ton grand-père. Et elle détestait le syndicat des musiciens, une vraie bande d'escrocs qui exigeait un pourcentage. Et en plus, à la naissance de ta sœur Nana, nous sommes retournés nous installer chez Mama et Papa pour qu'elle puisse se faire aider un peu.

Mais le spectacle ne te manquait donc pas ?
Ta mère m'aurait manqué encore plus. Nous nous aimions vraiment. Sans elle, je n'aurais jamais pu faire ce que j'ai fait. Et elle avait eu la vie dure, tu sais. Elle n'avait pas connu son père avant l'âge de huit ans, parce qu'il avait laissé sa famille en Angleterre quand elle avait deux ans et sa sœur à peine trois. Il était parti pour échapper à la conscription en Angleterre. Les Juifs passaient leur temps à échapper à la conscription. Pourquoi aller se faire tuer pour un tsar antisémite ?

Avant elle, tu avais été amoureux ?
Oh, il y avait une fille, au lycée... mais rien de sérieux. J'avais dix-neuf ans quand j'ai rencontré ta mère. Le mariage, c'était pour de bon, c'était un engagement. On ne divorçait pas comme ça. Ne va pas croire que nous n'avions pas nos *tsouriss*, nos soucis, nous aussi. Mais le divorce était hors de question.

Qu'est-ce que tes parents pensaient d'elle ?
Mama est venue à Utopia pour voir quel genre de fille c'était. Elle m'a dit : « Fais attention... cette fille se sert de toi. » [Il rit.]

Et qu'est-ce que ses parents pensaient de toi ?
Ils ne me trouvaient pas assez bien, n'empêche qu'ils nous laissaient tout le temps seuls dans l'appartement.

Ça n'a pas été dur, pour toi, de quitter le spectacle juste au moment où la chance te souriait ?
J'ai écrit des chansons qui ont été publiées, mais je savais bien que je n'étais pas un Cole Porter ou un Lorenz Hart. Ni un Irving Berlin ou un Gershwin. Ceux-là, c'étaient mes dieux. J'aurais vendu mon âme pour pouvoir écrire « Mountain Greenery » ou « Isn't it Romantic ? » mais tout ce que j'ai été capable de pondre, c'est « The Lonely Little Music Box ».

Qu'est-ce qui t'a donné l'aplomb d'aller à des auditions ou de devenir vendeur ?

Quand je partais me vendre, je cachais ma peur. La frousse était inévitable, mais j'ai toujours su ne pas me laisser paniquer. Tout le monde a le trac, tout le monde. Pour *Jubilee,* les plus grandes stars sortaient leur flasque d'argent et avalaient quelques gorgées avant le lever du rideau. Elles étaient dans un état ! Le trac, on s'y attendait, on l'attendait. On savait qu'on n'y échapperait pas. Mais on tenait bon. Quand j'ai quitté le spectacle pour la vente, pas un seul instant je n'ai imaginé ne pas réussir. Et quand j'ai démarré mon affaire, quand j'ai compris comment on gagne de l'argent, pas une seconde je n'ai pensé que je n'y arriverais pas.

De quoi es-tu le plus fier, dans ta vie ?

De vous avoir donné ce que mes parents n'ont pas pu me donner : la possibilité de faire des études.

Mais pour toi-même ?

De ça. Quand on a des filles fortes, qui ont leur propre opinion, on n'aura jamais raison contre elles. On ne peut pas leur dire d'épouser untel ou untel, mais on peut leur faire faire des études. C'est le minimum. Si tu voulais faire médecine maintenant, je te paierais tes études.

Merci, papa. Mais je n'ai pas oublié le fœtus de porc de Barnard. Avec un scalpel à la main, j'étais un vrai danger public ; et le formaldéhyde a failli me faire tourner de l'œil.

Peut-être qu'aujourd'hui, ce serait différent.

Tu rêves toujours de me voir médecin, hein ?

Écoute, tu es un écrivain sensationnel, mais tu as besoin d'un agent qui sache te vendre. Tout est dans les relations publiques. Et toi, de ce côté-là, c'est zéro. Regarde Madonna. Elle n'a pas de talent, mais elle a un service de relations publiques époustouflant. Pourquoi n'appelles-tu pas ce type de della Femina ? Il te conseillera.

Il fait de la publicité, papa, pas des relations publiques. C'est un vieil ami à moi, mais vendre les gens, ce n'est pas son métier.

Aujourd'hui, c'est le métier de tout le monde. Et toi, tu as besoin qu'on te prenne en main. Regarde tes droits d'adaptation à l'écran, par exemple. Comment se fait-il qu'il n'ait jamais été fait, ce film ? Les livres, c'est bien joli, mais qui lit encore, de nos jours ? Pour faire carrière, ça ne suffit pas.

Apparemment, moi, je n'ai pas beaucoup de chance avec le spectacle. Chaque fois qu'on veut faire une adaptation d'un de mes livres au cinéma ou à la scène, ça me coûte des années entières de ma vie et des procès à n'en plus finir. Je suis incapable de communiquer avec les gens d'Hollywood. Ils ne parlent pas mon langage. À moins que ce soit moi qui ne parle pas le leur. Ils ne comprennent pas pourquoi je m'attache à des petits détails comme l'intrigue ou les personnages, et moi je ne comprends pas comment ils gagnent autant d'argent en passant leur vie au téléphone. Je ne fais pas le poids.

N'importe quoi. Tu ne sais pas te vendre, c'est tout.

Et voilà ; nous avons fait le même parcours que d'habitude : de lui à moi. Comme je suis la partie de lui qui devait se lancer à la conquête du monde du spectacle, il me critique exactement de la même manière qu'il se critiquerait lui-même. Je dois porter le fardeau de ses rêves, et il me pousse, il me talonne, sans imaginer une seconde que je puisse prendre ça comme des reproches. Un jour où un de mes livres ne marchait peut-être pas aussi bien que prévu, je me suis mise à hurler au téléphone : « Il faudra bien que tu m'aimes, que je sois ou non sur la liste des best-sellers ! » Je crois qu'il a compris le message. Avant, il ne lui était pas venu à l'esprit que quand il essayait de me pousser, je me sentais accusée. Mais les parents sont comme ils sont, parfaitement lucides sur les possibilités de leurs enfants, sur lesquels ils investissent terriblement. Je fais probablement pareil avec ma fille. Je la pousse, je l'aiguillonne, je donne l'impression de ne jamais être contente d'elle alors qu'en fait, elle est tout ce que je voulais qu'elle soit et même davantage : elle parle franc alors que j'étais timide, elle s'impose alors que j'étais effacée, elle est remplie de mes rêves et de mes ambitions, auxquels elle apporte sa propre énergie. Bref, elle est ma flèche lancée dans l'éternité, mais elle ne peut pas le savoir.

Papa, chaque fois que je t'interroge sur toi, tu finis par parler de moi.

Ah bon ? Eh bien c'est parce que j'ai toujours pensé que tu ferais ce que je n'avais pas pu faire moi-même... et d'une certaine manière tu as réussi... dans tous les domaines sauf les relations publiques.

Comment lui expliquer que les vicissitudes de ma carrière ne vont pas se régler à coups de relations publiques ? J'ai transgressé des règles invisibles à ses yeux d'homme : j'ai parlé ouvertement de sexe, j'ai volé le droit aux aventures picaresques masculines pour le donner aux femmes, j'ai tourné en dérision les vaches sacrées de notre société. J'ai vécu comme je l'entendais, je me suis mariée et remariée, j'ai divorcé et redivorcé, et, pis encore, j'ai osé parler de mes ex-maris dans mes livres ! C'est là le plus hideux de mes crimes : non de les avoir commis, mais de les avoir confiés à l'impression. C'est ça qui m'a valu d'être mise à l'index. Aucune relation ne peut rien contre ça ! Voilà, ni plus ni moins, le sort qui attend les femmes rebelles. Avant, on nous lynchait sur la place publique. Dans un sens, il n'y a rien de changé.

Et aujourd'hui encore, il paierait mes études de

médecine ! Dois-je y voir une insulte ou un compliment ? Et si je le prenais au mot ? Après tout, cela me plairait peut-être de finir ma vie médecin. Vivre de sa prose, ce n'est pas facile.

Il est tard, tout d'un coup : trois heures et demie. Il faut filer. Mon père règle la note et nous retournons au magasin. Je saute dans un taxi et je repars vers le nord, avec mes tartines de notes indéchiffrables et un magnétophone qui, je le découvre tout d'un coup, n'a pas enregistré un seul mot.

Très bien. Je reproduirai la conversation comme je le fais toujours, en la romançant. De toute manière, tout est inventé. Surtout les passages les plus véridiques.

En relisant ce dialogue, j'ai peur d'avoir fait parler mon père un peu trop comme l'homme de deux mille ans de Mel Brooks. Mais il en ressort aussi quelque chose qui m'avait échappé quand j'étais plus jeune. Mes parents ont tous les deux renoncé à leur ambition artistique — lui sa musique, elle sa peinture — pour fonder ensemble une famille et une affaire qui allait requérir leurs talents conjugués : la conception, le dessin et la réalisation des modèles par ma mère, les qualités de vendeur de mon père, son don pour sentir les tendances. Les poupées devinrent leur production commune, comme leurs filles. Une opération papa-maman, à la fin de laquelle ils étaient toujours ensemble, avec en plus neuf petits-enfants... et beaucoup d'argent. Pour des jeunes qui avaient démarré pendant la Dépression, et dont les parents parlaient yiddish et russe, cela tenait du miracle. Bien plus encore, c'était leur idéal de mariage : un partenariat, un compromis, et, bien entendu, une entreprise communiste (chacun donne selon ses capacités, chacun reçoit selon ses besoins). Ni lui ni elle ne s'était senti grugé à la fin. (Le milieu, c'est une autre histoire.) Chacun profitait du succès de l'autre. Parmi les gens de ma génération, ce genre de mariage est plutôt rare. Quant à moi, je n'avais jamais pensé connaître ça. Et pour y arriver, j'ai dû livrer la plus dure bataille de ma vie. Mais j'anticipe. Il faut d'abord que je vous parle de ma mère.

Cela m'est très difficile, et en même temps absolument nécessaire. Où commencer ? Maintenant ou au début ? Dois-je adopter son point de vue ou le mien ? Nous sommes si liées qu'il est difficile de les départager. Je me dis que ma mère n'acceptera jamais de se faire interviewer, qu'elle va accueillir mon idée avec des sarcasmes amers. L'avenir me donnera tort. Je crois que le principal moteur de mon succès a été sa frustration. Mais en même temps, elle était à la fois jalouse et immensément fière de moi. C'est elle qui a fait de moi tout ce que je suis aujourd'hui — verrues comprises.

Comment ai-je pris conscience des limites du territoire féminin ? Par l'exemple de ma mère. Et à quel moment ai-je compris que mon destin devait plus ou moins rejoindre le sien ? À la puberté. Jusque-là, j'avais connu une ambition et un enthousiasme sans entraves. Je me voyais devenir un mélange d'Edna St Vincent Millay (l'héroïne de ma mère), Marie Curie et Béatrice Webb. Je croyais que j'allais attraper le monde par les deux oreilles et le secouer jusqu'à ce qu'il me dise : d'accord, Erica, d'accord, d'accord, d'accord. Et maintenant je me rends compte que ma mère avait eu la même désillusion, mais à une époque qui l'avait empêchée d'en sortir, alors que moi, je n'en étais pas prisonnière. Et c'est en partie son propre enlisement qui m'a permis de me libérer.

*

Je remonte loin, loin, loin dans le temps. J'essaie de transcender les mythes familiaux et les souvenirs-écrans pour me transporter dans une époque que je connais principalement par la vie d'Henry Miller — mais pas par celle de mes parents —, la flambée des années folles, le krach, les bars clandestins, les bas roulés et le gin de contrebande : 1929.

Ma mère étudiait les beaux-arts à la National Academy of Design. Petite brune aux cheveux courts et aux grands yeux noirs qui n'avait pas la langue dans sa poche, elle était la meilleure de sa classe en dessin et en peinture ; elle avait tout pour remporter les plus grands prix — y compris l'importante bourse de voyage qu'était le Prix de Rome. « Méfiez-vous de cette petite Mirsky, disait son professeur aux garçons. Elle vous battra tous. »

Et ma mère vivait cela comme un supplice, parce qu'elle savait (sans le savoir) que son sexe lui interdisait de jamais gagner le voyage à Rome. Quand elle reçut la médaille de bronze et qu'on lui annonça en toute franchise (le sexisme s'affichait carrément à l'époque) qu'elle n'avait pas eu le Prix de Rome parce que son rôle de femme était de se marier, d'avoir des enfants et de faire une croix sur ses talents, elle se mit dans une rage folle. Cette rage a été l'un des ressorts de ma vie, mais aussi, à bien des égards, un frein.

« Je croyais que le monde n'attendait que moi, disait-elle toujours, mais ça ne se passe jamais comme ça. Il faut le faire venir jusqu'à sa porte. »

À son époque, déjà, le féminisme était virulent. Les années vingt furent une période d'espoir pour les droits des femmes, mais ces droits n'ont jamais été codifiés. Et sans loi, le féminisme ne dure pas. Ma mère se reprochait ses « échecs ». Elle n'a jamais pensé à s'en prendre à l'histoire. Quant à moi, j'ai toujours refusé de bouillir de rage, comme elle. Il me fallait le pouvoir du soleil, pas le pouvoir de la nuit. L'abondance, pas la pénurie ; l'amour, pas la peur. Il m'arrive de penser que ma mère a obligé mon père à quitter son métier de musicien pour lui imposer le même sacrifice qu'elle. Si les enfants devaient lui mettre un fil à la patte, qu'ils en mettent un à leur père aussi. Elle refusait le rôle « féminin » qui consiste à soutenir les réalisations des autres. Elle refusait à mon père le droit de devenir artiste parce qu'elle se le refusait à elle-même. Voilà pourquoi la dynamique mère-fille est un sujet que je ne peux éviter si je dois déballer toutes ces conneries à la *David Copperfield*. Les frustrations de ma mère ont alimenté mon féminisme et mon écriture. Mais ma force m'est surtout venue de ma colère et de mon esprit de compétition : de mon désir de la surpasser, de la haine que m'inspirait sa capitulation devant sa féminité, de mon besoin d'être différente d'elle, par peur de lui être trop semblable.

La condition féminine était un piège. Si je ressemblais trop à ma mère, je me ferais piéger comme elle. Mais si je rejetais son exemple, je trahirais son amour. Quoi que je fasse, j'étais coupable d'imposture. Il fallait trouver le moyen d'être à la fois même et autre. D'être à la fois fille et garçon.

C'est peut-être en cela que je suis extrêmement typique de la génération coup-du-lapin. Nos modèles de maternité n'étaient pas reproductibles dans notre vie. Nos mères étaient restées à la maison, et nous partions par monts et par vaux. Nous étions souvent les premières femmes de notre famille à prendre seules une chambre d'hôtel, à élever nos enfants seules, à nous débrouiller seules de nos problèmes d'impôts, à contempler seules notre plafond de verre en nous demandant comment passer au travers : vie culpabilisante, donc ambivalente, car pour la plupart nos mères n'avaient même pas connu cela.

Lorsque j'en parle avec mes camarades de fac, le thème qui revient sans arrêt est la culpabilité envers nos mères.

« Nous sommes la génération sandwich », dit une ancienne de Barnard alors que nous fêtons notre cinquantième anniversaire par un petit dîner avant une réunion. « Notre génération a souffert de ce que, arrivées à la cinquantaine, nos mères n'avaient plus rien à espérer », dit une autre. Et une troisième : « Nous nous sommes imposé des contraintes pour ne pas perdre l'amour de nos mères. »

Nous tombons d'accord : « Messages contradictoires » sur la nécessité de se lancer ou non dans la compétition, de gagner ou non de l'argent, de s'affirmer ou de se soumettre. Car telles sont les caractéristiques de la génération coup-du-lapin.

Si nous nous sommes imposé des contraintes, je crois que c'est par loyauté envers nos mères — une loyauté mal placée. Puisqu'elles n'étaient pas entièrement libres de s'affirmer, nous sommes restées enchaînées à leurs propres restrictions, offrant cet asservissement comme preuve d'amour. (D'ailleurs, nous faisions souvent l'équation entre amour et asservissement.) À l'âge critique, maintenant que le temps bat des ailes dans notre dos, nous avons enfin rassemblé le courage de briser nos chaînes. Nous nous sommes enfin débarrassées de l'ambivalence qui était le lot de nos mères, et nous avons crevé notre plafond de verre intérieur pour trouver la véritable liberté.

À mon avis, le féminisme américain contemporain paie un très lourd tribut pour avoir rejeté Freud. En ne voyant en lui qu'un sexiste, en jetant aux orties, en même temps que son sexisme, le concept révolutionnaire d'inconscient, nous nous privons des outils qui nous permettraient de comprendre ce qui se passe entre nous et nos mères. Et sans ce processus, nous aurons du mal à enraciner le féminisme. Une lame de fond d'ambivalence nous menace dans toutes nos réalisations. Culpabilisées de réussir là où nos mères ont échoué, nous sabotons parfois inconsciemment nos succès au moment même où nous allons goûter ses fruits. Je crains que, si nous refusons de regarder les conflits de générations sous l'angle psychologique, nous soyons condamnées à rejouer sans cesse le même cycle du féminisme tour à tour brandi et bafoué.

En 1929, à l'époque où ma mère recevait son diplôme sans décrocher les prix qu'elle méritait, le monde était à une charnière comparable, tiraillé entre la nouveauté du féminisme et la vieille et tenace tradition du chauvinisme mâle. Mais les idées ne sont que des abstractions. Elles ne peuvent entrer dans le corps politique que le jour où elles sont portées dans le cœur des individus. Et ces individus ont été élevés par des parents d'une autre génération, chargée de ses propres valeurs. Chacun de nous livre contre la génération précédente une guerre intérieure, dont l'issue détermine les changements de la société.

Chez les femmes, ce combat est particulièrement âpre. Les femmes s'identifient automatiquement et fortement à leur mère, qu'elles doivent pourtant destituer pour se réaliser. Si chaque fille fait le contraire de ce que faisait sa mère, nous continuerons de connaître cette trop déprimante alternance de générations féministes et antiféministes. Nous continuerons de suivre le même petit circuit, en tournant indéfiniment en rond.

Les mères ont tendance à semer dans leurs filles les graines non encore germées de leur propre rébellion. En conséquence, des générations de braillardes suivent des générations de silencieuses et ainsi de suite, sans que rien change jamais. Juste au moment où les femmes acquièrent leur pouvoir intellectuel ou artistique, il faut que les hormones s'en mêlent et leur donnent un désir d'enfant qui balaye tout sur son passage. Si nous avons appris de nos mères que la maternité tue la créativité, nous réagirons en n'ayant pas d'enfants, ou en faisant de la maternité notre seule créativité. Pourquoi ne pouvons-nous pas rompre ce cercle vicieux et devenir les femmes que nos mères rêvaient d'être ? Parce que nous pensons que c'est impossible sans tuer nos mères ; alors, pour nous punir de ce souhait matricide, nous préférons tuer la mère qui est en nous.

Entre vingt et trente ans, après avoir remporté presque tous les prix littéraires de la fac et même publié un ou deux poèmes, j'ai traversé une période de blocage épouvantable. Dès que je m'asseyais à mon bureau pour tenter d'écrire, j'avais une crise d'angoisse : j'imaginais qu'un homme se tenait derrière moi avec un fusil chargé, prêt à tirer à la première ligne que j'écrirais. J'avais la chance d'être en analyse avec quelqu'un d'assez fin et patient pour me faire faire l'association entre l'homme au fusil et ma mère imaginaire, qui voulait que j'écrive et avait envie de me tuer si je le faisais. La mère de mon fantasme, qui n'avait aucun rapport avec ma mère réelle, se sentait trahie par mon acte d'écriture. Pour pouvoir écrire, j'ai dû livrer ce combat entre fantasme et réalité, combat qui refait peu ou prou surface à chaque nouveau livre. Et chaque fois, la solution est la même : il faut que j'extirpe mes démons de mon inconscient pour qu'ils me laissent tranquille le temps de surmonter mon blocage et de terminer mon livre.

La créativité n'exige de nous rien de moins que tout ce que nous possédons. Elle exige que nous prenions conscience de notre rage meurtrière, du tireur d'élite embusqué derrière le bureau, des démons intérieurs qui nous plongent dans la confusion.

Comment peut-elle être autre chose qu'une force terrifiante, pleine de rebondissements inattendus ? Si on lui consacre sa vie, on abandonne à jamais la promesse d'être une gentille petite fille. La créativité nous conduira inévitablement à dévoiler de noirs secrets familiaux. Elle nous conduira dans le labyrinthe à la rencontre du Minotaure. On ne peut pas rencontrer le Minotaure et rester petite fille sage. On ne peut pas regarder le Minotaure dans les yeux et continuer à faire taire l'artiste qui dort en soi.

J'imagine ma mère à dix-neuf ou vingt ans, en train de tourner et de retourner dans sa tête la question épineuse de la créativité féminine. Elle doit penser : « Je gagnerai contre les *dybbuks* ! » Elle a choisi un homme qui partageait ses passions. Elle a choisi un homme qui aimait ce qu'elle peignait. Mais le sabotage opéré par la société a bien servi celui qu'elle s'imposait. L'art demande beaucoup. Il exige de se soutenir soi-même, attitude d'autant plus difficile pour les femmes qu'on leur a toujours répété qu'elles devaient soutenir les autres. La société renforce tous leurs doutes. Puis arrive un bébé, et la nécessité de gagner sa vie... et ce que l'inégalité des chances n'a pas encore tué, l'amour va le ravager.

Un bébé, c'est un travail à plein temps pour trois adultes. Personne ne vous dit ça quand vous êtes enceinte, sinon vous risqueriez de vous jeter du haut d'un pont. Personne ne vous dit que la maternité va vous prendre chaque minute de votre vie, ni que vous pouvez faire une croix sur la lecture et sur la réflexion.

Cela, bien entendu, dans le cas d'un bébé normal et en bonne santé. Mais dans le cas d'un bébé malade, d'un bébé jamais rassasié ? Et dans le cas où la mère est malade ? Toute mère a connu ce moment terrible où le bébé tourne sa bouche pleine de lait vers son sein, et où elle sait qu'elle est tout ce qu'il a au monde.

Ma mère a paniqué et est repartie chez ses parents, retrouver leur rivalité écrasante et leur sollicitude infantilisante. Elle a suivi la ligne de moindre résistance et elle s'en est voulu. Il est plus difficile de se séparer de ses parents quand on dépend d'eux. Et quand on est soi-même parent. La dépendance d'un nourrisson établit un lien entre les femmes et leur mère. C'est ainsi qu'une génération se perd dans les combats de la précédente. Les vicissitudes de ma grand-mère m'ont été transmises par ma mère. Ma grand-mère écrasée par son mariage avec mon tyrannique grand-père, ma grand-mère aux avortements barbares sur la table de la cuisine, à la douceur, à l'attention maternelles inépuisables, plaçait au-dessus de tout le monde une amie à elle qui était dentiste, et dont elle parlait avec respect et fierté.

« D'avoir une amie dentiste lui conférait une sorte de statut social, disait ma mère. Mama était féministe elle aussi, mais sans le savoir. »

Donc, c'est par leur ambivalence que sont liées

les générations de femmes. Et ainsi de suite, et ainsi de suite...

J'avais attendu d'être reconnue comme écrivain avant de succomber aux séductions de la maternité. *Le Complexe d'Icare* a été ma Déclaration d'indépendance, et il se trouve qu'il m'a en même temps apporté le succès matériel me permettant d'élever mon enfant.

Ma mère n'avait pas eu cette chance. Élevée par des parents immigrés qui, ayant quitté leurs propres parents très jeunes, ressentaient le besoin de tenir leurs enfants de très près, elle s'était révoltée trop tôt contre sa mère, et sa révolte s'était terminée en eau de boudin. Confrontée à un monde injuste qui traitait les femmes artistes avec iniquité, elle s'était rabattue sur une forme plus acceptable de créativité féminine, imitant en cela des générations entières de femmes avant elle. Puis elle avait instillé la rage féministe dans le cœur de ses filles, imitant en cela aussi des générations entières de femmes avant elle.

Mais à elle seule, cette dynamique ne suffisait pas à nourrir mon ambition. Mon père, de son côté, voyait en moi un fils. Mon énergie, je l'ai tirée d'un breuvage puissant concocté par mes deux parents, et contenant tous les ingrédients pour fabriquer une fille qui se croyait le droit d'être un garçon... mais qui devait aussi se punir de sa présomption.

Ce breuvage est tout sauf un passeport pour la satisfaction. Je me suis lancée dans le monde comme un garçon, pour expier ensuite avec des larmes de fille — peur de prendre l'avion, peur du tireur d'élite derrière le bureau, peur de la cinquantaine. J'ai payé mon succès en me laissant grossir, en me refusant des relations salutaires, en me privant, pendant plusieurs années, des joies de la maternité. J'ai repoussé ma mère, aussi, parce que son exemple me faisait trop peur. Et elle m'a repoussée parce que mon succès était trop douloureux pour elle. Dans cette danse de répulsion-attraction mutuelle, je trouve que ma mère et moi ne représentons que trop bien les autres couples mère-fille de la génération coup-du-lapin.

J'essaie de voir ma mère comme une personne distincte, et j'en suis toujours incapable. Elle fait partie de moi, la partie qui critique, pique et désapprouve. Elle ne sera jamais satisfaite, parce que sa demande est fondamentalement irréalisable : elle veut que je sois exactement comme elle, tout en réussissant là où elle a échoué.

L'homme au fusil derrière le bureau, c'était moi. Ce n'était ni ma mère ni mon imago maternelle. Je voulais tuer le moi traître qui cherchait à faire sécession d'avec ma mère. Je savais que l'écriture était ma porte de sortie, et je voulais rester tout en m'en allant. D'où la métaphore parfaite du complexe d'Icare, ou la peur de voler.

Car je volerais de mes propres ailes, certes, mais jamais sans peur. Je volerais, mais toujours dans l'angoisse — une angoisse au tranchant d'acier, derrière les dents, qui souffle : « T'es pas cap. » J'ai volé, mais en souffrant dans mon orgueil, comme Icare. Ce symptôme lui-même était mi-père, mi-mère. Cette peur que je m'étais choisie exprimait la fracture de mon âme.

En Isadora Wing, j'ai inventé une héroïne typique de la génération coup-du-lapin. Elle prenait l'avion, baisait et réussissait socialement, mais elle se punissait par les hommes. Avec un cœur dans le passé et un intellect dans le futur, elle était condamnée à souffrir quoi qu'elle fasse. Elle a fait de son autodérision et de son humour son équipement de survie, car seule l'ironie permet de dire « X » tout en pensant « Y ».

Je crois que si Isadora a touché les femmes de ma génération, c'est parce que nous connaissons le même clivage qu'elle, nous qui sommes à la fois nos mères et des femmes de l'avenir. Nous gagnons notre vie, nous élevons seules nos enfants, nous nous battons pour notre carrière dans un monde qui nous refuse toujours l'égalité économique avec les hommes, et, malgré cela, la sombre lame de fond nous ramène toujours à nos mères et nous culpabilise pour la moindre parcelle d'autonomie gagnée.

C'est souvent en face des hommes et de nos enfants que notre ambivalence s'exprime le plus crûment. Nous qui ne craignons personne dans la compétition, nous nous écroulons dans nos relations amoureuses ou nous nous laissons réduire en esclavage par nos enfants. Certaines vont même jusqu'à faire une croix sur les hommes parce que la souffrance n'est simplement plus tolérable. Comme nous avons tendance à trop donner en amour, elles préfèrent ne rien donner du tout. Certaines se tournent même vers les femmes, espérant ainsi briser les chaînes de l'enfermement sadomasochiste.

Avec nos enfants, c'est plus difficile. Quand nous les gâtons, c'est souvent parce que dans nos modèles d'amour maternel, il n'y a pas de place pour l'indépendance. Nous ne pouvons pas rester au foyer, comme nos mères, mais nos images maternelles ont gardé le pouvoir de nous culpabiliser. En conséquence, nous n'imposons pas assez de limites à nos enfants, nous faisons trop de folies pour eux, et finalement ce sont eux qui font la loi tout en ressentant un profond manque de sécurité.

Quand je pense à la vie qu'a eue ma mère, je suis très émue. Le talent seul ne suffit jamais. Ma mère regorgeait de talent. Elle dessinait, peignait, travaillait l'argile, coupait des patrons, faisait des collages avec des bouts de soie et de papier, créait des robes de ballet avec trois feuilles de papier crépon, brodait une forêt au point de tapisserie sans autre modèle que celui qu'elle avait dans sa tête. Une année, pour Halloween, elle m'a déguisée en génie des bois ; elle avait recouvert mon justaucorps de feuillages verts, jaunes et orange qui bruissaient au vent, faisant de moi un arbre frissonnant dans l'automne. Elle me taillait des déguisements dans de vieux vêtements, confectionnait pour mes baigneurs des bonnets et des crinolines de style victorien, peignait des portraits miniature à suspendre aux murs de ma maison de poupées. Rien n'était impossible à ses doigts agiles, rien n'était inconcevable pour son esprit très visuel. Mais ce n'était pas assez. Il lui manquait le courage d'explorer à fond la forêt qu'est la destinée de l'artiste. Elle n'avait pas, comme moi, la force d'affronter la critique. Ses reproches intérieurs étaient si virulents, si incisifs, qu'ils la rendaient incapable de s'exposer à ceux d'autrui.

Ou alors, sa fibre maternelle était trop forte. Elle n'a pas pu s'arrêter au premier enfant, comme moi. Après m'avoir mise au monde, elle a cessé de lutter pour sa liberté. Et comment puis-je lui en vouloir de m'avoir mise au monde ?

Vu le genre de livres que j'écris, je n'ai jamais été à l'abri de la critique ; mais il se trouve que j'ai hérité l'irréductible ténacité de mon père. Le rejet et le jugement me blessent, mais, tant que j'écris, ils restent supportables. Je sais que la société ne viendra jamais d'elle-même frapper à la porte d'un individu, alors je l'y amène en refusant de baisser les bras.

Pourtant, on ne peut pas dire que ma mère ait baissé les bras. Simplement, elle a choisi une voie plus acceptable pour une femme : la capitulation devant les autres, l'amertume en soi. Toujours la même histoire. La société nous mate en jouant sur notre besoin d'approbation, d'amour, de compréhension. Si nous sommes bien sages, si nous excisons nos impulsions créatrices débridées, la récompense sera l'« amour ». Sinon, pas d'« amour ». La créatrice paie un prix effarant si elle reste sous la coupe de l'amour. La créativité est sombre, rebelle, pleine de « mauvaises » pensées. La refouler au nom de la « féminité », c'est succomber à une colère qui mène à la folie.

Et quand je pense à ma mère, je la revois presque toujours en colère.

J'ai voulu briser ce sortilège, rompre ce cercle vicieux, si bien que pendant très longtemps, les hommes et la maternité sont restés secondaires dans ma vie. Les hommes étaient acceptables tant qu'ils me dactylographiaient mes poèmes ; quant à la maternité, elle me terrifiait carrément. Elle avait été le Waterloo de ma mère, du moins c'est ainsi que je la voyais, et je n'avais pas l'intention de courir le même risque.

« Pas de danger qu'il passe une seule goutte de sperme à travers une colle pareille », me disait un de mes maris en voyant les tartines de gelée que j'étalais sur mon diaphragme. Je ne m'en suis jamais excusée. Je ne supportais pas l'idée de ne plus maîtriser ma vie, et je savais qu'un avortement me briserait le cœur. Mon diaphragme était le gardien de mes ambitions littéraires, envers lesquelles je n'avais aucune ambivalence. Je vivais avec une seule idée en tête : être numéro un sur la liste des best-sellers, ni plus ni moins !

Maintenant que j'ai cinquante ans et qu'il est trop tard, je regrette de ne pas avoir d'autres enfants. Cette nostalgie ne me coûte guère. Mais quand j'étais féconde, je voyais dans la maternité une ennemie de l'art, qui m'ôterait mon emprise sur ma propre vie. Ma mère avait toujours été terriblement déchirée entre les deux. « Chez une femme, le désir d'enfants est plus fort que tout », disait-elle, plutôt dépitée, me semblait-il. Je n'ai pas été confrontée à ce désir avant trente-cinq ans, âge auquel j'étais écrivain d'abord, mère ensuite. J'ai eu, comme Colette, une « grossesse d'homme » avec tournée de promotion au sixième mois et bouclage d'un chapitre sur un bal masqué au XVIIIe siècle pendant que je perdais les eaux, et j'ai allaité en écrivant le deuxième tome d'un roman picaresque.

Et pendant des années, je suis résolument restée écrivain d'abord, mère ensuite. Il ne m'a pas fallu moins que les dix premières années de la vie de ma fille pour accepter de m'abandonner à la maternité. À peine avais-je appris ce mouvement essentiel que Molly entrait dans la puberté et moi dans la ménopause.

Ai-je des regrets ? Non, aucun. J'ai élevé une fille qui elle non plus ne se connaît pas de limites. Et j'ai enfin appris que ma mère avait raison. Accepter la maternité, c'est accepter l'interruption. Molly revient de l'école et le travail s'arrête. Elle réclame mon attention tout entière. Je deviens sa copine, son pote, sa duègne, sa carte de crédit sur pattes. Ça m'énerve, mais en même temps j'adore ça. Elle m'émeut comme personne. Mais elle peut aussi me rendre folle. Elle part du principe, nécessaire à tous les enfants en bonne santé, qu'elle passe avant tout. Si j'en avais trois du même acabit, comme ma mère, ce livre n'aurait sans doute jamais vu le jour. Serait-ce grave ? Ce le serait peut-être pour moi seule. Qui sait ? J'écris parce que c'est impératif. J'espère que mes livres vous aident, vous aussi. Mais moi, si je ne les faisais pas, je crois que je ne vivrais qu'à moitié et que je serais à moitié folle.

J'ai donc fait mes choix et, dans l'ensemble, ils me satisfont. La relation entre une fille unique et sa mère est tellement forte qu'il m'arrive de regretter de ne pas avoir une maison retentissante de cris d'enfants. Mais honnêtement, je sais aujourd'hui que même moi, avec ma prodigieuse énergie, je ne peux pas tout faire. En fin de compte, on ne peut pas déléguer la maternité. L'allaitement peut céder devant les biberons ; les caresses, les jeux et les visites chez le pédiatre peuvent être confiés au père (il existe beaucoup de moyens de nous simplifier la vie), mais quand un enfant a besoin de parler à sa mère, c'est sa mère qu'il lui faut. Une mère est une mère est une mère, aurait certainement dit Gertrude Stein si elle avait eu un enfant.

Je ne nie pas qu'il faille aux enfants des dizaines de figures parentales ; mère, père, grands-parents, nourrices, cousins, cousines, professeurs, parrains et marraines, mais, malgré tout, rien ne remplace une bonne vieille maman. Suis-je en train de faire du chauvinisme femelle ? Tant pis. Le pouvoir de la maternité fait peur. Il faudrait être mégalo pour vouloir s'en emparer sans jeter un petit coup d'œil en arrière.

C'est seulement des années après avoir accouché que je suis devenue mère contre mon gré, et parce que je sentais que ma fille en avait besoin. Si j'avais eu le choix, j'aurais préféré rester écrivain et faire un peu de maternage en dilettante. Cela me paraissait plus confortable, plus sûr. Mais Molly ne l'entendait pas de cette oreille. Elle réclamait une mère, pas une dilettante. Et parce que je l'aime plus que je ne m'aime, je suis devenue ce qu'elle réclamait.

« Allô allô ? Ici la Terre. Pas de remise en orbite. On atterrit », dit-elle. Molly déteste me voir errer dans la maison (ou dans un magasin, ou dans son école) la tête pleine d'idées en attente d'écriture. J'atterris donc — c'est ce qu'il y a de plus dur pour moi — et je m'efforce d'être disponible. À qui déléguer cela ? À personne. Le voudrais-je ? Parfois, oui. (Bon, je ne suis pas la mère idéale ; mais la mère idéale existe-t-elle seulement ?) J'essaie néanmoins de donner à Molly la priorité sur moi. Et tout au fond de moi, aussi sûrement que je sais que je vais mourir, je sais que ma fille — comme tous les enfants — passe avant l'écriture. C'est pourquoi la maternité est si difficile pour les femmes écrivains. Ses exigences sont terriblement pressantes, importantes, et profondément satisfaisantes aussi.

Comment expliquer cela aux gens qui n'ont pas d'enfants ? On renonce à soi, et sans même un regret. On se consacre à guider son enfant dans la vie, aux dépens de son petit moi bouffi d'orgueil et qu'on croyait immuable. Pour rien au monde je n'aurais manqué cette expérience. Elle a ramené mon moi à des proportions plus modestes. Elle m'a éveillée à l'éternité. Elle m'a fait prendre conscience de mon humanité, de ma mortalité, de mes limites. Elle m'a donné toutes les miettes de sagesse que je possède aujourd'hui.

Que souhaiter pour Molly ? La même chose. Un travail qu'elle aime et un enfant qui l'amène à se trouver elle-même. Pourquoi devrions-nous nous contenter de moins ? Nous connaissons la réponse. C'est parce que la société a délibérément rendu les choses difficiles pour les femmes : elles n'allaient tout de même pas avoir la maternité et les joies de l'esprit par-dessus le marché ! Je fais peut-être partie de la première génération pour laquelle il n'est pas absolument impossible d'écrire tout en étant mère. Margaret Mead dit quelque part que quand elle a eu sa fille, en 1939, à l'âge de trente-huit ans, elle a jeté un coup d'œil aux biographies des femmes célèbres et s'est aperçue que la plupart n'avaient pas d'enfants, ou alors un seul. Cela ne commence à changer que depuis peu.

Mais c'est toujours ardu, et les combats sont loin d'être terminés. La bataille pour l'avortement, celle pour les « valeurs familiales », celle pour le travail des femmes, toutes sont des symptômes d'une révolution non achevée. Et les révolutions non achevées fomentent passions et colères.

Les femmes qui ont renoncé à leur travail, à l'art, à la littérature, à la vie de l'esprit pour s'occuper de leur famille en veulent naturellement à celles qui n'ont pas eu à le faire. Le privilège de créer est tout neuf pour les femmes, et le privilège de créer en même temps que de s'occuper d'une famille, plus neuf encore. Les femmes qui ont renoncé à la famille sont amères elles aussi. Peut-être auraient-elles pu s'arranger autrement, se disent-elles maintenant qu'il est trop tard. En veulent-elles à la légalisation de l'avortement de leur avoir donné de tout nouveaux choix que leurs mères n'avaient pas eu à faire ? Pas impossible.

Choisir est terrifiant. Imaginez qu'on se trompe ? La coercition et le ressentiment sont depuis si longtemps notre lot qu'au moins, nous y sommes habituées. La liberté est difficile à assumer. Elle pose la responsabilité bien en équilibre sur nos deux épaules. Peut-être certaines femmes ont-elles encore l'impression qu'il vaudrait mieux faire une bêtise irréparable. Peut-être préféreraient-elles entrer dans la maternité par accident.

Et, en effet, maintenant que les femmes ont la possibilité de contrôler leur fertilité, les hommes se dégagent d'une partie de leurs responsabilités. Ils gagnent, en même temps que les femmes, la liberté de choisir. Le choix démystifie la maternité et annihile une partie de l'ancien pouvoir féminin. Une femme qui possède d'autres pouvoirs trouvera cela merveilleux, mais une femme qui n'a que la toute-puissance maternelle éprouvera inévitablement un sentiment de perte. Après tout, il y a moins de cent ans que la vie des femmes est transformée par l'accouchement aseptique et la régulation fiable des naissances. Ces deux progrès ont radicalement changé la face du monde. Ce sont eux, et pas seulement l'idéologie féministe, qui ont révolutionné l'existence des femmes. Et certaines d'entre elles, visiblement, regrettent le passé.

Faut-il s'en étonner ? Le passé était peut-être la servitude, mais une servitude familière. L'équation entre féminité et maternité avait le mérite de donner aux femmes une identité sans équivoque. En tant que féministes, nous devrions comprendre ce sentiment de désarroi au lieu de le tourner en dérision. Nous devrions reconnaître l'immense pouvoir du lien maternel et l'importance capitale qu'il conférait aux femmes autrefois. Lui ayant rendu les honneurs, nous devrions souligner le droit à chacune de s'y consacrer ou non. Le renoncement n'est-il pas une forme de pouvoir ?

Lorsque je vois des hordes furieuses envahir les cliniques d'IVG, ou des foules méditatives former de silencieux cercles de prière devant les rassemblements pour l'avortement, je me dis que nous voyons déferler les dernières vagues de nostalgiques regrettant les impératifs chtoniens de la vie humaine. Pour quelle autre raison tueraient-ils des médecins au nom de la « vie » ? C'est la notion même de choix qu'ils veulent tuer, d'abord en eux, puis en nous.

Notre liberté de choisir est une sorte de négation de leur propre vie.

Il n'en reste pas moins que la maternité n'est ni légère, ni facultative, ni libre de toute ambivalence ; c'est une force urgente et mystérieuse qui l'emporte sur plusieurs autres préférences. Il faut bien se dire que ce qui contribue à la limiter fait peur à certaines femmes (et à beaucoup d'hommes). Ouvrons-nous à cette idée, et peut-être pourrons-nous combattre plus efficacement celles des défenseurs du droit à la vie. Ce qui me permet de le comprendre, c'est ma mère ; ma mère qui a passé sa vie déchirée entre la maternité et l'art, ma mère qui n'a jamais résolu ce conflit et, de ce fait, me l'a transmis.

Le don le plus précieux que je voudrais léguer à ma fille est la liberté. C'est une chose qui se construit par l'exemple, pas par l'exhortation. La liberté est une laisse jamais tendue, un droit à être différente de sa mère tout en gardant son amour. La liberté interdit à une mère d'entraver sa fille, de lui imposer une clitoridectomie symbolique, de lui faire partager ses propres limitations. Elle lui impose d'accepter de se faire rejeter par sa fille quand c'est nécessaire, et de lui rouvrir les bras le moment venu. La liberté, c'est l'amour inconditionnel.

Molly, je veux te donner ta liberté. Si tu me détestes, si tu me rejettes, je comprends. Si tu me maudis, si tu t'en repens, je comprends aussi. Je crois pouvoir être ton marbre, comme au base ball, auquel tu reviens toujours même si j'encaisse les coups. Je crois pouvoir être la terre d'où tu jailliras.

Mais si je te donne trop de liberté, contre quoi te battras-tu ?

Tu as besoin de ma connivence, mais encore plus de ma résistance. Je te promets de ne pas bouger pendant que tu vas à ta guise. Je te promets un amour infaillible pendant que tu fais l'expérience de la haine. La haine aussi est une énergie... qui brûle parfois plus fort que l'amour. La haine est parfois la condition préliminaire à la liberté.

J'ai beau essayer de disparaître, j'ai bien peur de te faire trop d'ombre. Une ombre que j'effacerais volontiers si je le pouvais. Mais sans elle, comment connaîtrais-tu ton ombre à toi ? Et sans ton ombre, comment pourrais-tu prendre ton envol ?

Je veux te libérer des peurs qui m'ont enchaînée, tout en sachant que cette libération ne peut venir que de toi. Je suis prête, sur mon marbre, j'ai mis mes protections de receveur. Je prie pour que tu n'aies pas besoin que je te reçoive si tu tombes. Mais je suis là.

La liberté est pleine de peur. Mais le pire à affronter, ce n'est pas la peur. C'est la paralysie.

Pars, je t'aime. Pars, je te tiens dans mes bras.

CHAPITRE III

La lesbienne folle enfermée dans le grenier

Que l'on nous refuse le droit d'exprimer la colère ou même de la reconnaître en soi, et on nous refuse de facto le pouvoir et le contrôle.

Carolyn Heilbrun, *En écrivant la vie d'une femme.*

LA LESBIENNE FOLLE ENFERMÉE DANS LE GRENIER

Alors que j'écris ces lignes, ma tante, l'unique sœur de ma mère, est sous camisole de force dans le service des fous dangereux du Lenox Hill Hospital. Elle est là non seulement parce qu'elle souffre de démence sénile — un Alzheimer, probablement —, mais aussi parce qu'elle est une femme seule, une lesbienne au foyer dont on ne veut plus, que sa compagne de trente ans a quittée quand elle a commencé à ne plus avoir toute sa tête, et dont personne ne veut s'occuper à plein temps. Elle n'a pas d'enfants (sauf celui de sa compagne, qu'elle a élevé en partie). Ma mère et elle ne se parlent plus depuis des années. Les origines de leur querelle sont troubles, comme dans toutes les querelles familiales, mais le résultat est là : ma mère ne veut pas d'elle, le beau-fils qu'elle a aidé à prendre en charge ne veut pas d'elle, et il y a un bail que sa compagne a émigré vers de plus vertes prairies.

Se retrouver seul et vieux peut arriver à tout le monde — et en ce qui concerne les femmes, les statistiques sont effarantes. Mais, dans le cas de ma tante Kitty, d'autres facteurs ont joué. Ma tante est une artiste, une lesbienne d'un certain âge, qui a choisi de ne pas travailler pour pouvoir s'occuper des autres. Ces qualités ne sont pas de celles qui aident à préparer une retraite ou à monter un pécule, ni de celles que la société récompense. De plus, l'Alzheimer de ma tante se complique d'un problème d'alcoolisme — et en Amérique, pour être malade il faut être riche. Tous ces facteurs ont contribué au destin actuel de Kitty. Et son destin, pour des raisons que je vais vous expliquer, m'est retombé sur les bras. Entre-temps, Kitty attend à l'hôpital où, après être tombée sans connaissance au Metropolitan Museum of Art il y a quelques semaines, elle a été conduite par un inconnu qui en a visiblement profité pour lui piquer son portefeuille et utiliser sa carte de crédit.

Tandis que je pèse le pour et le contre — car je refuse la responsabilité tout en sachant qu'elle m'incombe par défaut, que je le veuille ou non —, je me sens prise en otage par de vieilles photos de famille : trois clichés de ma mère et de ma tante quand elles avaient respectivement un peu moins d'un an et à peine deux ans, sept et huit ans, et enfin dix-sept et dix-huit ans. La première, estampillée au dos « Carte Postale USA, USA Studios, Londres et provinces », montre deux petites filles, l'une de neuf mois et l'autre de dix-huit, qui regardent l'objectif assises sur un canapé victorien. Le bébé de gauche, c'est ma mère : yeux bruns et ronds qui vous percent avec une force saisissante, quelques cheveux châtains, orteils recroquevillés, doigts potelés ; celui de droite est ma tante Kitty, grands yeux ronds aussi inexpressifs et innocents qu'aujourd'hui, bouche en bouton de rose et petites mains qui tiennent une poupée. La photo n'a aucun caractère prophétique : ma mère a eu trois enfants, ma tante aucun par le sang. Mais la relation est claire. Deux petites filles quasi jumelles, inséparables pendant toute leur enfance, sont destinées à se servir de miroir l'une à l'autre, et ce miroir à renvoyer à chacune l'image d'une ennemie.

Sur la photo suivante elles ont à peu près sept et huit ans ; elles portent des robes aux genoux, des bottines et de grands catogans flous. Elles se tiennent par la main. Eda regarde droit devant elle ; Kitty incline la tête vers sa sœur. Ce portrait a également été pris en studio, en Angleterre, mais sur un canapé de style français cette fois-ci. Celle qui sera ma mère est la plus assurée des deux fillettes, ma tante la plus « féminine », si le féminin se définit (comme ce fut le cas pendant presque toute sa vie) par la souplesse et la complaisance. C'est ce tempérament qui l'a conduite là où elle est aujourd'hui.

La troisième et dernière photo, prise à New York avant un voyage à Paris (m'a-t-on dit), montre deux adolescentes des années vingt aux cheveux coupés en carré court, en bas de soie, souliers de soie à bride, robe à taille basse et jupe courte. Je retrouve les deux paires d'yeux bruns et ronds, les doigts potelés de ma mère et ceux de ma tante, qui sont fins, l'expression effrontée de ma mère et la timidité effacée de ma tante. Eda a posé un doigt sur l'épaule de Kitty ; Kitty appuie un coude soyeux sur les genoux d'Eda et se penche vers elle dans un mouvement chaleureux et intime ; l'aînée paraît la plus jeune, la plus jeune l'aînée.

Que s'est-il passé entre cette séquence de photos et aujourd'hui ? C'est le mystère remis entre mes mains par la crise de Kitty. Fût-il insoluble, je vais tenter de le résoudre. Pourquoi ? Parce qu'il est dans ma nature de ne jamais laisser passer entre mes doigts un écheveau emmêlé sans essayer de le démêler. Cela peut débrouiller un peu de mon moi embrouillé.

J'apprends peu à peu que l'autobiographie est beaucoup plus difficile que la fiction. Dans la fiction, à défaut d'un sens moral, l'écrivain peut imposer un certain ordre sur les événements. Naturellement, les personnages ne lui obéissent pas comme des marionnettes ; mais s'il les cajole un peu, il pourra leur faire exécuter des danses agréablement symétriques avec un semblant de début, de milieu et de fin, un but, une intrigue et des mobiles.

Dans la vie, il en va autrement. Et particulièrement dans la vie de nos proches. Certains vont à la tombe sans nous avoir livré leur mystère, et en tout cas sans but, sans intrigue, sans mobiles. Moi qui écris des romans, j'ai envie de donner une forme et une symétrie à cette histoire, mais je m'embourbe dans la matière brute et chaotique des faits.

Les faits se déroulent à l'envers, c'est dans leur nature. Demain, je rencontre ma tante au tribunal : je voudrais être officiellement nommée sa curatrice. Ensuite, j'essaierai de lui trouver une place quelque part. Ce soir, je me promets d'aller la voir au Lenox Hill Hospital, mais je ne bouge pas de chez moi. Je reste à mon bureau à fouiller parmi les vieilles photos de famille en essayant de déchiffrer leur message.

La mémoire est au cœur même de la condition humaine. Sans mémoire, nous n'avons pas d'identité. C'est pour cela, en fait, que je commets une autobiographie. Et si, au beau milieu, la perte de mémoire de ma tante prend la première place dans ma vie, ce ne peut pas être par hasard.

Nous nous retrouvons au tribunal, un lugubre bâtiment à colonnades sur Centre Street. Les personnages de la pièce sont les suivants : ma tante Kitty, les cheveux colorés montrant leurs racines grises, l'air ahuri, la perplexité peinte sur son vieux visage enfantin. Son ancienne compagne Maxine, dont la présence en impose : cheveux roux tout frisés, rouge à lèvres orange, tailleur corail et bijoux en veux-tu en voilà. Une jeune avocate autoritaire qui défend les droits civiques de Kitty au nom de la Ville de New York. Un avocat au visage rubicond, la quarantaine, nœud papillon rouge, nommé par la ville pour être le tuteur de Kitty *ad litem.* Un jeune ami de Kitty, Frank, qui n'a pas trente ans et porte une tripotée de petites créoles à l'oreille gauche. Mon père. Mon mari avocat, qui représente la famille. Une aide-soignante haïtienne engagée auprès d'une agence privée pour s'occuper de Kitty. Enfin, un juge d'origine chinoise qui voit plutôt d'un mauvais œil les requérants essayant de placer leurs parents âgés dans des maisons autres que la leur. Moi qui ai été mariée à un Américain d'origine chinoise, je me rends compte qu'avec ce juge, je n'ai pas tiré le bon numéro. Les Chinois ne parquent pas leurs vieux dans des mouroirs ; ils les honorent.

Si nous nous en remettons à la justice, c'est parce que nous n'avons pas su décider nous-mêmes du sort de Kitty. Dans notre société, le tribunal est le dernier recours de l'entêtement.

Il y a un an déjà que Kitty a commencé à manifester les premiers signes de son incapacité à vivre seule. Après son malaise, elle s'est fait hospitaliser Dieu sait où et nous avons dû courir toute la ville à sa recherche, aidés de plusieurs commissariats de police. Quand nous avons fini par la retrouver, dans un petit hôpital de la 16e rue est, elle nous a assuré qu'elle allait très bien et qu'elle voulait simplement rentrer chez elle. Malgré son charme qui opérait encore très bien, les assistantes sociales et les psychiatres nous ont prévenus qu'elle avait de « graves troubles de la mémoire » et qu'il ne fallait pas la laisser seule. Ils nous ont recommandé une maison de retraite, mais personne n'a jamais pu y faire entrer Kitty. Je suis allée voir la maison, je me suis servie de ma célébrité pour flatter le directeur des admissions, j'ai rapporté à ma tante une photo de son éventuelle future chambre, sur quoi elle a catégoriquement refusé d'aller ne serait-ce qu'y jeter un coup d'œil. Une nuit, elle a tout bonnement quitté l'hôpital sur ses deux jambes pour retourner à son loft, où elle nous a annoncé qu'elle comptait vivre jusqu'à la fin de ses jours.

Pour moi, ç'a été un soulagement. N'étant pas prête à accepter la maison de retraite comme la solution inéluctable, je me berçais d'illusions quant à l'autonomie de Kitty. Et en effet, elle ne s'est pas trop mal débrouillée pendant un temps. Frank venait la voir tous les jours et Maxine l'emmenait dans les Hamptons quand sa conscience la tarabustait vraiment trop. Mais Kitty avait de telles absences qu'elle ne se rappelait ni ses sorties, ni les coups de téléphone qu'elle avait reçus, ni même le nom de ses proches ou les heures où elle devait prendre ses médicaments. Il devenait de plus en plus évident que cet expédient ne durerait pas.

« Tu n'aurais pas une petite chambre pour moi ? » me demandait-elle d'un ton geignard. Et tout en culpabilisant, je m'interrogeais sur les raisons de mon refus. Je pouvais loger ma fille, mon mari, mes invités, mais les exigences de Kitty m'auraient accaparée jour et nuit, et ça, c'était trop me demander.

Un malade d'Alzheimer ne tient pas en place. La mémoire se défait, et les amnésiques semblent oublier qu'ils sont amnésiques. Un soir, Kitty avait ramené chez elle un clochard complètement soûl, à qui elle avait donné un jeu de ses clés. Frank avait trouvé le type confortablement installé chez elle. Quand il avait averti son amie du danger qu'elle courait, elle s'était mise dans une colère noire et lui avait ordonné de « foutre le camp » de sa vie.

La situation avait traîné quelque temps. Les objets disparaissaient du loft. Les amis n'étaient plus très chauds pour venir chez elle parce qu'ils avaient peur de se faire attaquer par des étrangers. Kitty s'accrochait. Elle savait qu'elle était seule, mais c'était à peu près tout ce dont elle était consciente.

Elle s'entourait des sans-abri, des soûlots et des camés de Chelsea. « Ces gens-là sont très seuls, tu sais », disait-elle — ce qui était vrai, évidemment. Mais quand elle s'est mise à provoquer des bagarres dans des bars du voisinage, les gens ont commencé à ne plus vouloir d'elle partout. De plus en plus, on la prenait pour une folle. (Et que veut dire « fou », sinon imprévisible, amnésique, inadapté ?) Quand Kitty s'est finalement retrouvée au Lenox Hill Hospital, nous avons tous compris qu'il faudrait impérativement se rabattre sur une autre solution. Que fait-on des vieux amnésiques dans cette ville de brutes ? C'est déjà bien assez difficile d'y vivre avec toute sa mémoire.

Nous avons tenu un petit conciliabule chez moi.

Maxine a bien voulu présenter une requête pour faire déchoir Kitty de ses droits. Mais le week-end juste avant l'audience, elle s'est dégonflée. Avec une requête sur les bras mais pas de requérant, et Kitty toujours en psychiatrie au Lenox Hill, Frank et moi nous nous sommes proposés pour remplacer Maxine. Nous n'avions pas le choix.

C'est ainsi que l'affaire est arrivée devant le tribunal. Assise près de Kitty, je lui tenais la main pendant qu'un psychiatre convoqué pour expertise déballait son historique d'amnésie et de démence sénile, le diagnostic de la maladie d'Alzheimer et tous les phénomènes annexes.

« C'est de moi qu'il parle ? a demandé Kitty. Pourquoi donc ? Et où sommes-nous ? »

On l'avait laissée sortir de l'hôpital pour pouvoir assister à l'audience, et elle était encore sous l'effet des tranquillisants qu'on lui administrait faute d'une meilleure thérapeutique. Ahurie de se retrouver dans cet endroit bizarre, elle répétait : « C'est de moi qu'ils parlent ? »

Elle a dû vivre un cauchemar. Se réveiller en plein tribunal au milieu de gens qui discutent de votre santé mentale et qu'on ne reconnaît pas... c'est l'univers kafkaïen par excellence. Mais qui peut prendre une décision concernant quelqu'un d'autre, même quelqu'un qui a perdu la mémoire ? Sans mémoire, qui sommes-nous ? Kitty se posait la question. Moi aussi.

La vérité, c'est que nous aurions dû arriver à prendre ma tante en charge sans ces simagrées juridiques ; mais puisque sa plus proche parente, ma mère, refusait de participer, puisque son ancienne compagne et son héritier refusaient la responsabilité de la placer en maison de retraite, nous n'avions pas pu faire autrement. Le recours juridique, malgré toutes ses maladresses, est parfois la seule manière de mettre les gens en face de ce qu'ils refusent de voir. Il a au moins l'avantage de rassembler toutes les parties concernées dans la même pièce. Introduire l'autorité douteuse de l'État dans les affaires familiales peut forcer la famille à retrouver sa propre autorité, ne serait-ce que dans la rébellion.

Et c'est ce qui s'est passé dans le cas de Kitty. Le juge, qui voulait avant tout préserver la dignité des personnes âgées, semblait rester sourd au rapport psychiatrique pour ne voir que le tableau de genre : les proches aux doigts crochus essayant de faire enfermer la gentille vieille dame.

Maxine vint témoigner juste après le rapport du psychiatre. Rongée d'inquiétude et de culpabilité, elle répétait sans arrêt qu'elle n'attendait rien de Kitty, ce qui finit par éveiller les soupçons du juge. Les magistrats nommés par la ville ne nous furent pas d'un grand secours non plus. Tout d'abord, le suffisant avocat au nœud papillon nous fit clairement comprendre qu'il considérait Kitty comme sa mère et qu'il ne supportait pas l'idée de sa déchéance mentale. Et la jeune avocate désignée pour faire valoir les droits civiques de Kitty se lança dans un verbiage interminable d'où ne ressortait absolument pas le danger que courait sa cliente. Pendant cette mascarade juridique, j'étais restée avec Kitty, contente qu'elle n'entende pas tout ce qui se disait devant les juges, qu'elle ne puisse pas voir ses biens les plus précieux, sa personne et son identité, réduits à une peau de chagrin dans le jargon des avocats et des psychiatres. Son seul crime était d'avoir perdu la mémoire et, donc, d'être présumée folle.

Les procédures judiciaires sont longues, et les juges plutôt ponctuels. La séance fut ajournée à cinq heures précises, et on me confia le soin de remmener Kitty au Lenox Hill Hospital. Maxine avait disparu aussitôt après son témoignage, mais les deux avocats désignés s'attardaient sans but, avec force effets de manches. Le problème, c'est que personne ne voulait assumer la charge à plein temps qu'était devenue Kitty. Maxine avait son agence immobilière. Frank avait son travail d'architecte paysager et un amant en train de mourir du

SIDA. J'avais une fille et une date limite pour remettre mon manuscrit ; mon mari avait d'autres affaires qui, contrairement à celle-ci, couvriraient ses frais ; mon père devait partir retrouver ma mère sans lui dire d'où il venait parce que ma mère, dans une sorte de distorsion du temps, accusait toujours sa sœur de tenter de le séduire. Quelle surprise elle aurait eue si elle était venue au tribunal ! Ma tante ne se rappelait même pas qui était mon père. Elle était incapable de mettre un nom sur ce visage qu'elle connaissait depuis soixante-trois ans.

En sortant du tribunal, je raccompagnai Kitty et son infirmière personnelle dans une ambulance de l'hôpital.

« Si on s'arrêtait pour prendre un verre ? demanda Kitty. On pourrait peut-être dîner quelque part, non ? Je peux venir chez toi ? »

Deux heures plus tard, j'étais attendue à un dîner de gala donné en l'honneur d'un ami ; tout d'un coup, j'eus envie d'y emmener Kitty ou de ne pas y aller du tout. Impossible. Kitty était épuisée, un peu perdue, et elle était attifée n'importe comment avec les vêtements que Maxine avait daigné lui apporter : un chemisier taché, des chaussures qui ne lui allaient pas, des bas déchirés, un manteau de fourrure bouffé aux mites. Elle ne pouvait pas passer la nuit autre part qu'à l'hôpital. Demain, je la ramènerais chez elle, je lui trouverais une garde de jour, et on aviserait.

De retour au service de psychiatrie (Kitty ne se rendait pas compte qu'elle était dans un hôpital), je lui enlevai ses chaussures et lui massai les pieds. « Que Dieu te bénisse », me dit-elle. Puis : « Comment s'appelle cet hôtel ?

— L'Hôtel du Cœur Brisé.

— Quel drôle de nom, dit Kitty.

— Où est le téléphone ? » demandai-je à l'infirmière. Elle me regarda comme si j'étais folle.

« Vous êtes en psychiatrie, ici, me répondit-elle avec impatience.

— Moi, j'ai l'impression d'être dans une chambre d'hôtel », dit Kitty.

L'heure tournait, mais je me sentais incapable de partir.

« On prend un verre ? » répétait Kitty sans arrêt. Chaque fois, je riais. Je riais pour ne pas pleurer. C'est cette exigence répétée des amnésiques âgés qui les rend impossibles à vivre. Nous prenons leurs répétitions pour des insultes, ce qui est stupide. Si seulement nous pouvions mettre notre moi de côté et vivre dans l'instant, comme le font les très âgés et les très jeunes. Imaginez-vous dans un état tel que vous vous répétez sans arrêt, parce que chaque seconde est sans relation avec la précédente.

« On prend un verre ? » dit Kitty. C'était son petit rituel du soir, et elle s'y accrochait comme à un radeau de sauvetage alors qu'elle avait perdu tous ses autres repères. Inutile de lui dire que la boisson avait contribué à lui faire perdre la mémoire. Elle s'en moquerait complètement... elle ne se rappelait même pas quel effet cela faisait d'avoir une mémoire.

Dîner chez les dingues. D'un pas traînant, les patients défilent dans la cafétéria pour prendre leur plateau. « Salut, Kitty, ça baigne ? » tonne un malade tout tordu, à l'air complètement rétamé, qui porte des chaussons en papier.

« Je vous présente ma nièce, le célèbre écrivain », lance Kitty à la cantonade. La gêne me picote les joues. Même avec son esprit qui s'effiloche, Kitty cherche encore à s'attirer une reconnaissance par ma célébrité. Quelle ironie d'invoquer quelque chose d'aussi éphémère que la gloire au milieu de toute cette mutabilité humaine.

Rien ne nous épargne de vieillir : ni la renommée, ni le talent, ni le charme personnel, ni la richesse, ni l'esprit. Cet absurde marchandage de ma célébrité me faisait un peu honte. Dans cette maison de fous, je sentais une sorte de fusion entre Kitty et moi. Ses gaffes étaient aussi les miennes.

Dieu — il était tard. Mon ami, mon enfant, mon mari, tout le monde m'attendait. Comme d'habitude, j'étais tiraillée entre des exigences conflictuelles, et j'avais l'impression de ne répondre à aucune correctement.

Dans l'ascenseur, une femme engagea la conversation avec moi, comme cela arrive souvent entre femmes. « Ma meilleure amie a encore eu une crise, me dit-elle. Deuxième tentative de suicide. Elle est réhospitalisée.

— Ma tante a la maladie d'Alzheimer », dis-je. La femme fit un signe de tête compréhensif. Pas de célébrité, ici. Simplement deux femmes prenant soin de deux autres, dans un rôle bien féminin. « Bon courage », me dit-elle. « À vous aussi », répondis-je.

La pleine lune baignait dans un halo de lumière ; la nuit était glaciale. Je m'enroulai dans mon écharpe et dans mon manteau, et je descendis Lexington Avenue en courant jusque chez moi.

Une femme libre. Mais pour combien de temps ? Un jour viendrait où, comme Kitty, je ne pourrais plus sortir seule d'un hôpital. Et alors, qu'adviendrait-il de moi ?

Je ne voulais pas y penser.

L'audience devait reprendre le lendemain, mais une autre affaire vint bousculer le calendrier du tribunal. Cela me permit de passer chercher Kitty pour l'emmener chez elle. On me l'avait beaucoup déconseillé, mais je me sentais liée par ma promesse, même si Kitty l'avait déjà oubliée.

Il est toujours plus facile de faire entrer une personne âgée dans une maison de retraite si elle sort de l'hôpital plutôt que si elle vient directement de chez elle. Ma promesse me mettait donc un poids supplémentaire sur les épaules, mais n'est-ce pas le propre des promesses, dès lors qu'on veut les tenir ? Dès le milieu de l'après-midi, j'étais de retour à l'hôpital pour libérer Kitty et ses paperasses, ses ordonnances, ses nippes. Je la ramenai chez elle, à Chelsea, en compagnie d'une aide-soignante haïtienne replète du nom de Chloé.

Je trouvai le loft dans une pagaille monstre, la cuisine d'une saleté repoussante, les murs dépouillés de leurs tableaux. On aurait dit que l'endroit avait été mis à sac. Il restait quelques meubles épars ayant appartenu à mes grands-parents — une bibliothèque Stickley, le chevalet tout taché de mon grand-père. On avait fait un tri parmi les marines de Kitty, gigantesques, lumineuses, qui avaient eu autrefois la place d'honneur dans le loft ; certaines avaient disparu. Kitty ne s'aperçut de rien. Elle était sincèrement contente de se retrouver dans un lieu qui était toujours « chez elle ».

Chloé se vautra aussitôt sur le canapé et alluma la télévision, histoire de bien faire comprendre que le reste n'était pas de son ressort. Juste pour voir sa réaction, je lui demandai de remplir quelques feuilles de Sécurité sociale pour Kitty et de m'aider à nettoyer la cuisine. Elle refusa catégoriquement. « Nous ne sommes pas payées pour ça », me dit-elle. Elle était baby-sitter, rien de plus — mais à un tarif à faire rougir une baby-sitter.

Kitty parcourait la pièce d'un pas hésitant, sans oser enlever son manteau. Je la fis asseoir et enfiler des chaussures confortables — des ballerines chinoises en tissu — et je lui offris une tasse de thé.

À ce moment-là entra Maxine, tout affairée, suivie de Frank et d'Adrian, son ami, ainsi que de deux hommes superbes qu'ils ramenaient des Hamptons.

« Kitty, ma chérie ! s'écrie Maxine. On a une camionnette en bas. On t'emporte quelques tableaux pour te préparer une petite exposition. » Sur ce, voilà les deux beaux mecs qui se mettent à embarquer tableaux, cartons à dessin, et un lion grandeur nature que Kitty avait toujours eu dans le loft. (Kitty est Lion, et cet animal rugissant est son talisman.)

« Mais qu'est-ce que tu fais ? demande-t-elle à Maxine. Ce lion est à moi !

— Non, ma chérie, répond Maxine. Il est à moi. C'est moi qui l'ai acheté.

— C'est faux ! réplique Kitty.

— C'est tout ce qu'il y a de plus vrai. » Tout d'un coup, je me souviens du grand chambardement qu'il y a eu quand Kitty et Maxine ont « rompu » il y a douze ans, et que Maxine a chassé Kitty des deux maisons qu'elle avait aidé à construire et à rénover, une à Chelsea et une autre à Southampton, en la dédommageant par ce modeste loft et une petite pension.

« Ne prends pas mon lion ! s'écrie Kitty. C'est tout ce que j'ai.

— Je ne fais que le mettre en sûreté pour toi, ma chérie », répond Maxine tandis que les deux beaux mecs emportent ce dernier symbole de l'identité de Kitty.

Atterrée et choquée par une attitude aussi éhontée, je me tais.

J'ai envie de dire : « Je sais que vous héritez, mais vous pourriez tout de même éviter de faire comme si elle était déjà morte » ou : « Pour l'amour du ciel, ça peut attendre, non ? » Et Maxine, sentant ma désapprobation, attrape un énorme carnet de dessins à la plume faits par mon grand-père, qu'elle dépose entre mes mains tremblantes.

« Je vous le confie, dit-elle. Gardez-le précieusement. » Le volume avec lequel elle vient de me soudoyer est plein de croquis hallucinants de l'enfance de Papa à Odessa, qui s'ajouteront aux autres souvenirs pour peupler mon autobiographie. Je le prends.

Le lion est embarqué.

Maxine s'empresse, déballe de l'épicerie, annonce à Kitty qu'elle ne reste pas parce que, comme c'est son anniversaire, on « l'emmène au restaurant ».

Elle nous laisse, Frank, Adrian et moi, auprès de Kitty, qui maintenant veut elle aussi se faire « emmener au restaurant ».

« Je vous invite, dis-je. Vous connaissez quelque chose de bien ? »

Nous nous mettons d'accord sur un chinois du quartier, et Frank m'aide à habiller Kitty pour la petite sortie.

« Tu as des cheveux épouvantables, lui dit Frank. Si tu veux, je te fais une couleur demain soir. » Il la peigne avec amour, accroche aux lobes de ses oreilles les boucles dorées qu'il lui a faites lui-même et l'aide à se maquiller. Entre-temps, je vais inspecter la garde-robe de Kitty, à la recherche de quelque chose qui ne soit ni déchiré, ni taché, ni en lambeaux. Je trouve un chandail et une jupe acceptables, pas de soutien-gorge, et pas une seule culotte propre. Je lui laisse ses confortables pantoufles chinoises aux pieds. On commence par ne plus prendre soin de son corps, me dis-je, ensuite on ne lave plus ses vêtements, et enfin c'est la vie qui s'en va. Mais pas assez tôt. La vie, hélas, s'attarde même sans linge propre, car à la fin tout retourne à l'enfance. Nous n'avons pas de repères, pas de livres traitant des derniers stades de notre évolution, pas de rituels réconfortants. Au début du voyage, un bébé a une mère aimante qui feuillette les livres du Dr Spock à la recherche de trucs, de clés. Mais au septième âge de la femme il n'y a pas de mère aimante (elle est morte depuis longtemps), pas de curateur légal, pas de livres. Nous faisons ce voyage vers le passé seules, en pantoufles chinoises.

Kitty habillée, Frank, Adrian et moi enfilons nos manteaux.

« Et elle, qu'est-ce qu'elle va manger ? demande Kitty en parlant de Chloé qui est toujours affalée devant la télé.

— Vous en faites pas pour moi, j'ai dîné, dit Chloé dont le visage rond et luisant reflète les lueurs du petit écran.

— Mais vous n'avez pas faim ? » insiste Kitty qui tient à veiller sur sa gardienne. C'est une habitude, dans la famille.

« Non, dit Chloé. Allez dîner tranquille. »

Kitty ouvre de grands yeux bruns.

« Mais il faut bien qu'elle mange quelque chose, elle aussi.

— Ne t'en fais donc pas, mon petit chou. Elle a mangé, dit Frank.

— Voulez-vous que nous vous rapportions un pâté impérial ? dis-je à Chloé pour apaiser Kitty.

— D'accord, répond Chloé.

— Qu'est-ce que tu dis ? demande Kitty. Je n'ai pas besoin de pâté impérial. Pourquoi voulez-vous tous que j'aie envie d'un pâté impérial ? »

Nous descendons péniblement la 23e rue dans le froid. Deux jeunes hommes, l'un atteint du SIDA, l'autre n'osant pas aller chercher les résultats de ses tests sanguins, et une vieille femme qui répète : « Oh, ce qu'il fait froid. Ce qu'il fait froid », ou encore : « Où allons-nous ? » Et moi, plongée jusqu'au cou dans ma peur de la cinquantaine.

Au restaurant chinois, je m'assieds en face du bien-aimé de Frank, qui me raconte l'histoire des dernières années de sa vie.

« Que faites-vous ?

— Je suis en arrêt de maladie. Le SIDA, me répond-il.

— Mais que faisiez-vous avant ?

— J'ai étudié la flûte chez Juilliard, ensuite j'ai travaillé comme musicien et, pour gagner ma vie, j'ai été assistant personnel de Leonard Bernstein. Pas facile, comme travail.

— Quand avez-vous appris que vous étiez malade ?

— Oh, il y a cinq ans.

— Et ça a changé votre vie ? »

Le jeune et beau visage carré d'Adrian devient pensif.

« Oui, sans doute, répond-il. Je me suis mis à réfléchir à la façon dont je voulais vivre. J'ai quitté Bernstein parce que c'était trop stressant — il était très exigeant — et j'ai commencé à jouer pour moi, à penser et à méditer. Oui, ça a changé ma vie. J'ai découvert que l'amour était plus important que les expériences sexuelles multiples. J'en ai conclu qu'il fallait que j'aime vraiment quelqu'un avant de mourir.

— Et ensuite ?

— Ensuite j'ai rencontré Frank, dit-il en souriant à son ami.

— Qui m'a commandé ça ? demande Kitty en voyant arriver son assiette.

— C'est toi, mon chou, lui dit Frank.

— Certainement pas, dit Kitty que sa force d'argumentation rassure : c'est une preuve de son existence.

— Mais si, mon chou, lui dit Frank gentiment.

— Bon, ce n'est peut-être pas mauvais, après tout, dit Kitty en plantant sa fourchette dans ses beignets.

— Bien sûr que non », lui dis-je. Je trouve cette scène bien étrange, comme d'ailleurs toutes les réunions, quand on y réfléchit. Oui, cette Cène est bien étrange. Deux très jeunes hommes qui n'ont peut-être plus très longtemps à vivre, ma tante qui n'a plus grand-chose à espérer et moi, au milieu comme toujours, qui observe en me demandant comment faire de tout cela une histoire. Cette histoire pourrait-elle aider quelqu'un ? Je l'espère, même si ce quelqu'un n'est que moi.

« Qui a commandé ça ? demande Kitty encore une fois.

— Toi, mon chou », répond Frank.

Plus tard, une fois Kitty au lit et Frank installé à côté d'elle, qui lui fait la lecture, je saute dans un taxi, serrant contre moi le carnet de croquis de Papa.

« Tu rentres tard, me dit ma fille. C'était horrible ?

— En fait, c'était moins horrible que de rester à la maison et de penser à elle sans rien faire. Kitty est une personne, il ne faut pas l'oublier, même si sa mémoire a des trous, comme les genoux de ton jean.

— Eurk... déprimant, dit Molly. Heureusement que je n'étais pas là.

— C'est ce qu'on se dit à quatorze ans, mais pas à cinquante.

— Tu n'as pas cinquante ans, dit Molly. Tu en as trente-cinq et tu tiens le choc. Oui, c'est ça... tu m'as eue à vingt et un ans. »

Je la serre très fort dans mes bras, en espérant qu'elle n'aura jamais à faire pour moi ce que je fais pour Kitty.

Ma meilleure amie et moi avons mis au point un scénario. Nous avalerons des barbituriques par poignées entières, puis nous marcherons dans la neige près du ranch qu'elle possède à Carbondale, dans le Colorado. Tandis que les élans et les caribous avanceront, raides, sur la neige vierge, pendant que Vénus se lèvera au-dessus du mont Sopris, nous ferons des anges de neige et expirerons doucement d'hypothermie, épargnant ainsi à nos enfants les ennuis et le tracas de nous avoir sur les bras. Dans l'air cristallin du Colorado tout scintillant de planètes et d'étoiles, nous mourrons de froid, paisiblement, sans douleur.

Le ferons-nous vraiment ? Allez savoir. D'ici là, nous ne nous rendrons peut-être pas compte du fardeau que nous serons pour les autres. La mémoire est la plus éphémère de toutes les possessions. Et quand elle s'en va, elle laisse aussi peu de traces qu'une étoile morte.

À minuit, mon mari me trouve dans mon bureau en train de parcourir les dessins de Papa.

Voici la dépouille de mon arrière-grand-mère paternelle, qui est morte du typhus. Sa bière ride la surface de l'océan ; dans les vagues, les visages de ses enfants, petits-enfants, arrière-petits-enfants. La matriarche retourne à la mer, sorte de Vénus à l'envers. Ensuite, une série d'esquisses à l'encre de Chine représentant les chevaux au galop qui ont toujours obsédé la plume de mon grand-père. Certains courent vers la mer ; d'autres se font attaquer par des chiens sauvages ; d'autres encore se font éperonner par des Cosaques coiffés d'immenses toques de fourrure, et brandissant des triques à la figure de pauvres diables recroquevillés sous les sabots des chevaux.

C'était l'âpre Russie que mon grand-père avait parcourue à pied quand il avait quatorze ans. Il avait marché d'un bout à l'autre de l'Europe à une époque où elle était beaucoup plus grande qu'aujourd'hui. Et s'il avait bravé sa rudesse, c'était pour nous assurer à nous tous une vie confortable en Amérique. Sa mère venait de mourir du typhus quand il était parti. Lui, aussi implacable que Goya ou Hogarth quand il s'agissait de dénoncer l'inhumanité humaine, il passait son temps à dessiner son passé tout en vivant son présent. Et c'est l'héritage qu'il m'a laissé. Continuer de dessiner. Essayer de ne pas demander pourquoi. Il n'y a peut-être pas de réponse.

« Quel merveilleux artiste ! » dit Ken qui regarde par-dessus mon épaule. En feuilletant les croquis, je sens la présence de Papa. C'est aussi pour lui que je m'occupe de Kitty. Comme il est un peu le gardien de ma vie, moi aussi je veille sur les vies auxquelles il tenait le plus.

« Kittinka, aurait-il dit. Pauvre Kittinka. Prends soin d'elle maintenant qu'elle est trop sotte pour le faire elle-même. »

« On va se coucher », dis-je. Et Ken me prend dans ses bras.

« Tu as eu une rude journée, dit-il.

— Le pire, je crois que ç'a été de voir partir ce lion. J'aurais préféré ne pas vivre ça. »

Je referme le livre du souvenir. Cela me réconforte de savoir qu'il est là, et que je peux le rouvrir.

À notre réveil le lendemain matin, la ville est balayée par une tempête qui menace de refaire de Manhattan ce qu'elle était au départ : une île. Pluie battante et vents de la force d'un ouragan, métro inondé, raz-de-marée dans les rues.

Ken et moi arrivons tant bien que mal jusqu'au tribunal, mais nous sommes les seuls. Kitty et

Frank se sont fait tremper jusqu'aux os et ont rebroussé chemin. Maxine s'est fait excuser. Quant aux deux avocats, ils arrivent si tard qu'on n'a plus le temps de reprendre l'audience. Mon témoignage est donc remis une deuxième fois. On reprend date.

En quittant le palais de justice dans les rafales de pluie, Ken et moi apercevons des foules de gens massés sous des parapluies retournés, qui attendent aux arrêts d'autobus. Les métros ne fonctionnent plus ; la ville est paralysée. Les bureaux ferment plus tôt. Il règne dans New York une atmosphère de désastre — l'impression que le tsunami final est arrivé et que tous les majestueux gratte-ciel vont bientôt être abattus par le déluge.

« Un taxi ! » hurle Ken. Est-ce un mirage, ou un véritable taxi jaune, là-bas au pied de l'escalier du palais ? Dans un grand bruit de semelles, nous descendons les marches noyées sous l'eau. Au moment même où nous arrivons à la voiture, un autre cou ple l'attaque par l'autre côté. Soudain, voilà Ken en train de repousser l'ennemi de la pointe de son parapluie.

« J'prends pas des excités comme vous ! » crie le chauffeur qui émerge du taxi. Il pousse Ken dans le ruisseau qui déborde.

« Je vais noter votre numéro ! hurle Ken qui se relève et revient à l'assaut.

T'es pas fou ? dis-je. Plutôt me passer de taxi. »

Mais Ken m'attire de force sur la banquette et nous faisons un petit bout de chemin sous les insultes du cinglé.

« Emmenez-nous au commissariat », crie Ken.

Le chauffeur fait des embardées, il jure comme un forcené. Au premier feu rouge, j'ouvre la portière et j'entraîne Ken hors de la voiture.

« Je ne sais pas ce qui m'a pris, dit-il.

— La tempête... et Kitty.

— Qu'est-ce que tu dirais d'un petit plat de nouilles chinoises à Chinatown ? » demande Ken, et nous nous mettons à la recherche de Hong Fat. Le vent hurle, la pluie tambourine. La nature déchaînée compatit avec le sort de Kitty.

Coincés à New York pour le premier week-end depuis des années, nous regardons la tempête réduire Manhattan à l'état d'espar flottant sur une mer démontée. L'état de Kitty empire en même temps que la tempête.

Maintenant que l'effet des tranquillisants s'estompe, elle devient belliqueuse. Elle met Chloé à la porte, accueille Frank, qui est venu lui faire sa couleur, avec des hurlements, et refuse de laisser la pastille de nitroglycérine qu'on lui a posée sur la poitrine faire son effet. Elle oublie pourquoi on la lui a mise et n'arrête pas de tirer dessus, dans des accès de fureur.

« Qu'est-ce que c'est que ce truc ? Mais qu'est-ce que c'est que ce truc ? » dit-elle en s'arrachant la poitrine.

La tempête fait rage, notre roi Lear aussi.

Ma plus jeune sœur et moi allons la voir à tour de rôle. Finalement, nous arrivons à convaincre l'agence de nous envoyer une deuxième assistante médicale. Que faire d'autre tant que l'affaire n'est toujours pas réglée en justice ? Kitty est incapable de rester chez elle, même avec une aide à domicile. Il va falloir lui trouver une maison de retraite et la persuader d'y entrer. Le juge ne sera pas content, mais au moins Kitty sera en vie.

Je n'avais pas besoin qu'on me dise que les maisons de retraite sont des endroits à vous glacer l'échine. Je les avais vues. Mais d'après mes amis, il en existait une exceptionnelle. C'était un établissement modèle : propre, joli, décoré de tableaux. Mais la liste d'attente était longue : il faudrait une éternité avant de pouvoir y entrer, me dit-on. Et c'était presque aussi difficile que d'essayer de mettre son enfant dans une école privée de renom. Rien que pour déposer un dossier de candidature, il fallait du piston et des relations. Le piston et les relations étaient justement le fort de mon beau-père, qui était installé en Floride d'où il gérait par téléphone et fax le réseau philanthropique juif clandestin. C'était une sorte de chef des terroristes de Palm Beach.

« Passe-moi la liste de leur conseil d'administration, chérie », me dit-il. Et deux jours plus tard, un monsieur à cheveux blancs, le directeur de la Maison de retraite hébraïque, passait me prendre dans une voiture de maître.

« Maestro », lui dis-je quand la portière s'ouvrit. Car Jacob Reingold ressemble à un chef d'orchestre de formation symphonique européenne. Tignasse blanche, visage buriné d'alpiniste, sourire chaleureux, conversation épicée de *mamaloschen*[1]. Nous parlâmes musique et peinture, nous discutâmes de l'Europe, du Japon, des montagnes, des mers... de tout sauf de Kitty. Il me faisait la cour. L'objet était un lit pour Kitty, mais j'étais la dot.

La Maison de retraite hébraïque est bourrée de chefs-d'œuvre modernes légués par des familles pressées d'y caser leurs grands-mères, mais également équipée de tout un tas d'inventions, tels que lavabos et baignoires pouvant léviter, créées spécialement pour les infirmes. Elle offre de splendides vues sur l'Hudson, des salons de coiffure, des salles de gym, des ateliers de peinture. C'est l'étape juste après la station balnéaire ! Sauf qu'ici, il manque l'espoir que la forme physique ouvre sur un avenir de bien-être. Ici, on est au bout de la ligne. Ici, on vient quand on est assez riche ou assez célèbre pour mériter ce que la technique peut offrir de mieux à la sénilité.

« Fiche le camp, espèce de monstre ! » crie une femme qui pousse son déambulateur en traînant les pieds dans le service de démence précoce. L'aide médicale qui vient de se faire interpeller a un regard absent, on dirait qu'elle se concentre sur ce qu'elle va faire pour le déjeuner, ou alors qu'elle se rappelle sa nuit d'amour. Elle ne fait plus attention à ces divagations. Elle a été formée pour cela.

1. Le yiddish, la langue maternelle.

« Elle ne sait plus où elle est, dit le maestro. Ils sont nombreux dans son cas. »

Seuls les grands et les proches des grands sont admis ici ; c'est du moins l'impression que j'ai eue lors de cette visite. Nous sommes dans un mouroir pour tous les ex-mogols, les ex-grands de ce monde dont les familles ne veulent plus.

Les oncles fous des magnats de la presse, les sœurs des vedettes de cinéma, les mères des diplomates célèbres. Rudolf Bing est en Démence précoce et Nat Holman en Normal — les gens dont la seule maladie est le grand âge. Est-ce mieux que les anges de neige à Carbondale ? Qui sait ? Le temps d'en arriver là, on ne peut plus juger.

« Chérie, promettez-moi de me loger une balle dans la tête avant d'avoir à me fourrer ici », dit le maestro.

Et pourtant, les résidents ont l'air heureux — évidemment, cela dépend de ce qu'on appelle heureux. Dans le service des Alzheimer, une vieille dame avec un béret bleu, un homme au regard fixe, cheveux ébouriffés, en chemise à carreaux, et une vieille dame maussade au menton en galoche sont assis autour d'une table dans une pièce qui pourrait être la reproduction d'une cuisine confortable style feuilleton télévisé. Mais aucun d'eux ne communique avec les autres. Nous n'en sommes même plus aux échanges du bac à sable. Béret bleu farfouille parmi de vieux vêtements. (« C'est ainsi qu'ils dépensent leur énergie, voyez-vous, dit le maestro. C'est une thérapie. ») Chemise à carreaux picore la nourriture qu'il a sur son plateau. Menton en galoche marmonne dans sa barbe — « Vous aurez des ennuis, ça, comptez sur moi ! J'appellerai le gouverneur. Il me connaît, le gouverneur ! Je dirige une société très importante ! Je vaux des millions, moi ! On ne m'aura pas comme ça ! »

Il arrive que la vieillesse égratigne le vernis de la courtoisie, ne laissant que le résidu hostile et agressif de la nature humaine ; parfois elle laisse intactes les civilités sociales jusqu'au moment où le voisin se fait servir en premier ou vous pique votre chapeau. (« Hé ! C'est mon chapeau ! » dit un résident qui arrache le béret bleu. « Non, c'est le mien ! ») J'ai l'impression de voir des enfants de deux ans se battre pour leur pelle ou leur seau, sauf que les enfants de deux ans sont nettement plus agréables à regarder. Les joues rebondies et les doigts roses font beaucoup pour adoucir notre opinion du comportement agressif. Même les plus éclairés d'entre nous ont du mal à trouver adorable un visage plein de kystes et de touffes de poils. Les anges de glace sont peut-être une meilleure solution, finalement. Tous ces ancêtres nantis détournent à leur profit des ressources qui pourraient nourrir et envoyer à l'école des cités entières. Peut-on parler d'une bonne décision pour l'espèce humaine ? La question est facile à poser mais la réponse moins facile à trouver. Tout ce que je sais, c'est que je ne vais pas lancer Kitty dans une coque de noix au milieu de glaces flottantes, ni la pousser dans la neige. Même si cet endroit ne sert qu'à passer du baume sur la conscience des familles riches et puissantes, il n'en reste pas moins une merveille. Les Warhol et les Picasso et les Erté sont là pour témoigner de notre culpabilité.

Et le directeur est notre remplaçant, notre substitut.

« Vous savez pourquoi je ne pourrai jamais avoir d'aventure ? demande-t-il (question de pure forme). Dès que j'aurais mis le pied dans le motel, quelqu'un me sauterait dessus en disant : "Eh, Jake, comment va maman ?" »

Le maestro, dernier d'une nombreuse progéniture, est vraiment dans son élément ; de tous les membres de sa famille, il est le protecteur-né. On ne fait pas le travail qu'il fait par hasard. Il dirige en virtuose cette vaste symphonie de culpabilité, de déni et de collecte de fonds nécessaire à l'existence d'un endroit comme celui-ci.

« Ils sont presque tous incontinents, dit-il. Et pourtant, vous ne sentez aucune odeur d'urine.

Comment faisons-nous ? Nous nettoyons sans arrêt, voilà le secret. »

Et en effet, l'établissement sent le propre et le frais, il sent l'argent. De même que la voix de Daisy Buchanan, la Maison de retraite hébraïque est un témoignage du pouvoir de l'argent. Bien sûr, je suis ravie qu'il existe un endroit pareil, mais en même temps je suis préoccupée : même chez les gâteux, l'égalité est un vœu pieux. Surtout chez les gâteux.

Je rentre chez moi avec, en poche, une lettre de la Maison de retraite me promettant l'admission de Kitty. Mission presque accomplie. Il me reste à convaincre le juge chinois.

Quels souvenirs me reste-t-il de Kitty avant qu'elle débouche dans cette mauvaise passe ? Je n'ai jamais eu beaucoup le droit de la voir à cause de cette mystérieuse inimitié entre elle et ma mère, mais j'ai tout de même gardé quelques images.

Quand j'allais lui rendre visite dans son appartement inondé de soleil, qui donnait sur West End Avenue, j'aimais bien inspecter ses affaires : ses petites armatures pour modelages d'argile, ses masques africains et ses amulettes sculptées, sa bibliothèque pleine de livres fascinants.

Ce fut Kitty qui m'initia à Colette, en me donnant à lire *Chéri* et *La Fin de Chéri* quand j'avais quinze ans, âge bien trop tendre pour comprendre la passion d'une femme de quarante-neuf ans pour un beau garçon d'à peine plus de vingt. Comme beaucoup de gens sans enfants, Kitty ne comprenait pas vraiment les gosses, ce qui, en même temps, m'affranchissait. Elle me traitait en adulte, sans me juger, sans non plus la pruderie protectrice d'un parent. Des années plus tard, à quarante ans passés, j'ai souffert dans une relation amoureuse avec un très jeune homme. J'ai repris le *Chéri* et *La Fin de Chéri* que Kitty m'avait offerts, et, enfin, j'ai su apprécier son cadeau. Il avait dû attendre longtemps sur l'étagère que ma vie le rattrape, mais cela, je crois que Kitty l'avait toujours su.

Dans toutes les maisons que Kitty avait partagées avec Maxine de Fire Island à East Hampton, il y avait une atmosphère un peu débridée, mais qui n'était pas due au fait que la nudité y était assez libre, ou que les deux femmes dormaient dans le même lit. On ne cachait pas non plus sa nudité dans la maison où j'ai été élevée : ce qui était libérateur chez Kitty, c'était l'omnisexualité dans laquelle on baignait. On y rencontrait toutes sortes de couples. Malgré les marmonnements désapprobateurs de ma mère qui dénonçait les « mauvaises influences », c'est là que j'ai senti les premiers relents de la liberté. Dans ce monde qui échappait aux lois de la vie bourgeoise, les hommes flirtaient avec les hommes et les femmes avec les femmes, et la vie offrait plus de richesse et de possibilités. C'était une colo excentrique pour adultes, qui respirait l'indépendance : indépendance par rapport aux conventions, par rapport aux liens familiaux. C'st dans cette atmosphère farfelue que j'ai trouvé une partie de moi-même, que je me suis sentie confirmée dans mon anarchisme, sexuel et autre.

Si je ne me suis jamais permis d'aimer Kitty ouvertement, c'est parce que ma mère avait clairement annoncé qu'elle considérait cela comme une trahison. Cela n'a pas empêché le mode de vie de ma tante d'influencer mon éducation, en me montrant d'autres choix de fréquentations, d'autres espaces, en me faisant entendre d'autres voix.

Dans un sens, je crois que ma mère haïssait Kitty pour la liberté qu'elle s'autorisait. Elle aussi avait été bohème avant de se laisser capturer par la vie bourgeoise. Dans sa querelle ancienne avec sa sœur, quelle était la part de sa phobie de l'homosexualité ? Quelle était la part d'un amour tombé dans l'amertume ? Ma mère avait adoré sa sœur, et sa haine était trop virulente pour ne pas être l'envers d'une passion.

Nous vivons dans un monde divisé en « homo » et en « hétéro ». Nous avons fragmenté notre culture sexuelle en groupes hostiles. Mais pourquoi ? Est-ce une question de politique ? Et la politique n'est-elle pas en conflit avec notre côté humain ? Les homosexuels ne peuvent manifestement revendiquer leurs droits civiques qu'en se regroupant. Il est clair qu'ils ont besoin des mêmes droits à l'héritage, au mariage, aux soins médicaux et aux gardes d'enfants que tout le monde. Mais cette division entre les deux mondes, homo et hétéro, va à l'encontre de ce que je sais de la nature humaine. Qu'il existe des amours homosexuelles veut-il dire qu'il y a des gens homosexuels ? L'amour doit-il nécessairement être de genre masculin ou féminin ? Les plus grandes amours changent de genre. Les plus grands amants sont tour à tour « mâle » et « femelle ». Et que veut dire « mâle », que veut dire « femelle » ? Ne serait-ce pas des qualités plutôt que des gens ?

À l'époque où, jeune et incapable de me dégager des idées reçues, je me connaissais encore mal, je m'imaginais que le pénis était le seul instrument d'amour. Dans ma vie, les hommes que j'ai le plus aimés ont toujours été attentifs et protecteurs, les femmes que j'ai le plus aimées ont toujours été des battantes.

Dans une société saine d'esprit, on peut imaginer que les femmes et les hommes essaieraient les sexes et les amours un peu comme ils essaient un vêtement. C'est Kitty qui m'a appris cela, je crois ; quant à l'attitude de rejet que ma mère a eue envers elle, elle m'a fait prendre conscience d'un puritanisme que je n'ai jamais voulu embrasser.

Kitty a suivi un chemin différent de celui de ma mère. Pourtant, à bien des égards, elle a été aussi marquée par ses choix sexuels que ma mère par les siens. Elle aimait les femmes, certes, mais elle aimait aussi en femme. Elle a renoncé au pouvoir pour une vie d'artiste au foyer, mais, dans la vieillesse et la maladie, elle n'avait plus personne pour prendre soin d'elle.

Plus personne d'autre que moi, malgré toutes les imperfections de mon soutien. J'avais dû vivre la moitié de ma vie pour m'apercevoir que je pouvais trouver à la fois le temps d'écrire et de m'occuper des autres.

Il est plus important de devenir un être humain qu'un écrivain. Ou serait-il plus exact de dire que l'écriture compte uniquement si elle contribue à mûrir notre côté humain ?

Environ un mois après l'admission de Kitty à la Maison de retraite hébraïque, je vais la voir. L'affaire est toujours juridiquement en suspens, son cas n'est donc toujours pas réglé. Il y a des années que je n'ai pas vu Kitty dans une telle forme. Elle a des couleurs aux joues, elle s'est fait couper les cheveux et coiffer.

« Je te présente Pearl, ma meilleure amie, dit-elle. Elle partage ma chambre. »

Une vieille dame mince aux cheveux blancs et aux yeux bleus pousse un déambulateur.

« Voici Kitty, ma meilleure amie, dit Pearl. Je l'adore. »

J'emmène Kitty s'asseoir quelques instants dans un salon qui surplombe l'Hudson. Le fleuve scintille dans la lumière hivernale.

« Un jour, je suis venue ici en visite. La nourriture m'a plu, alors je suis restée, dit-elle. Mais je me fais du souci pour mon appartement.

— Ne t'inquiète pas, Kitty, je m'en occupe.

— Il va falloir que je parte un de ces jours, mais je ne sais pas pourquoi, ça m'ennuie.

— Tu as une mine superbe.

— Je dors bien. Et les gens sont gentils. Quelle heure est-il, chérie ? Je ne voudrais pas rater le dîner. »

Je regarde ma montre. Il est près de quatre heures et demie. Ici, on dîne en fin d'après-midi, comme à la nursery.

J'accompagne Kitty jusqu'à la salle à manger où je m'assois avec elle.

Nous sommes dans le service de démence précoce, qui accueille des pensionnaires à divers stades d'amnésie.

Nous prenons place à une table de quatre avec une femme qui s'appelle Blanche et qui n'arrête pas de s'humecter les lèvres, et une autre nommée Brenda dont le menton rejoint le bout du nez.

« Je vous présente ma parente, dit Kitty qui a probablement oublié mon nom. N'est-ce pas que c'est gentil à elle d'être venue ?

— Vous êtes le gros bonnet, vous, ici, lui dit Blanche.

— Pas du tout.

— Oh, mais si.

— Il y a cabaret, ce soir, dit Brenda.

— Tu peux rester pour le cabaret ? demande Kitty.

— Je ne crois pas, dis-je.

— Dommage. »

On commence à servir les repas. On m'offre un jus de fruits, qu'on m'apporte rapidement. Je jette un coup d'œil aux autistes : on dirait qu'ils ont sombré en eux-mêmes. Il y a une femme qui porte un immense chapeau noir garni d'une plume d'autruche. Une autre flâne de table en table, le regard fixe ; elle inspecte les assiettes des autres pensionnaires. Tout d'un coup, elle s'approche de son pas chancelant et attrape mon verre de jus de fruits.

« Hé, qu'est-ce qui vous prend ? dit Kitty. C'est le verre de ma nièce ! »

La femme tourne les talons comme un robot et s'éloigne en boitillant.

Au mur sont affichées les dates des anniversaires qui tombent en janvier. En dessous, une affiche sur laquelle on a écrit HIVER avec des boules de coton. Et en dessous encore, un bonhomme de neige en boules de coton. Nous sommes dans un jardin d'enfants pour grands vieillards. Mais ils ont l'air contents, et ma tante semble heureuse et en sécurité. Je la regarde, qui attend son plateau repas ; je ne l'ai jamais vue aussi paisible.

« J'aime bien ce qu'on mange ici, dit-elle. Tu en veux ?

— Non, merci. On m'attend pour dîner. »

Ai-je peur de goûter à la nourriture par crainte, comme Perséphone à Hadès, d'être obligée de rester ?

Dès cinq heures et demie je me sauve, en promettant, bien entendu, de revenir bientôt.

CHAPITRE IV

Comment je suis devenue juive

Être juif au vingtième siècle,
C'est recevoir un cadeau.

Muriel RUKEYSER, « Lettre au front ».

Les nouvelles d'Amérique circulaient vite dans les *shtetls* d'Europe.
On murmurait que même si les rues de l'Eldorado n'étaient pas pavées d'or, au moins, un Juif y avait sa chance.

Jeff KISSELOFF, *N'oubliez surtout pas cela.*

COMMENT JE SUIS DEVENUE JUIVE

Dans ma famille, plus on vieillit plus on devient juif. Mon grand-père maternel s'étant déclaré athée dans sa jeunesse communiste, nous n'avons jamais cherché à nous rattacher à une synagogue ni fait nos *bat mitzvahs*. Mais notre parcours aboutit à des Maisons de retraite hébraïques et dans des cimetières aux grilles surmontées d'inscriptions en hébreu. C'est ainsi que notre héritage nous récupère, même en Amérique, notre Eldorado. Dans ma famille, quand on insiste pour se dire unitarien, c'est simplement qu'on n'est pas encore assez vieux. (Je veux parler, bien entendu, de l'un de mes ex-maris qui a épousé une *goy* et fréquente l'église unitarienne. À mon avis, ça ne va pas durer.)

Mon père, lui, envoie de l'argent en Israël et porte toujours sur lui une carte de membre bienfaiteur qui est censée lui ouvrir les portes de l'Hôpital du Mont Sinaï en attendant de lui ouvrir celles du paradis. C'est exactement le genre de chose qui lui aurait inspiré des sketches satiriques dans sa période de revuiste. Maintenant, c'est Molly qui fait ces sketches. Les jeunes sont sans pitié, et c'est indispensable s'ils veulent supplanter les vieux. Les vieux sont un tel fardeau, accrochés qu'ils sont à leur territoire, à leur argent. Rien que pour grandir, les jeunes ont besoin de s'endurcir.

Car après tout, quel est le message du rituel de la circoncision à un jeune Juif ? *Attention. La pro-*

chaine fois, je coupe tout. Donc, si les garçons juifs ont de forts besoins sexuels, ils sont aussi bourrés d'angoisses : leur sexualité ne risque-t-elle pas de les priver de leur bite ? Alexander Portnoy est l'archétype du bon fils juif. Le bon Juif et le mauvais Juif habitent la même peau, pour ne pas dire le même prépuce. Les filles ont plus de chance. Leur sexualité est moins menacée (malgré ce qu'impliquent les blagues sur les limes à ongles qu'elles laissent tomber dans l'orgasme). Elles ont le droit de la vivre, à condition que ça ne sorte pas de la famille : du moment qu'on épouse un substitut œdipien, le mariage est sacré. L'adultère juif est un oxymoron ; il n'y a qu'à lire Updike. Les Juifs qui trichent finissent comme Sol Wachtler ou Woody Allen, avec de gros ennuis sur le dos. Quant aux lesbiennes juives, on va jusqu'à exiger d'elles qu'elles aient de l'argenterie et de la porcelaine de chez Tiffany, ou qu'elles tombent amoureuses de femmes qui leur rappellent leur mère. Et à notre époque féministe, elles sont médecins ou avocates.

Comment suis-je donc devenue juive, moi qui n'ai reçu aucune éducation religieuse ? C'est l'antisémitisme qui fabrique les Juifs — ainsi parlait Jean-Paul Sartre, en connaissance de cause. Et malgré les mythes tendant à prouver le contraire, en Amérique, l'antisémitisme est florissant (sinon, à la Pâque juive, nous dirions « L'année prochaine à Oyster Bay ou à Grosse Pointe » au lieu de « L'année prochaine à Jérusalem »). Mais cet antisémitisme version américaine revêt la forme subtile de l'antagonisme de classe. Je m'explique.

Nous définissons la société américaine comme une société sans classes, mais la réalité est tout autre. En vérité, nos distinctions entre classes sociales sont tellement plus nuancées que dans d'autres pays qu'il nous arrive de ne même plus les voir pour ce qu'elles sont. Munies de l'estampille américaine, elles nous suivent tout au long de notre vie, si bien que nous sommes heureux de nous retrouver dans une Maison de retraite hébraïque parce que nous avons fini par comprendre que dans la vieillesse et dans la mort, seuls nos semblables nous reconnaissent. Tant que nous sommes jeunes et jolies, rien ne nous empêche de fréquenter des *goyim* — mais quand le soleil commence à décliner, nous revenons aux *knishes* et aux *knaydlach*. Nous faisons des *mitzvahs* — comme moi quand j'ai placé ma tante en maison de retraite. Nous nous souvenons brusquement que, comme pour les BA de celles qui suivaient le catéchisme, il faut accomplir 613 *mitzvahs* pour être de bons Juifs. À cinquante ans, nous prenons ces *mitzvahs* au sérieux (contrairement aux BA de l'enfance). En effet, combien de temps nous reste-t-il ? Pas beaucoup. Mieux vaut se mettre au travail tout de suite, surtout les femmes : dans cette course-là, nous ne partons pas vraiment favorites. Vu que les rabbins orthodoxes ne nous autorisent toujours pas à prier au Mur des Lamentations, rien ne nous permet de penser qu'ils vont nous ouvrir les portes de cet obscur paradis des Juifs. Car si pour y accéder un homme doit s'acquitter de 613 *mitzvahs*, j'imagine que pour une femme, le chiffre s'élèvera bien à 1839.

Moi qui ai grandi dans un New York apparemment dominé par des Juifs dont les parents ou grands-parents avaient fui l'Europe, je n'ai jamais réfléchi à la condition juive. Ni à la notion de classe sociale. Et pourtant, ma vie était régentée par des barrières invisibles qui sont toujours debout.

Même enfant, j'étais consciente que ma meilleure amie, Glenda Glascock, qui fréquentait l'église épiscopale et une école privée, était considérée comme plus chic que moi. Nous habitions le même sinistre immeuble gothique près de Central Park West. Nous avions toutes les deux des parents artistes. Mais le nom de Glenda se terminait par *cock*, et pas le mien. J'avais compris que les noms en *cock* possédaient une élégance intrinsèque.

Et moi, quel était donc mon nom ?

Mon père, né Weisman, était devenu Mann. Mes

grands-parents juifs-russes avaient donné à ma mère le prénom de Yehudi, que l'intransigeant employé de l'état civil britannique avait changé en Judith d'abord, en Edith ensuite (« de bons prénoms bien anglais »), ce qui suggérait que les Juifs n'avaient pas même le droit de garder leur nom. La culture dominante dans laquelle était enfermé notre ghetto mental exigeait des noms dénués de consonance juive ou étrangère. Un fait de plus qui m'aura marquée.

Dans notre pays prétendument égalitaire, il y avait plusieurs catégories d'Américains et je n'appartenais pas à la plus distinguée, à l'inverse de Glenda dont le nom de famille fleurait l'élégance. Et même son surnom, d'ailleurs : à cette époque, les Juives ne portaient pas de diminutifs tels que Glenni. Cela ne nous empêchait pas d'être des amies intimes, deux quasi-jumelles qui passions constamment d'un appartement à l'autre... jusqu'au jour où, alors que nous prenions un bain ensemble, Glenda m'accusa d'avoir fait pipi dans l'eau parce que c'était « un truc de Juifs ». Je fus scandalisée par l'injustice de cette calomnie (à moins que ma mémoire censure).

« Qui t'a dit que c'était un truc de Juifs ?

— Ma mère », répondit Glenni avec assurance.

Je rapportai l'incident à mes parents et grands-parents et, curieusement, mon amitié avec Glenni connut un refroidissement.

Mon amie fut orientée vers un établissement privé ; pas moi. On m'inscrivit dans une section pour « intellectuellement doués » à l'école publique n° 87 qui occupait, à l'angle de la 77e rue et d'Amsterdam Avenue, un grand immeuble victorien avec des entrées séparées pour les filles et les garçons. J'y découvris de nouvelles stratifications sociales. Plus on habitait près de Central Park West, « mieux » était l'immeuble, plus chic on était. Enfin, j'avais un statut social. Au-dessous de moi, il y avait des gosses juifs moins aisés dont les parents avaient fui l'Holocauste et qui vivaient dans des immeubles moins bien, situés plus à l'ouest, des petits Irlandais logés en HLM dans des rues adjacentes, et les premiers arrivages de Portoricains à New York. Ceux-ci habitaient d'autres HLM, dans des quartiers style *West Side Story*. Dans les années quarante, New York était loin d'avoir réalisé l'intégration raciale. Ce n'est qu'à mon entrée au Lycée musical et artistique, où le recrutement se faisait selon le talent et non selon le quartier, que j'ai vu pour la première fois de jeunes Noirs de Harlem. Les seuls Afro-Américains que nous côtoyions — on disait des Nègres — étaient des domestiques. Le monde de mon enfance fut juif, irlandais, hispanique, les Juifs traitant tout le monde avec arrogance.

À cet âge-là, les petits Anglo-Saxons blancs et protestants avaient tous rejoint leurs congénères dans des établissements privés, de façon à pouvoir plus tard faire leurs études à Yale, diriger la CIA et le monde entier (comme George et Barbara Bush). Dans ce New York-là, les jeunes Juifs ne connaissaient pas l'école privée, à moins d'être superriches, d'avoir des problèmes de discipline ou d'être orthodoxes.

Je me rendis vite compte que si, dans ma classe, je jouissais d'un certain statut, dans le monde il en allait autrement. Les enfants des émissions télévisées et des livres de lecture ne s'appelaient pas Weisman, Rabinowitz, Plotkin, Ratner ou Kisselgoff. Encore moins Gonzales ou O'Shea. Au pays de la télé, il y avait une autre Amérique, dont nous étions exclus. Dans cette autre Amérique, les filles portaient des noms comme Gidget, les garçons des noms comme Beaver Cleaver. Notre monde à nous n'y était pas représenté, sauf quand les génériques défilaient.

Puisque cette Amérique *comme il faut* nous était interdite, nous avons appris à la dominer en la réinventant (ou en la représentant, comme un agent représente son client). Parmi nos parents, certains le faisaient déjà par leur métier d'acteur, de producteur, d'écrivain, ce qui nous montrait une ouverture possible. D'autres étaient hommes d'affaires ou artistes devenus hommes d'affaires, comme mon père. Le problème se résumait à ceci : nous qui étions en marge, nous rêvions d'intégrer le corps de la société. À cette époque, nous savions que Princeton et Yale risquaient de nous refuser — à moins que nous soyons assez riches pour acheter l'université. Nous savions que nos initiales étaient MCA, pas CIA. Et comme nous savions aussi que nous n'étions pas nés dans la classe dominante, nous nous sommes inventé notre propre classe dominante : notre George Bush était Mike Ovitz, notre Bill Clinton Swifty Lazar, notre Al Gore Mort Janklow.

Comme le monde a changé depuis les années quarante ! Et comme il a peu changé ! À part Henry Kissinger, qui donc a fait bouger les lois régissant la classe et la caste ? Pas même Mike Ovitz. Les activités qu'exercent nos parents sont un exemple des métiers qui nous sont ouverts. C'est ainsi que nous nous définissons, que nous nous projetons. Avec un père compositeur-musicien devenu importateur, un grand-père portraitiste, une mère femme au foyer et artiste, je n'ai jamais envisagé de faire autre chose qu'un métier créatif. Il allait également de soi que je décrocherais un diplôme universitaire et que je ne vivrais jamais autre part que dans un « bon immeuble ». Je ne me suis jamais imaginé non plus ressembler aux familles américaines que je voyais à la télé.

Ma famille était immensément fière d'être juive, même si elle n'était pas pratiquante — à moins de considérer que notre religion à nous était d'acheter des souliers à bride anglais chez Saks, des guêtres en cuir et des manteaux Chesterfield à col de velours chez de Pinna. Nous étions habillées comme des petites princesses anglaises, et je compris que c'était là la classe sociale à laquelle nous aspirions.

Le vêtement dit tout des aspirations sociales. Je détestais ces fichues guêtres en cuir, mais je ne pouvais pas y échapper parce que les princesses Elizabeth et Margaret en portaient. Depuis quand étaient-elles princesses des Juifs ? Mieux valait ne pas poser la question. C'était tacitement sous-entendu, tout comme il était sous-entendu que Glascock était un meilleur nom que Weisman, ou même que Mann.

En écrivant ces lignes, je ne peux m'empêcher de sourire. J'essaie (maladroitement, je le crains) de me replacer dans le New York des années quarante avec ses cinémas « à air froid pulsé » (où rien ne manquait, ni les contrôleuses imposantes ni les sections réservées aux enfants et jonchées de papiers de friandises), ses dais à rayures tendus devant les entrées d'immeubles en été, ses tarifs de bus, qui se comptaient en pièces de dix *cents*, ses centraux téléphoniques (j'étais ENdicott 2), ses confiseries et ses débits de limonade, ses comptoirs de snack-bars en faux marbre, où on servait une laitue au bacon, des sandwiches à la tomate et des glaces en cornet absolument extraordinaires.

Fini, disparu à jamais, tout ça. Mais de même que le soleil sur les pavés inégaux ou que le goût de la madeleine trempée dans le thé ont rendu à Proust[1] les jours heureux de son enfance, de même il m'arrive de m'arrêter à un coin de rue et de me laisser transporter dans le New York des années quarante par la simple magie des odeurs. Les bouches de métro ont encore quelquefois une haleine de barbe à papa ou de chewing-gum, mêlée de sueur et de pop-corn, de pisse et de son précurseur, la bière ; et si j'inspire profondément, je me revois dans le métro à six ans, une forêt de genoux me barrant la vue. Dans l'enfance, on a l'impression qu'on ne grandira jamais, que le monde restera éternellement incompréhensible. On commence par n'être qu'une bouche, puis on a un nom, ensuite on est membre d'une famille, et enfin on se met à

1. Note à l'intention des critiques : je ne me compare pas à Proust, mais ai-je le droit de l'avoir lu ?

poser les questions délicates sur ce qui est mieux ou moins bien, questions qui marquent l'émergence de la conscience de classe. Les êtres humains sont des animaux hiérarchisés. La démocratie n'est pas leur religion naturelle.

Ce fut pendant mes années de collège que mon univers s'ouvrit au-delà de la 77e rue et du West Side. Comme mes parents étaient aussi terrifiés que moi devant la violence qui régnait dans l'établissement public, on me mit dans une école privée — un endroit d'un comique délicieux, où les élèves payants étaient surtout des Juifs de Park Avenue et les boursiers, principalement des Anglo-Saxons blancs et protestants de Washington Heights dont les parents étaient professeurs, membres du clergé, missionnaires.

Les profs leur ressemblaient, avec leurs manières distinguées, leur culture dominante et leurs noms de bons Américains, comme les personnages de la télé. L'école avait été fondée par deux redoutables dames de la Nouvelle-Angleterre, Miss Birch et Miss Wathen, qui vivaient probablement ensemble mais qu'à l'époque on appelait des vieilles filles. L'une avait un air de Gertrude Stein, l'autre d'Alice B. Toklas. Elles prononçaient « retard » comme s'il y avait trois « a », et « poésie » *poï-ésie* (où *poï* rimait avec *goy*). Je reconnaissais là le ton de la haute. Le ton des bonnes familles protestantes.

Chez Birch et Wathen, la plupart des autres Juives étaient plus riches que moi. Elles habitaient l'East Side, dans des appartements décorés de tableaux de valeur ; elles fréquentaient le Temple Emanuel — que mes neveux appellent aujourd'hui le Temple Épiscopal — et prenaient des cours de danse et de maintien (quel mot ringard !) chez Viola Wolf. Une fois de plus, mon désir de trouver ma classe sociale était mis sur le marché. Avec mes grands-parents russes et notre maison bohème du West Side, je n'avais pas ma place auprès de ces enfants-là non plus. Quant aux boursières, elles faisaient bande à part. Pour moi, c'étaient des petites morveuses — mais je me rends compte maintenant qu'elles devaient crever de trouille. Les élèves payantes avaient davantage d'argent de poche, et certaines arrivaient à l'école en Cadillac, en Lincoln ou en Rolls avec chauffeur. Ce devait être intimidant pour celles qui prenaient le métro. Cela l'était pour moi.

Nous étions fractionnées en cliques. Les élèves de Park Avenue d'un côté, les boursières de l'autre.

Moi, je flottais entre les deux groupes, ne sachant jamais auquel j'appartenais ; tantôt je volais à l'étalage chez Saks avec les riches (c'est ainsi que j'appris que plus les gosses sont riches, plus ils fauchent), tantôt j'allais faire un petit tour à Columbia avec les boursières (dont les parents étaient profs à l'université).

Je ne me sentais à ma place nulle part. J'avais honte de mon père parce qu'il était dans le commerce ; j'aurais tout donné pour qu'il soit prof d'université. Pour qui n'avait pas un nom en cock et n'habitait pas la Cinquième Avenue ou Park Avenue, la moindre des choses était d'avoir un doctorat.

À mon entrée dans le secondaire, c'est encore un autre monde que je découvris : un monde de mixité raciale, plein de gosses venus du ghetto (qu'on appelait encore Harlem à l'époque). Sélectionnés en fonction de leurs dons en dessin, en chant ou en musique, ces élèves formaient le groupe le plus hétéroclite que j'aie jamais vu. Leur classe sociale, c'était le talent. Et comme tous les gens peu sûrs d'eux, ils avaient besoin de vous l'étaler en pleine figure.

C'est au Lycée musical et artistique que j'ai commencé à trouver ma véritable place. Là, les rivalités ne nous opposaient pas sur les questions d'argent ou de couleur, ni sur le quartier que l'on habitait ; elles se jouaient sur notre capacité à manier le crayon ou à jouer d'un instrument. Il se créait de nouvelles hiérarchies, basées sur la virtuosité. Participait-on à l'exposition artistique semestrielle ?

Avait-on été contacté pour faire partie de l'orchestre ou pour passer à WQXR, la station de radio du *New York Times* ? Déjà nous savions tous que nous étions bannis du pays du petit écran américain — et nous en étions fiers. La marginalité était une preuve de mérite. Nous n'avions ni équipes ni meneuses de supporters ; dans notre classe, nous avions adopté une tenue de tous les jours dans le style des premiers beatniks : bas noirs, sandales cousues main et rouge à lèvres noir pour les filles ; col roulé noir, jeans noirs, blouson de cuir noir pour les garçons. Les cheveux en baguettes de tambour étaient impératifs pour les deux sexes. Nous touchions à la drogue. Nous traînions dans Greenwich Village en espérant passer pour des membres de la beat generation. Nous avions toujours à la main un livre de Kafka, de Genet, de Sartre ou d'Allen Ginsberg. Installés chez Rienzi ou au Peacock, nous plongions des regards existentialistes dans notre cappuccino. Nous mourions à la fois d'envie et de trouille de séduire des musiciens de jazz noirs. Nous avions enfin découvert notre classe sociale.

Plusieurs d'entre nous se sont d'ailleurs hissés jusqu'au sommet. Parmi mes anciens camarades, on compte aujourd'hui des chanteurs de variétés, des producteurs de télévision, des metteurs en scène, des acteurs, des peintres, des romanciers. Beaucoup se sont fait un nom. Quelques-uns gagnent des dizaines de millions de dollars par an. Nous avons presque tous fait des études supérieures, mais en fin de compte ce n'est pas à une maîtrise ou à un doctorat que nous devons notre place dans la société. C'est à notre capacité de rester performants, d'avoir une cote qui grimpe en flèche, de monter un groupe de presse, d'être sur la liste des best-sellers, de parler vingt-cinq langues étrangères. Nos professeurs eux-mêmes enviaient ce statut : en Amérique, l'argent et le renom aplanissent toutes les barrières de classe. D'où l'obsession de la célébrité. Même en Europe, il est possible d'accéder aux « meilleurs » cercles, bien que les règles de la hiérarchie sociale y soient différentes.

Moi qui ai fait mon temps chez l'Euroracaille, je m'étonne toujours de ce qu'en Europe, un nom aristocratique puisse couvrir une telle multitude de tares. En Angleterre ou en Allemagne, un Monsieur le Comte, un *Graf* ou une *Gräfin,* un *von* ou un *zu,* ont gardé un poids certain. Les Italiens sont plus cyniques à l'égard des titres. Mes amis italiens les plus distingués peuvent bien être *contesse, marchesi* ou *principi,* ils sont trop détachés de ces considérations pour vous en mettre plein la vue. Ils préféreraient devoir leur célébrité à un tube ou à un best-seller. Mais allez donc voir du côté des stations chic — Saint-Moritz, par exemple — et vous découvrirez que l'admission dans les clubs les plus fermés se fait au pedigree et non au mérite personnel. Essayez de vous présenter au Corviglia Club en vous annonçant sous le nom d'Ice-T ou de Madonna, et vous verrez si on vous laisse entrer : ici, on ne prend que les vieux Niarchos ou von Ribbentrop.

Beaucoup de mes amis européens habitent toujours un monde où le nom et la fortune familiale peuvent devenir un véritable obstacle à l'accomplissement personnel. Il y a tant de choses à faire, qui empêchent de travailler ! S'il faut être à Florence en juin, à Paris en juillet, en Toscane en août, à Venise en septembre, en Sologne en octobre, à New York en novembre, à Saint Bart en décembre et janvier, à Saint-Moritz en février, à New York en mars, en Grèce en avril, à Prague en mai — comment diable voulez-vous prendre un emploi (sans parler de le garder) ? Et les essayages, donc. Et les bals. Et les stations balnéaires. Et les cures de désintoxication ! Comme le dit un jour l'un des maris de Barbara Hutton : « Et où voulez-vous que je trouve le temps de travailler ? » Le chic du chic, c'est de ne même pas avoir à en parler. (De travailler.)

Les Américains manquent intrinsèquement de distinction, ce qui permet presque aux Juifs d'avoir leur place parmi eux. Nous ne parlons que de notre travail. Nous n'aspirons qu'à nous faire un prénom si célèbre qu'un nom nous deviendra inutile. (Se faire appeler Ms Ciccione est le nec plus ultra pour une Américaine.) Nous croyons au changement aussi ferme que les Européens croient au statu quo. Nous croyons au pouvoir de l'argent pour acheter le paradis (dont une bonne définition serait : tonus musculaire, menton sans double menton, intérêts sur intérêts, et un nom à intimider les majordomes). Lorsque c'est chose faite, nous pouvons nous consacrer au sauvetage de l'humanité, c'est-à-dire faire des donations pour la recherche contre le SIDA, pour la forêt équatoriale, pour une campagne électorale. Et pourquoi ne pas nous présenter nous-mêmes ? (À preuve Mr. Perot.) Dans une société où il importe avant tout de se faire un nom dans la culture populaire, les gens célèbres sont plus égaux que les autres. Mais maintenir le statut de la célébrité est aussi difficile que de conserver en forme un corps qui vieillit : cela demande un mal fou. Cela nécessite une cohorte d'entraîneurs, d'experts en relations publiques, d'éditeurs, de spécialistes de la presse. Sans compter qu'il faut sans arrêt lancer de nouveaux produits, et probablement aussi de nouveaux scandales. (À preuve Woody Allen.) Si les célébrités se marient si souvent, peut-être est-ce tout simplement pour que leur nom ne disparaisse pas des journaux. Et peut-être — que ce soit voulu ou non — provoquent-elles le scandale pour donner un bon coup de pub à leurs films. (À preuve, encore une fois, Woody Allen, né Allen Konigsberg.)

Ah, nous voici revenus à la question des Juifs et de leurs noms. Pouvons-nous garder nos noms ? Oui, à condition de les garder à la pointe de l'actualité. Sinon, il faut aussi en changer. Nous avons beau être dotés, comme le dit le théoricien politique Benjamin Barber, d'une « aristocratie de tout un chacun », tout un chacun ne peut pas être à la pointe de l'actualité en même temps. C'est ainsi que la course à la classe devient aussi impitoyable et chronique en Amérique que le régime alimentaire. Aussi largement en tête soit-on, on court toujours le danger de se retrouver en queue du jour au lendemain.

À y réfléchir, cela n'est pas sans rappeler notre condition de mortels. On ne s'étonne plus que nous ayons pris *carpe diem* comme devise. C'est ce qui fait des États-Unis un pays si fébrile, et de ses célébrités célébrissimes de si grands anxieux.

Ah mes amis, comme je regrette de ne pas être née dans une famille ayant ses entrées au Corviglia Club ! Mais je suis prête à parier que dans ce cas, je n'aurais jamais écrit une ligne.

Vous est-il arrivé de vous demander pourquoi les Juifs étaient de si infatigables scribes ? Peut-être l'expliquez-vous par le fait que nous sommes le peuple du livre. Ou que la lecture tient une très grande place dans nos foyers. Peut-être avez-vous pensé que l'écriture inhibe la sexualité. Toutes ces réponses sont justes. Mais, à mon avis, la véritable raison est notre besoin de définir constamment notre classe sociale. Par l'écriture, nous nous réinventons, nous nous créons des lignées. Quelques-unes de mes héroïnes de fiction viennent du West Side ; ce sont des Juives new-yorkaises, comme moi. Mais mes préférées — la Fanny de *Fanny ou la véridique histoire de Fanny Trousse-cottes-Jones* et la Jessica de *Serenissima* — sont de naissance aristocratique, et vous pouvez être sûrs que ces bonnes petites cavalières ont les pommettes saillantes.

Fanny a passé son enfance à Lymeworth, la résidence campagnarde de lord Bellars. Jessica a été élevée dans l'Upper East Side de Manhattan, dans le Rectangle d'or. Elle vient d'une famille très BCBG. Qu'est-ce qui peut pousser une gosse du West Side comme moi à inventer des héroïnes pareilles ? Chercherais-je, par hasard, à échapper à ma catégorie sociale des *schmearer-klezmer*[1] ? On notera avec intérêt que mes héroïnes suivent la

1. Musiciens et artistes, mais un peu toqués.

même démarche que moi. Fanny fuit son éducation aristocratique, devient bandit de grand chemin, putain dans un bordel, et reine des pirates. Jessica quitte l'Upper East Side pour Hollywood ! Et toutes deux le regrettent, pour finalement trouver le bonheur à leur porte.

Les héroïnes qui me ressemblent le plus, du moins en apparence — Isadora Wing et Leila Sand —, changent de statut ou s'en donnent un grâce à un travail créatif. J'imagine que l'écriture m'apprend sur moi-même des choses dont je n'étais pas consciente : j'écris pour me donner une place dans la société, pour m'inventer un nom, et enfin pour me léguer une résidence campagnarde !

Je soupçonne mes confrères écrivains de ne pas procéder autrement, même si leurs livres n'ont pas l'air de traiter des problèmes de classe. Saul Bellow crée des personnages qui commencent sans but précis dans la vie et finissent profs de fac. Mais son héros véritablement picaresque, le Faiseur de pluie, est un Anglo-Saxon blanc et protestant pur jus qui part en Afrique et accepte de vivre son multiculturalisme, trouvant ainsi sa véritable identité. Les héros de Philip Roth se soucient autant des questions de classe que des questions de judéité. Bien que presque toujours juifs, ils aspirent à se tailler à coups de queue la voie vers la classe blanche dominante — stratégie familière chez les créateurs juifs américains (mâles). On pourrait appeler ce comportement le syndrome d'Annie Hall, que Woody Allen a définitivement campé dans la scène où son héros autobiographique, assis à la table des parents d'Annie Hall, dans le bon Midwest américain, se sent pousser des papillotes surmontées d'un grand chapeau noir.

On a ici l'archétype même de la crainte du Juif américain : mangeons *trayfe*[1], et il peut nous pousser des papillotes à tout moment. Si les Juifs d'Amérique ont fait de Thanksgiving leur fête à eux,

1. Nourriture interdite (non kasher).

c'est peut-être qu'en se réclamant de l'héritage des Pèlerins ils espèrent tromper en même temps le reste du pays !

Mon ex-beau-père, Howard Fast, en est l'exemple parfait. Ses livres sur la révolution américaine — *April Morning, Citizen Tom Paine* et *The Hessian* — témoignent de sa nostalgie pour la Société du Mayflower ou pour les troupes auxiliaires masculines des Dames coloniales d'Amérique. Il s'est intéressé à la Rome antique (*Spartacus*) et à la ruée vers l'or à San Francisco (*Les Bâtisseurs*), mais c'est à la naissance des États-Unis qu'il revient toujours et inévitablement. Le rêve le plus cher d'Howard Fast est d'avoir le pedigree de Gore Vidal.

Un Juif peut errer d'Égypte en Israël en passant par l'Allemagne et l'Amérique, changer de langue et de couleur de cheveux ou d'yeux tout en restant juif. Et qu'est-ce qu'un Juif ? C'est quelqu'un qui n'est en sécurité nulle part (c'est-à-dire qui court toujours le risque de se voir pousser des papillotes au mauvais moment !). Un Juif est quelqu'un qui peut se faire chrétien et le rester jusqu'au Jugement dernier sans que cela l'empêche de se faire tuer par Hitler si sa mère était juive. Ce qui explique pourquoi notre peuple tombe si facilement dans l'obsession des problèmes d'identité. Notre survie en dépend.

Les Américains sont eux aussi obsédés par la définition de l'identité. Dans une culture d'intégration, qui tourne en dérision les titres aristocratiques (à preuve le comte Dracula, présenté aux enfants sous la forme du comte Chocula, marque de petit déjeuner céréalier), nous sommes constamment obligés de tester les limites de l'identité. La remarque d'Andy Warhol, qui disait qu'à l'avenir tout le monde connaîtrait son quart d'heure de célébrité, exprime la quintessence du dilemme américain. La célébrité nous est accessible, mais elle sera sans doute éphémère. Et une fois que nous l'aurons connue, comment pourrons-nous retourner au train-train de notre vie ? Ou, pour en revenir à nos moutons, comment ferons-nous pour entrer à la Maison de retraite hébraïque ?

Beaucoup de vies d'Américains semblent condamnées par la définition de Warhol. Vous souvenez-vous de George Bush qui défendait sa présidence contre vents et marées historiques ? Ou de Stephen King qui voulait arriver en tête des trois listes de best-sellers en même temps ? Ou de Bill Clinton qui équipait la Maison-Blanche d'une installation électrique lui permettant d'en contrôler le réseau médiatique ? Les Américains ne tiennent pas en place. Ils sont incapables de s'inscrire au Corviglia Club et de s'amuser à descendre à skis jusqu'au village, dont la perfection frise l'image d'Épinal. Ils ne se satisfont jamais de la seule grâce de leur technique. Il faut toujours qu'ils remontent sur le télésiège et qu'ils recommencent, sans jamais, jamais arrêter.

Apparemment, le Corviglia Club est devenu mon symbole de la *sprezzatura* aristocratique — joli mot italien qui désigne l'art de faire paraître faciles les choses difficiles. Peut-être ai-je choisi cette image parce qu'elle évoque un monde de gens assez heureux pour se contenter d'être sans avoir besoin de faire. C'est un statut que j'envie comme seul peut le faire un Juif américain. Comme ce doit être agréable d'avoir une entrée irrévocable dans le monde, d'être né avec une identité !

Mes regrets sont réels, même si je connais des dizaines de gens ayant reçu ce genre de cadeau à la naissance et saisissant ce prétexte pour devenir des ratés ou des drogués. Je sais qu'il n'est pas facile d'être noble et riche. Pourtant, comme les personnages de Fitzgerald, je suis quelque part persuadée que les très riches « sont différents de vous et moi ». Fitzgerald a testé cette hypothèse avec *Gatsby*, montrant à quel point ils peuvent traiter avec légèreté la vie, les gens, l'amour. Et pourtant, *Gatsby* continue de faire des envieux parmi les écrivains américains. C'est peut-être la raison pour laquelle ce roman plutôt insignifiant mais merveilleusement bien écrit est devenu un classique. Il incarne le rêve américain d'identité et de classe sociale.

Le bootlegger parvenu Jay Gatz rêve d'un monde où il n'aurait pas besoin de travailler pour être Gatsby, reprenant à son compte ce qui est aujourd'hui encore l'essence du rêve américain. Les loteries jouent le même jeu, en nous promettant des maisons et des yachts. Déracinés par définition, nous rêvons de racines.

Les romanciers américains en sont un bon exemple. Après un livre à succès, la première chose qu'ils font est d'acquérir une maison et un peu de terrain. Alex Haley s'est acheté une propriété dans le Sud. Gore Vidal s'est installé à Ravello dans une villa digne d'un aristocrate italien. Arthur Miller a acheté une ferme dans le Connecticut pour un Yankee du Connecticut. Philip Roth en a fait autant.

Je n'ai pas réagi autrement. Après *Le Complexe d'Icare*, j'ai fait l'acquisition d'une maison en Nouvelle-Angleterre. Persuadée qu'après leur mort, les écrivains allaient dans un paradis qui s'appelait Connecticut, j'ai acheté une parcelle de cet État littéraire. Pour un écrivain, habitué à fabriquer le monde avec de l'encre et une feuille de papier vierge, racines et petite noblesse sont une seule et même chose. Et les deux s'acquièrent grâce à des mots.

Les déracinés gravitent souvent dans des sphères où la classe sociale doit sans cesse s'autocréer. Cela peut expliquer pourquoi la créativité fleurit à des périodes de grande instabilité sociale, sur le terreau des classes inférieures. C'est peut-être ce qui attire les Juifs vers le mot et vers l'image. Il n'y a qu'à voir la vitalité de l'écriture chez les Juifs américains dans les années cinquante et soixante, chez les femmes dans les années soixante-dix, quatre-vingt et quatre-vingt-dix, chez les Afro-Américains pendant la même période, pour se persuader qu'il existe un lien très net entre le changement de statut et la productivité. Quand un groupe social ou ethnique commence à s'agiter et à se fâcher, il produit des écrivains.

Je peux toujours rêver de ce que j'aurais fait de ma vie si j'étais née dans une plantation sans rien d'autre à faire que de détacher mes coupons d'obligations, une chose est quasiment sûre : mes ambitions littéraires n'auraient jamais éclos. J'aurais peut-être écrit de la poésie hermétique, accessible aux seuls étudiants en thèse. Mais je crois surtout que je n'aurais jamais eu l'anxiété et l'agressivité nécessaires pour faire un livre jusqu'au bout. Car pour écrire, il ne suffit pas de manier les mots avec talent : il faut aussi du dynamisme et de l'ambition, de l'impatience et de la rage. Écrire est difficile. Si les applaudissements ne retentissent jamais à la fin d'un paragraphe, les tomates pourries, elles, ne manquent pas de nous pleuvoir dessus au moment de la publication. Et, compte tenu des heures passées, le rapport n'est pas si bon que cela. En enlevant les impôts et en ramenant leurs gains à un tarif horaire, la plupart des écrivains gagnent moins qu'une assistante dentaire.

Mais nous n'écrivons pas pour l'argent. Nous écrivons pour nous donner un statut social.

Une fois ma licence de Barnard en poche, je me suis inscrite en maîtrise pour la simple raison que je ne savais pas quoi faire d'autre. Je voulais devenir écrivain, mais je n'étais pas encore sûre d'avoir le *sitzfleish* de m'asseoir à mon bureau et de pondre un livre entier. Le temps de mûrir un peu, j'ai étudié la littérature anglaise. Je sentais que cela me servirait un jour.

Mais la période que j'avais choisie — le XVIIIe siècle léger illustré par Hogarth — était aussi celle de la naissance de l'Amérique, des droits de la femme et du roman. À ses débuts, le roman était un genre littéraire mineur, destiné aux servantes ; mais c'est le seul dans lequel les femmes se soient illustrées si tôt et avec une telle excellence que même la misogynie qui couve sous l'histoire littéraire ne peut effacer leur contribution. Vous posez-vous jamais la question de ce que le roman représente pour les femmes ? Les femmes, comme toutes les classes inférieures, ont besoin de se définir pour survivre. Le roman le leur a permis — on pouvait toujours cacher les pages sous le tambour à broder.

Entre l'esprit de l'écrivain et celui du lecteur, seules s'interposaient les presses de l'imprimeur. Tout en restant chez soi, on pouvait envoyer son livre aussi loin qu'à Londres — que souhaiter de mieux pour une femme ?

Dans un monde où elles sont restées le deuxième sexe, beaucoup de femmes rêvent encore d'écrire pour pouvoir travailler chez elles à des heures leur permettant de s'occuper de leurs enfants. Il semble que l'écriture arrive à se glisser dans les interstices de la vie féminine. Par le biais des mots, nous pouvons espérer changer de classe sociale. Un jour, peut-être, la plume ne sera plus exclusivement l'apanage de la queue. Dans un monde d'ordinateurs, nos doigts agiles nous aideront à conquérir le monde. Bientôt, nous serons reconnues. C'est pourquoi nous écrivons avec la fièvre des dépossédés : ainsi, nous espérons nous trouver, construire nos maisons et planter nos jardins, nous donner des noms et un passé, et nous nous inventons en cours de route.

CHAPITRE V

Comment je suis devenue le Deuxième Sexe

Nous avions vaguement l'impression que les femmes écrivains étaient exposées à des préjugés défavorables.

Charlotte BRONTË, extrait de journal.

Mais il a dû leur être insupportable de ne pouvoir faire un seul mouvement, ni à droite ni à gauche. Quel génie, quelle intégrité leur aura-t-il fallu face à toutes ces critiques, en pleine société patriarcale, pour s'en tenir à leur vision de leur sujet, sans se dérober. Seules Jane Austen et Emily Brontë y sont parvenues. Une plume à ajouter à leur chapeau, peut-être la plus jolie. Elles écrivaient comme des femmes, pas comme des hommes.

Virginia WOOLF, *Une chambre à soi.*

COMMENT JE SUIS DEVENUE LE DEUXIÈME SEXE

Comment font les femmes pour se réaliser dans un monde où elles sont restées le deuxième sexe ? À en croire Tillie Olsen, ce poète épique des silences féminins, c'est une chance que de naître dans une famille sans garçons. Mais mes sœurs prétendent n'avoir jamais ressenti l'ambivalente liberté d'accomplissement qui m'habite. Et ma mère, sœur cadette comme moi, était visiblement plus tiraillée que moi par ses conflits internes.

D'où me vient ma différence ? J'y vois quelque chose du même ordre que ce qui me pousse à écrire ce livre. J'ai besoin de comprendre les forces qui m'ont servi de moteur et celles qui m'ont freinée. En quoi ma vie est-elle différente de celle de ma mère ? Et en quoi lui ressemble-t-elle ?

Jamais, de mémoire d'Erica, je n'ai douté que je ferais quelque chose de ma vie. Quoi, je ne le savais pas encore. Écriture, peinture, médecine, il fut un temps où tout parlait à mon imagination. Je ne concevais pas de vivre sans loisirs, sans un minimum d'argent, sans ma place dans le monde, et à huit ou neuf ans je répétais devant la glace mon discours d'acceptation du prix Nobel. J'ignorais quels travaux m'avaient valu cette récompense, et je m'en moquais. Je ne me voyais pas autrement que gagnante, c'était le principal. J'avais tout de même été la seule rescapée d'une pouponnière entière de bébés diarrhéiques ! Il n'est pas interdit de voir dans un aussi grandiose surpassement le prélude à des réalisations futures ; tant qu'on découragera systématiquement les filles de se montrer grandioses, elles auront du mal à accomplir quoi que ce soit. À la maison, personne ne m'a jamais découragée, même si mes modèles féminins n'étaient pas aussi libres que mes modèles masculins (à preuve ma mère et son chevalet pliant). J'ai toujours plus ou moins su que les autres femmes me haïraient et m'envieraient cette liberté.

« Tout le monde te croit mignonne parce que tu es blonde, me disait ma sœur Nana. Mais moi je sais que tu es une vraie garce. »

Dans les années cinquante, la dichotomie entre blonde et brune était un gouffre béant : Debbie Reynolds contre Elizabeth Taylor. La sirène brune et morose était irrémédiablement condamnée au rôle de méchante, tandis qu'on était prêt à donner le bon Dieu sans confession à la blonde. À l'époque, je ne savais pas que l'opposition entre sœurs blondes et brunes était une tête chenue de l'histoire littéraire. Mais c'est fou ce que ces anciennes catégories perduraient ! Ma sœur aînée me détestait parce que j'étais blonde et que j'avais confiance en moi. Garçon-fille déguisé en Debbie Reynolds, ne me connaissant aucune limite parce que j'avais à l'intérieur de moi un père et une mère aimants, je me suis lancée dans le monde, et j'ai été tout étonnée de découvrir que les filles y étaient moins égales que les garçons.

Cette découverte date de mon adolescence. Je revois encore le jour où un garçon qui fréquentait un excellent lycée m'a demandé si j'avais l'intention de devenir secrétaire. Je lui ai répondu : « Secrétaire ! Je serai médecin, oui ! Et en plus je deviendrai un écrivain célèbre, comme Tchekhov ! » Je le lui ai prouvé (je ne me souviens même plus de son nom) en refusant d'apprendre la dactylo. Aujourd'hui encore, je fais mes livres à la main, comme un ouvrage de tapisserie ou de broderie.

J'ai au moins une demi-douzaine d'ordinateurs, mais je n'ai jamais appris à m'en servir. Le temps que je m'y mette, ils seront complètement dépassés. Je fais joujou quelques instants avec cet univers de rechange, puis je reviens au stylo, symbole phallique s'il en est. Je n'ai pas à justifier mon envie du pénis. Quelle femme ambitieuse en serait dépourvue dans un monde où l'autorité est conférée par ce si peu fiable sceptre ?

Je me demande parfois pourquoi j'ai mis si longtemps à me rendre compte que j'étais censée appartenir au deuxième sexe. Par quoi étais-je protégée, qui ne protégeait pas mes sœurs ? Je me suis toujours sentie l'héritière désignée. Mais héritière de quoi ? Des ambitions de mon père dans le monde du spectacle, des talents artistiques de ma mère ? Du chevalet de mon grand-père et du féminisme forcené de ma mère ? *Fais ce que je dis, ne fais pas ce que je fais,* tel était le message qu'elle véhiculait. Ou encore : *Je me suis fait blouser, mais toi, prends tout ce que peut te donner la vie.*

Je me souviens qu'elle m'a même dit un jour : « Si tu deviens célèbre, entre tous les beaux hommes que tu auras à tes pieds, tu ne sauras plus où donner de la tête. »

« Je n'ai jamais dit ça ! » proteste-t-elle.

Et si, pourtant.

Ou alors, j'ai des voix. (Ce n'est que beaucoup plus tard que je devais comprendre les complexités de son injonction.)

Pas de fils[1]. Une famille sans fils. Dans une famille de filles, l'une des filles peut devenir le fils. Est-ce là notre pacte avec le diable ? Tout ce que je sais, c'est que bon gré, mal gré, je me suis retrouvée dépositaire de la plupart des ambitions de mes parents et grands-parents. Et la charge était lourde. Il fallait à la fois que je sois artiste peintre, comédienne de music-hall, et que je gagne beaucoup

1. « Malheur au père qui enfante des filles », dit le Talmud. Je bénis mon père d'avoir eu le courage de passer outre.

d'argent. J'avais envie de devenir cet oxymoron : un poète qui crève le plafond des ventes. Un artiste millionnaire. Mes ambitions étaient si démesurées que même mes plus belles réussites me laissaient un sentiment d'échec. Je n'ai pas changé.

Mais où m'a-t-on fait comprendre que j'étais le deuxième sexe ? À l'école. Nous apprenons chez nous, mais aussi à l'école. Et de ces deux formes d'apprentissage, celle-ci est peut-être la plus nuisible. Nous attendons de l'école qu'elle incarne l'autorité du monde ; qu'elle nous dise si ce que nous avons appris à la maison est vrai ou faux. Et c'est souvent elle qui renforce les pires préjugés de notre culture, avec son besoin stupide de nous attribuer un rang — comme si l'intelligence était quantifiable —, sa tendance à stéréotyper les sexes, à séparer le masculin et le féminin entre deux êtres opposés au lieu de les voir comme des qualités que nous partageons tous, son goût pour l'apprentissage par cœur et dans l'exclusion, plutôt que dans la liberté et l'ouverture.

Au lycée déjà, je me proclamais féministe et me promenais avec *Le Deuxième Sexe* sous le bras. Je ne sais plus si je le lisais. C'était inutile. Je savais que les femmes étaient sur terre pour en baver. Je savais que les garçons étaient arrogants et que les filles apprenaient à les rasséréner : il en allait de leur survie. Je ne dénonçais pas l'existence d'un problème : je me demandais seulement comment le résoudre.

Même si je lisais et écrivais à longueur de temps, même si la lecture et l'écriture étaient mes activités préférées, je déclarais volontiers que je voulais devenir médecin. Non seulement parce que j'aimais — et j'aime toujours — soigner, mais parce que je cherchais une profession dans laquelle les femmes ne se faisaient pas marcher sur les pieds. De mon point de vue d'adolescente, la médecine répondait à ce critère.

Mon but n'est pas de traiter de l'égalité des femmes dans le domaine médical. Je veux parler de l'apprentissage de l'inégalité, et dire qu'il se situe surtout au cours de l'adolescence.

Les garçons font claquer l'élastique de notre soutien-gorge. Nous vivons dans la terreur d'une fuite sur notre serviette hygiénique. Tout d'un coup, notre corps devient encombrant, source de ridicule. On découvre non seulement un corps qui se met à nous désobéir, comme tous les corps, mais la vulnérabilité particulière du corps de la femme qui peut se mettre à saigner sans prévenir et qui fait de nous, inévitablement, des victimes potentielles.

Évidemment, le fait que les femmes continuent de se faire violer aux quatre coins du monde ne va pas arranger la situation, ni qu'une femme sur trois se fasse violenter par l'homme avec qui elle vit et qui a droit au titre de mari ou d'amant. Même si nous vivions dans un monde sûr, l'adolescence resterait une période de vulnérabilité pour les filles qui, du jour au lendemain, deviennent une proie sexuelle et en prennent conscience. Tout d'un coup, finis les longs après-midi ensoleillés passés à lire les policiers de Nancy Drew sur la plage. On pénètre dans un monde nouveau, un monde lourd de menaces.

Quand je suis entrée au Lycée musical et artistique, nous habitions au coin de la 81e rue et de Central Park West. Tous les matins à huit heures, il fallait que je prenne le métro qui m'emmenait, dans un vacarme assourdissant, au coin de la 135e rue et de Convent Avenue. La rame était pratiquement déserte — elles étaient bondées en sens inverse. Il y avait souvent des exhibitionnistes — des hommes vieux, braguette ouverte et bite à l'air, qui se tripotaient en me murmurant de jouir, jouir, jouir. Parfois, je regardais. Parfois, j'avais peur de regarder. Je me précipitais pour changer de wagon, le cœur tambourinant dans ma poitrine.

« Oh, il n'y a rien à craindre des exhibitionnistes, me disait ma mère. Ils ont peur de leur ombre. » Voilà qui était à peu près aussi réconfortant que de s'entendre dire qu'après la mort, on retournait dans la terre et on renaissait sous forme de tomate. Même pour une gosse à l'enfance protégée, c'était terrifiant. Certes, personne ne m'avait violentée à la maison ; mais dès l'âge de treize ans, il n'y eut plus personne autour de moi pour me protéger. La virilité, force anarchique et débridée, rôdait. Les femmes ne s'exposaient pas dans le métro. J'appris qu'elles étaient dignes de confiance et que les hommes ne l'étaient pas.

Aujourd'hui, dans un New York vingt fois plus violent que quand j'étais gamine, j'envoie ma fille à l'école dans un bus privé. Si elle se faisait violer, je serais capable de tuer ; et j'espère bien que je serais acquittée. Elle a beau me dominer du haut de son mètre soixante-huit, au fond d'elle-même c'est une petite fille vulnérable. Je la borde encore dans son lit, avec son nounours. Je l'envoie en classe morte d'inquiétude. « Tu es entourée d'un bouclier de lumière blanche », lui dis-je, tout comme je lui disais autrefois, penchée au-dessus de son berceau : « Déesse te bénisse et te protège. » Dans des moments pareils, j'ai recours à la sorcellerie et aux divinités féminines pour conjurer les forces primitives de l'univers. J'ai besoin de Kali et d'Isis, d'Inanna et de Marie pour veiller sur ma fille.

Une société incapable de protéger ses jeunes femmes est une société condamnée. L'agression mâle a toujours existé, mais canalisée, ritualisée en joutes et quêtes, contenue. Ce n'est plus vrai aujourd'hui. Pourquoi sommes-nous si indifférents au sort de nos filles ?

Même si ma mère était sincère, sa réaction face aux exhibitionnistes est une réaction de collabo. Le monde masculin dicte aux femmes ce qu'elles doivent penser des hommes, et aussi des femmes. Il leur apprend à se dévaloriser. Il leur apprend leur statut de subalternes. Il minimise le danger du viol.

Dans les années cinquante et soixante, à l'époque où j'étais au lycée et en fac, nous n'avions pas encore publiquement nommé le problème. C'était l'époque du féminisme tranquille. Le problème, comme disait Betty Friedan, était anonyme. Le féminisme représenté par Virginia Woolf, par Emma Goldman, par Mary Wollstonecraft ou par Aphra Behn était mort et enterré. Dans une culture patriarcale, il passe son temps à se faire enterrer. Il faut toujours qu'on le redécouvre, comme si c'était la première fois.

Même à Barnard, faculté réservée aux femmes, fondée par des féministes et imbibée de tradition d'excellence féminine, on n'étudiait pas les auteurs féminins, poètes ou romancières. Bien que plongées dans une atmosphère d'encouragement, nous nous sentions nées, comme Vénus, de l'écume. Il nous manquait des modèles. (Comment aurions-nous pu savoir que ces modèles avaient été délibérément gommés ?) Les éditions de George Sand et de Colette étaient épuisées. Les femmes poètes n'étaient même pas au cursus. Celles que j'avais découvertes toute seule quand j'étais au lycée, Edna St Vincent Millay et Dorothy Parker, étaient considérées comme mineures. Notre enseignement visait à faire de nous des substituts d'hommes. Après avoir étudié les poètes représentants du pouvoir phallique — Eliot, Pound, Yeats —, nous tentions de les imiter. Et nous y parvenions. Nos professeurs étaient folles de nous, bien entendu, et nous avions oublié d'être bêtes, mais nous recevions une éducation aveuglément sexiste. Comment espérer ne serait-ce qu'évaluer l'effet inhibiteur que cela a pu avoir sur notre imagination ? Avant même de pouvoir nous mettre au travail, il fallait que nous nous libérions.

Mais ce sexisme ne s'affichait pas. Ce n'est qu'en année de licence, au cours de mon entretien pour obtenir une bourse Woodrow Wilson, que je me suis entendu demander (je le jure) : « Quand on est jolie comme vous l'êtes, quelle idée d'aller s'enfermer entre les rayons poussiéreux d'une bibliothèque ? » Je compris alors, avec une sorte de choc, que le monde n'avait rien à voir avec une faculté pour femmes. Le choc s'intensifia à Columbia où, en maîtrise et en troisième cycle, je me heurtai à la réfrigérante masculinité d'un académisme sexiste. Pour Lionel Trilling — qui régnait en maître absolu sur l'université — comme pour mon arrière-grand-père maternel, les filles n'existaient pas. Gardez-vous à droite, gardez-vous à gauche, si quelqu'un ne doit jamais obtenir de poste, ce sera vous : vous n'avez pas de queue entre les jambes.

J'aimerais pouvoir dire que tout cela a changé en trente ans, mais malheureusement le nombre de femmes titulaires est resté dramatiquement bas. La seule raison que j'y vois est la discrimination : à dix ans, nous sommes meilleures en lecture et en rédaction ; mais dès l'adolescence, des milliers d'obstacles viennent nous barrer le chemin. Notre vie devient (pour reprendre le terme de Germaine Greer dans son livre sur les femmes peintres) *La Course d'obstacles*.

Observé du haut de cinquante années de vie, le cycle discriminatoire est parfaitement clair. C'est ce qui fait la différence entre une quinquagénaire et une femme de vingt ans. À vingt ans, on se croit capable de venir à bout du système. À cinquante, on sait qu'on a des raisons de désespérer. Je serais tentée de dire avec Gloria Steinem qu'on se radicalise avec l'âge.

Tout d'un coup, nous prenons conscience que notre vie n'a été qu'un long entraînement à réconforter et flatter les hommes, à éviter de nous confronter à eux. Aux réunions de la Société des gens de lettres, dans les soirées et les rencontres pour affaires, je souris, je flirte, je flatte, je me fais apprécier. J'ai beau, parfois, avoir envie de dire la vérité aux hommes que je croise, je sais qu'ils sont incapables de l'entendre. Ma seule présence suffit à en offusquer certains. Le caractère sexuel de mes écrits, mon refus de ramper devant les gens, ma détermination à m'opposer — du moins dans ce domaine — sont des choses qui offensent automatiquement. Qui vont à contre-courant. Il n'y a qu'un seul homme à qui je dise toute la vérité : mon compagnon ; et, même avec lui, il m'arrive de répondre à côté de la question ou de m'enliser dans mes explications, probablement plus souvent que je ne le crois.

Je précise que je ne reproche pas cet état de fait aux hommes en tant qu'individus. Ils le perpétuent le plus souvent sans s'en rendre compte, tout comme les femmes, d'ailleurs. Mais de plus en plus, je me demande comment faire changer les choses. En regardant autour de moi, j'aperçois deux camps armés : d'un côté, les femmes qui voient dans les hommes et les relations sexuelles l'ennemi public numéro un ; de l'autre, celles qui refusent de remettre le sexisme en question, qui sont heureuses de collaborer du moment qu'elles arrivent à tirer leur petite épingle du jeu du pouvoir. Et puis il y a tous les hommes qui profitent de la situation — celle d'appartenir au premier sexe — sans même le savoir. Eux aussi se sentent vulnérables et déboussolés. Ils se demandent pourquoi les femmes sont devenues si dures avec eux... alors, ils vont voir ailleurs et en baisent une deux fois plus jeune qu'eux.

À mon avis, le monde est plein d'hommes tout aussi véritablement troublés et blessés par la colère des femmes que les femmes le sont par le sexisme ; des hommes qui ne demandent qu'à être aimés, à ce qu'on prenne soin d'eux, et qui ne comprennent pas pourquoi ces désirs tout simples sont soudainement devenus si difficiles à satisfaire. Et d'ailleurs, comment reprocher à nos compagnons un monde qui n'est pas de leur fait ? C'est impossible, et pourtant, malgré toute la bonne volonté du monde, nous le faisons. Le sexisme est un problème tellement insoluble que nous nous sentons frustrées. Nous en avons assez de le voir occuper nos discussions et nos écrits, polluer nos relations. Nous exigeons une solution.

Cette question est importante pour toutes les femmes, mais peut-être encore plus pour les femmes juives. Le sexisme des intellectuels juifs, chez qui le syndrome d'Annie Hall est chronique, est plus acharné. Du début du siècle jusqu'aux années trente, la femme juive était associée au radicalisme, à la réforme, à l'intellect, à l'idéalisme. Emma Goldman, auteur radical, Emma Lazarus, poète, Annie Nathan Meyer, l'une des fondatrices de Barnard, Rose Schneiderman, première syndicaliste (qui a rendu célèbre la formule : « Nous voulons du pain, mais aussi des roses » et a cofondé le Syndicat international des ouvrières du vêtement) collaient beaucoup mieux à l'image de la femme juive que Mrs. Portnoy ou Marjorie Morningstar. Plus les Juifs se sont assimilés à la population américaine, plus les écrivains juifs masculins se sont mis à vilipender leur mère — du moins par écrit. Celle d'Henry Roth, dans *L'Or de la terre promise* (1934), était une héroïne campée au cœur de l'instinct de survie et de la force féminine. Philip Roth, dans *Portnoy et son Complexe* (1969), fait de la sienne une harpie castratrice dotée de pouvoirs de sorcellerie.

Avec les films de Woody Allen, le statut de la femme juive s'est encore détérioré. En fait, les créateurs juifs masculins illustrent la théorie qui veut que les membres d'une minorité dirigent leur agressivité les uns envers les autres plutôt qu'envers leurs oppresseurs. Ils haïssent les femmes juives autant qu'ils se détestent eux-mêmes. Et même davantage, car ils projettent sur elles toute la haine qu'ils s'inspirent. Et en effet, il y a problème : nous leur rappelons leur mère toute-puissante. Ils préféreraient vivre avec Woody Allen, ou Diane Keaton, ou Mia Farrow, ou Soon-Yi, plutôt qu'avec quelqu'un qui ressemble à maman. Notre force est trop proche, trop menaçante, elle leur rappelle trop leur minicastration primitive à laquelle la mère a assisté passivement, pendant que les hommes coupaient ce petit morceau de rien du tout de cette petite queue de rien du tout de ce futur petit queutard de rien du tout.

C'est cela, bien entendu, que les hommes juifs ne nous pardonneront jamais. Ils nous rendent responsables de la cérémonie du Bris et font reposer sur nos épaules les péchés de nos pères. Donc, si nous osons seulement prendre la plume, les représailles ne se font pas attendre : on nous le coupe net entre les mains, ce symbole phallique.

Ainsi la femme juive est-elle doublement marginalisée, doublement victime de discrimination : en tant que femme et en tant que juive, attaquée d'une part par les bourgeois, qui la trouvent trop bruyante, trop grosse, trop exigeante, d'autre part par les Juifs, qui voient en elle la féroce incarnation sacrificatrice de la déesse mère. On la rejette parce qu'elle est une femme, puis parce qu'elle est une femme vieillissante, puis parce qu'elle est une femme juive vieillissante. Mais l'exclusion, certes douloureuse, est aussi d'une certaine manière un bienfait.

Les membres de la petite coterie craignent souvent de parler d'eux dans leurs livres ; ils ont bien trop à perdre. Mais nous, femmes juives qui écrivons en plus de vieillir, nous n'avons rien à perdre. Nous sommes déjà tout au bas de l'échelle. Comme on nous juge tout juste bonnes à collecter des fonds et à assurer l'ascension sociale, on nous a déjà reléguées à la garde de nos parents âgés, au soutien de nos maris qui traversent l'andropause et de nos enfants qu'il faut envoyer à coups de pied aux fesses passer des entretiens scolaires. Nous ne pouvons que monter. Nous n'avons aucun statut, nous ne sommes même pas une minorité à la mode qui pourrait servir à remplir un quota. C'est ainsi : les Juifs d'Amérique ne sont plus considérés comme victimes de la discrimination. Les femmes juives de ma génération y gagnent la douteuse caractéristique de s'être fait brimer dans leur jeunesse par les hommes juifs (professeurs, employeurs, amants), et de se faire brimer à l'âge mûr par d'autres minorités sous prétexte qu'elles-mêmes sont « blanches ». Notre esprit s'y perd ; il danse même carrément la *hora*.

Lors de la publication de mon dernier livre, un critique féminin me qualifia d'écrivain d'âge mûr.

Un peu plus, elle me traitait d'« écrivain juif d'âge mûr », bien que faisant elle-même partie de cette catégorie. Le qualificatif « d'âge mûr » me fit beaucoup réfléchir : pourquoi me dérangeait-il tant ? Après tout, cette saison éditoriale regorgeait d'ouvrages vantant les mérites de l'« âge mûr ». Pour ma génération d'écrivains, ce terme aurait dû être un titre honorifique.

Car après tout, qui étaient nos modèles ? Sylvia Plath, Anne Sexton, Virginia Woolf, qui s'étaient toutes suicidées à cet âge-là ou même avant. Et qui étaient nos héroïnes littéraires ? Charlotte Brontë, morte enceinte, Mary Wollstonecraft, morte de ses suites de couches, Simone de Beauvoir et Emily Dickinson, qui avaient renoncé à la maternité. Seules Colette et George Sand avaient connu le double bonheur de l'amour et de l'art. Seule Colette avait écrit sans haine sur l'art de vieillir. Mais elle était française. Les Françaises ont le droit de vieillir. Elles ont même le droit d'avoir de jeunes amants, et de parler d'eux dans leurs romans. (Et pourtant l'Académie française n'a jamais ouvert ses portes à Colette.)

Mais la plupart de nos mentors littéraires n'ont jamais connu l'âge mûr. Nous qui y sommes parvenues, nous devrions éprouver de la fierté, pas de la honte. Pourtant, les stéréotypes sexistes sont si profondément ancrés qu'une femme elle-même d'âge mûr se permet d'appliquer cette étiquette à une autre, espérant ainsi avoir porté un coup au nom de — de quoi ? Du féminisme ? Non —, au nom de la collaboration. Car le critique femme sait que son job ne tient qu'à un fil. Pour le garder, elle est censée salir les autres femmes, et particulièrement celles dont la célébrité dérange. Ainsi la culture fait-elle de nous de véritables kapos des camps de concentration.

Celles d'entre nous qui s'engagent contre la collaboration seront punies de toutes sortes de manières : elles s'attireront des critiques partiales, se feront barrer l'accès aux récompenses prestigieuses, ne se feront pas élire dans les institutions. Les règles sont à la fois subtiles et grossières. Tant que les femmes journalistes continueront de se lancer leur « âge mûr » à la figure comme une insulte, comment oserons-nous rejeter sur les hommes la responsabilité des progrès insuffisants du féminisme ?

Partout, on enseigne aux femmes à rabaisser leurs congénères — à l'école, au travail, dans le journalisme. Les femmes ne sont pas nées avec la science du dénigrement infuse ; on la leur inculque soigneusement. On leur apprend qu'on ne distribuera qu'une seule récompense, qu'il n'y a de place que pour une seule chouchoute, une seule kapo dont le travail consistera à nier la discrimination : elle a réussi envers et contre tous. Elle est la preuve vivante que tout le monde peut y arriver.

Vu mon parcours, j'aurais dû devenir kapo. Partout où j'allais, je faisais partie de l'élite : club estudiantin Phi Beta Kappa, bourse d'études Woodrow Wilson, notes en bas de page bien documentées, bons mémoires de recherche, tous les profs âgés dans ma poche, en un mot j'excellais dans le rôle de bonne petite fille. C'était le rôle que j'avais joué à la maison. Ma sœur aînée était la rebelle, ma plus jeune sœur le bébé qu'on protège. Mon grand-père et mon père m'adoraient, et quand je me suis lancée dans le monde avec mes longs cheveux blonds et ma minijupe, je m'attendais à les rencontrer à tous les coins de rue.

Et je les ai rencontrés, bien sûr. Mais en sachant que toutes ces séductions pour devenir la femme-symbole étaient des mensonges, des trahisons envers ma mère et mes grands-mères. Je pensais à ma mère si talentueuse — l'épouse folle enfermée dans le grenier —, à sa sœur talentueuse aussi — la lesbienne folle. L'une fréquentait les hommes, l'autre les femmes, et pourtant elles avaient subi la même discrimination pour la simple raison qu'elles étaient des femmes. Et je portais ces deux mères dans mon cœur. Si le monde était sourd à leurs cris, moi je n'entendais pratiquement qu'eux. Si bien que, lorsqu'on m'offrit le rôle de femme-symbole, je refusai. Je me lançai dans les études pour me faire, plus tard, la voix de la folle enfermée dans le grenier, car je savais que son destin aurait aussi bien pu être le mien.

À Barnard, je tombai amoureuse de Blake, de Byron, de Keats, de Shakespeare, de Chaucer, de Pope, de Boswell, de Fielding, de Twain, de Yeats, de Roethke, d'Auden. J'adorais appartenir à un lieu où la valeur des mots était reconnue, où la poésie comptait, et je me mis à réviser mes poèmes, à leur donner forme. Mon professeur (lui-même poète) reconnut en moi une femme de mots plutôt qu'un médecin, et me sauva de l'année préparatoire aux études médicales et de la dissection tant redoutée du fœtus de porc.

Je tombai sous sa tutelle avec reconnaissance et suivis ses directives ; il m'apprit à écrire des sonnets et des sextines avant de m'essayer aux vers libres. Enfin j'étais guidée dans l'apprentissage du métier de poète. Enfin quelqu'un s'intéressait suffisamment à moi pour me faire profiter de son enseignement. Je remercierai éternellement Bob Pack d'avoir apporté sa rigueur à l'étude de la poésie.

« Apprenez à écrire un sonnet shakespearien, et ensuite vous pourrez voler de vos propres ailes », me disait Bob, que j'appelais Mr. Pack à l'époque.

Je me souviens de m'être cassé la tête sur le vieux dictionnaire de rimes de mon père (qui datait du temps où il écrivait des chansons), en découvrant combien la rime anglaise est difficile. Je me revois apportant le fruit de mes efforts à Bob, tout excitée. Le premier poème qu'il qualifia de succès était celui-ci, dans lequel j'envoie une mèche de cheveux à mon amoureux de l'époque :

JE T'ENVOIE UNE MÈCHE DE CHEVEUX

Un chalet tout blanc près de Hampstead Heath ;
au jardin, le rossignol chante encore.
Keats n'est plus, mais l'oiseau chanteur de mort,
l'aile déliée, rapporte des mélodies.

Une mèche à l'amante du poète envoyée
reste dans la pièce où elle fut rasée ;
Bibelot dont l'histoire est crue à moitié,
les boucles fanées, le ruban usé.

Sur les sols poncés, fendant les carrés du soleil d'été
je sentis ses pas, comme si le follet
— follette trompeuse, l'appelait-il — n'avait pas fini
ses espiègleries pour se divertir.

Je le vis couper la mèche volage
et même s'il ne me la destina pas,
c'est un privilège de l'avoir vu là
et je pris son geste comme héritage.

Le poème me dit qui j'étais à dix-sept ans : une jeune fille férue de gestes poétiques, qui tentait d'établir un lien entre sa vie et celle de divers poètes romantiques anglais de race blanche, et qui n'avait pas même commencé à s'interroger sur les problèmes que pose Virginia Woolf dans *Une chambre à soi* :

> Il est inutile de chercher de l'aide auprès des grands écrivains masculins, malgré tout le plaisir qu'ils nous procurent par ailleurs. Lamb, Browne, Thackeray, Newman, Sterne, Dickens, De Quincey, aucun d'entre eux n'a jamais pu aider une femme, même si celle-ci leur doit quelques trucs qu'elle aura adaptés à son usage personnel. Le poids, le rythme, la cadence d'un esprit masculin sont trop différents du poids, du rythme, de la cadence de son propre esprit pour qu'elle puisse en tirer quelque profit substantiel. Le modèle est trop distant pour être singé avec persévérance. La première chose dont la femme s'apercevrait peut-être, en prenant la plume, c'est qu'il n'existe pas de phrase toute faite dont elle puisse faire usage.

Jamais, à la fac, je ne me suis heurtée à cette difficulté. Peut-être étais-je trop arriérée dans ma quête d'identité. J'imitais Shakespeare, Keats et Byron ; j'écrivis une nouvelle dans le style de Fielding (en préparation à *Fanny ou la véridique his-*

toire de Fanny Troussecottes-Jones). Ma vie monacale et choyée, ces quatre années de bonheur pendant lesquelles je pus me consacrer aux explorations verbales, m'emplissaient d'une gratitude infinie. Le sujet du féminisme ne redressa pas la tête entre 1959 et 1963. Virginia Woolf, Emma Goldman, Gertrude Stein, Simone de Beauvoir, Colette, Muriel Rukeyser, Edna St Vincent Millay, Dorothy Parker, HD, Antonia White, Jean Rhys, Doris Lessing, Rebecca West, aucune d'entre elles ne faisait partie du programme de Barnard à mon époque — alors, comment savoir qu'il existait une tradition féminine ? Comment savoir que l'on n'était pas née de l'écume de la vague ? Virginia Woolf est au cœur même du sujet :

> Et d'ailleurs, puisque la liberté et la plénitude d'expression participent de l'essence de l'art, un tel manque de tradition, une telle pénurie et inadéquation des instruments, ont dû peser énormément sur l'écriture féminine. De plus, un livre n'est pas fait de phrases mises bout à bout, mais de phrases agencées, pour employer une image, en arcades ou en dômes. Et cette forme aussi a été inventée par les hommes, pour répondre à leurs propres besoins et servir leur propre usage. Rien ne permet de penser que le genre du poème épique ou du théâtre en vers convienne mieux à la femme que la phrase elle-même. Mais toutes les formes les plus anciennes de la littérature étaient déjà figées, fixées, quand elle est venue à l'écriture. Seul le roman était assez jeune pour se prêter à sa main — raison de plus, peut-être, pour la pousser à adopter ce genre.

L'absence d'une tradition féminine (ou plutôt, le refus délibéré de reconnaître une tradition qui existait, qu'on le veuille ou non) ne faisait pas partie des préoccupations de Barnard à l'époque où j'étais si béatement immergée dans l'étude de la tradition masculine, récoltant des mentions très bien et des prix de poésie, m'estimant heureuse d'être la chouchoute de mes profs hommes. Maintenant que j'y repense, ce manque de prise de conscience féministe m'apparaît comme une sorte d'innocence. Au lieu de me sentir flouée, j'avais l'impression qu'un monde de richesses s'offrait à mon pillage, et que j'avais une chance inouïe. Mon professeur de poésie était jeune, beau, un tantinet trop flirt pour rester dans une fac de vieilles filles comme Barnard (surtout après son mariage avec l'une de ses étudiantes) ; cet homme était sans aucun doute un vrai salaud sexiste. Mais il a changé ma vie en me tournant irréversiblement vers les mots. Il flirtait comme un fou, mais il ne me touchait pas. Les fantasmes qu'il m'inspirait ont alimenté ma poésie, c'est indéniable. (De nos jours, on parle beaucoup de chasser la sexualité des institutions, mais la fureur d'apprendre est d'essence sexuelle. Cela ne veut pas dire qu'il faille utiliser la sexualité dans une relation de pouvoir avec des adolescentes, ni l'exprimer littéralement. Mais elle doit être présente sous la forme d'un feu mythique, même si elle ne se réalise pas dans la chair. Encore faut-il que la flamme ne soit pas trop subtile pour être entretenue par les mortels. Ne serait-il pas possible de préserver cet aspect sexuel, mais en le sublimant dans des poèmes ?)

J'avais un autre professeur que j'adorais : Jim Clifford, le johnsonien, annotateur du journal de Boswell, et qui avait le don — rare à l'université — d'enseigner la littérature comme si elle faisait partie de la vie. Ce grand type venu du Midwest, qui avait commencé sa carrière comme chanteur d'opéra, était féministe d'instinct ; il nous encouragea à lire Fanny Burney, Mary Astell et Lady Mary Wortley Montagu, et à réfléchir sérieusement aux conditions de vie des femmes du XVIIIe siècle, qui ne disposaient ni d'une indépendance financière, ni du droit de vote, ni du contrôle des naissances. Il était convaincu qu'il est impossible de comprendre les gens et leur pensée si on ne connaît rien de leurs installations sanitaires (ou de leur manque d'installations sanitaires) ni des spécialités pharmaceutiques de leur époque. Il va de soi que cela s'applique surtout aux femmes. Comment apprécier leur art si nous ne savons pas quels sous-vêtements elles portaient — baleines, crinolines —, de quels moyens contraceptifs elles disposaient, comment elles se garnissaient pendant leurs règles, dans quoi elles se lavaient ou faisaient leurs besoins. La femme extraordinaire dépend de la femme ordinaire, pour reprendre la célèbre phrase de Virginia Woolf. En mettant l'accent sur l'aspect matériel de la vie londonienne au XVIIIe siècle, Jim Clifford nous a fait réfléchir à la condition féminine de l'époque. Un grand cadeau.

Inspirée par son enseignement, j'écrivis une parodie de poème épique dans le style d'Alexander Pope, puis ma nouvelle dans le style d'Henry Fielding. J'appris davantage sur le XVIIIe siècle en pénétrant à l'intérieur de ses distiques à coupe enjambante et de ses phrases à tournure latine que je ne devais le faire plus tard en troisième cycle, par mes lectures obligatoires de livres sur d'autres livres. Car la teneur de chaque époque s'attarde dans ses cadences verbales. En habitant son style, on habite l'époque ; c'est un peu comme d'essayer des combinaisons et des robes à paniers du XVIIIe siècle.

Maristella de Panizza Lorch — une petite femme mère de trois enfants qui eut son dernier bébé, Donatella (maintenant reporter au *New York Times*), l'année où je l'avais comme professeur de littérature italienne — est la dernière du trio et incontestablement la plus importante de mes mentors de Barnard. Érudite en grec et en latin, spécialiste de littérature de la Renaissance italienne, Maristella devait devenir un modèle et une amie qui ne me quitterait plus. Elle a changé ma vie en étant tout simplement elle-même : un professeur passionné doublé d'une mère passionnée.

À l'époque, la plupart des femmes qui enseignaient à Barnard s'inspiraient d'une autre tradition d'excellence féminine. Elles étaient célibataires (du moins à nos yeux), avaient de grosses voix et des cheveux coupés à la garçonne. Naturellement, la sexualité n'était pas absente de leur vie, mais leurs étudiantes étaient les dernières à le savoir. Elles portaient des costumes d'hommes — comme Miss Birch et Miss Wathen — ou alors des toges grecques et des chaussons de danse en suédine. Elles étaient à peu près aussi proches de moi que la lune.

Mais Maristella était un modèle envisageable. Elle qui récitait Dante en nourrissant Donatella, par sa seule présence elle avait fait entrer une grande bouffée de liberté à Barnard.

À y réfléchir, je trouve plutôt lamentable de considérer comme une chance insigne le fait d'avoir eu un professeur de sa carrure. J'aurais dû en connaître des dizaines comme elle ! Mais il faut dire aussi que les mères de famille profs d'université étaient des perles rares. Je suis contente de savoir que ma fille fera ses études à une époque où elles seront nombreuses. Tellement nombreuses que cela ne se remarquera même plus.

L'adolescence est une période de grand trouble. Soudainement vulnérables, soudainement sexuelles, nous attendons de la société qu'elle nous dise quoi faire de notre corps et de notre esprit ; or, la réponse qu'elle nous donne serait plutôt du genre : *débrouille-toi*.

L'engouement actuel pour le politiquement correct n'a pas arrangé les choses. Loin d'avoir davantage de choix, les femmes continuent de se faire imposer certaines orthodoxies. Il y a des auteurs kasher — Gertrude Stein, Virginia Woolf, Adrienne Rich, Toni Morrison — et d'autres non kasher. Comme pour corriger des siècles de négligence, on racole des auteurs noires ou lesbiennes sans se soucier de leur valeur. Ce n'est pas cela qui va introduire la diversité dans l'héritage féminin, ni nous en rendre fières. À long terme, personne ne s'y laissera prendre, personne ne se sentira grandi ou inspiré par un auteur mauvais, porté aux nues simplement à cause de ses orientations sexuelles ou de la couleur de sa peau. Mais dans le monde institutionnel d'aujourd'hui, « bon » ou « mauvais » sont des notions qui n'ont plus cours. « Grand » est devenu un mot interdit. Seul le relativisme social et politique est admis lorsqu'il s'agit d'interpréter un ouvrage littéraire. Notre populisme américain déplacé vient enfin de trouver le courage de saper la « grande littérature » en affirmant que le terme même est une invention de fanatiques. J'espère que cela changera. Il ne faut pas laisser le féminisme devenir prétexte à l'anticulture. Opérer un nettoyage ethnique sur un cursus pour le débarrasser des « auteurs masculins blancs et non contemporains » n'est qu'une mesure de représailles qui n'a pas sa place dans le combat contre le sexisme et le racisme. L'intention louable de créer un cursus plus diversifié finira par tourner en eau de boudin si elle aboutit à priver les femmes, les gens de couleur et les pauvres des joies de ce qu'on appelait autrefois « une formation classique ». Oui, nous étions « opprimées » à Barnard, mais au moins nous apprenions à connaître la tradition, de façon à pouvoir la parodier. Et y avoir accès. C'est forcément mieux que d'en être totalement exclue.

C'est à Barnard que je me suis réinventée ; je suis devenue une gravure de mode style étudiante chic, peut-être par esprit de rébellion contre l'image négligée de cette fac, peut-être par réaction contre ma période bas noirs au Lycée artistique. Je portais des talons de sept centimètres qui se coinçaient entre les briques des sentiers aménagés de Columbia (et s'y cassaient souvent), des jupes étroites, des ensembles pull-cardigan en cachemire et des perles. Je changeais de vernis à ongles tous les jours. Je ne sortais jamais sans un maquillage complet, ni sans une paire de bas de rechange et un flacon de Chanel n° 5 dans mon sac.

Depuis quand les étudiantes de Barnard étaient-elles des polardes boutonneuses ? Ils allaient voir, un peu. Je serais polarde en cachette, et j'aurais une tête à faire la couverture de *Mademoiselle Âge Tendre*.

Je rencontrai mon petit ami moins d'un mois après la rentrée ; je me donnai trois mois pour perdre ma virginité, dont je me débarrassai avec soulagement. Michael et moi eûmes une relation stable qui dura quatre ans. Cela me convenait. Grace à la monogamie — monogamie avec quelqu'un qui me dactylographiait mes poèmes —, je conservais toute la pureté nécessaire à mon travail.

Michael, petit de stature, avait des yeux noirs étincelants, des cheveux bruns coupés en brosse courte et le génie des mots. Toute ma vie ce sont les mêmes qualités qui m'ont fait craquer chez les hommes : une certaine insolence, un don pour le baratin, le maniement brillant de la langue et la virtuosité musicale. Et aussi la connaissance livresque. Michael récitait des pages entières de Shakespeare et connaissait mieux qu'aucun autre garçon la littérature classique, l'histoire médiévale et la poésie moderne. Il était drôle ; il était futé ; il débordait d'énergie. Il avait ce sens poétique que j'ai toujours trouvé irrésistible.

« Les grands esprits sont les alliés de la folie/Et minces sont les frontières qui les départagent », écrivait Dryden. Toute ma vie — amoureuse, j'entends — tient dans ces vers.

Comment aurais-je pu savoir qu'un an après notre mariage, Michael serait hospitalisé au Mont Sinaï en pleine crise de schizophrénie, et qu'il faudrait lui administrer des milliers de milligrammes de Thorazine pour arriver à le calmer ?

Ayant déjà décrit et romancé la dépression de Michael dans *Le Complexe d'Icare*, je subis ce qui arrive à la plupart des écrivains : j'ai oublié la réalité. Mes souvenirs se mélangent à mon récit. Je n'en revois que des bribes : sa disparition (il était parti ramer sur le lac de Central Park), sa réapparition (il essayait de m'entraîner par la fenêtre pour me prouver que nous pouvions voler), son hospitalisation (il me traitait de Judas et citait Dante en italien à l'appui).

Michael avait abandonné ses études de droit ; il travaillait pour un génie du marketing complètement timbré qui mettait sur ordinateur les habitudes de consommation des Américains et vendait les résultats à des agences de publicité. Le type était devenu riche mais Michael était devenu fou. Et comment ne pas devenir fou à force de passer ses nuits devant les mastodontes qu'étaient les ordinateurs des années soixante, en attendant qu'ils crachent leurs données sur Tide, Clorox et Ivory Snow, ou encore qu'ils établissent la relation entre une lessive et le niveau socioprofessionnel du consommateur ou le nombre d'heures qu'il passe devant la télé ? Michael se haïssait de faire un travail pareil. Mais il était appâté par une promesse de gains dépassant ses rêves les plus fous. Hélas, il a craqué avant de commencer à encaisser son or.

Au cours du long et chaud été de 1964, pendant qu'Harlem brûlait, j'allai le voir tous les jours au service de psychiatrie du Mont Sinaï. La ville vacillait au bord de l'apocalypse et nous avec. Ahuri, enragé, Michael s'en prenait à moi ; il voulait que je l'aide à s'échapper. J'étais déchirée entre ma loyauté envers lui et mon désir de continuer à étudier, à écrire, à vivre.

Ses parents — sa mère était une petite brunette qui avait les dents de la chance, comme la femme de Bath, et un penchant pour les mules à talons ouvertes sur les orteils ; elle fumait trois paquets par jour ; son père était un grand chauve à l'air abruti, mais belliqueux —, ses parents, donc, débarquèrent de Californie et décrétèrent aussitôt que si leur fils était fou, c'était à cause de moi. Tout était de ma faute. Après tout, j'étais sa femme. La mère de Michael, une princesse juive de West Hartford, dans le Connecticut, avait fait une mésalliance (comme toutes les princesses juives) et s'était retrouvée femme de marin à San Francisco. Déçue par son mariage, elle reportait toutes ses frustrations sur l'aisance relative de mes parents. Les parents de Michael avaient dû se saigner aux quatre veines pour ajouter une véranda à la maison et mettre une pizza sur la table. Mes parents les trouvaient d'une petitesse sans espoir. Eux les trouvaient irrémédiablement snobs. Ils avaient raison tous les quatre, bien entendu. La seule chose sur laquelle ils tombèrent d'accord fut la nécessité de nous faire rompre.

Ils réussirent. Lorsque l'assurance maladie de Michael arriva à expiration, nos parents conclurent un pacte : *il fallait ramener Michael en Californie.* On m'engagea comme infirmière, et mon père m'accompagna. Nous prîmes tous les trois l'avion pour San Francisco, escortés d'un psychiatre. Michael avait été littéralement assommé de tranquillisants pour pouvoir embarquer.

Quel vol ! Le drogué conduit par l'aveugle ! Plus tard, à l'époque où je vivais en Allemagne avec Allan, je tenterais de décrire ces moments dans un poème ; « Dans l'avion qui te ramenait chez toi » évoque l'horreur que peut vivre une femme quand l'homme qu'elle aime décroche tout d'un coup de ce qui constitue communément « la santé mentale ». Le brillant esprit de Michael avait avancé de plusieurs crans dans l'engrenage pour finir dans la folie. Nous marchions dans un monde peint par un surréaliste. Nous avions l'impression que nous pouvions descendre dans des flaques d'eau de pluie et parler à des pommes. Au début, cela m'avait plutôt attirée que repoussée. Apparemment, j'avais moi aussi mon petit (mon gros) grain de folie.

DANS L'AVION QUI TE RAMENAIT CHEZ TOI

1

« Je croque dans une pomme et je m'en lasse
avant la deuxième bouchée », disais-tu.
Tu étais aussi Samson. Je t'avais coupé
les cheveux et je t'avais enfermé.
D'ailleurs ta chambre était infestée de vermine.
Avant toi, un interné avait laissé sa muse
écartelée sur la baie vitrée.
Dans l'éclat du soleil déclinant
ses énormes seins louchaient ; nous les vîmes se
détacher
avec une précision de diamant

sur les taudis de Harlem.
Tu mis les pilules sur ta langue et maudis les internés.
Tu m'appelas Judas.
Tu avais oublié que j'étais une fille.

2

Tes mains n'étaient pas des oiseaux. Dire
que c'étaient des oiseaux serait trop facile.
Elles traçaient des cercles autour de tes idées
et tes idées étaient parfois des paraboles.
Ce dimanche soudain, tu t'éveillas
pour te retrouver de l'autre côté du miroir,
les mains perchées sur la table du petit déjeuner,
attendant un signe.
Je n'avais rien à leur dire.
Elles conversèrent avec les œufs.

3

Nous marchâmes.
Ton parapluie automatique s'ouvrit
d'un claquement sec au-dessus de ta tête,
halo noir.
Nous voulûmes descendre dans des flaques d'eau de pluie
comme dans des trous.
Tu disais que l'image des immeubles
conduisait en enfer.
Les arbres dansaient pour nous,
des gens découpés se tournaient de côté
et se dissolvaient dans leur voix.
Les cités réfléchies dans nos lunettes nous avalaient.
Tu montas sur une balance, entendis tomber la pièce...
mais l'aiguille ne bougeait pas !
Preuve que tu étais Dieu.

4

L'ascenseur s'ouvre et je suis là
des violettes africaines à la main.
Une heure plus tard je disparais dans un abîme dont
les dimensions sont 23 heures.
Drogué à la fragilité de verre,
tu arpentes les couloirs

parmi les fringants jeunes psychiatres,
les filles qui tissent des tapis à longueur de journée
et les défont la nuit,
les cas d'obésité, perdus en eux-mêmes.
Tu fredonnes. Tu dis que tu me hais.
Je voudrais te secouer.
Te souviens-tu comment c'est arrivé ?
Debout à la fenêtre
tu parlais de voler.
Tes mains ont volé jusqu'à ma gorge.
Quand ils sont venus, ils ont trouvé
nos bras éparpillés par terre
comme des jouets brisés.
Nous pleurions tous les deux.

5

Tu t'accroches. Quelque part dans une cave de mon esprit,
tu t'accroches. Les fruits t'ont parlé
avant de me parler. Les pommes pleuraient
quand tu les épluchais.
Les tangerines baragouinaient en japonais.
Tu as plongé le regard dans une huître
et en as aspiré Dieu.
Tu étais l'homme creux
et Milton entrait dans ton pied gauche.

6

Mon premier mari ! — Dieu —
tu es devenu une abstraction,
une sorte d'idée. Je n'entends même
plus ta voix. Seuls les poils noirs
frisés sur ton ventre te rendent réel —
je dessine des poils noirs sur tous les hommes que j'écris.
Je ne regarde même plus.

7

J'ai pensé à toi à Istanbul.
Ton visage byzantin,
lèvres minces, joues creuses,
les yeux bruns fanatiques et attendrissants.
À Hagia Sophia ils font tomber

le stuc musulman
et découvrent des mosaïques dessous.
Les morceaux trouvent leur place.
Tu aurais été un saint.

8

Les intérieurs, c'est mon fort.
Ragots, aiguisages d'arêtes, poèmes de cuisine —
mais je n'ai aucune chance avec les cartes.
C'est parce que je suis une femme
et que j'ai tout à l'intérieur.
J'ai décoré la grotte,
j'y ai suspendu des peaux d'animaux et des lainages,
les sols sont si doux
que quand tu es tombé
tu as cru tomber sur moi.
Jusqu'à la fin
tu as su trouver tes marques,
tu indiquais toujours le nord.

9

Dans l'avion qui te ramenait chez toi —
Seigneur — quand je t'ai raccompagné
tu étais terrifié.
Tu me tenais la main, je tenais
la main de mon père et lui,
il piquait des pilules au psychiatre
qui t'accompagnait.
Le psychiatre avait 26 ans, il avait peur.
Il comptait sur moi pour que tu ne t'agites pas.
Et ainsi, nous volâmes.
Main dans la main dans la main dans la main nous
volâmes.

Presque immédiatement après notre arrivée en Californie, le psy, mon père et moi fîmes entrer Michael dans une clinique du sud de l'État qui, malgré ses airs de centre de remise en forme, n'en était pas moins une boîte à dingues. Michael allait pouvoir faire sa thèse sur la Thorazine 101 (« Le mari n° 1 sort par la gauche », comme le dit ma fille à la première occasion).

Bien entendu, il me traita de Judas et m'accusa

de l'avoir vendu pour vingt deniers d'argent. Je me mis à pleurer. Entraînée par mon père, je sortis de sa chambre, telle Eurydice quittant les Enfers. Contrairement à Orphée, mon père ne se retourna pas. Je m'enfuis. Un complaisant avocat de la famille annula notre mariage, et ce fut comme s'il n'avait jamais existé. Je ne revis jamais Michael. Il me téléphona pour me faire un ou deux appels du pied après la publication du *Complexe d'Icare*. Je me souviens de ma déception. Après tout, le temps d'un été, nous avions cru tous les deux qu'il était le Christ.

Nous aurions dû vivre ensemble quelque temps sans jamais nous marier. Mais nous étions en 1963, et en 1963 on épousait le premier type avec qui on couchait (ce qui fait bien rire ma fille). L'amour physique n'était permis que lorsqu'on était amoureux. Et l'amour menait automatiquement au mariage.

De retour à New York l'automne suivant, je me mis à enseigner la littérature au City College et à brasser du vent dans les milieux thésards de Columbia. Cette année-là, mon meilleur ami fut Russell Harty, fils d'un marchand de primeurs de Blackburn, dans le Lancashire. Frais émoulu de la Giggleswick School, dans le Yorkshire, et avant cela d'Oxford, Russell bricolait en attendant d'être prêt pour les heures de grande écoute : il devait devenir l'un des plus célèbres animateurs de débats télévisés en Grande-Bretagne.

Tout excité de se retrouver à New York et d'être sorti de Giggleswick, il tomba amoureux de moi et de ma famille juive bohème du West Side — qui représentait tout ce que sa famille n'était pas.

« Redis-moi le nom de la fac d'où tu viens ? lui demandai-je.

— Giggleswick.

— Un nom pareil, tu l'as inventé.

— Malheureusement non ! » répondit-il.

J'étais folle de Russell, mais il ne m'embrassait jamais. Il m'adorait, bien sûr, et nous avions la même tournure d'esprit, mais je finis par me rendre compte qu'il aimait les garçons.

Nous devions devenir amis pour la vie, et même parfois convoiter les mêmes hommes. (« Si tu m'amènes des mecs sexy comme ça à Londres, me dit-il un jour où nous dînions avec deux amis chez Langan, je ne réponds plus de ma conduite. ») Plus tard, Russell se fit non seulement un nom, mais aussi une sale réputation. Son accent du Nord se marqua encore davantage. Il devint la célébrité londonienne que les journaux à sensation se plaisaient le plus à détester. Invariablement, il m'invitait à des interviews.

Déjà, l'époque où il corrigeait ses partiels dans une petite salle du City College était loin derrière lui. J'étais dans le même cas. Nous devions également nous tailler le même genre de réputation : être connus pour notre célébrité, et célèbres par le sexe, la drogue et le rock'n'roll, célèbres parce que nous étions mal vus par la critique. L'ironie voulait que nous ayons tous les deux pris un départ plutôt académique. Russell avait fait ses études à Oxford sous l'égide de Nevill Coghill pendant que je travaillais à Columbia avec James Clifford. Des pontes défroqués, voilà ce que nous étions.

Il mourut du SIDA, évidemment — fauché dans l'une des premières moissons de la mort, au début des années quatre-vingt. À cette époque-là, les gens disparaissaient tout d'un coup, et plusieurs mois plus tard on apprenait leur mort. J'ai perdu beaucoup d'amis comme ça, sans bruit : Russell Harty ; Tom Victor, le photographe ; David Kalstone, l'homme de lettres et écrivain ; Paul Woerner, l'avocat du milieu théâtral. Nous faisions la fête ensemble à New York, Londres ou Venise, et du jour au lendemain, ils se volatilisaient. Après un silence inquiétant, une mystérieuse annonce paraissait dans la rubrique nécrologique : « Des suites d'une longue maladie », disait-on sans nommer le SIDA, ni le partenaire qui portait leur deuil. À cette époque où le diagnostic du SIDA ou du HIV était inacceptable, ces amis-là semblaient se terrer dans des trous pour mourir.

Récemment, j'ai raconté à Molly la façon dont les gens tombaient au début de ce fléau qu'on se refusait à reconnaître.

« Ils disparaissaient purement et simplement, lui ai-je dit, honteux de leur maladie, dans la hantise que les gens ne comprennent pas. Quelques-uns retournaient chez eux, dans leur famille, et on n'entendait plus jamais parler d'eux. D'autres avaient des compagnons qui pouvaient prendre soin d'eux, mais si on ne faisait pas partie de leur cercle d'intimes, on ne recevait plus aucune nouvelle. Ils avaient trop honte...

— Il faut que tu en parles dans tes livres, m'a répondu Molly, pour que mes copains sachent. Nous étions tout gosses à l'époque. »

En fermant les yeux, je revois les dents proéminentes de Russell, la raie qui séparait ses cheveux auburn, et ses grands yeux noirs. Je l'entends encore : « Mâ mère se demande pourqwâ je t'ai jamais épousée. Et lâ bon Dieu de foutue vérité, c'est qu'il est trop târd pour le lui dire. »

J'imagine Russell baratinant tout le monde, là-haut, dans le grand établissement de bains qu'est le paradis des gays. J'espère qu'entre Oscar Wilde, Marcel Proust, William Shakespeare, Michel-Ange Buonarroti et le reste du chœur antique, il ne s'ennuie pas. Il ne doit pas manquer de compagnie.

Donc, tout en étant chargée de cours au City College, où mes étudiants m'accusaient de les envoyer au Vietnam si je ne leur donnais pas leur UV, j'écrivis mon illisible mémoire de maîtrise sur « Les femmes dans les poèmes d'Alexander Pope », document proto-féministe s'il en est. (À l'époque, les étudiantes faisaient leur recherche sur les poètes masculins « canoniques », mais en essayant généralement de prouver qu'en fait, sous leur perruque, ils étaient des femmes !)

Je sortais. En 1965, avec mes longs cheveux

blonds et mes tonnes de phéromones, j'étais toujours avec un homme ou un autre. Aucun ne me plaisait autant que Russell, mais je me disais sans plus y réfléchir — en bon petit produit des années cinquante que j'étais — qu'une femme ne pouvait pas se passer d'homme, que celui-ci lui plaise ou non. Je me tapai toute une série de thésards machos qui prenaient les femmes pour leurs assistantes. Puis je tombai amoureuse d'un musicien monté comme un âne, mais froid et distant, que j'accompagnai en Europe dans sa tournée des festivals. Lorsqu'il fut clair qu'il voulait me lâcher pour retrouver une de ses anciennes amours à Londres, je partis en Italie, terre de mes rêves où, pour me venger, je baisai avec un Italien marié (le premier d'une longue série).

« Suce ça comme oun'gelato, chérie ! » divaguait Paolo ou Gino ou Franco ou Sandro. Je riais si fort que j'avais peur d'avaler son pisello.

Le célibat fut toujours assez compliqué pour moi, parce que j'étais le genre de fille qui ne savait pas dire non. J'aimais beaucoup les hommes, et des hommes très différents. Quand je n'avais pas le type que j'aimais, j'aimais le type que j'avais (pour paraphraser Yip Harburg). Le mariage devenait donc un refuge, une manière comme une autre de me concentrer sur mon travail.

À l'automne 1965, je rencontrai le psychanalyste freudien sino-américain dont je porte toujours le nom, et j'en fus profondément remuée. Il était beau, sexy, avare de mots (« Il communique comme un télégramme, disait mon grand-père, comme s'il fallait payer chaque mot »), mais surtout il possédait l'ingrédient magique : il était psy. Je voyais dans ce prêtre de l'inconscient l'antidote à la folie de Michael.

« Toute ta vie, tu n'as fait que passer d'un extrême à l'autre », me dit mon mari actuel. Je me hérisse : « Ah oui ? » Mais je sais qu'il a raison. Ce que j'ignore, en revanche, c'est quel extrême il représente.

Allan et moi étions mariés deux mois après notre rencontre. Qui se marie en hâte se repent à loisir, dit le proverbe. Ma précipitation à épouser le Dr Jong prouve à quel point j'avais été traumatisée par la dépression de Michael. Je doute de l'avoir aimé mais, à l'époque, on ne se mariait pas par amour. Je savais que je voulais échapper à ma famille, que je détestais mes études, que j'avais besoin d'une analyse, qu'il fallait que j'écrive. Je savais que j'avais peur de faire tout cela toute seule.

La vérité, c'est que j'avais peur de rester sans homme. Peur parce que, pour des raisons que j'ignore, j'attirais les hommes comme un pot de miel attire les guêpes et que je ne savais pas m'en protéger. Avec un mari psychanalyste taciturne qui était censé connaître les secrets de l'inconscient, je me sentais en sécurité. La réalité me donna tort et raison à la fois. De plus, avoir Allan pour mari à cette époque-là, c'était un peu comme de me confiner à la solitude. Et il n'y a pas de meilleures conditions pour écrire.

Nous partîmes pour l'Allemagne en février 1966. Allan avait été appelé sous les drapeaux à trente-deux ans, et il avait choisi de servir trois ans en Allemagne pour échapper au Vietnam. Il était persuadé que s'il y allait, il se ferait tuer à cause de son visage asiatique et de son uniforme américain. Une fois en Allemagne, il passa les trois années à se lamenter sur la guerre du Vietnam (il était contre) qui l'avait obligé à abandonner son cabinet (qu'y pouvait-il ?), et à se plaindre que son analyste lui manquait (il n'y pouvait rien non plus). Nous comprîmes très vite à quel point nous étions peu faits l'un pour l'autre. J'adorais rire et parler. Il adorait ne faire ni l'un ni l'autre. Je m'étais trouvé un tortionnaire chinois. Si l'enfer c'est les autres, comme le dit Sartre, alors j'étais en enfer. Et j'étais trop orgueilleuse pour admettre que je m'étais trompée une deuxième fois.

Je décidai donc de m'enfermer dans une pièce et d'écrire. Peut-être, d'ailleurs, était-ce mon but ultime... avec Allan dans le rôle que Willy avait joué pour Colette. Je me forgeai une théorie de convenance : toutes les femmes écrivains avaient besoin d'un homme qui les enfermerait dans une pièce loin de leur mère pour qu'elles puissent écrire.

Nous habitions à quelques minutes en tramway de Heidelberg, dans une petite ville appelée Holbeinring où nous avions pour voisins des officiers de carrière de l'armée et leurs « personnes à charge ». Je donnais quelques cours à la division européenne de l'université du Maryland (où les GI's m'appelaient « M'sieur ») et tenais une rubrique sur les festivals œnologiques et les restaurants dans un petit guide distribué gratuitement, *Heidelberg diese Woche.* Mais je passais le plus clair de mon temps enfermée dans la deuxième chambre de notre hideux appartement de l'armée, où j'écrivais des poèmes et des nouvelles.

Je vivais dans un monde que je m'étais créé de toutes pièces, début évidemment incontournable pour tout écrivain. Je lisais les revues de poésie trimestrielles — *Sewanee Review, Poetry,* la *Southern Review* — qui m'arrivaient par bateau avec plusieurs mois de retard. Je faisais mes dévotions au temple du *New Yorker.* Je comparais mes poèmes de novice à ceux que publiait le journal. J'en conclus que ma voix devait trop sa féminité aux fioritures, et je tentai d'imiter le ton neutre et détaché que j'associais avec la masculinité et croyais plus plaisant à une oreille d'éditeur.

Rien n'y fit. J'étais incapable de neutraliser ma voix et de devenir le genre de poète couronné par le *New Yorker* dans les années soixante. Incapable ne serait-ce que d'approcher des poèmes publiés dans la *Sewanee Review.* De même qu'en fac, j'avais souvent tenté d'écrire de la poésie insondable et je m'étais désespérée de livrer un message si clair, de même à Heidelberg je voulus me façonner à ce que je m'imaginais être le goût de l'époque. Je suis heureuse de dire que mes tentatives furent un échec lamentable. Sachant que le statut de femme était infiniment peu enviable, je cherchais un moyen de devenir autre chose — n'importe quoi. Mais quelle autre chose, je l'ignorais.

À quoi auraient ressemblé mes poèmes si, à Barnard, j'avais étudié Muriel Rukeyser en même temps que Wallace Stevens ? « Inspirez de l'expérience, expirez de la poésie », écrit-elle dans *Theory of Flight (Théorie du vol)*. Moi aussi j'étais en proie à la crainte bien féminine de me voir pousser des ailes, mais je ne pouvais pas savoir que je n'étais pas la seule. Dans quel sens le fait de me savoir héritière d'une tradition aurait-il influencé mon travail ? Malheureusement, Rukeyser était aussi totalement négligée que Ruth Stone, Edna St Vincent Millay, Anna Wickham, HD, Laura Riding, Marina Tsvetaïeva. Autant écrire à l'encre invisible.

Ce dilemme était assez typique de la situation des femmes poètes au milieu des années soixante. Comme la fac n'offrait pas de cours sur la littérature féminine, comme il n'existait pas d'anthologie de la littérature féminine, pas de professeurs Showalter, Stimson, Gilbert et Gubar, il incombait à notre génération de mettre un nom sur le problème et de créer les cours manquants.

Assise dans ma chambre-bureau dans les parages de la Forêt-Noire, il fallait que je trouve un moyen de devenir femme poète à une époque où « femme poète » était un terme de dérision. Toute l'histoire de la poésie anglaise — qu'hélas, je connaissais si bien — désignait l'homme comme créateur et la femme comme synonyme de nature. De Shakespeare à Graves en passant par Yeats et Wordsworth, les poètes mâles labouraient la Nature femelle pour lui faire produire des fruits androgynes. Femelle égalait muse, et les muses étaient censées rester muettes.

« Qui mesurera jamais l'ardeur et la violence du cœur du poète enfermé, empêtré dans un corps de femme ? » demande Virginia Woolf qui imagine de donner une sœur fictive à Shakespeare (idée reprise dans le nom d'un groupe de rock anglais). Et qui mesurera jamais le mal fait à des générations entières de poètes féminins potentiels par des mythologies et des paradigmes aussi dévalorisants ?

Un jour de 1966, une amie de ma sœur, qui habitait New York, m'envoya un recueil de poèmes intitulé *Ariel.* Si l'auteur, une femme du nom de Sylvia Plath, était morte, ses poèmes étaient terriblement vivants. Et quels poèmes étonnants ! Ils osaient prendre pour sujet la vie d'une femme ordinaire. Ils osaient ouvertement la colère, chose interdite à ma génération. Ils osaient parler des chuintements de la cuisine, de la puanteur du caca de bébé, des frissons que donne une coupure au pouce, du sacro-saint gigot du dimanche cuit dans sa graisse.

La créatrice de ces lignes virulentes était morte pendant mon année de licence à Barnard. Cet hiver-là, le *New Yorker* avait publié une page de ses poèmes. Je les avais lus, mais je n'étais pas encore prête à les comprendre. Moi dont les modèles étaient Keats, Pope et Fielding, moi qui en étais toujours à imiter les poètes hommes que j'avais étudiés à Barnard et à Columbia, je ne mesurais pas à quel point j'avais faim de ces poèmes.

Quand le poète est prêt, la muse apparaît.

En Allemagne, j'étais prête. Les poèmes de Plath me fendirent en deux. Le sang gicla sur la page.

Soudain, je découvrais que je pouvais dire adieu à mes poèmes policés qui chantaient les fontaines italiennes et les tombes des poètes anglais, que je pouvais parler de ma vie — la vie d'une « épouse à charge », comme on dit à l'armée —, la vie du marché, de la cuisine, du lit matrimonial. Je pouvais faire des poèmes sur des pommes et des oignons, des poèmes dans lesquels l'objet quotidien de ma vie était désormais d'ouvrir des portes sur ma vie intérieure.

Sylvia Plath me conduisit à Anne Sexton. *To Bedlam and Part Way Back* était paru en 1960, *All my Pretty Ones* en 1962, et *Live or Die* venait de sortir. Des poèmes comme « Menstruation à quarante ans » et « Sa pareille » conféraient une soudaine validité à tous mes efforts pour dénicher la sorcière qui me possédait, le chantre à la matrice saignante, la chroniqueuse de la « maladie rouge » de l'amour.

À quel moment les choses ont-elles commencé à bouger, permettant à des poètes comme Sexton ou Plath de faire entendre leur voix ? Avec le mouvement pour les droits civiques, qui a marqué nos années de fac en dénonçant l'injustice de notre société ? Avec l'assassinat de Kennedy, qui a marqué nos vingt ans en nous apprenant à ne jamais croire ce qu'on lit dans les journaux ? Avec la guerre du Vietnam, qui a marqué nos vingt-cinq ans en nous prouvant qu'il ne faut jamais faire confiance à nos chefs ? L'autorité était de sexe masculin, et elle était hautement faillible.

Betty Friedan publia *La Femme mystifiée* l'année où je passai ma licence. J'écoutais ma sœur aînée en discuter avec ma mère. Ma sœur était très enthousiaste. Ma mère moins, car elle avait vu le féminisme de sa jeunesse se faire complètement rayer de la carte. Même si j'étais toujours coincée dans mon XVIIIe siècle en faisant semblant de croire qu'Alexander Pope était un poète féminin, le féminisme était dans l'air et je n'ai pas pu ne pas le respirer. Il m'autorisait à écrire d'un point de vue féminin.

Toutes mes études à Columbia avaient été un désaveu de ces frémissements, et c'est peut-être pourquoi je trouvais cette université de plus en plus intolérable. J'avais envie d'écrire mes livres à moi, pas des livres sur des livres sur d'autres livres, qui m'auraient valu ma titularisation. Mon mariage avec Allan avait donc été mon billet pour l'Europe, ma fuite loin de la Columbia sexiste de mes profs et du Manhattan de mes parents. Si je voulais ne serait-ce qu'essayer d'écrire la vérité, je sentais qu'il fallait que je prenne de la distance.

La poésie est la vie intérieure d'une culture, son système nerveux, la source la plus profonde de sa vision du monde. Une culture qui ignore ses poètes inhibe son système nerveux et contracte une maladie mortelle. C'était le cas de l'Amérique des années soixante — c'est pire aujourd'hui, me direz-vous. Tous ces mâles bien polis du *New Yorker* qui écrivaient des poèmes sur leurs chiens et leurs maîtresses se voilaient la face quand il s'agissait d'ouvrir les yeux sur le monde. Dehors, la réalité hurlait. Allen Ginsberg, Gregory Corso et Lawrence Ferlinghetti étaient certainement plus proches des événements de l'époque. Mais dans ces bois touffus, nulle clairière pour les femmes poètes — jusqu'à l'arrivée de Plath et de Sexton, qui exercèrent sur nous une fascination macabre par leur mort sensationnelle. Nous leur emboîtâmes le pas (en chaussures de tennis, pour reprendre l'expression de Dorothy Parker qui avait suivi les traces d'Edna St Vincent Millay dans les années vingt). Il fallait que nous nous fassions une place. Pari tenu, somme toute.

Mes poèmes précédèrent mes romans, me montrant le chemin de mon cœur. Mes romans posaient toujours, en miroir, la basket symétrique à côté des pas mâles et élitistes de Vladimir Nabokov, mon auteur préféré pendant mes années d'université. C'est en hommage à lui que je m'essayai à un embryon (avorté) de roman provisoirement intitulé : *The Man Who Murdered Poets (L'Homme qui assassinait les poètes).* Je me mettais dans la peau d'un fou nabokovien décidé à tuer son double fantomatique aussi fou que lui. Le livre ne devait jamais marcher. Il me donna du fil à retordre pendant des années, et je finis par l'abandonner quand je sentis les premiers frémissements du *Complexe d'Icare.* N'étant ni homme ni fou, j'étais totalement bloquée. Inconsciemment, je pensais que seul un homme était capable de bâtir l'intrigue d'un roman. Mais le fou, c'était mon premier mari ; ce n'était pas moi. Dans mes poèmes de la même époque, une voix féminine commençait à s'affirmer. Elle décrivait le monde sous la forme d'une bouche insatiable, dévorante. Elle criait la menace planant sur les femmes, la frustration d'être une femme intelligente, l'absurdité d'être une femme qui a des phéromones à revendre.

LE PROFESSEUR

Le professeur se tient devant la classe.
Elle parle de Chaucer.
Mais les étudiants n'ont pas faim de Chaucer.
C'est elle qu'ils ont envie de dévorer.

Ils lui mangent les genoux, les orteils, les seins, les yeux
et recrachent
ses mots.
Et qu'ont-ils à faire de mots ?
C'est une vraie leçon qu'ils veulent !

Elle est nue devant eux.
Des psaumes sont inscrits sur ses cuisses.
Quand elle marche, les sonnets se divisent
en huitains et en sizains.
Les distiques se mettent en place
quand ses doigts jouent nerveusement
avec la craie.

Mais les mots ne l'habillent pas.
Il n'y aura plus jamais assez de poésie pour la sauver.
Il n'y a pas de volume assez gros pour qu'elle s'y cache.
Pas de Webster édition intégrale, pas d'OED.

Les étudiants ne sont pas sots.
Ils veulent une leçon.
Autrefois ils auraient peut-être attrapé la vie
par la peau du cou
dans un distique bien tourné.
Mais maintenant
il leur faut du sang.

Ils ont laissé tomber Chaucer
ils ont mangé le professeur.

Elle a disparu.
Il ne reste rien
qu'une page imprimée.
On ne peut plus rien pour elle.
Peut-être est-elle un peu dans chaque étudiant.
(Ne me demandez pas comment.)

Mangez ce poème.

Prendre conscience de ma judéité alors que je vivais en plein cœur de l'Allemagne a été une autre étape critique de ma maturation. Je passais mes journées à explorer les traces partiellement effacées du Troisième Reich, ou alors à la bibliothèque, où je m'abîmais dans la lecture de livres dénazifiés, aux pistes brouillées ; j'ai même découvert dans les bois un amphithéâtre nazi abandonné. J'imaginais que j'étais le fantôme d'une enfant juive assassinée le jour de ma naissance. Anne Frank vint m'habiter. Je compris que seul un hasard de l'histoire m'avait permis de vivre.

C'est entre les poèmes de Plath et mon propre Holocauste mental que je pus trouver ma nouvelle identité, une identité à la fois de Juive et de femme. Mon premier manuscrit de poèmes, *Near the Black Forest (Dans les Parages de la Forêt-Noire)*, fourmillait d'images de Heidelberg après le Troisième Reich, ce monde sans Juifs, sans hommes, résultat du double cataclysme de l'Holocauste et de la guerre.

Une femme poète est de toute manière un Juif persécuté, une éternelle exclue. On lui demande d'abord de déguiser son sexe, de changer de nom, de se fondre dans le courant dominant : la poésie masculine. Pour survivre, les victimes d'une discrimination se fabriquent de nouveaux noms, se blanchissent la peau, se font raccourcir le nez, nient leur identité. C'était exactement ce que j'avais fait jusqu'à la fin de mes études. Tout d'un coup, cela me devenait impossible. Et comme par hasard, c'est à ce moment-là que je commençai à apprendre à écrire.

LA LOGEUSE DE HEIDELBERG

Parce qu'elle a perdu son père
pendant la Première Guerre mondiale,
son mari dans la Seconde,
nous n'allons pas nous disputer.
« En Amérique, il n'y a pas de Gemütlichkeit. »

Nous gagnons son cœur
avec des cigarettes à filtre.
Recrachant la fumée, elle dit :
« On ne peut pas juger un pays
sur douze petites années. »

Jours gris,
le vent déboule dans les ruelles,
je marche dans une photo des années trente,
âge préhistorique
d'avant ma naissance.

Cette ville n'a jamais été bombardée.
Les vieilles dames portent toujours de drôles de chaussures,
des fourrures longues et râpées.
Elles sentent le camphre et la camomille,
les vieilles photos.

Il ne s'est pas passé grand-chose ici.
Quelques bijouteries ont changé de propriétaire.
Une brasserie. Des banques.
L'université a arboré un svastika, l'a enlevé.
Les étudiants scandent HO CHI MINH et détestent les Américains par principe.
Papa porte une casquette d'aviateur.
Il n'a jamais vieilli.
Il trône sur la table à côté des biscuits.
Maman et grand-mère sont veuves.

Elles s'occupent des choses.
Il pleut presque tous les jours :
tous les jours, elles lavent les carreaux.
Elles cultivent des jungles dans les salons,
tropiques luxuriants

encadrés par des rideaux de dentelle blanche.
Elles cajolent la terre avec de l'engrais, frottent les feuilles.
Chaque plante brille comme un enfant dodu.
Elles espèrent le soleil,
elles qui vivent dans un monde sans Juifs, sans hommes.

Je me rendis compte que le vœu des Allemands avait été exaucé : faisant d'une pierre deux coups, ils avaient supprimé leurs Juifs et leurs hommes. Et les femmes continuaient. Seules, amères, elles gardaient pourtant parfaitement le contrôle de la situation, frottaient les plantes et les sols. Amazones en vieux chapeaux de sorcières et en fourrures bouffées aux mites, elles élevaient les enfants, s'occupaient des jardins et donnaient naissance à l'Allemagne de la relève, l'Allemagne que nous connaissons aujourd'hui. Maintenant, il y a une nouvelle génération d'Allemands. Maintenant, de nouveaux ennuis se préparent.

Virginia Woolf, qui comprenait les problèmes de la créativité féminine sans doute mieux que n'importe quel autre écrivain, parle de

> l'accumulation des vies jamais entrées dans la chronique, celle des femmes aux coins des rues, mains sur les hanches, alliances incrustées dans leurs gros doigts boudinés, qui parlent en gesticulant avec un phrasé au rythme shakespearien ; celle des marchandes de violettes, des marchandes d'allumettes et des vieilles postées sur le pas de leur porte ; celle des filles qui flânent sans but, et dont le visage, comme des vagues sous le soleil ou sous les nuages, reflète l'arrivée des hommes et des femmes et les lumières vacillantes des devantures. Tout cela, il vous faudra l'explorer...

Elle sollicite l'énorme pan de la vie des femmes laissé intact par les relations avec les hommes. Ce pan-là — le plus grand — est présumé sans importance, sans aucun intérêt pour la littérature. Tant que ce seront les hommes qui fixeront l'ordre du jour littéraire, cela ne changera pas. Seul l'amour — liaison romantique ou adultère — sera considéré comme un sujet digne d'intérêt.

Pourquoi ? Parce que les hommes sont au centre de la littérature, et que les hommes n'aiment pas qu'on leur rappelle l'existence d'un domaine de la vie féminine dont ils ne sont pas le centre. C'est pourquoi beaucoup de femmes continuent à produire sur un mode littéraire établi selon les critères masculins. D'où la présence de l'« amour » au cœur de la littérature.

Qu'arriverait-il si nous parlions de notre propre vie, sans référence au sexe masculin ? Une telle hérésie est-elle seulement imaginable ? Il n'y a qu'à voir avec quelle dérision ont été accueillies Violette Leduc, Monique Wittig, Anaïs Nin, May Sarton. Quand l'« amour » en a terminé avec vous, la vie vous réserve encore beaucoup de joies, dit Colette, qui formule l'hérésie suprême et qui en sera punie : on lui refusera les funérailles qu'elle méritait (funérailles auxquelles aurait eu droit n'importe quel homme de sa stature), les rosettes, les rubans et les médailles. Je ne crois pas que cela l'ait beaucoup dérangée.

Quelle heureuse solitude que le bonheur de deux femmes vivant ensemble, amies ou amantes ; le bonheur d'une mère et d'une fille partageant le même lit et papotant toute la nuit ; le bonheur de deux sœurs dont les maris sont absents, morts, partis ; le bonheur de travailler, de jardiner, de s'occuper des enfants, de faire les courses, d'aller se promener, de faire tourner une maison — hérésie que tout cela.

Nous passons le plus gros de notre vie seules ou avec d'autres femmes, et pourtant on nous demande de braquer les projecteurs sur la toute petite partie que nous partageons avec les hommes. Dieu sait que la vie féminine n'est pas plongée dans l'obscurité en dehors de cela, mais il faut faire comme si ; il faut, dans nos livres, ne parler que de l'amour, de l'amour et encore de l'amour, jusqu'à ce que tout le monde en ait assez, y compris nous.

Le deuxième sexe, c'est ça : tous vos plaisirs, toutes vos peines sont jugés secondaires par rapport à ceux que vous partagez avec l'autre sexe.

Les hommes sont-ils vraiment si intéressants que cela ? À leurs yeux, oui. Et pourtant, récemment, je me suis mise à trouver les femmes bien plus remarquables. J'ai tellement vécu pour les hommes jusqu'à présent que cette découverte m'a fait un choc.

Ai-je été victime des conventions au point de devenir, moi la soi-disant rebelle, aussi conventionnelle que les autres femmes de mon époque ? Ou ai-je laissé ma vie sexuelle me clouer sur place parce que j'ai toujours su que c'était le moyen primordial de séduire ma muse ? Si je me dois l'honnêteté, je me dois de répondre à cette question.

CHAPITRE VI

Sexe

Le trouble féminin peut atteindre une intensité que ne connaît pas l'homme. Le désir du mâle est violent mais localisé et il le laisse — sauf peut-être dans l'instant du spasme — conscient de lui-même ; la femme, au contraire, subit une véritable aliénation ; pour beaucoup, cette métamorphose est le moment le plus voluptueux et le plus définitif de l'amour ; mais elle a aussi un caractère magique et effrayant.

Simone DE BEAUVOIR, *Le Deuxième Sexe.*

Soit nous étions un million de perverses qui, dans la honte, nous cramponnions à nos manuels crasseux, soit ces fantasmes sexuels étaient parfaitement normaux.

Susie BRIGHT, *Réalité sexuelle : Guide du Sexe virtuel.*

Après tous ces siècles, les femmes ayant tant soit peu de jugeote ne vont pas se mettre à interrompre un homme qui commence à leur raconter ce qu'il pense du sexe.

Doris LESSING, *Le Carnet d'or.*

SEXE

« J'ai fait un rêve qui n'était pas entièrement un rêve », a dit Byron. Quant à moi, j'ai vécu une idylle le temps d'un été absolument parfait. Quand les gens disent « Éros », je sais de quoi il s'agit, même si eux l'ignorent. Et quand j'ai besoin d'un fantasme pour évoquer le summum de la passion qu'une femme puisse supporter, c'est à ça que je pense.

À l'époque, c'est-à-dire quelque part entre mon troisième et mon quatrième mariage, j'étais libre. J'étais tombée amoureuse d'un homme à qui je trouvais des airs du dieu Pan, à l'odeur hâlée de soleil et de sexe, qui sillonnait sur son sloop les eaux de la lagune vénitienne et de l'Adriatique.

Notre relation avait commencé un an auparavant : nous étions tombés amoureux à bord de son bateau ; nous avions attendu une année entière et, quand j'étais revenue à Venise l'été suivant, nous avions réussi à voler quelques instants de bonheur parfait dans l'appartement qu'il partageait avec la femme de sa vie. Cela continua par téléphone et par fax pendant des années. Nous nous voyions dès que possible ; je portais deux montres pour savoir à chaque instant quelle heure il était à Venise, et nous nous donnions des rendez-vous d'amoureux par téléphone pour nous endormir mutuellement en nous racontant toutes les choses que nous nous ferions et que nous nous étions faites.

« J'explose, je suis plein d'étoiles... » disait-il en

italien quand il jouissait. Tout était métaphore planétaire. L'amour physique était cosmique — par fibre optique.

Quand j'allais à Venise, je logeais au Gritti, dans une superbe suite où l'eau traçait des rides au plafond, et où il venait me retrouver matin et soir.

Mais un été (était-ce le deuxième ou le troisième, j'ai oublié), je décidai de louer pour trois mois le *piano nobile* d'un *palazzo* — je voulais nous donner un temps illimité pour explorer notre relation et voir si elle avait des chances de devenir permanente. Ce que j'appris, c'est qu'Éros n'est jamais permanent, ou plutôt que la condition de sa permanence est l'impermanence.

J'arrivai seule à la fin du mois de juin et m'installai dans mon *palazzo* de location ; les fenêtres donnaient sur le canal de la Giudecca où glissaient des bateaux aux inscriptions en cyrillique ; le jardin clos de murs regorgeait de roses anciennes et abritait un unique poirier étonnamment généreux, lourd de fruits mûrissants.

Le premier matin, Piero (appelons-le Piero) vint à onze heures me dire bonjour (« *per salutarti* », comme il disait). Il dit bonjour à mon cou, à mes lèvres, à ma langue, il me prit par la main et me conduisit dans la chambre où il me déshabilla lentement, s'extasiant devant la beauté de chaque parcelle de mon corps, il me pénétra sur le lit et il resta en moi, dur, pendant une éternité ; et moi je me gonflais de jus comme les poires du poirier et je me mettais à vibrer comme un orage qui les eût secouées si fort qu'elles seraient toutes tombées de l'arbre.

Pleine de son odeur, de ses mots, de sa langue, de son pénis incroyablement peu pressé, tout en moi monta jusqu'à lui ; on aurait dit que les cellules de mon corps étaient dissociées puis raboutées ensemble, dans une sorte de transsubstantiation — le sang et le corps se changeant en vin et en pain au lieu du contraire. Contemplant ses yeux de faune, ses cheveux bouclés d'un roux doré, je dis : « *Mio dio del bosco* » — mon dieu forestier — car c'était ce qu'il m'inspirait : l'impression d'être possédée par un très doux grand maître du sabbat, un homme-cerf, une divinité cornue, le dieu des sorcières, l'homme vert. L'impression d'être possédée par la nature tout entière, de renoncer à mon intellectualité, à ma volonté, à ma différence, pour me fondre dans la sève, l'énergie de la fleur.

Le soleil brillait en carrés sur le lit, l'eau du canal miroitait sur un plafond peint à l'effigie d'Héra, de Vénus, de Perséphone et des diverses sibylles, les canots à moteur passaient en pétaradant, et dans le sillage de mon union avec la forêt et la mer, je vis clairement ce à quoi devait ressembler la vie d'un homme et d'une femme, deux moitiés s'emboîtant l'une dans l'autre, hors du temps, éternellement. Je savais que cette chose-là, les gens essayaient de la simuler par les drogues, tentaient de l'obtenir par la poursuite de l'argent et du pouvoir et de la détruire chez les autres quand ils en étaient eux-mêmes privés. C'était un don très simple — ce qui ne le rendait pas plus abordable pour autant — mais dont la plupart des gens n'avaient jamais joui. Toutes leurs simagrées n'avaient qu'un seul but : le découvrir.

« Il faut que j'y aille », dit-il, et je le suivis dans la salle de bains en riant, en sautant littéralement de joie ; il se lava sous les bras et entre les jambes, s'habilla et me déposa un baiser rapide entre les seins.

« Je passerai te prendre à cinq heures », ajouta-t-il.

Et je m'installai pour écrire mes quelques pages quotidiennes, gardant sa sève entre mes cuisses et son odeur sur les doigts et les lèvres.

Je travaillai jusqu'à trois heures, enfilai un maillot sous une robe bain de soleil et remontai la *Fondamenta* jusqu'à la piscine où, les membres d'une lourdeur aquatique, d'une brillance solaire, je fis plusieurs longueurs sous le soleil. Ensuite, je mangeai un morceau et redescendis la *Fondamenta,* avec l'impression de flotter sur les dallages.

À cinq heures, il m'appela : « *Siete sola ?* » (Tu es seule ?)

Bien sûr que j'étais seule. Et me voilà de nouveau au lit avec lui, sous le plafond éclairé cette fois-ci d'une lumière d'après-midi, réconfortée par son sceptre et son bâton ; sous ses baisers salés, ma bouche devenait la lagune dans laquelle se noyait le soleil rose et ardent.

Parfois, nous déambulions tous les deux sur la *Fondamenta,* ou nous nous arrêtions pour prendre un verre de vin chez Harry's, et puis il retournait à son autre vie et moi à mes dîners entre amis, à mes concerts, mes opéras, mes longues marches dans la ville.

Parfois je le voyais traverser la lagune dans son bateau, escortant galamment son autre femme. Parfois je me demandais où il était, mais toujours avec plaisir, sans souffrance.

Et ainsi de suite pendant huit jours. Le soir du huitième jour, il disparut sans un mot d'explication. Il était en mer avec des gens que je ne connaissais pas. Il était parti, et je ne savais pas du tout si j'allais le revoir.

Les jours se firent longs. Un de mes prétendants débarqua d'Amérique. Puis un autre de Paris. Ils n'arrivèrent pas à déloger Piero de mon lit. Enfin, j'eus la visite de ma fille et de mon assistante, et je passai mes journées entre mon rôle de mère et mon travail.

Je ne décolérais pas contre Piero, non parce qu'il m'avait quittée, mais parce qu'il était parti sans un mot. Je jurai de ne jamais le revoir. L'été s'éternisa, chaud, humide, inutile. Venise était devenue un paquebot sur lequel j'aurais connu tout le monde et n'aurais goûté la compagnie de personne. Finalement, ma fille dut partir voir son père et mon assistante son amant. Les amis arrivèrent, m'entraînèrent dans une interminable série de soirées... et tout d'un coup, un beau matin, il téléphona comme si de rien n'était.

« *Siete sola ?* demanda-t-il.

— *Cretino !* lui criai-je.

— Il faut que j'aille à Murano en bateau. Tu viens ? »

Je me précipitai hors de chez moi pour lui arracher les yeux.

Une fois dans le bateau, je tambourinai des poings sur sa poitrine.

« Comment as-tu pu me quitter, moi qui étais venue ici pour te voir ?

— Je n'ai pas eu le choix. Impossible de faire autrement. »

Et sa bouche fut sur ma bouche, me réduisant au silence.

Peu après, arrêtés derrière un banc de vase couvert de roseaux, nous faisions l'amour. Sous le soleil, le bateau se balançait à notre rythme.

Mes invités riaient de me voir le maudire, courir vers lui, le maudire encore. Nous nous rencontrions dans le petit pavillon secret, près du jardin clos dont les roses étaient fanées mais dont le poirier donnait toujours ses fruits. Nous faisions l'amour matin et soir, et il s'éclipsait juste après.

Je lui pardonnais parce que j'étais bien obligée. Quand il me pénétrait, je me sentais comblée. Mais quand il s'en allait, je n'étais plus du tout sûre qu'il reviendrait.

Cette histoire n'a pas de fin. S'il apparaissait tout d'un coup aujourd'hui, s'il me touchait, je serais de nouveau attirée dans la forêt, vers la lagune, dans le tourbillon de la danse du sabbat.

Le sentiment d'impermanence rendait permanente son emprise sur moi, son irréalité le faisait réel. Parfois, le soir, je m'endors en pensant que je vais me réveiller dans cet autre pays avec cet autre mari. Il est mon mari lunaire ; à la pleine lune, je pense à lui. Il peuple mes rêves.

Quand les gens disent « sexe » je pense à lui.

Que serait-il arrivé si j'avais vécu avec lui ?

Je ne peux qu'émettre des hypothèses. Il prétend qu'il ne fait pas l'amour avec la femme qui partage sa vie ; c'est peut-être vrai, peut-être pas. Tout ce que je sais, c'est que je préfère être celle vers qui il accourt plutôt que celle qu'il délaisse, et j'ai réussi à faire qu'il en soit ainsi en ne restant pas en travers de son chemin. Je préfère un amour vivant dans mes fantasmes qu'un amour mort parce qu'on lui a passé la bague au doigt. Mais peut-être que je me raconte des histoires. Aurais-je pu vivre avec le dieu de la forêt ? Seulement à temps partiel. C'était sa condition pour continuer à me voir. J'ai accepté, et j'ai passé mon chemin.

Quand j'étais petite, j'adorais le conte des Douze Princesses qui aimaient danser. Les princesses s'endormaient dans leur lit comme des petites filles sages, mais au matin le cuir de leurs chaussures était tout usé parce qu'elles avaient dansé toute la nuit. C'est comme ça que j'écris. Ma vie a beau être d'une rigueur exemplaire, on trouvera dans mes livres un cuir de chaussure usé, du soleil, de la mer, des poiriers, de la sève entre les cuisses. J'en ai vécu le temps d'un été — ou plutôt deux semaines d'un seul été. C'est ainsi que je voudrais vivre toujours, mais j'ai peur que ce soit impossible.

La parfaite âme sœur, en admettant qu'on la trouve, n'est pas forcément le parfait compagnon. Pour rester elle-même, la passion ne doit jamais être mêlée au quotidien. Car le quotidien a tendance à prendre le dessus et à la chasser. Le quotidien est la mauvaise herbe la plus coriace qui soit.

Mon premier émoi sexuel remonte aux rêves de mes treize ans. Je me morfondais de désir pour un grand roux (dont je n'ai jamais su le nom) qui rejoignait en courant, écharpe de Harvard au cou, la station de métro la plus proche du Muséum d'histoire naturelle, sur Central Park West. Quand il apparaissait dans mes rêves, j'avais les joues qui s'empourpraient, les cuisses humides et le cœur qui battait la chamade. Lorsque je l'apercevais de loin, même tableau. Je n'ai jamais su son nom, je ne l'ai jamais vu de près. Mais je l'aimais. Il avait éveillé ma sexualité.

Après mon année de seconde, je ne le revis plus jamais ; mais un jour, en Angleterre, alors que je faisais des recherches à Bath pour ma parodie de roman, *Fanny ou la véridique histoire de Fanny Troussecottes-Jones,* un bandit sorti tout droit du XVIIIe siècle, cheveux roux et bouclés, yeux verts en amande, vint me retrouver dans mon lit à baldaquin pour me faire l'amour à la perfection. Était-il un rêve, un *dybbuk,* une âme errante ? Je ne l'ai jamais su. Mais j'en fis Lancelot, aimé de Fanny, le héros de mon livre.

J'ai toujours lutté contre l'attirance sexuelle. Elle a une telle emprise sur moi qu'il faut que je lui livre une véritable bataille pour conserver mon indépendance. Lorsque, adolescente, je découvris la masturbation, je me dis : « Comme ça, je peux me passer des hommes. »

Les hommes, je les désirais sexuellement mais je ne supportais pas qu'ils aient un quelconque pouvoir sur moi. Autant leur demander l'impossible. Pour la plupart, ils préfèrent le pouvoir à une relation sexuelle ; si on leur donne l'une sans l'autre, ils finissent par se rebiffer.

C'est pourquoi les amants de légende sont une espèce en voie de disparition. Ils refusent de faire nos quatre volontés. Ils refusent l'habitude. Dès que vous avez trouvé votre partenaire lunaire, préparez-vous à le perdre. Il n'aime pas la lumière du soleil.

Il existe plusieurs autres sortes d'amours, satisfaisantes à bien des égards. Il y a l'amour-parlote, l'amour-câlin, l'amour-popote, parfois accompagnés d'orgasmes phénoménaux. Là n'est pas la question.

Dans le cœur de chaque femme, il y a un dieu de la forêt. Et ce dieu n'est fait ni pour le mariage ni pour bâtir un nid ou devenir père.

Les hommes, bien entendu, ont leur équivalent : Lilith au lieu d'Ève. Mais il existe suffisamment de livres sur eux sans que j'aie besoin d'en ajouter encore un. Il faut voir les choses comme elles sont : nous sommes bigames. Femmes d'un homme par le cœur et d'un autre par la chair. Il arrive que le cœur et la chair se rejoignent une nuit ou deux avant de se séparer à nouveau.

Mon fantasme est un ménage à trois : un mari lunaire, un mari solaire et moi. Je n'en ai pas encore résolu les détails pratiques, mais quand j'aurai trouvé la solution, je vous le ferai savoir. Je sais que beaucoup de femmes partagent ce désir, et que seules la peur et l'obligation inutile de paraître « bien » leur font prétendre le contraire.

Ce mystère est singulièrement absent de la pléthore d'ouvrages écrits sur l'amour et les rapports sexuels. Il m'arrive parfois, en changeant de chaîne en fin de soirée, de tomber sur les émissions roses. Composez le 1-900 NICHONS, ou le 1-900 MECTONS, ou le 1-900 ROUSTONS. Les hommes ont un air cynique et grossier, les femmes ont toutes l'accent du Bronx. Les hommes sont tellement imbus d'eux-mêmes qu'il ne reste plus de place en eux pour quelqu'un d'autre. Je n'y reconnais pas mes fantasmes.

Un jour, je suis allée avec mon troisième mari au Refuge de Platon, cette boîte à sexe aujourd'hui disparue. Armés de petits calepins à spirale, nous nous sommes présentés comme reporters. Au début nous avions gardé nos vêtements, mais pour faire plus vrai nous avons fini par les enlever.

Nous avons fait le tour, de la mini-station thermale (eau crasseuse, corps boutonneux) jusqu'au snack (sandwiches confiture-beurre de cacahuète ou salami-moutarde ; on se serait cru à une soirée de gosses dans la dèche) en passant par la salle au tatami (dentistes du New Jersey baisant hydrauliquement leurs assistantes). Finalement, ce fut l'heure de la détumescence et du retour à la maison. Là encore, je ne reconnaissais pas mes fantasmes. Moi, pour commencer, j'aurais rêvé de beluga et non de bolognaise. Mais ce n'était pas tout. Je voulais une orgie approchant de ces songes qui viennent vous hanter du matin au soir. Le Refuge de Platon n'avait rien à voir avec mes rêves.

C'est fou ce qu'on a pu faire au nom de Platon ! L'amour chaste s'est appelé amour platonique. Mais ce que nous recherchons, en fait, c'est l'amour idéal, comme dans l'amour courtois provençal, dont la consommation est l'aspect le plus secondaire. Car c'est d'un idéal de désir — l'amant que l'on ne peut posséder — qu'est faite la perfection provençale.

Si l'on ne peut jamais posséder l'amant, c'est peut-être parce qu'il s'enfuit. Ou parce que le temps s'immisce dans l'intemporel. Ou encore, parce que le reste de notre vie a été promis à un autre. Et ce ménage à trois n'est accessible qu'en rêve.

L'impossible fait partie de son essence. Seul l'impossible le rend possible. À moins que je ne me raconte des histoires, par lâcheté, parce que je refuse de m'aventurer aux limites de l'expérience.

Le grand roux et moi ne nous sommes jamais touchés. Mais vers quatorze ou quinze ans, je devins l'*innamorata* d'un être moins immatériel, Robbie, un grand garçon aux cheveux châtains, au nez légèrement crochu et de travers, équipé d'une grosse queue superbe.

« Peut-être qu'un jour tu la prendras dans ta bouche », disait-il timidement, sachant que c'était contraire aux « règles ». Et des règles, il y en avait, en 1955 ! Soutien-gorge, culotte, panty : entrée autorisée ou interdite ? Si écrire de la poésie rimée est comme de jouer au tennis avec un filet (pour paraphraser Robert Frost), on peut dire qu'en 1955, la technique du pelotage était un tournoi aux règles précises. Un seul faux pas et c'était l'élimination. En attendant, on allait délicatement aussi loin que possible, en évitant bien entendu la pénétration, orale ou vaginale.

La grande excuse était la peur de se faire faire un enfant. Une grossesse était un état irréversible, ou perçu comme tel, comparable au SIDA aujourd'hui.

Le désir de rompre le tabou était loin de l'emporter sur le besoin de conserver un filet de sécurité. Nous inventions donc tout un tas d'expédients : la main dans la machine, le machin dans la main — aidé de divers lubrifiants — dérouillage à sec. On voulait le beurre et l'argent du beurre. On voulait une « virginité technique ». Plus tard, au cours d'un mariage malheureux, je me permettrais l'adultère, mais avec préservatif, pour éviter tout contact de la peau et des fluides ; ou encore les rapports oro-génitaux, mais en m'arrêtant avant les rapports sexuels. Ces limites étaient très importantes. Les êtres humains sont toujours plus forts sur la forme que sur le fond.

Le plaisir tendre que je prenais avec Robbie avait son prix. Ma culpabilité me rendit anorexique. Je cessai littéralement de manger, et même de boire. Symboliquement, je devais croire que tous mes orifices ne faisaient qu'un, si bien qu'en arrêtant d'ingérer par la bouche, je compenserais ce que j'avais absorbé par le vagin. Je me souviens de la terreur et de l'obsession, de la passion avec laquelle je défaisais ce que j'avais fait. Mais qu'avais-je fait ? Je n'avais même pas de nom à mettre dessus ! Je croyais que nous venions de l'inventer !

Existera-t-il un jour une adolescence digne des îles Trobriand, où l'amour sera libre et les enfants n'auront plus à défaire ce qu'ils ont fait ? Je n'y crois pas.

La vie sexuelle décrite dans les livres et montrée au cinéma ou à la télévision est si exempte de mystère qu'elle m'effraie. Le mystère est l'essence même de la condition humaine. C'est ce qui fait de nous ce que nous sommes.

J'avais la quarantaine passée lorsqu'un écrivain célèbre tomba fou amoureux de moi. Je l'invitai à déjeuner chez moi à New York, et nous échangeâmes des baisers et des caresses plutôt timides. Puis il repartit chez lui en Angleterre, et j'allai passer l'été dans ma maison du Connecticut. Nos lettres se croisaient dans le ciel d'Atlantique, fourmillant de porte-jarretelles noirs, de bas noirs, de vers poétiques, de phrases à double sens, véritable prélude à un roman érotique.

Nous attendions le courrier, et répondions aussi astucieusement que possible.

Au bout de deux ou trois mois d'un tel régime, je pris l'avion pour Venise avec l'intention d'aller retrouver mon épistolier à Londres quelques semaines plus tard. À Venise, les choses se compliquèrent. Je revis Piero et notre liaison passionnée reprit.

Tout d'un coup, l'ardeur de mon écrivain anglais se refroidit. Pourtant, il avait remué ciel et terre pour laisser sa femme le temps de venir me retrouver à Londres.

Il débarqua dans mon hôtel chic avec une valise en carton et deux cartouches de cigarettes (il s'installait !). Il jeta un coup d'œil circulaire à ma suite, qui donnait sur le parc, et dit d'un ton sarcastique : « Vos livres marchent bien, à ce que je vois. »

Les mains tremblantes, il se mit à arpenter la pièce en allumant cigarette sur cigarette. « Si nous nous lisions un peu de poésie ? Après tout, c'est comme ça que nous nous sommes rencontrés », dit-il enfin.

Aussitôt dit, aussitôt fait. Cela n'arrangea rien.

Nous finîmes par aller dîner dans un pub crasseux où il se sentait chez lui. Il essaya de noyer sa nervosité dans l'alcool, mais en vain. Il avait commandé un gros rouge absolument imbuvable.

Une fois de retour à l'hôtel, je me demandai comment me débarrasser de lui. Le dernier train pour sa province ringarde était parti depuis longtemps. Je n'avais pas le cœur de l'envoyer dormir dans un hôtel minable près de la gare. Je disparus dans la salle de bains, comme je le fais souvent quand la situation me dépasse.

En ressortant, je le trouvai installé dans mon lit, en train de fumer sa trente-sixième cigarette.

« Autant dormir ensemble pour se tenir chaud »,

dit-il en souriant de toutes ses dents irrégulières et cassées. J'avais trouvé ses lettres nettement plus alléchantes.

Lecteur, lisez bien ceci : je lui ai mis une capote avant de le baiser. Puis je suis allée dormir sur le canapé du séjour, enveloppée dans un édredon de satin.

Le lendemain matin, je lui ai offert un splendide petit déjeuner, dont il a dénigré l'élégance, avant de le laisser reprendre son chemin. J'avais découvert qu'il était vaniteux, snob, antisémite, et pas très sympathique.

Mais j'ai gardé ses lettres.

Il m'arrive de les sortir et de les relire, comme si je ne connaissais pas la fin. L'histoire est mieux sans la fin.

Par définition, on ne fait l'amour qu'avec quelqu'un d'autre que son mari ou sa femme — je ne veux pas dire que ce que l'on vit avec eux soit mauvais ; simplement c'est à mettre dans une autre catégorie. Collons-y l'étiquette « conjugal », et le mystère se flétrit. L'amour physique est teinté de mystère, de magie, d'une touche d'interdit.

Il n'a aucun côté pratique. Il n'a rien à voir avec l'argent. C'est pourquoi les réseaux téléphoniques roses ne pourront jamais me brancher, même en admettant qu'ils collent pile à mes fantasmes. Dès qu'on paye, on peut dire adieu au mystère. On participe à une transaction, à une part du PNB, on contribue à alimenter le soporifique dialogue national sur les bienfaits ou les méfaits de la pornographie dans le combat pour l'égalité des femmes. Et ce alors même qu'on devrait se situer en dehors du domaine de l'argent et de la politique, dans celui du mythe, du conte de fées, du rêve.

Enfant, un autre conte que j'adorais était celui de la Princesse Langwidere d'Oz qui avait trente têtes, une pour chaque jour du mois. Il y en avait de bonnes et de mauvaises, mais la princesse ne savait jamais lesquelles étaient quoi tant qu'elle ne les avait pas enfilées. Et alors il était trop tard.

La gentille petite fille n'était pas responsable de ses mauvaises actions. Quant à la méchante, c'était en fait une gentille qui s'était trompée de tête !

Dans mes fantasmes, je suis la Princesse d'Oz ; je porte une robe toute simple en coton blanc vaporeux et, au poignet, une clé de rubis qui ouvre les placards où sont rangées mes têtes. J'ouvre le placard, j'enfile la tête de Méduse toute noire et ébouriffée, et me voilà tout d'un coup en train de crier à l'écrivain anglais : « Foutez le camp ! Comment osez-vous mettre les pieds dans ma chambre avec cette valise en carton ! »

Je ne lui fais pas l'amour. Je le renvoie à sa femme et à ses éternels sacrifices, et je me prélasse toute seule dans mon grand lit d'hôtel.

Notre ennemi, c'est notre besoin d'être gentille, bien élevée, attentionnée.

Chaque fois que je m'y laisse prendre, je me dis : « Change de tête ! »

Fille modèle, sœur modèle, nièce modèle, épouse modèle, mère modèle... le seul endroit où je sois honnête, c'est dans le lit de l'adultère. Si l'amour interdit nous rend à nous-mêmes, c'est parce qu'être soi-même est encore interdit aux femmes. La vie sexuelle est à la racine de tout cela, elle en est la clé, elle catalyse la métamorphose. C'est pourquoi il n'est pas question de l'abandonner.

De la fenêtre de mon *palazzo,* je regarde passer les bateaux.

Le téléphone va sonner d'un instant à l'autre.

Bien entendu, je dirai oui.

Il n'y a rien de plus déprimant qu'une femme qui a fait une croix sur sa vie sexuelle. Elle n'est pas sans nous rappeler cette phrase d'Oscar Wilde : « Vingt ans d'amour, et une femme finit délabrée. Vingt ans de mariage, et c'est un monument public. »

Là réside toute la différence entre Oscar Wilde et moi. Malgré les tortures, malgré l'avilissement qu'a subis cet homme puni pour aimer les hommes, personne, en le lisant, ne lui a jamais demandé : *Et votre mari, qu'est-ce qu'il en pense ?* Prison, exil, il a tout connu. Mais pas : *Qu'en dit votre mari ?*

Les femmes ont beau avoir le droit de vote, la liberté continuera de leur être refusée tant qu'elles se heurteront à cette réaction. Même les célibataires sont jugées comme si elles avaient offensé un mari en se contentant d'écrire la vérité.

Le mur érigé autour de nos libertés est si indestructible que nous ne pouvons pas lever le petit doigt sans nous entendre rappeler les éventuelles conséquences de nos actes pour un homme forcément plus important que nous.

Il en va de même pour la sexualité féminine, qui est sans arrêt mise à la disposition de l'espèce. C'est pourquoi il est si difficile de reconnaître ses fantasmes — et je ne parle pas de les exprimer. Le monde du rêve lui-même est clos d'interdits.

Je suis un écrivain méthodique. Il faut que j'expérimente ce dont je parle. J'écris des horreurs ? Tant mieux. Plongée au cœur de *Nana Blues,* mon roman sur une artiste du New York des années quatre-vingt, je décrétai que le sadomasochisme faisait partie de mon histoire. Je ne connaissais rien de ses représentations officielles — salles de torture, chaînes, fouets — et tout ce que j'en savais me venait de ma famille. Mais je décidai d'apprendre, et pour cela j'usai d'une ruse de journaliste. J'allai interviewer une maîtresse.

La dame en question était tout émoustillée à cette perspective. Elle n'exigeait qu'une seule chose : que j'utilise son vrai nom dans tout ce que j'écrirais. C'était la seule requête à laquelle il m'était impossible d'accéder. Était-ce le début de notre relation sadomaso ?

Bien évidemment, elle m'ouvrit les portes de son « studio » et me laissa regarder. Bien évidemment, elle se confia entièrement. Mais elle voulait davantage. Elle voulait me faire entrer dans sa vie.

« Je vous envoie mon esclave personnelle. Elle vous ramènera à mon studio », m'annonça-t-elle un jour au téléphone.

Et en effet, une fille souriante en collants et chandail noirs vint me chercher dans un taxi noir pour me conduire au centre-ville, dans la tour de verre et d'acier où opérait Madame X.

Ne m'étant jamais trouvée en compagnie d'une esclave personnelle, je me demandais quelle était l'étiquette.

Par son langage corporel, la jeune fille semblait dire : « Maltraitez-moi. » Elle tremblait devant moi. Totalement immature, elle n'était pas femme. Je suis incapable de vous dire comment je l'ai senti.

Au « studio » — un appartement de trois pièces au trente-neuvième étage — il y avait trois filles prêtes à entrer en action. L'une d'elles, une rousse d'une minceur de mannequin, portait une combinaison de caoutchouc noir ; la deuxième, une blonde élégante aux pommettes au tranchant de rasoir, était enfermée dans une robe de velours rouge avec des fermetures à glissière partout ; la dernière, une brune, avait un visage de gamine et les jambes gainées de cuissardes de velours qui n'en finissaient pas. Toutes étaient étudiantes. L'une d'elles préparait un doctorat en anglais.

Déguisée sous un masque souple fermé d'une glissière à la bouche, j'eus tout loisir d'observer les divers fantasmes. Je passais à ma guise d'une pièce à l'autre.

Quels clichés ! Lavements, chevalets, nœuds coulants, billots... et quelle répétition dans les postures de subjugation ! À plat dos, à plat ventre, agenouillé dans la position du vendeur de chaussures soumis. Mais attention : pas touche. L'idée maîtresse était de faire perdre au client le contrôle de la situation.

De se retrouver enchaîné et soumis contre sa volonté à des fantasmes sexuels permet d'en tirer du plaisir sans se sentir le moins du monde responsable. C'est un peu comme mes Douze Princesses qui aimaient danser. Ce qu'on fait en rêve, on ne le fait pas vraiment.

Mon attente au *palazzo* ne serait-elle pas une version différente de la même chose ? Moi aussi, j'ai perdu le contrôle des événements. Moi aussi, je meurs de désir pour l'amant qui ne me laissera peut-être que lui baiser le bout de la chaussure.

C'est un jeu de l'abstinence : on s'apprend à vivre d'eau fraîche. Le minimalisme sexuel. On reçoit si peu qu'on se croit satisfait.

Je trouvais que j'avais fait le plein de sadomasochisme en une seule visite, mais ce n'était apparemment pas l'avis de Madame X qui voulut que je revienne. Elle envisageait de me présenter à des amis à Paris, à Milan ou à Rome, qui disaient des messes noires et avaient besoin de sang frais. Le monde du sadomasochisme est international. Et ses habitants ont pas mal d'heures de vol.

À Paris, je rencontrai la femme d'un célèbre chanteur d'opéra réputée pour avoir fondé un temple de l'amour très apprécié. Installées dans le salon du Crillon à l'heure du thé, nous parlâmes de Proust. La dame avait l'air si sage que je doutais qu'elle eût un corps, et encore moins un corps asservi. Elle partait à un festival de musique à Prague. Elle ne me donna pas la clé de son donjon de l'amour.

Je reconnais que je n'ai pas poussé ma recherche très loin, mais ce que j'ai vu du sadomasochisme ne m'a pas laissé un souvenir impérissable.

« Ma » maîtresse recherche davantage la célébrité que les plaisirs sexuels. Elle a engagé un agent de presse. Ouvrez n'importe quel magazine un peu tape-à-l'œil et vous y verrez sa photo. Elle a dévoilé son secret au monde entier, et maintenant elle ne pourra plus jamais parler d'interdits. Il ne lui reste plus qu'à réunir des invités dans des émissions genre Dr Ruth, et à faire de la pub à la télé pour les préservatifs, les poires vaginales et les couches pour adultes. Elle est entrée dans le monde du commerce ; quand on en est là, on peut être sûr de se voir déserter par Pan. Et aucune combinaison de caoutchouc n'y pourra plus rien.

Chaque fois que j'entends un bateau à moteur passer dans un canal, j'ai le cœur qui me saute dans la gorge. Mes accessoires érotiques sont les bateaux à moteur, le soleil méditerranéen, et un amant que pour rien au monde je ne voudrais prendre pour mari.

Je ne crois pas à la standardisation des fantasmes. Par nature, ils sont uniques. J'ai feuilleté des livres entiers de fantasmes à la recherche des miens, sans les trouver. Madame X dit qu'elle va monter des « scènes » pour moi dans des villes étrangères. Ce n'est pas à cause du SIDA que je refuse, ni même à cause de ce que pourrait en penser mon mari. Je refuse parce que j'ai peur de la solitude. Lorsqu'on quitte le studio sadomaso et qu'on se retrouve dans la lumière aveuglante du soleil après avoir vu ce qu'on a vu, on est plus seul que jamais. C'est le terrible secret qu'O avait découvert.

Les bateaux sont érotiques, et aussi les voitures, et les trains. Dans le roulis d'un train qui traverse un tunnel, on peut faire l'amour avec son voisin, se séparer et remettre de l'ordre dans sa toilette comme s'il ne s'était rien passé. En un clin d'œil, on vous prend et on vous rend. C'est l'éclair de passion sexuelle sous la paupière. Est-ce le tentateur qui nous tente, le *dybbuk,* ou nous-même ?

Pourquoi les membres des familles royales ne nous offrent-ils pas des liaisons royales ? C'est plutôt sympa d'imaginer les reines et les princesses sans culotte, mais faut-il absolument qu'elles fassent leurs galipettes avec des hommes aussi moisis, aussi bouffés aux mites ? Et faut-il qu'elles continuent à faire semblant d'avoir besoin d'eux pour autre chose ? Conseiller financier ? Chambellan ?

Pourquoi ne pas dire plutôt Chambellan préposé aux parties génitales de Sa Majesté ?

Si j'étais reine, j'aurais tous les beaux hommes que je voudrais, quitte à les tuer ou à les châtrer après — ou même à les épouser. C'est ce qu'ont fait les hommes pendant des siècles, et leurs épouses répudiées (Anne Boleyn, Catherine Howard) ont marché vers leur mort sanglante en chantant les louanges de leur roi. Que les femmes osent seulement dire qu'elles refusent de faire la vaisselle, et les voilà traitées de putes et de salopes. Mais qu'on admette ouvertement un fantasme pareil, alors l'enfer se déchaîne. Dites-le, mesdames, dites-le, que vous avez envie de les baiser et de les tuer une fois que vous aurez eu ce que vous vouliez.

Monstres dénaturés. Goneril, Regane, Lady Macbeth. Qui sont-elles, si ce n'est des femmes dont la rage primitive a été réprimée ? Et sans cette rage-là, point de salut sexuel. Mon esclave personnel à moi serait un homme.

Il y a des années, on trouvait dans les rayons de livres de poche un ouvrage intitulé *Le Pouvoir de la soumission sexuelle*. Aujourd'hui, cela paraît terriblement démodé. Comme je ne l'ai pas lu, je ne peux pas en parler. L'auteur était une certaine « Marie Robinson, Docteur en médecine ». À l'époque, il était important que les médecins s'intéressent à ce genre de littérature. En fait, le livre avait été écrit par un homme et sa femme, une psychiatre. J'ai rencontré cet écrivain un peu plus tard, au moment où il a épousé une femme poète de mes amies.

Elle était amoureuse. Elle s'était soumise. Elle me dit que tout, dans les rapports physiques, était soumission. Elle cita le titre du livre. C'était vrai, me dit-elle. Elle l'avait vécu. Elle savait.

Bon. Mais il y a soumission et soumission. S'abandonner à quelqu'un qui incarne vos fantasmes est une chose. S'abandonner à un violeur en est une autre.

Si les rapports sexuels sont possibles, c'est parce que la soumission l'est aussi. Certaines personnes ont besoin de costumes, de destinations lointaines, de langues étrangères, de chaînes — et d'autres y arrivent plus vite et sans faire autant d'histoires —, mais la réalité est la même. Pour moi, *Histoire d'O* fonctionne mieux que tout autre livre érotique parce qu'il met le doigt sur cette soumission. Il ne nous dit pas comment vivre notre vie. Il reconnaît le fait qu'Éros est quelque chose à part, une sorte d'antithèse, même, de la vie. Il est donc naturellement condamné par ceux qui veulent des manuels pratiques avant tout. L'Amérique n'est pas le pays des fantasmes. Il faut que ses livres soient didactiques ou ne soient pas.

Mais on ne peut pas réprimer complètement les fantasmes. Ils referont inévitablement surface dans les romans d'amour, les récits d'horreur ou les histoires à suspense.

Emmenez-nous, soumettez-nous ! crions-nous. Donnez-nous un lieu où tous les paris sont annulés. Donnez-nous un lieu où nous puissions nous détendre ! Depuis des siècles, les hommes ont des bordels, mais a-t-il jamais existé un bordel pour femmes ? Un endroit qui tienne du club de remise en forme et du salon de beauté, mais où on proposerait des hommes beaux et dociles ? (Soumis au dépistage du SIDA, bien entendu.) On pourrait aller y passer deux heures entre le bureau et la maison. Pas de mouchardage au mari ni aux enfants. Pas de bonnes œuvres. Pas de collectes de fonds ni de bénévolat. Pas d'avancement de carrière. Pas de travail en réseau. Pas d'interviews par Oprah ou Sally Jessy Raphael. Qu'y a-t-il donc de si suspect dans ce fantasme ?

Il suffira qu'une femme entichée de votre mari vous y ait aperçue ; elle ira lui vendre la mèche et il viendra faire une descente pour vous coincer.

Les femmes ne couvrent pas mutuellement leurs escapades : elles ont tellement peu de plaisirs qu'elles veulent voir les autres souffrir autant qu'elles.

Vient ensuite la question des transports. Et je ne parle pas des moyens de transport. Une femme amoureuse perd pratiquement la tête. Elle est incapable de compartimenter sa sexualité, de la parquer dans un endroit précis. Au bout d'un moment elle ferait éclater le système, juste histoire de montrer combien l'amour est explosif.

En groupe, les femmes ont tendance à devenir puritaines. Ce n'est pas au club de loisirs ou de jardinage, à un mariage ou chez les guides qu'on débusquera la bacchante. Dans un groupe, même les putains sont puritaines. Où exerce-t-on et subit-on plus de contrôle que dans un harem ?

Et d'où nous vient ce besoin de puritanisme ? La vie sexuelle est trop importante pour nous. Nous nous perdons. Pendant des générations, ce mot fut à entendre littéralement : les femmes mouraient en couches, au cours de grossesses qu'on leur avait imposées, et dans toutes les douleurs qui sont leur lot. Nous avons gardé, en tant que race, la mémoire de cette perdition. Nous sommes encore trop remuées par cette vie sexuelle pour lui laisser la bride sur le cou.

C'est pourquoi il est si difficile d'appliquer aux femmes les fantasmes sexuels des hommes. Visiblement, ça ne colle pas. L'anatomie est différente, mais aussi le contexte sexuel. Un homme voit sa queue comme une partie d'un tout. Pour une femme, sa chatte est une métaphore de son être. Son désir, c'est d'être prise, de se laisser ravir.

Pendant plusieurs années, j'ai suivi une thérapie de groupe. Les autres participants étaient tous des vedettes — peintres, écrivains, acteurs, danseurs. Il y avait des hétéros, des homos, des bisexuels, et tous avaient des problèmes sexuels avec leur partenaire.

Pas toujours. Parfois. Plus ils aimaient, plus leur sexe leur échappait. Ils ne péchaient pas par manque mais par excès. Et par peur de s'abandonner dans cet excès.

Il y avait un homme qui aimait trop sa femme pour pouvoir la baiser. Quand elle s'absentait, il appelait son ex, celle qu'il n'avait pas épousée. Il bandait rien qu'en composant son numéro. Le temps d'arriver chez elle, il avait la trique et le devant de son jean était tout mouillé.

Un autre membre du groupe était un homo plus tout jeune qui avait choisi la chasteté. Il amenait chez lui de jolis garçons à qui il accordait amitié et protection. Pendant qu'ils dormaient dans la chambre de son fils (qui faisait ses études en fac), il se mettait à fantasmer et il avait des orgasmes explosifs. Il n'avait jamais touché aucun de ces garçons, ni sa femme, qui était sa meilleure amie.

Et ainsi de suite de l'un à l'autre. L'acteur était devenu impuissant avec sa femme le jour où elle avait tourné un film à succès et pas lui. L'artiste peintre avait quitté sa femme pour aller s'installer au Colorado avec un moniteur de ski. Pour chacun des participants dont quelqu'un partageait la vie, le mot « sexuel » était devenu indissociable du mot « problème ». Et pourtant, c'est à une vie à deux qu'ils aspiraient tous, surtout ceux qui vivaient seuls.

Notre thérapeute était une femme qui croyait au mariage. Son mari s'occupait d'un autre groupe.

À mesure que s'accumulaient les témoignages prouvant que les rapports sexuels avec un partenaire fixe font figure d'oxymoron, elle analysait comme une folle et débouchait sur une équation entre anesthésie sexuelle et peur.

À l'époque, j'étais célibataire. Je répartissais mes extases amoureuses entre trois prétendants, dont Piero, et même si je trouvais celles-ci souvent anarchiques et pas toujours satisfaisantes, je ne me suis jamais plainte de leur monotonie.

Pourquoi ces gens se mariaient-ils, me demandais-je, si le mariage signait l'arrêt de mort de leur vie sexuelle ? Ils me plaignaient de ne pas être mariée. Je les méprisais de l'être. Pourtant, je les enviais aussi. J'avais vraiment besoin d'un partenaire, d'un compagnon, d'un ami intime. Je savais que dans le mariage il y avait cette quête-là.

Parmi les membres du groupe, certains optèrent pour la séparation, d'autres eurent des aventures, se remarièrent, connurent un nouveau malaise. Moi aussi je finis par me remarier ; je trouvai un grand réconfort dans la possibilité de m'épanouir en prenant quelques racines, dans le fait d'avoir trouvé un ami intime et unique.

Et pourtant on ne dit jamais adieu à l'extravagance, au besoin de quête. Ils nous poursuivent, en rêve, en fantasme, donnant naissance à nos pensées les plus passionnées.

Ce qu'il nous faut, beaucoup plus que tous ces divorces et ces remariages, c'est une bacchanale, un mardi gras, un sabbat de sorcières. C'est un espace pour rêver, un lieu où rencontrer le tentateur sous la paupière. Inutile d'aller chercher du côté des jeux vidéo : la réalité virtuelle ne nous est d'aucun secours, elle qui nous condamne à jouer et rejouer les élucubrations du créateur du jeu. Il nous faut des rêveries corporelles, pas des fantasmes sur pellicule ou sur puce. Nous avons dépassé les mystères anciens des vierges vestales, de la déesse du blé. Voire...

Hier soir, en plein milieu de ce chapitre, je me suis endormie et j'ai fait un rêve. J'ai rêvé que je recevais un coup de fil d'un ancien amant du nom de Laurence. Il venait me retrouver au Connecticut, près de ma maison dans les bois de ciguë, et me conduisait à travers les taillis et sur d'étroites avancées rocheuses. Et là, dans les forêts de la Nouvelle-Angleterre, je découvrais un jardin à la française dont j'ignorais l'existence : arches, aménagements en terrasse, prairies, haies de buis taillées dans le charmant style Renaissance anglaise — cœurs, renards, lits à baldaquins. Nous parcourions le jardin, à la recherche d'un labyrinthe secret où nous pourrions nous allonger.

Nous sommes poursuivis par nos familles. Leurs cris et leurs rires fusent derrière les haies. Mais nous hâtons le pas, à la recherche d'un refuge.

Puis la scène change. Je monte un escalier conduisant à une salle de massage au-dessus des bois, où deux femmes m'attendent. L'une me met sur les yeux des lentilles spéciales qui assombrissent la pièce. L'autre m'enlève mes bas et mon soutien-gorge. Je n'ai pas de culotte ; seulement un porte-jarretelles sur mon sexe humide. Elles me font allonger sur une table et se mettent à me lécher — thérapeutiquement, bien entendu. L'une me lèche la vulve et me suce le clitoris pendant que l'autre me masse le cou, les bras, la tête, et passe la langue sur mes lèvres. Le téléphone n'arrête pas de sonner, mais je ne réponds pas. Laurence, Piero et mon mari sont dehors, ils martèlent la porte de coups insistants. À moitié assoupie, je marmonne : « Foutez le camp. »

Je me réveille, la rosée du rêve entre les jambes.

Dans tous mes rêves, je voyage, à la recherche d'un contentement qui ne vient jamais. Le rêve est la quête et la quête est le rêve. S'il y a orgasme, c'est un orgasme incomplet. Ce que la vie satisfait ne nous fait pas rêver. Le meilleur des mariages ressemble à un sommeil sans rêves : sans conflits, innocent.

J'ouvre les yeux sur un grand barbu qui me prend dans ses bras et m'apporte un jus d'orange. J'ai les cuisses humides des désirs de mon rêve. Est-ce un paradoxe ? Pas plus que la vie.

« Dis-moi de quoi tu rêvais, me dit-il en me passant la main entre les jambes. Tu es toute mouillée.

— Je rêvais que j'écrivais. »

À mesure que ce chapitre a vu le jour, que j'ai révélé ces fantasmes, ces rêveries, ces souvenirs, notre vie commune a pris une tournure de plus en plus sexuelle. Nous faisons l'amour tous les soirs, nous nous embrassons, nous rions ensemble tous les matins. Je me surprends à lui raconter mes rêves et mes fantasmes, je lui lis des pages qui l'excitent, je le titille comme un nouvel amant. Nous tombons dans une idylle domestique.

Je m'en étonne. Jour après jour, j'écris que sexe et mariage ne font pas bon ménage. Nuit après nuit, je démontre le contraire.

En fait, c'est peut-être en partageant honnêtement ses fantasmes que l'on peut réussir une relation sexuelle ; or, l'accouplement en captivité est généralement incompatible avec cette honnêteté. Nous tombons dans des rôles conjugaux où nous incarnons nos parents. Nous oublions les rêves et les contes de fées qui ont ensoleillé notre adolescence. Nous laissons la colère bâtir son Mur de Berlin.

Et c'est alors que la magie du sexe s'évanouit. En Amérique, on divorce et on se remarie. En Europe, on reste marié et on a des « aventures ». Nulle part on n'aborde le problème de front.

Il ne peut y avoir de liberté et de sexualité dans le mariage que si la captivité en est absente ; et la sexualité ne peut se vivre que lorsque le fantasme exclut l'engagement matrimonial : la liberté dans le mariage est sans doute le plus grand défi qui soit. Nous ne sommes pas propriétaires des fantasmes de l'autre. Autant en être conscient si nous voulons être proches — sexuellement et autrement.

Nous ne sommes pas non plus monogames par nature. Que nous choisissions de vivre notre polygamie ou non, elle existe bel et bien, et c'est à nos risques et périls que nous l'oblitérons. Une femme libérée est une femme qui a ses idées à elle et qui ne s'en cache pas. Ses fantasmes lui appartiennent, libre à elle de les partager.

Je sais bien que dans le mariage, l'ardeur sexuelle connaît des hauts et des bas. Parfois nous arrivons avec nos fantasmes dans nos bagages, parfois pas. Parfois, avec une vivacité tout enfantine, nous laissons en plan celui sur qui nous comptons le plus, et nous allons dormir en rêvant d'un autre. C'est humain. Nous sommes des bébés surdoués auxquels leur matière grise interdit la cohérence. Nous serions plus heureux avec des lobes frontaux plus paresseux, mais aussi moins humains, nous qui sommes singes et anges à la fois. Voilà pourquoi la sexualité est si complexe. Nous rêvons de choses qui dépassent nos compétences. Nos rêves dérangent.

Hier soir, je suis allée voir un film tiré d'un roman d'un de mes amis : un homme fiche toute sa vie en l'air pour quelques minutes de passion avec une fille étrangement belle et triste qui a besoin de faire basculer les vies autour d'elle, de les pousser peu à peu vers la tragédie.

Le public riait sottement aux scènes d'amour, qui devenaient une véritable obsession pour les protagonistes. Le malaise était palpable dans la salle. Les gens refusaient de reconnaître que nos fantasmes peuvent envahir nos vies et les faire sombrer dans les ténèbres. Ils refusaient de croire au pouvoir destructeur et obsessionnel d'une relation physique.

Et pourtant, nous vivons tous en équilibre sur une poutre jetée au-dessus de l'abîme. Nous essayons de garder nos vies bien en ordre, mais le chaos nous fait signe par l'intermédiaire de l'amour physique, de la maladie, de la mort. Le SIDA et le cancer se cachent sous nos plaisirs. Le crâne pointe sous la peau.

À dix-neuf ans, je fis mon premier voyage en Italie ; je logeais dans une villa florentine surplombant l'Arno, sur la colline de Bellosguardo.

Venue étudier l'italien, je préférai étudier les Italiens : j'appris ainsi, comme tant d'autres Américaines, qu'il vaut bien mieux faire ses galipettes dans une langue étrangère parce que ça permet de laisser la culpabilité à la maison.

Entre les haies de buis du jardin plus ou moins en friche qui surplombait la ville scintillante de lumière, mes compagnes de classe et moi découvrîmes la très ancienne danse de la passion : un pas en avant, deux pas en arrière.

Sous le clair de lune bleu égayé du concert des criquets, je sentis pour la première fois le doux danger du sexe.

Cet été-là, j'écrivis le poème le plus incisif que j'aie jamais écrit. Même aujourd'hui, je ne sais pas comment je savais ce que je savais.

« Quand l'été a-t-il censuré ce qui chante en chœur ? » demandait le poème. Et il répondait :

« Nous savons que le sang est brutal — même s'il chante. »

Où est la place de la politique dans tout cela ?

Je connais des femmes qui ont tiré un trait sur les hommes parce que la douleur est insupportable.

Quelle douleur ?

La douleur de voir des hommes de cinquante ans sortir avec leurs belles-filles, qui en ont vingt-huit ; la douleur d'attendre que sonne un téléphone obstinément muet, la douleur de trop demander, de trop désirer, la douleur de ne plus vouloir trop demander, et donc de décider, une fois pour toutes, de cesser de désirer les hommes.

Ce n'est pas impossible, avec un peu d'entraînement. On peut faire comme l'homme qui habitue son cheval à manger de moins en moins, et qui s'étonne quand l'animal finit par mourir. On peut vivre sans câlins, sans baises. On peut s'anesthésier la peau, se sceller les yeux, la bouche.

Mais tôt ou tard, l'amour viendra reprendre son dû. Friables comme une fleur séchée, nous nous éparpillerons en une poudre pâle au moindre souffle d'air.

Moi, je préfère rester ouverte à l'amour, même s'il est synonyme de troubles et peut-être de douleur. Combien de fois ai-je refait ma pièce, repeint la bibliothèque ? Combien de fois ai-je défait ma vie ?

Je déteste le chaos, qui pourtant m'a conservé ma jeunesse. L'anarchie est la fontaine sacrée de la vie, et le sexe engendre l'anarchie. Les païens le savaient mieux que nous : dans leur vie, elle avait sa place. Aujourd'hui, la seule chose qu'il nous reste de leur héritage est le mardi gras.

Je déteste la façon dont les Américains vivent leur sexualité. Pendant dix ans on baise à droite à gauche, et les dix années suivantes on fait vœu de chasteté. Jamais nous n'avons réussi un équilibre entre les deux. Jamais nous n'avons pris en compte la quête de Pan et la quête de la solitude, les deux pôles de la vie d'une femme. Jamais nous n'avons voulu reconnaître que la vie elle-même est un mélange de doux et d'amer.

Les féministes peuvent être les pires des puritaines. Puisque la masculinité est source d'ennuis, préconisent certaines, débarrassons-nous-en carrément. Seuls les impuissants ont droit de cité. Seuls les gays sont crédités d'une certaine pureté. Les femmes d'aujourd'hui se retrouvent prises au piège du sophisme. Les mauvais garçons nous excitent, mais les mauvais garçons sont politiquement incorrects. Cela veut-il dire que l'excitation sexuelle est politiquement incorrecte ? Pour certaines, oui.

Moi aussi, dans ma vie, il m'est arrivé de me cacher que j'avais un sexe. Moi aussi j'ai mon côté puritain. Mais je sais qu'il est important de lutter contre. Je sais que la bouche de Bacchus est pleine d'ivresse pourpre. Et aussi de dents pointues, mais là est la beauté. La beauté a des rapports intimes avec le danger. Et avec la mort.

CHAPITRE VII

Quand je séduis la Muse

Si Laure avait été sa femme, croyez-vous que Pétrarque aurait passé sa vie à écrire des sonnets ?

George Gordon, Lord BYRON, *Don Juan.*

Un autre optimisme, plus important encore, concerne votre attitude envers votre travail... évitez de le penser en termes de « succès » ou d'« échec »... laissez-vous absorber par lui, comme par une jardinière de fleurs, une conversation intéressante ou la décoration d'une pièce...

Antonia WHITE, *Journaux intimes, 1926-57.*

QUAND JE SÉDUIS LA MUSE

À quand remonte ma découverte que la sexualité et la créativité marchaient main dans la main ? À 1969, l'année de mes vingt-sept ans. J'avais derrière moi trois ans d'analyse en Allemagne, concentrés sur mon mariage et sur mes blocages devant la page blanche. Si je n'en étais pas sortie complètement libérée, ils m'avaient au moins donné un goût certain pour la liberté.

1969 est l'année où on a inventé le sexe (pour Philip Larkin, c'était 1963). C'est l'année du tir lunaire, l'année où des astronautes mâles ont marché sur la lune femelle et planté dessus leur drapeau, faisant ainsi « un petit pas pour l'homme, un grand pas pour l'humanité ».

On ne pensait guère aux femmes au milieu de tout ce branle-bas de combat phallique. Nous existions dans l'après-coup, nées d'une côte rebelle, mais les choses commençaient à bouger. Entre les Beatles qui donnaient à la radio des airs de romance, les astronautes qui séduisaient l'espace, les manifestants pour les droits civiques qui faisaient un bras d'honneur à la Confédération et les contestataires de tous les campus qui envoyaient se faire foutre la guerre du Vietnam, le féminisme n'allait plus tarder à redresser sa tête de Méduse.

Après un séjour dans mon Troisième Reich à moi, j'étais mûre pour la contestation. Le 26 août 1970, je défilais à Central Park avec mes sœurs pour revendiquer les droits des femmes et décrier les torts qu'elles subissaient. L'espoir était latent. Nous ne demandions rien de moins que de changer le monde, instantanément.

En 1971, mon premier recueil de poèmes, *Fruits & Vegetables (Fruits & Légumes)*, à peine publié, la seconde vague du féminisme s'écrasait sur nos rivages. Les femmes étaient revenues à la mode, le sexe aussi. Mais pas pour longtemps.

J'avais quitté la grisaille et la pluie allemandes pour retrouver un monde éclatant que je reconnaissais à peine. Les rues de New York étaient un pot-pourri d'Afros, de pattes d'ef, de tuniques indiennes, de vestes à la Nehru, de t-shirts teints-noués, de semelles compensées, de bijoux zunis, d'odeur de marijuana, de bandeaux ceignant des cerveaux sinistrés... Pendant que j'apprenais à écrire à Heidelberg, le monde était devenu fou, et je voulais devenir folle avec lui.

Grâce à ma mère qui avait toujours aimé les habits transformables en costumes pour ses modèles, l'extravagance vestimentaire n'était pas une nouveauté pour moi ; l'excentricité avait déjà pointé son nez dans ma vie à l'époque du Lycée musical et artistique. Mais, même si j'avais connu alors ma période beatnik, j'avais pris la décision d'aborder la fac dans le style BCBG. Comme mes parents avaient mené la vie de bohème à Trifouillis-les-Oies dans les années trente, mon premier acte de rébellion avait été de revenir au conformisme. J'étais devenue la « bonne épouse » qui faisait cuire le riz à la vapeur pour son mari chinois. J'avais réprimé ma rébellion. Maintenant, je n'avais plus qu'une envie : me conduire mal !

Heidelberg avait connu les prémices de ma folie soixante-huitarde. J'avais fumé du haschisch dans des soirées estudiantines tout en regrettant amèrement d'être mariée. J'avais vu les étudiants imiter leurs homologues parisiens et balancer des pavés sur la Hauptstrasse en scandant Ho Ho Ho Chi Minh, Ho Ho, Ho Chi Minh, Ho Ho Ho Chi Minh avec l'accent allemand. Mais ils ne faisaient pas partie de ma culture et, jugée selon les critères new-yorkais, Heidelberg était aussi provinciale que Schenectady.

Les étudiants allemands des années soixante manifestaient contre leurs parents nazis ; les étudiants américains manifestaient contre leurs papas qui avaient fait la Deuxième Guerre mondiale (et qui s'imaginaient que le Vietnam était un second Pays du soleil levant). On était en plein conflit de générations. Peu importait qu'on eût des parents nazis ou non ; il leur suffisait d'être parents. Et les parents, c'était bon pour le pilori.

Nous disions qu'ils habitaient en *AmeriKKKa.* Et notre pays à nous, comment s'appelait-il ? Woodstock ? Haight-Ashbury ? Beatlemanie ? *Le Catalogue du monde entier ?* La Forêt d'Arden — avec perles de hippies ? Nos armes, c'était la marijuana, les cheveux longs, l'amour. Nos parents s'étaient sagement mis à faire des enfants après leur guerre ? Qu'à cela ne tienne, jamais nous ne serions sages. Nous ferions l'amour, encore et encore, et nous refuserions de grandir ! Nous imitions nos idoles, nos grands chanteurs populaires, en tout cas : *All you need is love, love, love...*

En 1969-1970, je retournai à Columbia, à la fac des lettres cette fois-ci, étudier la poésie. Je revins également au City College, comme chargée de cours, puis comme assistante, sans assurance maladie, sans sécurité de l'emploi, sans rien. Peu à peu, je me mis à aimer mes étudiants. Ils réussirent à m'émouvoir au point que je me laissai entraîner dans le West Side, où je m'allongeai avec eux dans les rues pour protester contre le massacre de l'université de Kent State. Étendus par terre yeux au ciel, nous occupions le bitume d'Amsterdam Avenue en face des pompes funèbres de Riverside. Tous ces morts réclamaient leur dernière demeure, et nous, nous retardions les corbillards. Je n'oublierai jamais les cordons de police autour de nous, ni les feux de circulation qui passaient alternativement au vert et au rouge tandis que nous montions notre garde silencieuse. Même la mort s'arrêtait pour nous.

Je venais de faire connaissance avec le meilleur des mondes, celui des « inscriptions libres » au City College. Il fallait assurer le sauvetage d'étudiants intelligents à qui personne ne s'était jamais donné la peine d'apprendre à lire et à écrire, et d'étudiants nettement moins intelligents qui s'avéraient irrécupérables. Qu'il y ait des cours de rattrapage à ce niveau-là mettait les professeurs titulaires dans une rage folle ; je trouvais leur réaction bizarre. En effet, cela ne les concernait pas, vu que les gens comme moi étaient là pour s'en occuper.

Le travail était tantôt très stimulant, tantôt impossible. Mes meilleurs moments, je les dois à mes étudiants adultes, les femmes au foyer et les employés de bureau qui suivaient les cours du soir. Oh, ils comprenaient, eux, quand Othello tuait Desdémone dans un accès de jalousie, ou quand Lady Macbeth poussait Macbeth à se souiller les mains. À leur âge ils en avaient vu, des Othello et des Lady Macbeth. Dans le ghetto, on vivait Shakespeare au quotidien. Ces étudiants étaient des battants, et ils ne se faisaient pas prier pour apprendre.

« Miss Mann, disaient-ils, est-ce qu'il y a toujours autant de scènes croustillantes dans la littérature ? »

Les étudiants bourgeois du Bronx, qui suivaient les cours normaux, étaient sans doute trop fatigués pour poser la question.

À la fac des lettres de Columbia, j'eus bientôt le béguin pour mes deux professeurs de poésie, Stanley Kunitz (autre figure paternelle littéraire) et Mark Strand (mauvais garçon d'une beauté fracassante, il était le seul poète américain sosie de Clint Eastwood). Pendant les cours, je le dévorais des yeux, lui et son profil au ciselé parfait, lui et ses yeux froids et cyniques, et je me mettais à lui composer des poèmes qui ne parlaient jamais de lui, en fin de compte.

S'il est mon rêve il se repliera dans mon corps.
Son haleine trace des lettres de brume sur la vitre de mes joues.
Je m'enroule autour de lui comme l'obscurité.
Je lui souffle dans la bouche
et lui donne réalité.

« L'Homme sous le lit », que je décris dans cette strophe, devint l'universel croque-mitaine, vampire, rôdeur nocturne que toutes les jeunes filles entendent respirer sous leur lit, qu'elles sentent — qu'elles espèrent — prêt à les attraper. Mark était cet homme-fantasme. Il était aussi Gulliver parcourant Lilliput à pas de géant, indifférent à nous autres vermisseaux de Lilliputiens. Comme des fous, nous jetions de minuscules cordages autour de ses énormes jambes.

Je veux comprendre cette chose abrupte
qui grimpe à des échelles dans ta gorge.
Je n'arrive pas à te déchiffrer.
Où que je regarde, tu es là —
repère géant, volcan
pointant la tête à travers les nuages.
Gulliver étalé de tout son long sur Lilliput.

Mark était un professeur glacial, presque méprisant, qui donnait l'impression de considérer ses étudiants comme quantité négligeable. Mais il nous initia à Pablo Neruda et à Rafael Alberti, et il me libéra de ma sale habitude de rimer ; il m'encouragea à m'essayer aux poèmes en prose et à sauter à pieds joints dans mes métaphores. Il m'excitait, aussi, ce qui m'en apprit davantage sur la poésie que tout le reste réuni. Rentrée chez moi, j'écrivais des poèmes à l'impossible « lui », l'homme de mes rêves : Adonis, père et grand-père, le tout mâtiné de Clint Eastwood et de l'exhibitionniste du métro. Nous désirons ce que nous craignons, et vice versa. De ces premiers poèmes se dégageait certes la menace du masculin, mais aussi une véritable aspiration vers un amant inconnu. Allan et moi faisions toujours l'amour, mais nous n'étions plus amants depuis longtemps — si l'amant se définit comme l'objet de nos désirs. Et moi j'écrivais de la poésie, animée d'un désir violent. Ces poèmes-là furent réunis dans *Fruits & Légumes* et *Half-Lives (Demi-vies)*.

Plus intense était mon désir, plus je produisais. Le désir est essentiel au poète.

Désir spirituel ou désir sexuel ? Qui peut affirmer qu'il ne s'agit pas de la même chose ? Rumi et Kabir, ainsi que la plupart des poètes persans, voient dans le spirituel et le sexuel deux aspects d'une force unique — reconnaissons tout de même que les Perses ont inventé l'amour. Héloïse et Abélard — à leur grand regret — découvrent à quel point ces deux aspects sont proches. Seul le puritanisme protestant a érigé un mur entre le désir physique et le désir de Dieu.

Pendant les cours de Mark, j'aspirais à trouver Dieu dans l'homme ; avec Stanley, c'était l'inverse. Stanley m'effrayait moins que Mark. Il était aussi avenant que Mark était hautain. À vingt-sept ans, je trouvais cette qualité-ci beaucoup plus attirante sexuellement. Mon mari de l'époque était lui-même froid et distant, et j'étais incapable d'imaginer un amant qui ne lui ressemblerait pas, chose qui arrive plus fréquemment que nous ne sommes prêtes à l'admettre.

Cette première année après le retour d'Allemagne, j'allai faire mes dévotions hebdomadaires au YMCA de la 92e rue. La tendance poétique de la semaine recevait toute mon attention. Je fréquentais aussi les festivals de poésie, les cafés et les bars de poètes.

Entichée de poésie, je m'imaginais pouvoir vivre d'amour et d'eau fraîche. Je m'imaginais pouvoir vivre avec Allan.

Lors du passage à New York de Yehuda Amichai, le poète israélien, nous participâmes à une séance de lecture conjointe au Dr Generosity ; nous fîmes circuler le chapeau et récoltâmes 121 dollars, principalement en pièces d'argent, que nous nous partageâmes ; l'un comme l'autre, nous n'avions jamais aussi bien gagné notre vie. Nous n'avons pas fait mieux depuis.

Le Dr Generosity était un bar sombre qui empestait la bière, et dont le sol était jonché de sciure et d'épluchures de cacahuètes. C'était un repaire de poètes, de velléitaires et de paumés. Il y venait aussi des dingues, faune particulièrement attirée par les lectures poétiques. Juste avant l'une de mes premières lectures, l'un d'eux me menaça de me tirer dessus. Il m'avait écrit une lettre enflammée à laquelle je n'avais pas répondu. Fou de rage, il avait juré de se venger. Mais nous étions loin de la liaison fatale : je suis toujours en vie.

La vérité, c'est qu'en Amérique, personne ne va se donner la peine de tuer un poète. On se contente de les enterrer, vivants, dans les universités.

C'était une époque de festivals de poètes féminins. Je rencontrai Carolyn Kizer en me rendant en car à l'une de ces manifestations. Nous étions assises juste derrière le chauffeur. Carolyn se lança dans un merveilleux monologue sur la vie d'une femme poète. J'étais fière de recueillir ses confidences.

« Quand elle s'est réveillée, elle avait la bouche entre les jambes de Norman Mailer ! » s'écria-t-elle à la fin d'une longue histoire.

Le car faillit quitter la route.

Je rencontrai le beau et ténébreux Ted Hughes après sa séance de lecture au YMCA. Dans mon exemplaire de *Corbeau*, il inscrivit : « À une belle surprise, Erica Poetica. » Puis il remplit la page de titre d'un serpent phallique qui s'enroulait autour d'un nouveau poème sur Corbeau.

« Dans les inscriptions lapidaires, un homme n'est pas sous serment », dit le Dr Johnson. Mais les poètes font souvent les maquereaux dans leurs dédicaces.

Pendant tout le dîner, Ted (qui était venu très entouré) échangea des œillades avec moi. Chez les féministes, il s'était taillé une réputation de tombeur, pour ne pas dire qu'il était le diable incarné. Il n'en était que plus troublant. Je me mis à mouiller en imaginant au lit le splendide malabar qu'était l'auteur de *Corbeau*. Puis je sautai dans un taxi, luttant contre mes fantasmes. Sylvia Plath et Assia Gutmann flottaient devant mes yeux, tels des fantômes shakespeariens : elles me mettaient en garde. Je savais que je voulais écrire pour vivre, et non écrire pour mourir.

Pourquoi le sort des femmes poètes était-il toujours la mort ? Pour nous punir de notre orgueil d'écrivains ? En annihilant nos vies, cherchions-nous à effacer notre présomption ? Avions-nous intériorisé les si punitives règles du jeu ? Car enfin, à l'époque déjà, même si j'étais parfaitement consciente des difficultés qui attendaient la femme poète dans un monde littéraire aux règles édictées par les hommes, j'étais persuadée que Sylvia Plath était seule responsable du choix de son suicide.

À Chicago, à l'occasion d'une rencontre organisée par la revue *Poetry*, je fis la connaissance fracassante d'un jeune et beau poète du Sud dont je tairai le nom au cas où il serait toujours avec sa femme, ce qui me paraît assez improbable tout de même. Dans ses poèmes, il parlait de sa quête d'identité, de son besoin d'amour sans cesse bafoué, des innombrables frustrations de son interminable mariage, de son désir constant, insatiable.

Quant à moi, le désir était ma seconde nature. Nous rentrâmes tous les deux à l'appartement de Lake Shore Drive, qui appartenait à l'un des mécènes du festival (les poètes étaient logés dans les chambres de bonnes de ces somptueuses demeures aériennes) ; nous passâmes sur la pointe des pieds devant les Jasper Johns, les Motherwell, les Rothko, les Frankenthaler, les Nevelson, les Calder, les Rosenquist, les Dine, traversâmes la cuisine et rejoignîmes la chambre où toute la nuit, nous fîmes l'amour avec tendresse. À l'aube, après un réveil brutal, nous partîmes nous promener le long du lac

Michigan. De toute façon, nous ne nous étions guère sentis acceptés par les riches. Et soudain, nous fûmes saisis d'une grande culpabilité envers nos époux respectifs.

Une fois rentrée, je lui écrivis des poèmes — à lui ou à ce qu'il représentait pour moi — et réciproquement. Notre correspondance dura quelque temps. Nous nous envoyons toujours nos livres, tendrement dédicacés.

Ces rencontres alimentèrent plus ou moins mes deux premiers recueils de poèmes. Et elles m'amenèrent inéluctablement au *Complexe d'Icare.* « La muse baise », disais-je en plaisantant. Cavalier, mais vrai. Dans *Les Mythes celtes : la déesse blanche,* Robert Graves dit que la véritable poésie naît de la relation entre la muse (la Déesse blanche) et le poète ; qu'elle s'appuie sur la connaissance érotique qu'il a de cette muse incarnée dans une femme terrestre. En vieillissant, Graves a mis sa théorie en pratique avec une fureur de plus en plus désespérée. Il a fini par devenir une parodie du jeune homme qu'il avait été. Henry Miller a fait la même chose, même s'il s'est limité au domaine de l'« amour ». Lorsqu'il ne jouait pas au sage, il tournait au vieux chnoque — la sagesse et le comique de bas étage côte à côte. Avec l'âge, beaucoup de poètes s'aperçoivent qu'ils ont besoin de la manivelle de l'amour pour remonter la poésie. Ce qui vient naturellement dans la jeunesse devient l'illusion suprême de la vieillesse.

Pour une femme poète, la muse est traditionnellement un aventurier mâle. Adonis, Orphée, Ulysse. Comme les femmes poètes captent elles aussi l'inspiration par leurs sens, leur sexualité frappée de prohibition les a blessées dans leur créat vité autant que dans leurs plaisirs.

À cette époque, je ne manquais pas de muses. Je leur conservais leur caractère sacré en ne les connaissant jamais au sens biblique. Et si jamais nous avions des rapports charnels, je prenais la fuite et je me mettais à leur écrire.

Ce que je recherchais, c'était l'inspiration ; ce n'était pas les relations, de quelque type qu'elles fussent. Dans l'océan des relations, je ne pouvais embarquer que sur un dinghy ou sur une planche de surf, parce qu'il fallait que je rentre chez moi le plus vite possible et que je mette tout par écrit. Car c'était bien de cela qu'il s'agissait. De plus, je n'avais pas envie d'être déçue par un mortel. Il me fallait une muse qui, par définition, apparaîtrait uniquement dans les moments d'extase et n'aurait jamais l'occasion de me décevoir. La muse est le prince qui risque de redevenir grenouille si on le retient trop longtemps, l'Ulysse qui peut redevenir cochon. Si on ne s'attarde pas, on ne saura jamais, et on aura écrit son poème.

Chaque fois que j'ai voulu accomplir quelque chose dans ma vie, je l'ai fait par immersion totale. À l'époque, mon élément était la poésie. Elle représentait tout pour moi, mari, amant, enfant. Allan n'était qu'un vague compagnon, un corbeau perché sur son arbre.

Aujourd'hui encore, la poésie reste ma principale consolation. Car je lis même les poèmes des autres. La poésie me recharge quand je suis à plat. Elle me retrouve quand je me suis perdue. Le choc temporaire d'une relation douloureuse, les déceptions professionnelles, les souffrances de la maternité, toutes les cicatrices se referment grâce à la poésie. Si je m'y abandonne, elle finira par m'amener à mon prochain roman, elle m'aidera à en pressentir les thèmes.

Les novices s'imaginent que pour écrire, peindre ou composer, il faut de l'inspiration au départ. Mais en fait il suffit de s'atteler à la tâche. L'inspiration vient avec la persévérance. Si l'on s'engage à rester sur sa chaise, seul, plusieurs heures par jour, on recevra inévitablement la visite de la muse. « Il faut que j'écrive une cinquantaine de pages avant d'entendre battre le cœur du fœtus », disait Henry Miller.

L'acte très mécanique de s'asseoir seul à une table

en ayant débranché le téléphone, de se donner le temps de jouer et de faire des erreurs, de s'abstenir de tout jugement, de faire taire la voix de la censure, suffit à entretenir le feu sacré. *Ce que j'écris n'est pas gravé dans la pierre,* me dis-je. *Je peux toujours reprendre et réécrire plus tard. Rien ne m'oblige à publier si je n'en ai pas envie. Je fais ça uniquement pour moi.*

J'écris comme pour un *samizdat,* une publication clandestine. Tous mes amis du bloc de l'Est me disent que le *samizdat* a donné un ton plus intime à la littérature. Ils avaient l'impression d'écrire pour des amis et non pas pour des ennemis. L'impression d'écrire des lettres — des lettres destinées à eux-mêmes.

Le droit à l'échec, combiné à certains objectifs arbitraires — *J'écris dix pages manuscrites, et après j'arrête* —, est une bonne recette. Il a l'avantage supplémentaire de réduire à néant l'habituelle autoflagellation qui accompagne le travail de l'écrivain. Si on ose jouer, on peut tout risquer.

Mais soumettre ses poèmes à la critique est une autre histoire. Au début, cela m'était impossible. Mon anxiété était si grande qu'à la seule pensée de glisser quelques poèmes dans une enveloppe, je me sentais sous le feu des railleries et des sarcasmes. J'avais réglé le problème de manière pragmatique. À Heidelberg, je m'étais acheté un fichier en plastique de 8 sur 13 sur lequel j'avais inscrit « POÈMES ENVOYÉS ». Chaque fiche portait la date et la liste des poèmes, la revue destinataire, et la date d'acceptation ou de refus. Ce n'était qu'un moyen de tricher avec ma peur. Si je n'arrivais pas à m'en débarrasser, je pouvais au moins la contenir dans un coffret en plastique.

« J'aurai la certitude d'être un poète raté le jour où la boîte sera pleine », me disais-je. Elle ne l'était pas encore que j'avais déjà publié un recueil.

Ma menace n'était-elle qu'une façade ? Ce n'est pas l'approbation d'un éditeur qui fait le poète, mais le fait qu'il se reconnaisse comme tel — ainsi que nous le rappellent les destins d'Emily Dickinson et de Walt Whitman.

Le jour où la boîte est pleine d'envois refusés, le véritable poète se dira simplement : « Quand la deuxième boîte sera pleine, puis la troisième, la quatrième... » et il continuera d'envoyer ses poèmes — ne serait-ce que pour s'aguerrir.

Étais-je un véritable écrivain, ou seulement un chasseur d'approbation ? J'étais devenue célèbre si jeune que j'avais du mal à le savoir. Je n'appris la vérité que plus tard, quand l'approbation cessa sans que je cesse d'écrire pour autant.

Un jour ou l'autre, tout artiste — même le plus célèbre — est confronté au refus. Celui qui persévère dans un travail de toute une vie traverse forcément des périodes de déphasage par rapport aux théories politiques ou littéraires du moment. Que cela ne l'arrête pas dans son effort, même s'il faut en passer par le rejet. La politique change, mais le temps à consacrer au travail ne se rattrapera jamais. Nabokov serait étonné de voir son œuvre en vente aux quatre coins de la Russie, lui qui était sûr que cela n'arriverait jamais.

Quitte à essuyer un refus, mieux vaut qu'il vienne de l'extérieur que de l'intérieur : notre identité d'écrivain est notre seul baume cicatrisant. Si nous nous en privons, nous ne pourrons jamais mesurer l'insignifiance d'un rejet de la part de la société. Mais si nous pactisons avec les forces ennemies, c'est le suicide créatif assuré. Non seulement ces salauds nous auront mis à genoux, mais ils nous auront tués, et avec notre complicité enthousiaste, encore.

Ma marotte de la poésie me conduisait tous les ans à rassembler des recueils et à les soumettre à des concours promettant la publication d'un premier ouvrage. Chaque année, de 1967 à 1970, je réunis ce que je pensais être mes meilleurs morceaux (dont je revis certains au péril de leur vie), je les regroupai par thème, leur donnai des titres et des sous-titres et les envoyai aux Presses Universitaires X, Y ou Z, qui avaient toutes leur loterie littéraire. J'ignorais totalement comment contacter un éditeur commercial et, de toute manière, avec mon snobisme de diplômée (qui cachait sans doute ma peur d'un refus), je trouvais les presses universitaires plus branchées. À l'époque déjà, les éditeurs new-yorkais se désintéressaient de la poésie, même si on n'en était pas encore au stade de l'élimination radicale.

Le premier recueil que j'envoyai fut *Dans les parages de la Forêt-Noire*. Lourd de poèmes dans lesquels j'exprimais comment j'avais découvert ma judéité en Allemagne, il contient des choses dont la lecture me coupe encore le souffle ; je me demande : *Comment la petite morveuse que j'étais savait-elle tout ça ?* Le recueil suivant, que j'appelai *Le Tentateur sous la paupière,* regroupait la crème des poèmes de Heidelberg, augmentée d'une nouvelle liasse dans laquelle je parlais de séduire la muse, d'épouser la poésie, de courir après l'amour sous forme de fruit et de légume. Le troisième, *Fruits & Légumes,* exploitait ce filon encore plus loin. Il regorgeait de pièces ironiques sur le poète-cuisinier, le poète-femme-au-foyer, le sexe, l'amour, le féminisme et la femme-coup-du-lapin. Plus libre que les deux précédents — par la forme et par le contenu —, il me plaît encore, dans l'ensemble. Je pelais mon moi-oignon et, dans ce légume âcre, c'était mon âme et ses innombrables peaux successives que je découvrais.

Le temps d'arriver à réunir *Fruits & Légumes,* je mourais d'impatience d'être publiée. J'avais l'impression que seul un recueil arborant le nom d'un éditeur pouvait m'apporter ce qui me manquait. Les petites revues et les feuilles de poésie trimestrielles ne me suffisaient plus. J'avais besoin de me faire entendre de mes contemporains. J'étais persuadée qu'un ouvrage de poèmes changerait ma vie. Je n'avais qu'un seul souci : devenir l'une des législatrices clandestines du monde féminin, toucher le vaste public des amateurs de poésie que je croyais à portée de main, cingler le monde d'une gifle de poésie qui lui remettrait les idées en place.

Aujourd'hui, je me rends compte que ces vues de l'esprit tenaient de la folie furieuse. Parce que je vivais pour la poésie, je croyais que le monde entier était comme moi. Mon duo de mentors en matière poétique était devenu un triumvirat. Louis Untermeyer, ce provocant communiste, cet anthologiste infatigable, avait rejoint Mark Strand et Stanley Kunitz dans mon panthéon personnel. Il avait vu un de mes poèmes dans une revue minable et m'avait aussitôt écrit : « Que faites-vous dans ce fatras de médiocrité ? » — équivalent littéraire de : « Qu'est-ce qu'une jolie fille comme vous fait dans un trou pareil ? » Peu après, il m'invitait à dîner dans sa maison du Connecticut et c'était le coup de foudre, un coup de foudre comme il ne peut y en avoir qu'entre un poète de moins de trente ans et un anthologiste de plus de quatre-vingts, et vice versa.

Il y eut beaucoup d'autres dîners par la suite — avec Arthur Miller et Inge Morath, Howard et Bette Fast, Muriel Rukeyser, Robert Anderson et Teresa Wright, Arvin et Joyce Brown, Martha Clarke et tant d'autres poètes, dramaturges, romanciers, acteurs, danseurs, metteurs en scène et vieux cocos.

Grâce à Louis et à sa femme Bryna, je pris le Connecticut pour le mont Olympe version Nouvelle-Angleterre sur mode mineur. Grâce à Louis et à Bryna, je rencontrai les Fast, qui me présentèrent au père de ma fille. Grace à Louis et à Bryna, je révisai encore une fois mon ouvrage de poésie.

C'est ainsi que j'envoyai mon nouveau recueil à X, Y et Z. Par l'un des plus grands hasards du destin, qui s'avéra un miracle de synchronisation, je l'adressai également à Holt, qui s'appelait à l'époque Holt, Rinehart & Winston.

En rentrant d'Allemagne l'été qui précéda la fin de notre séjour, je trouvai ma grand-mère mourante. Elle dépérissait entre ses draps de lin, profitant du paysage par la fenêtre ensoleillée de son appartement du West Side. Elle rapetissait ses vêtements, « comme ça j'aurai quelque chose à me mettre quand je pourrai de nouveau sortir ». Mais elle ne devait plus jamais sortir de chez elle. Son cancer du pancréas la tua plus rapidement encore que le SIDA avait tué mon ami Russell. Nous le niions toutes les deux, ce cancer. Ni elle ni moi ne prononcions le mot.

Elle me demanda faiblement ce que je faisais. « Je travaille à mes poèmes », lui répondis-je d'un ton hésitant. Et elle de m'admonester, sans aucune hésitation : « Va voir Gracela, Gracie, Grace. » (Elle triplait ou quadruplait les noms. Ainsi, pour elle j'étais « Erica, Claudia, Nana, Edichka, Kittinka ».)

« Gracela, Gracie, Grace » était la fille d'une vieille amie de mes grands-parents, une Russe indomptable du nom de Bessie Golding. Grace et moi découvrîmes plus tard que Bessie avait été la maîtresse de mon grand-père alors que ma grand-mère attendait à Londres qu'il la fasse venir dans l'Eldorado, ce qui, somme toute, n'avait pris que huit ans.

Lorsque Mama avait débarqué à New York, Papa avait aussitôt déniché pour Bessie un bon mari communiste. Par la suite, il ne devait jamais parler d'elle autrement que comme d'une « anarchiste, une adepte d'Emma Goldman, qui croyait à l'amour libre ». Bref, le contraire de ma grand-mère, qui croyait aux perles fines, aux gants de chevreau beurre frais ornés de boutons de nacre, aux draps de lin, aux nappes en métis et aux serviettes de table chiffrées, aux édredons brodés ; et aussi au jus d'orange frais, à l'huile de foie de morue, aux œufs coque servis avec des mouillettes, et aux redingotes anglaises à col de velours. Et aux guêtres en cuir. Mais pas à l'amour libre. Ça, non. Ça ne faisait pas partie de son credo.

Donc, j'allai montrer mes poèmes à Gracela Gracie Grace (fruit de l'union de Bessie et de son bon communiste de mari). J'avais mis mes trois manuscrits consécutifs dans une grosse chemise à élastique en maroquin noir.

Le bus me déposa près du croisement de Park Avenue et de la 68e rue, où Grace, qui avait passé sa vie dans l'édition, travaillait maintenant pour le magazine *Affaires étrangères.*

Avec son bandeau sculpté de nautiles et de conques, son imposante façade en pierre de taille et la limousine de Roy Cohen (immatriculée RMC-NY) garée en double file devant la porte, le Conseil des relations étrangères, qui publiait *Affaires étrangères,* était un lieu impressionnant. Véritable nid d'Anglo-Saxons blancs et protestants, repaire de calvinistes, clapier pullulant de diplômés d'Harvard, le Conseil émettait des rumeurs de manigances avec la CIA. On y aurait bien vu James Bond y recevant ses ordres de mission. On imaginait des escaliers dérobés, des bibliothèques tournantes ouvrant sur des oubliettes secrètes pour agents étrangers, des requins mangeurs d'hommes nageant dans des bassins d'une tiédeur de pisse taillés dans la roche des fondations.

J'entrai témérairement, cachant ma timidité sous mes habituels airs de bravache à la noix. (S'il y a une chose que je redoute encore plus que d'avoir peur, c'est de le montrer : héritage paternel.) Je gravis le gracieux escalier tournant qui conduisait au bureau de Grace.

Je pénétrai dans une grotte pleine de livres et de fleurs, de reproductions et de tableaux colorés. Un riche sanctuaire où présidait une incarnation de la grande déesse mère : Grace. À l'époque, c'était une femme rondelette aux cheveux poivre et sel très courts ; elle portait les vêtements amples dans lesquels les grosses se cachent à leurs propres yeux.

Je me laissai tomber dans le profond fauteuil de cuir vert à côté de son bureau, croisai les jambes sous ma minijupe plissée rouge, rajustai ma veste de lin rouge et mon chemisier rouge à fleurs. Avec mes sandales rouges à semelles compensées, je me sentais à la mode, mais totalement impuissante.

« Qu'est-ce que je peux faire pour toi ? » demanda Grace qui essayait de me faciliter la tâche. Mais la tâche n'était pas facile. Je plongeai le regard dans ses yeux bienveillants, incapable d'articuler un mot.

« Mama dit que tu écris de la poésie, reprit-elle avec douceur.

— Euh, oui... mais ça ne vaut sans doute pas grand-chose. » Je mentais. Je savais que cela valait plus que « pas grand-chose ». Je venais de jeter un charme pour écarter le mauvais œil, que je sentais présent partout dans les murs.

« Je peux voir ? » Le classeur de maroquin noir était tout humide sous mes paumes.

« Vous y tenez vraiment ?

— Sinon, je ne te le demanderais pas. »

Elle prit le volume, l'ouvrit à la page de titre où on pouvait lire : *Fruits & Légumes* ; devant le premier poème, elle dit : « La poésie est vraiment à part ; c'est une vie entière qui s'inscrit dans ces grandes marges. »

Puis elle se mit à lire en silence.

J'étais verte de peur.

Elle trouve ça infect, me disais-je. *Elle est trop polie pour m'envoyer paître ; elle fait une* mitzvah *pour Mama qui est en train de mourir.*

Pendant près de vingt minutes elle s'absorba dans sa lecture, sans lever les yeux.

Puis elle déclara : « Tu vas devenir la plus célèbre femme poète de ta génération. »

J'avais l'impression qu'une grosse vague venait de me jeter à terre. J'en avais le souffle coupé.

Je répondis : « Merci beaucoup. »

Et je me dis qu'elle était une vraie imbécile pour avoir donné aussi facilement dans le panneau.

« Non, non, je suis sincère, dit-elle. Ces poèmes sont merveilleux. Ils ont leur voix propre, un humour et des images originales. J'ai envie de les envoyer à un ami qui travaille chez Holt.

— Ils ne sont pas prêts, dis-je. Il faut que je les revoie.

— Tu peux passer toute ta vie à les revoir, si tu

veux ; ça t'évitera de les publier », dit Grace qui, sans me connaître, avait percé à jour mes stratagèmes.

Je me laissai donc persuader de confier *Fruits & Légumes* (que j'avais déjà envoyés à X, Y et Z) à Gracela Gracie Grace. Sans m'en avertir, elle les fit lire à Robin Little Kyriakis de chez Holt, qui les passa à son tour à Aaron Asher, l'éditeur.

Les semaines passèrent. Un recueil de poèmes a toujours la fragilité d'un pétale de rose lancé dans le Grand Canyon, mais celui-ci était plutôt un pétale de marguerite dérivant au fil du temps.

Ils m'aiment, un peu, pas du tout... me disais-je en me préparant à l'inévitable coup dur.

Environ deux mois plus tard, je reçus une lettre de X acceptant de me publier, une lettre de Y acceptant de me publier, une lettre de Z me disant que j'étais la première sur liste d'attente, et me demandant de les recontacter l'année suivante.

Le lendemain, j'avais une lettre de Holt me proposant sans ambiguïté de publier *Fruits & Légumes.*

Heureuse ? J'étais trop terrifiée pour l'être.

Je fus prise d'une véritable panique, puis ravagée de culpabilité, et enfin de honte. J'avais enfreint les règles en soumettant mon manuscrit à quatre éditeurs, et maintenant tout le monde allait découvrir ma supercherie. J'avais osé mentir à des éditeurs d'augustes presses universitaires ! J'avais bien caché mon plan machiavélique. J'étais consternée. Maintenant, c'était sûr, il n'y avait plus personne pour me protéger. En moins de trente secondes, j'avais transformé un succès en échec.

Les poètes vont me haïr, me disais-je en me tournant et me retournant dans mon lit à côté d'Allan. *J'ai fait quelque chose d'immoral !*

Comment aurais-je pu deviner que les poètes me haïraient de toute manière après *Le Complexe d'Icare* ? Comment aurais-je pu deviner que je n'y pouvais absolument rien ?

Je déjeunai avec Aaron Asher et tombai amoureuse de lui. Yeux bleus, ironie désabusée, éditeur de Saul Bellow et de Philip Roth depuis toujours. Si je lui plaisais, ça voulait dire que j'étais bonne. En même temps que *Fruits & Légumes*, il publiait un autre auteur inconnu du nom de Toni Morrison, dont le premier roman, *L'Œil le plus bleu*, avait été refusé ailleurs : qui allait s'intéresser à une vilaine petite Noire du nom de Pecola, qui portait l'enfant de son père ? À l'époque, les Noirs n'étaient pas censés lire, et les Blancs encore moins censés avoir envie de lire des livres qui parlaient des Noirs. Aaron avait du goût et, plus important peut-être, du cran.

« Dites-leur qu'il faut absolument que vous veniez chez Holt parce que vous avez l'intention d'écrire des romans », me dit-il, espérant m'y amener en utilisant ma poésie comme appât. (Plutôt éculé, comme subterfuge !) « Dites-leur que je prends tout en charge ! »

Tout émoustillée de voir que mon travail suscitait tant d'instinct de possession, je continuai de me torturer. J'essayai d'écrire les obligatoires lettres de remerciement et de refus aux presses universitaires, mais j'étais bloquée. Moi, un poète important reconnu par un éditeur new-yorkais ? Moi, une romancière potentielle (poète-en-ciel) ?

« Allez donc m'écrire un roman dans le même souffle que vos poèmes », me dit Aaron.

Je refusai de croire qu'il était sérieux. Je continuai de me flageller pour me punir de ce premier petit succès, déjà trop grand en regard des échecs de ma mère et de mon grand-père. Après le travail de titan qui m'avait amenée au bas de l'échelle, je ne pensais qu'à saboter mon ascension et à retomber dans la névrose familiale.

Ce fonctionnement m'a poursuivie pendant toute ma vie d'écrivain. J'ai hésité, j'ai écrit et réécrit des livres que j'aurais dû lancer dans le monde sans me poser de questions. Et de quoi avais-je peur ? De la colère de ma famille. De me trouver exposée à sa moquerie, aussi impitoyable que la mienne.

Lorsque je partis pour l'Ouest après le succès

retentissant du *Complexe d'Icare,* je m'achetai une voiture bon marché, une Pacer, au lieu du carrosse de mes rêves, une Rolls-Royce Corniche. Que croyais-je donc ? Qu'avec une voiture ordinaire on m'aimerait davantage ? Car c'était ça, bien plus qu'une Rolls, que je voulais. Je ne pus commencer à travailler en paix que le jour où cela cessa de me tracasser.

C'est aux autres, plus qu'à tout ce que nous pouvons faire, que nous devons d'être aimés ou pas. Le talent n'est pas une quantité finie. Il y en a plus qu'assez pour tout le monde. Les gens doués savent qu'ils peuvent s'inspirer de vos réalisations. Mais les esprits pingres croient qu'ils ne prospéreront qu'en vous mettant en pièces, vous et votre travail. Ils ont beau se tromper, il n'en reste pas moins que vous n'y pouvez rien. La seule chose à faire est de poursuivre dans votre voie. « Le reste, comme le dit T.S. Eliot dans *Quatre Quatuors,* ne nous regarde pas. »

Je finis par trouver le courage d'informer ces si patientes presses universitaires que j'étais engagée autre part, ou du moins coincée. Puis je signai avec Holt, comme convenu. J'avais vendu mon livre seule, mais je crus bon de prendre un agent qui raflerait un morceau de la galette au passage. Un agent est un gage de crédibilité. J'aimais bien dire « mon agent » devant les amis et la famille. Mon avance sur *Fruits & Légumes,* 1 200 dollars, était munificente pour de la poésie. Mon agent empochait 120 dollars, ma gratitude abjecte, et une option sur un roman qui devrait s'appeler *Le Complexe d'Icare.*

Attention, tout le monde : un poète, un de plus, allait s'évaporer dans le Grand Canyon.

Mais d'abord, il me fallait un nom.

J'avais commencé à publier sous mon nom de jeune fille, Erica Mann. Après tout, c'était mon nom depuis toujours. Mais quand mon freudien de mari me dit d'un ton inquiétant : « Elle n'a pas de mari, cette poétesse ? » je me sentis dévastée par une culpabilité injustifiée.

Au lieu de lui renvoyer du tac au tac : « Évidemment que non ! Les femmes poètes sont mariées à leur muse ! » je me laissai intimider et finis par utiliser son nom.

Honnêtement, je dois reconnaître qu'il se serait satisfait d'« Erica Mann Jong ». C'est moi qui avais peur d'attirer les sarcasmes : « Ah, oui, la poétesse à trois noms. » J'envisageai un instant « E.M. Jong », histoire de cacher sous les deux initiales mon sexe de deuxième classe ; puis « Erica Orlando », d'après mon roman préféré, et enfin « Erica Mann Jong », qui réunissait les noms de mon père et de mon mari. J'arrêtai mon choix sur « Erica Jong », aux consonances énigmatiques et percutantes, au rythme quaternaire, comme « Erica Mann ».

Ma décision d'abandonner mon nom de jeune fille, même si elle se voulait un défi à la raillerie sexiste, ne m'empêcha pas de tomber dans un piège sexiste. Quand j'étais jeune, je ne savais pas encore que, quoi qu'elles fassent — signer de trois noms, abandonner leur nom de jeune fille ou le garder par principe —, les femmes ont tort pour la simple raison que leurs choix ne sont pas ceux des hommes. On finira toujours par se moquer d'elles, comme on se moque d'Hillary Rodham Clinton, vouée aux gémonies qu'elle dise blanc ou noir, mais qui suscite un secret cri de joie dans nos cœurs.

Qu'y a-t-il dans un nom ? La déception de mon père que la gloire du mien ne rejaillisse pas directement sur le sien ; la perplexité de ma fille qui porte le nom d'un homme qu'elle n'a jamais connu. (Nous l'avons appelée Molly Miranda Jong-Fast. Molly pour qu'elle s'épanouisse, Miranda pour que les tempêtes la ramènent toujours au port, Jong comme mon *nom de plume*[1], et Fast en continuité de sa lignée paternelle.)

Mais un nom confère aussi une légende. S'il est

1. En français dans le texte.

reçu dans la rancune, dans le désir d'exorciser la magie noire patriarcale, il ne peut être porté sans ressentiment.

Mon nom à moi était une esquive : je voulais échapper à la désapprobation d'Allan, aux attaques sexistes contre les « poétesses à trois noms », à Erika Mann, la fille de Thomas Mann, écrivain elle aussi, qui avait influencé le choix de mon prénom.

La peur n'est pas un bon motif pour choisir un nom, qui devrait être un acte de libération, de célébration, une déclaration d'intention. Un nom devrait être une invocation à la muse, une autobénédiction.

Malheureusement, « Erica Orlando » aurait évoqué le Disney World de Floride plutôt que le roman de Virginia Woolf. Quant à « Erica Porchia », qui reprenait le nom d'un poète sud-américain que j'adorais, il serait bientôt devenu un sobriquet évoquant mes rondeurs. J'ai envisagé « E.M.J. Parra », comme Nicanor Parra, un autre de mes poètes favoris, mais il y avait de quoi dérouter tout le monde, y compris moi. Et les noms qui m'ont fait rêver quelque temps me paraissaient tous ridicules vus à la lumière du jour : « E.M. Brontë », « E.M. Bloomsbury », « Erick de Jong ». De plus, c'étaient des noms malhonnêtes pour quelqu'un qui se proclamait l'avocate de l'honnêteté.

J'étais femme et poète ? Parfait. J'adoptai « Erica Jong » et fis en sorte que ce nom me porte chance en l'habitant. Aujourd'hui, j'aimerais bien le « rodhamiser », avec un merci à Hillary au passage, et je le ferai peut-être.

Mais hélas, « Erica Mann Jong » est tout aussi patriarcal qu'« Erica Jong ». Quand la fille de Thomas Mann était encore en vie, la confusion avec elle me gênait. Mes parents avaient rencontré et admiré Thomas Mann. Ils adoraient le nom de sa fille et formaient des vœux pour que j'aie des dons créatifs. Erica veut dire fleur blanche en allemand, et reine dans les langues scandinaves anciennes, mais pour eux ce prénom signifiait *écrivain*.

Aujourd'hui, je me suis habituée à Jong, qui rime avec Vietcong, sarong, ping-pong, Haiphong, King Kong, et, comme on dit dans le sud, « couillong » et « cong ». Les lettres de mes lecteurs commencent par « Chère Erika de Jong », « Chère Erica Mann Jong », « Chère Erica Mann Jong Fast Burrows », « Chère auteur sino-américaine », et « Espèce de sale youpine porno et coco, Hitler aurait dû vous zigouiller, tous autant que vous êtes ! Tous jusqu'au dernier ! ».

Donc, qu'y a-t-il dans un nom ? Tout et rien. Parfois j'ai envie d'être tout simplement Erica, de même que Colette (qui a commencé par signer « Willy », puis « Colette Willy », puis « Colette Willy de Jouvenel ») est devenue « Colette ». Mais il ne faut pas oublier que « Colette » était le nom de famille de son père. Sans ce nom-prénom, elle aurait terminé Sidonie-Gabrielle Colette Willy de Jouvenel Goudeket.

Pour trouver un nom de femme, je crois à l'auto-invention : le nom doit incarner le désir. Il faut le prendre dès qu'on s'engage dans l'œuvre de sa vie, et ne jamais le quitter, quoi qu'il arrive.

Est-ce trop tard pour moi ? Le nom sous lequel j'écris fait déjà curieusement partie de mon être profond. Peut-être reviendrai-je à mon nom de jeune fille, qui n'est guère que le *nom de théâtre*[1] de mon père. Pendant vingt-trois ans, j'avais vécu ce nom viril[2] comme un défi. Puis je m'étais soumise à l'expérience freudienne du mariage.

Lorsque ce livre sera terminé, peut-être l'auteur fera-t-elle surface.

Je m'étonne d'avoir mis si longtemps à trouver mon nom, moi qui ai eu la chance, à Heidelberg, de faire une psychanalyse exceptionnelle m'ayant permis de poser les bases d'une vie d'écrivain.

Cette expérience avec le Professor Doctor Herr

---

1. En français dans le texte.
2. Homonyme : *man*, homme.

Alexander Mitscherlich, je la dois à l'intervention des anges de l'analyse. Si le processus marche, c'est généralement grâce à eux. Ils hantent les cabinets de consultation de trois continents sur cinq et, tels les vents joufflus et barbus des cartes anciennes, ils propulsent de leur souffle les analysants.

Coincée à Heidelberg avec un mari à qui je ne pouvais pas parler, je dénichai, par l'intermédiaire d'un psy new-yorkais, un certain professeur Alexander Mitscherlich. Il parlait anglais, paraît-il. Il pratiquait à Heidelberg.

C'est en pleine panique que j'avais consulté le premier psy : j'avais peur de me laisser réduire en esclavage par le mariage, de m'enfermer dans des tâches ménagères qui m'empêcheraient d'écrire.

« Absolument pas, avait répondu l'analyste. Les hommes aussi participent au travail de la maison. Ils tondent la pelouse, bricolent dans la maison, sortent les poubelles. C'est un partage des responsabilités, vous ne croyez pas ? »

Je ne croyais pas. Mais à l'époque, je n'avais pas d'arguments féministes à lui opposer. Le problème n'avait toujours pas de nom. Je me disais que c'était moi qui devais être tordue.

Contrairement au médecin new-yorkais qui m'avait envoyée chez lui, le docteur Mitscherlich n'était pas sexiste. Pas plus que sa pensée n'obéissait à des clichés. Pendant douze ans de règne nazi, il avait fui l'Allemagne pour aller exercer en Suisse et en Angleterre en attendant la fin de la guerre. Cela ne m'empêchait pas, dans mon ignorance, de le traiter de nazi quand j'étais sur le divan ; le fauteuil me renvoyait un silence de mort.

C'est en octobre, quelques mois après notre arrivée en Allemagne, que je pris pour la première fois le tramway qui m'amena à son cabinet.

Je pénétrai dans la cour pavée d'une clinique aux murs jaunes très hauts, un bâtiment du siècle dernier dont les grandes fenêtres oscillantes me faisaient des clins d'œil.

Je gravis trois étages raides, en haut desquels le

docteur Mitscherlich se terrait dans son bureau tapissé de livres. Des tapis d'Orient avaient été déroulés çà et là sur le parquet. Effrayée par le trop typique divan, je refusai de m'allonger dessus.

« Eh bien, asseyez-vous en face de moi », dit-il.

Je lui obéis.

La soixantaine passée, il était grand et athlétique. Il avait un visage long, des yeux vifs et sérieux, d'un bleu-gris, cachés derrière l'éclat rectangulaire de ses grosses lunettes ; il donnait l'impression de vous accorder une attention totale.

Il portait la blouse blanche des cliniciens, une cravate de lainage tissé violet, des chaussures à semelles de crêpe qui couinaient légèrement quand il marchait. Sa blouse lui faisait une sorte d'*Engelhemd,* une « chemise d'ange », comme les Allemands appellent les casaques d'hôpital. Et en effet, ce vêtement lui donnait l'air d'un ange. Quand je lui parlais, son regard m'appartenait sans réserve.

Pourquoi étais-je venue consulter ?

Parce que j'avais des pannes d'écriture, des blocages dans mon mariage, le mal du pays, parce que j'étais contente d'être loin de ma famille. J'avais besoin de mon mari. Je détestais mon mari. Je m'ennuyais avec mon mari. J'avais envie d'écrire. Je ne pouvais pas écrire. Je n'envoyais jamais rien chez les éditeurs parce que je passais mon temps à tout revoir. Je me mettais en travers de mon propre chemin. Je savais seulement que je ne voulais pas terminer mes jours bloquée et aigrie.

Dès la première séance, il me prit au sérieux, il prit ma poésie au sérieux, même s'il n'avait pas encore grande raison de le faire.

Je succombai bientôt à son divan, d'où je parcourais du regard ses livres aux titres anglais, allemands, hongrois, tchèques, français, italiens et espagnols. Je me rappelais mes rêves et les lui racontais. Associant librement des rêves aux souvenirs et à ma vie de tous les jours, je ne faisais que « dire le présent malheureux pour réciter le passé », jusqu'au moment où, tôt ou tard, « il se tromperait au vers où/avaient commencé les accusations anciennes » — pour reprendre la vision que donne Auden du processus, dans son poème sur Freud. Et là l'aiguille se coinçait dans le sillon, et continuerait de me piquer le cœur tant que je n'aurais pas nommé la douleur.

Pour faire une analyse il faut s'abandonner. Et qui a envie de s'abandonner ? Personne. Nous nous battons jusqu'au moment où nous n'avons plus d'autre solution, où la douleur est si grande que nous ne pouvons plus faire autrement. Le moi veut un pouvoir brut — et au diable la santé. Le moi préfère la mort à la capitulation. Mais la vie continue de vouloir s'imposer. Nous achoppons sans cesse sur la même pierre et puis un beau jour, après avoir dénoué un problème trivial, nous avons devant nous un sol suffisamment dégagé pour pouvoir faire un petit bout de chemin sans trébucher.

Et la routine s'installe : un lundi après l'autre, un mardi après l'autre, un mercredi après l'autre, un jeudi après l'autre, un vendredi après l'autre. C'est plus facile pendant quelque temps, puis plus difficile. Cela devient ennuyeux, puis supportable, puis de nouveau impossible. On continue... c'est comme de tourner un à un les feuillets d'un roman qu'on en est venu à détester. Seule la discipline de terminer ce qu'on a entrepris nous soutient jusqu'au bout. Et vers la fin, la lumière brille de nouveau, comme à travers une fenêtre à claire-voie.

Le bureau du docteur Mitscherlich était muni de fenêtres à claire-voie ; je les ai gardées comme métaphore de la lumière que l'analyse a commencé à jeter sur ma douleur. Les jours gris se succédaient interminablement ; il pleuvait sans arrêt, comme toujours en Allemagne. Et un beau jour, le soleil entra à flots dans le cabinet.

À la fin de ma première année d'analyse, le docteur Mitscherlich déménagea à Francfort. Depuis mon sinistre appartement de l'armée, il y avait un quart d'heure de voiture jusqu'à la gare de Heidelberg, une heure de train jusqu'à Francfort, et vingt minutes de tram jusqu'à l'Institut Sigmund Freud.

Je manquais rarement une séance.

Je partais de chez moi à sept heures vingt, j'arrivais à la gare à trente-cinq, je garais ma vieille coccinelle, je prenais le train de sept heures cinquante pour Francfort/Darmstadt, j'arrivais à Francfort à huit heures cinquante-deux, j'attendais le tram de neuf heures sept (quel que soit le temps), et terminais à pied pour être dans la salle d'attente de l'Institut dès neuf heures quarante. Ma séance commençait à dix heures tapantes.

Je n'ai jamais pu faire ce genre d'arrangements compliqués, et m'y tenir, que lorsque j'étais amoureuse.

Je devais l'être.

Je venais de cesser de traiter le Dr M. de nazi : j'avais fini par apprendre que ses silences cachaient sa réputation d'antinazi, d'auteur, de chercheur sur les conditions ayant permis l'avènement du nazisme. C'était à lui qu'on devait le terme de *société sans père*. Il s'était illustré par ses théories sur les causes cachées du nazisme. Il était une vedette et je ne le savais même pas. Plus important encore, il m'avait toujours traitée comme une vedette, bien avant que j'en sois une. C'est sa foi en moi qui a rendu possible toute ma vie créative.

Quatre jours par semaine, je refaisais le même chemin en sens inverse, je courais pour attraper le train de midi et quelque, et je retrouvais mon appartement de Heidelberg vers une heure et demie ou deux heures.

Avec les courses à faire et le dîner à préparer, il me restait trois heures pour écrire. Enfin, il y avait des soirées auxquelles les soldats et leurs Frauen ne pouvaient échapper sous aucun prétexte. Et pourtant, les trajets exténuants à Francfort ne m'ont jamais semblé inutiles. Deux fois seulement, je me suis trompée d'horaire et j'ai manqué mon train. Les deux fois, je suis restée ahurie sur le quai, à le regarder s'éloigner.

Le train était devenu toute ma vie. Je lisais, je remplissais mon cahier, je griffonnais des poèmes et des histoires. Le roulis me berçait, les rêveries érotiques venaient. Je les notais rapidement, en faisais des fables et les travaillais avec le Dr Mitscherlich.

Le Complexe d'Icare est plus ou moins né de ces voyages. Dans le train, on peut rêver que l'homme assis en face de soi va enlever ses grosses lunettes, se glisser dans son pagne de sauvage et se jeter passionnément sur vous pour vous faire l'amour dans un tunnel sans fin, avant de disparaître comme un vampire à la lumière du jour. Le train vous berce sur vos rêves les plus moites ; dans le train, la barrière humide entre dedans et dehors s'estompe. Dans le train, j'ai joui sans même me toucher. Ce n'est qu'une question de concentration. L'impossible il (ou elle) entre en moi. Le fantasme prend la relève. Dans le roulis du train, le temps s'arrête. Soudain, j'ai plein d'étoiles dans mon giron.

Au bout de trois ans, je quittai le Dr M. en lui promettant d'écrire. Promesse tenue, avec des lettres, des poèmes, des romans.

Il m'avait enseigné l'art et la manière. Il m'avait appris à rassembler le courage de descendre en moi-même. L'inconscient est plein de ténèbres, de substituts œdipiens, de légendes brisées, d'histoires racontées à demi-mot. Pour le sonder, il faut descendre par une échelle branlante aux barreaux pourris. Une autre échelle, dorée celle-là, vous emmènera peut-être jusqu'aux étoiles. Mais il faut d'abord se trouver dans l'obscurité. Si on ne se connaît pas soi-même, comment faire d'autres découvertes ?

« Comment puis-je recevoir la graine de la liberté si je suis épris d'esclavage ; comment puis-je chérir le désir de Dieu si je suis empli d'un désir opposé ? demande Thomas Merton. Si je suis prisonnier, si je n'ai aucun désir de liberté, Dieu ne peut planter en moi sa liberté. »

Le voyage analytique m'avait au moins donné ce désir de liberté.

« La seule véritable joie sur terre est de s'évader de la prison qu'est notre moi trompeur... » dit encore Merton, en parlant de la recherche de la vie contemplative. Mais l'écriture aussi requiert une vie contemplative.

De nos jours, la psychanalyse est condamnée comme élitiste, sexiste et nombriliste. Je ne suis pas de cet avis. Comment s'aimer femme si on se regarde à travers un écran de couteaux ? Comment aimer sa sœur si on croit que ces couteaux sont faits d'acier et non de notre propre peur ? En tant que femmes, nous avons plus que jamais besoin de nous connaître. Nous avons, plus que nos mères et nos grands-mères, besoin des vérités de l'inconscient. Nous nous laissons séduire par le cynisme et le désespoir. Nous avons peur de nous ouvrir à l'amour. Nous préférons « le luxe pervers de [nous] savoir perdues » (pour citer Thomas Merton).

L'analyse a le pouvoir de briser la gangue du désespoir. Elle peut être prière et méditation à la fois. Mais elle exige un solide désir de changement.

En quittant l'Allemagne, j'écrivais sans blocage. Je me punissais toujours, mais pas au point d'en être totalement paralysée. Je me prenais toujours au piège du désespoir, mais au moins j'y reconnaissais une fuite devant le changement.

Je rentrai aux État-Unis avec mes poèmes manuscrits, et très amincie. Ce n'avait pas été le but de l'analyse mais, tout d'un coup, j'avais moins de raisons de me cacher.

À vingt-sept ans, j'avais décidé de devenir écrivain. Comparée à Neruda qui avait publié à dix-neuf ans, à Edna St Vincent Millay qui avait écrit *Renascence* à dix-neuf ans, à Margaret Mead qui était déjà mondialement connue à vingt-sept ans, je me trouvais vieille. Je me donnai donc jusqu'à la trentaine pour réussir, car je croyais que la publication de mon premier recueil de poèmes m'assurerait le bonheur éternel. L'espoir était mon turbo réacteur.

Comment aurais-je pu savoir qu'un auteur publié n'a que d'infimes chances de battre des records de bonheur ? « Des ongles incarnés », disait de nous Henry Miller. Nous restons des années à élucubrer dans notre coin, à aller déloger la crasse de notre nombril, et tout ça pour connaître la chute suprême : la publication — qui, en imprimant des choses que seuls nos ennemis les plus acharnés diraient de nous, confirme souvent nos pires craintes.

Pour une femme, la profession est doublement précaire. Tôt ou tard, on se trouve confrontée au fait qu'en choisissant de manier la plume, on s'exclut définitivement.

Le monde attend d'une femme écrivain qu'elle guide les jeunes filles dans le marécage des amours hétérosexuelles. Autorisées à écrire des romans populaires (dorlotées par les hommes d'argent qui dirigent les groupes de presse), nous nous faisons accuser par la critique de produire de la cochonnerie. Nous avons le droit d'avoir la plume libertine si cela peut servir d'analgésique aux autres femmes, de calmants pour leur faire oublier l'atrocité de leur condition. Mais si nous préférons donner dans la satire, ou dans la création de mondes imaginaires pervers, nous nous ferons prendre en défaut non pas à cause de nos livres, mais à cause de l'imperfection de notre féminité, puisque la féminité est, par définition, un défaut.

Et pourquoi est-ce un défaut ? Parce que ce n'est pas la masculinité.

Mais quelle vie aurais-je eue si j'étais née homme ? Mon mari essaie de me convaincre que, vu le genre de ma famille, on m'aurait réduite à la servitude dans le commerce de *tchotchke*, et je n'aurais jamais écrit.

« En naissant femme, tu l'as échappé belle, me

dit-il. Si tu avais été le garçon de la famille, tu aurais passé ta vie à vendre des articles de cadeaux au porte-à-porte. »

Il a peut-être raison, mais moi, j'ai une vision différente du tableau. Je m'imagine dotée de la légitimité automatiquement accordée au créateur masculin : un homme qui écrit n'est pas systématiquement considéré comme un usurpateur.

Je ne nie pas qu'un homme écrivain doive trouver sa voie, mais auparavant, a-t-il besoin de convaincre le monde entier qu'il en a le droit ? Une femme écrivain doit non seulement inventer la roue, mais encore faire pousser l'arbre, l'abattre, le tailler en bille et apprendre à le faire rouler. Ensuite, elle doit se déblayer un chemin (sous les huées des *kibitzers*).

Aujourd'hui encore, où, dans la critique littéraire, un seul compte rendu sur trois concerne un auteur féminin, on considère comme mesquin de mentionner ce pourcentage. Pour une femme, il est mal vu de rappeler que, sans cette mesquinerie obstinée, nous serions toujours une sur douze.

Tout au long de mon enfance livresque, je m'étais identifiée aux héros masculins de mes lectures ; je voulus donc écrire des romans picaresques à l'intention des femmes. Au début, je le faisais sans m'en rendre compte (*Le Complexe d'Icare, La Planche de salut*). Plus tard, je le fis délibérément : *Fanny, ou la véridique histoire de Fanny Troussecottes-Jones* est une parodie du genre picaresque. La question soulevée par Virginia Woolf : « Et si Shakespeare avait eu une sœur ? » m'avait amenée à m'en poser une autre : *Et si Tom Jones avait été une femme ?* et à appliquer mon goût pour le XVIIIe siècle à une enquête sur le destin d'une femme, une seule femme, de ce même siècle.

Ce faisant, je savais parfaitement que j'adaptais une forme héroïque masculine à une vie féminine qui n'avait rien d'héroïque. C'était cela qui était drôle.

Les femmes n'ont guère fait l'objet de récits héroïques. Ce n'est que récemment que les archétypes du loup ou de la déesse de la lune ont connu un renouveau. Dans une société patriarcale, les récits dont les personnages principaux sont des femmes se terminent invariablement par le mariage ou par la mort. Toutes les autres alternatives sont jugées sans intérêt pour la littérature.

À mes débuts, dans ma chambre de Heidelberg, ces limites me déroutaient ; je décidai, pour mon premier roman, d'adopter un point de vue masculin. Je poussai l'expérience aussi loin que me le permettait mon imitation des mondes en miroir de Nabokov, c'est-à-dire pas assez loin. Ne sachant pas ce qu'un homme ressentait dans sa chair, je dus m'interrompre, et le livre resta inachevé.

Aujourd'hui, je serais peut-être capable d'écrire avec une vision masculine. J'ai vécu avec suffisamment d'hommes pour connaître leurs sentiments comme de l'intérieur. Mais je sais aussi combien les femmes ont besoin d'un porte-parole.

Quelqu'un a dit que tout écrivain est soit homme, soit femme. Mais pour un homme, il existe un moule ; à lui de s'y couler ou de le casser. Pour une femme, il n'y a que l'appel du néant. Les écrivains bâtissent en s'appuyant sur les fondations laissées par les uns et les autres. Je pense à Byblos, à Split, à Istanbul. Les gravats d'une civilisation formeront l'architecture d'une autre. Depuis toujours, les femmes écrivains rêvent de la richesse créative de ces gravats. Condamnées à démarrer de zéro, c'est par à-coups que nous avons doté notre civilisation de ses premières références. Nos matriarches ont été rendues invisibles, nos mythes oblitérés. Apparemment, nous sommes toujours en train d'écouter les célèbres écrivains masculins nous dire ce que nous ne sommes pas.

Ces dernières années, nous avons inventé de nouveaux genres et déterré d'anciennes traditions. Mais notre droit à la créativité est encore si neuf que nous manquons souvent de générosité les unes envers les autres. Nous préférons nous dénoncer mutuellement plutôt que de dénoncer ces prétendus gourous qui nous posent en rivales.

En tant que féministes, nous exigeons de la littérature plus que ce qu'elle peut donner : nous voudrions qu'elle fasse la révolution, qu'elle enterre les morts, qu'elle érige des statues à nos héroïnes favorites. Ce n'est pas la meilleure manière de stimuler l'émergence d'une littérature qui reflète la vie. La vie est plus chaotique que ne le prévoit la politique, moins prévisible, moins conforme. La vie, c'est simplement une suite d'événements concernant telle ou telle personne. En lui demandant d'être si résolument politique, nous contrarions notre besoin de rêver, de jouer, d'inventer.

Au nom du féminisme, certaines d'entre nous ont interdit aux femmes la création ludique. Nos pionnières — Mary Wollstonecraft, Mary Shelley, Jane Austen, Emily Dickinson, les sœurs Brontë, George Sand, Colette, Virginia Woolf, Simone de Beauvoir, Doris Lessing — seraient horrifiées de nous voir bannir de notre art le jeu et la liberté. Le jeu est la source suprême de liberté. Si notre art doit alimenter une propagande, autant être nées dans l'Italie de Mussolini, dans l'Allemagne d'Hitler ou dans l'Union soviétique de Staline. Les féministes doivent avant tout se battre pour la liberté d'expression, sans quoi elles seront condamnées au silence, au nom de la « décence ».

Mais à l'époque de la publication de *Fruits & Légumes*, en 1971, je ne savais pas tout cela. Mon recueil était sorti au printemps, en même temps que l'édition américaine de *La Femme eunuque*, de Germaine Greer. Dans cette nouvelle bouffée de féminisme, il fut bien accueilli... pour des poèmes, s'entend.

Mon éditeur donna une réception dans un magasin de fruits et légumes assez original qui s'appelait Marché d'Hiver, sur la Troisième Avenue. Les fruits étaient présentés dans de grands récipients colorés qui venaient mordre sur le trottoir. Les citrons et les oranges luisaient au soleil.

Je portais des bermudas de dentelle violette et une chemise assortie, aux poches stratégiquement placées sur les seins. Avec des lunettes de grand-mère violettes et des chaussures violettes, j'espérais avoir juste la bonne touche de mauvais goût qu'exigeait la mode de l'époque.

Poètes et éditeurs se pressaient ; ils grignotaient des brochettes de fruits tout en se lançant des bottes spirituelles.

Assise sur une caisse d'oranges, je lisais un poème sur un oignon :

> De nouveau, je pense à l'oignon, à ses deux bouches en O, trou béant au milieu de personne. À la première pelure, d'un brun rosé, qui dévoile une sphère aux reflets verts, chauve comme une planète morte, vitrifiée, à l'odeur presque animale. Je réfléchis à ses talents lacrymogènes, à sa capacité d'introspection, lui qui se dépouille, couche après couche, à la recherche de son cœur qui n'est qu'une autre peau, mais plus profonde, plus verte. Je me souviens de Peer Gynt. Je réfléchis à son cœur parfois double...

Les bruits de la fête couvrent ma lecture-pelure. Karen Mender, la jolie attachée de presse qui a organisé la rencontre, a réussi la prouesse de s'attacher une équipe du journal télévisé. (Il a dû y avoir des temps morts au Vietnam aujourd'hui.)

Je me fais filmer sur ma caisse d'oranges, en train de réciter des vers inaudibles qui parlent d'oignons. Gros plan sur mes cuisses et sur mes sandales à talons suivez-moi-jeune-homme.

« Il n'y a qu'à New York qu'on peut voir ça, dit la voix off : un lancement de livre dans un cours des halles. »

« Que pensez-vous de la poésie ? demande un reporter au boucher.

— Honnêtement, je préfère la viande, répond celui-ci, qui mâchonne un gros cigare.

— Ah bon, vraiment ? reprend le reporter qui essaie de lui tirer les vers du nez.

— C'est bien beau, les fruits, mais rien ne vaut une bonne bavette d'aloyau. »

La viande a toujours le dernier mot.

La bande est passée deux fois au journal du soir, en oubliant de donner le titre du livre, le nom de l'éditeur ou le nom de l'auteur.

Cela n'a pas empêché mes poèmes de se lancer dans le monde et d'en rapporter des nouvelles. Je commençai à recevoir des lettres, des invitations, des comptes rendus, des polaroïds d'hommes à poil, des paniers de fruits, d'oignons, d'aubergines. On me proposait des lectures publiques, on m'offrait des prix de poésie. Des magazines mineurs qui m'avaient rejetée m'invitaient à leur envoyer mon travail. On me demandait d'enseigner la poésie au temple de toutes mes dévotions, le YMCA de la 92e rue.

Mes étudiants venaient s'asseoir à ma table, dans l'appartement du West Side que je partageais avec Allan Jong. On commençait des poèmes, on les réécrivait, les histoires d'amour fleurissaient, les mariages mouraient. Mes élèves m'enseignaient la poésie, m'apprenaient la vie.

Je rassemblai mes nouveaux morceaux en un recueil que j'appelai *Demi-vies*.

« Et ce roman, où en est-il ? me demanda Aaron.

— Ça vient », lui assurai-je. Mais je cafouillais toujours sur *L'Homme qui assassinait les poètes*, tout en sachant que jamais je ne pourrais lui présenter un truc pareil. (Il finit par me rendre l'immense service de le refuser et de m'encourager à écrire un roman dans la veine de mes poèmes.)

En juillet 1971, j'accompagnai Allan à un congrès de psychanalystes à Vienne — c'était la première fois que les analystes retournaient dans la capitale autrichienne depuis que Freud avait fui le nazisme, en 1939. Il y aurait Anna Freud ; il y aurait Bruno Bettelheim, Erik Erikson, et Alexander Mitscherlich.

Un beau et jeune psy débarqua d'Angleterre, portant perles de hippie et kurta indienne. Je tombai sous le charme tête la première.

Il devait devenir la muse de mon premier roman.

CHAPITRE VIII

Quand la célébrité fait peur

L'ambition était mon idole ; elle se brisa,
Sur les autels du chagrin et du plaisir...

George Gordon, Lord BYRON, *Don Juan*.

Si mes livres avaient été plus mauvais, je n'aurais
pas été invité à Hollywood,
et s'ils avaient été meilleurs,
je n'y serais pas venu.

Raymond Chandler, *Lettres choisies*, présentées et annotées par Frank MACSHANE.

Faites attention à vos rêves de jeunesse : ils se réaliseront à l'âge mûr.

Johann Wolfgang von GOETHE.

QUAND LA CÉLÉBRITÉ FAIT PEUR

Aller à Vienne, c'était plonger une deuxième fois dans le passé nazi. Dans ma famille, un voyage en Europe avait toujours été l'excuse qu'on se donnait pour s'immerger dans le limon primitif des origines. On était de grands voyageurs, et de grands insatisfaits. L'Europe était le lieu où se ressourçait la mémoire, où se ravivaient les rêves, les idéaux, les légendes familiales, les pulsions sexuelles. Depuis son arrivée à New York, mon grand-père rêvait du Paris du début du siècle ; ma mère rêvait du Paris de l'Exposition de 1931 et de ses reproductions d'Angkor Vat, du temps des bas de soie roulés, de son joli chapeau cloche, et des beaux garçons qui lui couraient après. Avec mes tantes, elle n'arrêtait pas de vanter les mérites du *Bremen* (rebaptisé plus tard *Liberté*, paquebot de ma première croisière transatlantique), sur lequel de jeunes nazis parfumés à l'eau de lavande, aux cheveux en cuir vernis, leur faisaient la cour dans des salons Arts déco sans savoir qu'elles étaient juives. (C'était ma mère qui, toujours, avait le plus d'admirateurs.) Du *Bremen* au *Liberté*, nous leur emboîtions le pas.

C'était une tradition familiale : pour nous, l'Europe incarnait la liberté sexuelle. En Europe, fini la culpabilité : les danseuses de french cancan étaient étincelantes, les garçons qu'on embrassait sous des ponts disparaissaient dans la Seine, l'Arno ou la Tamise, ni vus ni connus. L'Europe, c'étaient des flirts qui duraient le temps d'une soirée, avec des types qui ne risquaient pas de cafeter vu qu'ils parlaient à peine trois mots d'anglais. L'Europe, c'était la poésie, la tournée des grands-ducs, le vin et le fromage, le pays des Douze Princesses qui aimaient danser. Rien n'avait d'importance. Car nous avions fui à temps, avant de nous faire consumer par l'Holocauste. Mais nous jouions avec le feu, attisant le sexe qui nous invitait à l'embrasement. Les Juifs américains du baby-boom trouvaient l'Europe d'autant plus sexy qu'ils avaient échappé de justesse au plus grand pogrom de l'histoire. Dieu n'avait créé que deux forces — l'amour et la mort — et, dès qu'elles se rapprochaient un peu trop près, le mélange devenait détonant.

Quand on lui demandait : « Vous n'avez pas envie d'aller en Europe, Nana ? » la grand-mère de mon mari actuel, qui a maintenant 101 ans, répondait comme toujours depuis des années : « J'ai été. »

Mais dans ma famille, on n'a jamais tourné le dos au vieux continent. L'été de mes treize ans, je fis la traversée sur le *Liberté* avec mes parents, trimbalant un vanity où j'avais fourré quinze rouges à lèvres et vingt vernis à ongles différents, du Grosvenor House au Trianon Palace de Versailles en passant par le George V. Je flirtais avec tous les grooms, ces créatures microscopiques enfermées dans leurs cages dorées. Je dansais avec des chasseurs, que j'appelais des pourchasseurs. L'été de mes dix-neuf ans, on m'envoya étudier l'italien à la Torre de Bellosguardo, à Florence ; l'été de mes vingt-trois ans, j'y retournai pour la même raison, mais sans la mince excuse d'un séjour linguistique.

Je tombai amoureuse de l'Italie comme d'un homme — un homme aux multiples *campanili*. Après cela, l'Italie fut à jamais pour moi le pays de l'amour. Elle l'est toujours, même si les bouteilles en plastique et les préservatifs viennent s'échouer sur des rivages à l'éclat terni, même si, aujourd'hui, VIP veut dire *visite in prigione*.

Willkommen in Wien, annonçait la pancarte.

Nous n'étions pas en Italie, mais pas loin. Juste derrière les Alpes s'étendait le Pays de la Baise, la botte qui danse avec frénésie et qui envoie valser la Sicile dans une mer d'azur. Et Vienne m'enchantait, même si elle était bourrée de nazis et d'analystes, même si j'y étais venue avec mon mari.

Je m'occupai tout de suite de régler cette question : je tombai amoureuse à la minute même où je posai les yeux sur un protagoniste totalement inadéquat — un psy hippie, un laingien radical qui avait de superbes yeux verts (dont un vitreux), des cheveux blonds mal peignés et des phéromones à revendre. Moi qui cherchais une petite aventure pour égayer la routine du mariage, j'étais tombée sur un amant démoniaque dont le dada favori était de détruire les vies — et les femmes de ses collègues.

Il avait un nom si ridicule qu'il m'est impossible de le reproduire par écrit. Je l'avais donc baptisé « Goodlove », Belamour, espérant ainsi évoquer le Mr. Lovelace de Clarissa. Mais autrement, je réussis plus ou moins à l'embrocher. C'est ce qui arrive quand une rencontre vous met cul par-dessus tête. Car une femme qui perd la tête finit par jouer aux fléchettes avec l'objet de son cataclysme sentimental. Les flèches et l'amour vont de pair, Cupidon en sait quelque chose. Le cœur transpercé, j'infligeai des représailles en nature.

Aux manifestations publiques — dîners sur le Danube, banquets au Rathaus, conférences données par des génies de la psychanalyse, que nous suivions dans nos écouteurs — nous ne faisions rien pour cacher notre flirt. Tout le monde le remarqua. C'était fait exprès. Ça nous donnait le punch dont nous avions besoin. Nous n'avions pas tant envie de baiser ensemble que de baiser les autres, surtout mon mari et mon analyste. Mais mon analyste s'en fichait complètement. Seul mon mari nous avait à l'œil.

Après un sondage préliminaire à la pension où logeaient tous les Britanniques, je sus qu'il n'était pas fiable au lit. Ça ne m'empêchait pas d'être dingue de lui. Je trouvais son discours très séduisant. Il voulait purement et simplement m'emmener jusqu'aux tréfonds de moi-même, et j'étais tentée. Il était le tentateur que je cherchais depuis toujours.

Mon premier recueil de poèmes était sorti au printemps et j'attendais ma récompense. Chaque fois que je publie un livre, j'ai besoin de chaos. Un livre met de l'ordre dans une portion de vie et lui donne une fin. Une fois cette phase terminée, une autre doit commencer. Je cherche un radeau pour me faire passer le Rubicon. Ce radeau a toujours été un homme.

Je suis venue, j'ai vu, j'ai été conquise. Moi qui ai le don pour transformer un esclave en maître, je n'ai pas failli à mon habitude. Mon cœur et ma chatte battaient ce rythme éternel : *prends-moi, prends-moi, prends-moi ou je meurs.*

Je passai la nuit debout avec mon mari à analyser mon attirance pour cet homme. Le but était de la tuer dans l'œuf, mais cela ne fit que la renforcer. A chaque livre, on se dépouille d'une peau : j'étais donc à vif. Il fallait que je fasse peau neuve pour cacher la plaie.

Le rôle d'une aventure amoureuse est de fabriquer une nouvelle enveloppe, même si cette enveloppe n'est que la chair rose de la cicatrice. Pas besoin que l'amour s'en mêle. Cet homme n'était beau qu'à mes yeux. Mais il m'avait provoquée, et pour moi c'était une sorte d'amour.

Au bout de deux semaines, nous filions tous les deux dans sa MG, au hasard des routes. Un acte inconsidéré, un acte régicide. Allan était roi et j'étais l'assassin. J'avais besoin de tuer le roi dans ma tête. Et pas simplement au jeu d'échecs. Il me fallait un homme en chair et en os. Un homme qui parlerait, qui philosopherait, qui me lancerait des défis, pas seulement un homme qui me baiserait. Comme tous mes amants, il fallait qu'il réveille le casse-cou qui dormait en moi. Il disait : « Je te parie que tu n'es pas capable. » Je répondais : « Chiche ! »

Quel début stupide, pour un voyage ! Partis en direction des Alpes, nous fîmes un trajet en zigzag, d'un col à l'autre. Salzbourg, Sankt Gilgen, Berchtesgaden, le nid d'aigle d'Hitler. Nous nous arrêtions dans de modestes chambres d'hôtes. Nous ne devions plus jamais retrouver le plaisir du premier jour.

La panique s'installa. Pour la chasser, je contai à Adrian « Belamour » l'histoire de ma vie. Il en redemandait, il me forçait à la franchise. À notre arrivée à Paris, j'avais entendu ma propre épopée, même si j'avais dû jouer les Schéhérazade pour garder son intérêt en éveil. Naturellement, j'avais embelli et exagéré, et j'avais un peu agrandi la famille. Tout les conteurs font ça.

Il me largua à Paris sans voiture. Il allait retrouver sa compagne et ses gosses. J'écumais de rage. Je lui mordis les lèvres, le cou. Il rit et me demanda un de mes livres, dédicacé. Je connus une descente aux enfers rive gauche à la Miller, Orwell, Hemingway et autres idoles déchues, puis je retrouvai mon âme, et mon mari peu de temps après.

Je revis le psy hippie à Londres, à Hampstead Heath. Nous allâmes nous asseoir à Keats's Garden en espérant entendre le rossignol chanter. Adrian, ma muse, me donna le coup d'envoi pour mon livre. « Écris le, me dit-il. Tu ne le regretteras pas.

— Mais après ?

— Après, tu en écriras un autre, et encore un autre.

— Et c'est tout ?

— Oui, c'est tout. On finit et on recommence.

— Et s'il ne marche pas ?

— En quoi est-ce que ça te regarde ? Toi, tu l'écris. Tu n'es pas là pour en faire la critique.

— Et si je n'y arrive pas ?

— Tu y arriveras. Tu sais parfaitement que tu es capable de surmonter tes peurs. C'est ça, un écrivain : c'est quelqu'un qui surmonte ses peurs. »

Je rentrai chez moi et me mis au travail. Dès que le courage me manquait, je me passais une cassette où j'avais enregistré Adrian, sur l'autoroute à la sortie de Munich. On entendait surtout des bruits de camions et de klaxons. Mais, partiellement couverte par le vacarme de la circulation, sa voix était bien là, qui me provoquait.

Je l'entends encore. Elle m'a lancée sur mes rails. Je me mis à écrire comme un vagabond en fuite, en prenant pour cadre ma prestation Schéhérazade. Chaque jour, chaque nuit, j'écrivais le cœur battant ce roman mi-confession, mi-défi. J'écrivais parce que je ne m'en croyais pas capable. J'écrivais poussée par la peur.

J'avais commencé le livre en septembre ; le premier jet — excepté la fin — fut terminé en juin. Cette fin me coûta davantage que tous mes livres réunis. Je savais que mon héroïne, quoi qu'elle fasse, contrecarrerait une politique ou une autre. Je la laissai donc dans sa baignoire, occupée à renaître.

Car la renaissance est le problème crucial. Le divorce, le mariage, la mort, tout peut nous y conduire ou nous en écarter. De nos jours, les romans ont une préférence pour le divorce. Au siècle dernier, ils s'intéressaient au mariage. Mais de toutes les fins possibles, aucune n'est plus importante que la renaissance de l'héroïne. Et puisque tant d'héroïnes étaient mortes, je voulais que les miennes renaissent.

Lorsque j'eus écrit environ quatre cents pages, je me précipitai chez mon éditeur et les lui balançai sur son bureau. Il devait commencer à croire qu'en fait de roman, il ne verrait jamais rien venir. Je ressortis aussi vite que j'étais entrée, et partis pour Cape Cod où les psys avaient pris leurs quartiers d'été.

Quand Aaron m'appela pour me communiquer son enthousiasme, j'étais déjà loin, et j'avais presque peur de l'entendre. Je me souviens vaguement qu'il me dit : « Il y a tout, féminisme, sexe, satire, ambivalence, et le point de vue est original. » Était-ce bien de mon livre qu'il parlait ? Je m'attaquai au dénouement, qui me demanda six mois de labeur.

Mon souvenir le plus précis est le moment où je voulus arracher le livre des pattes des imprimeurs. En imaginant ce qui m'attendait, j'avais des terreurs, des sueurs nocturnes. Je savais que ce livre était une proclamation d'indépendance, mais j'ignorais si je saurais vivre ma liberté.

Je ne compte plus les nuits blanches que j'ai passées à vouloir déchirer le contrat, enterrer le livre dans un tiroir fermé à clé, l'incinérer sur la plage. Seul le sens du défi me poussait à persévérer, même si je ne savais plus à qui ce défi s'adressait : à moi ? À mon mari ? À ma famille ? À la tradition qui condamne à mort les femmes prétentieuses ? Je n'étais pas entièrement consciente de ce que je faisais.

Je retrouvai mes blocages. J'avais écrit très vite pour les semer en route, mais les cinquante dernières pages m'absorbèrent aussi longtemps que les quatre cents autres. Les versions que je n'ai pas retenues sont édifiantes. Dans l'une d'elles, Isadora, tel le Herzog de Saul Bellow, écrit de longues lettres à Freud, à Colette, à Simone de Beauvoir, à Doris Lessing, à Emily Dickinson. Dans une autre, elle lâche Bennett et part vivre seule dans les bois autour de Walden. Dans une autre encore, elle lui promet d'être à jamais son esclave, et il la reprend.

Aucune ne faisait l'affaire. La fin d'un livre est une amulette magique pour l'auteur autant que pour le lecteur. Sachant que les livres provoquent les événements, nous tentons de tout arrêter, d'empêcher ces événements. Je me tournai vers la seule solution possible : imaginer une fin cohérente avec le personnage. Isadora a trouvé sa voie, mais elle n'est pas au bout du chemin. Elle ne rampera pas, mais elle n'est pas encore prête à voler de ses propres ailes. Elle va changer de tête, mais elle travaillera toujours assise au même bureau. Elle n'est pas encore mûre pour ce changement-là. Elle a encore un col de montagne à franchir.

Lorsque les épreuves à la couverture vert pâle commencèrent à circuler, cela fit du bruit. Je ne comprenais pas ce mélange d'enthousiasme et de condamnation. Plusieurs exemplaires, subtilisés, passèrent de main en main. Ils disparaissaient.

Ma panique s'amplifia à la mesure de mon succès. Certes, je désirais ce succès, mais le voulais-je sous cette forme ? La nudité du livre me terrifiait. J'avais écrit sur ma peau et je comparaissais devant le monde, nue et tatouée. La pression montait.

Le premier été à Cape Cod, j'avais rêvé de désécrire mon livre ; le deuxième été, les épreuves étaient prêtes. J'étais torturée par la fin, par la préparation de copie (j'allai jusqu'à enregistrer ma lecture du dialogue pour vérifier qu'il était authentique). J'étais déjà entrée en prière sur le manuscrit, tipp-ex à la main, shootée aux vapeurs de solvant.

La date de publication se dressait, terrifiante, en novembre 1973, aussi sinistre que le jour où on apporte la guillotine sur la place publique. Si j'avais pu poser la tête sur cette guillotine pour mettre fin à mes malheurs, je l'aurais fait.

Pour être capable d'observer et de décrire les sentiments, il faut être écorché vif. Ce n'est guère compatible avec une joyeuse inconscience. Les écrivains doutent, ils ont des comportements compulsifs, ils se mortifient. La torture ne cesse jamais plus que quelques brefs instants.

Le livre fut donc lancé, il suivit son chemin et connut son destin. Un destin imprévisible. Aucun parent ne peut prévoir le destin de son enfant. Il ne peut qu'y assister, et prier en se rongeant les ongles.

Deux ans plus tard, j'étais devenue célèbre ; sur la liste des best-sellers, l'édition brochée de mon roman tenait le haut du pavé presque toute l'année. Mais ma célébrité n'avait pas grand-chose en commun avec les rêves d'une candidate à un doctorat de littérature : émissions-débats et unes des magazines, photographes cachés dans les dunes devant la bicoque que j'avais louée à Malibu, contrats d'adaptation au cinéma qui n'aboutissaient jamais, grandiloquence hollywoodienne et épuisement dû aux effets secondaires des médicaments. Et par-dessus le marché, on me réclamait ma lingerie (non lavée si possible), et je recevais des messages placés dans des bouteilles par des Robinsons qui me demandaient, à moi la naufragée, d'aller les sauver. Les prières exaucées pèsent toujours plus lourd que celles restées sans réponse. Je me heurtai à mon autodestruction compulsive. J'avais enfin ce que je voulais, et cela me brûlait les doigts.

Lorsque l'élève est prêt, le professeur apparaît. Julia Phillips fut mon professeur en autodestruction. Elle avait de l'avance sur moi. Quand je la rencontrai — petit paquet de nerfs de moins de cinquante kilos, coiffée avec un pétard — ce fut le coup de foudre. Son dynamisme tenait de la folie ; elle parlait sans arrêt ; elle avait un enfant, un Oscar, un mari obéissant. Elle régnait sur le monde depuis le Sherry-Netherland Hotel, ce qui, en 1974, était peu commun pour une femme.

Edna O'Brien fait dire à l'une de ses héroïnes que les gens du cinéma sont possédés par des démons, mais une catégorie inférieure de démons.

N'oublions pas que démon vient de *daemon,* génie protecteur, force créatrice. Et Julia était cela aussi. Elle dégageait de l'énergie, des idées, une sorte de charisme. Je fus très impressionnée avant de me mettre à la haïr.

Elle se répandit en flatteries pour obtenir les droits d'adaptation cinématographique du *Complexe d'Icare,* et finit par les acheter pour une option modeste, sans clause de dédit, et un versement de 50 000 dollars.

Même en 1974, j'y perdais. L'affaire traîna et, pendant un an, les clauses se modifièrent comme par magie dans l'ordinateur. Entre-temps, j'écrivais mon premier scénario, pour lequel je subissais des conférences interminables au Sherry-Netherland avec mon mentor, et disais chaque jour un peu plus adieu à mon mariage. Quant à mon livre, il se taillait sa petite réputation. Le premier signe en fut le courrier qui arrivait par wagons entiers.

Lorsque, à l'automne, je débarquai en Californie avec mon premier jet sous le bras, Julia était déjà montée d'un cran dans l'usage de la drogue. Ne connaissant rien à la cocaïne, je la croyais tout bêtement grossière et insultante.

J'attendais dans une chambre d'hôtel — le Beverly Hills — où elle me téléphonait pour me dire : « Il y a un accident sur l'autoroute de San Diego. J'aurai une heure de retard. »

Une heure plus tard, sa secrétaire me rappelait pour m'annoncer un deuxième embouteillage, une réunion de dernier moment ou un problème de garde d'enfant. Comme les heures passaient, je voyais bien qu'elle se moquait de moi et ma colère montait.

Julia traitait les metteurs en scène et les actrices de la même manière : elle les rendait complètement dingues ; elle ne s'excusait jamais et nous prenait par-dessus la jambe ; j'en étais tantôt requinquée, tantôt déprimée.

Les fouille-merde ont parfois un côté captivant. Nous détestons tous cette hypocrisie généralisée, et nous aimerions bien obliger la société à en répondre. Mais quand l'hypocrisie vient du fouille-merde lui-même, la trahison est d'autant plus démoralisante. Comme le dit Auden, « moralement, on accepte mieux de se faire avoir par un colporteur que par un évêque ». Julia n'avait rien d'un évêque, mais j'avais fait d'elle ma grande prêtresse de l'anticonformisme. La rebelle des rebelles.

Entre mes rendez-vous toujours annulés et le déluge de publicité qui pleuvait sur mon livre, je trouvai le temps de rencontrer Jonathan Fast et de tomber amoureuse de lui. Je m'étais liée d'amitié avec ses parents que j'avais rencontrés aux soirées des Untermeyer. Julia ne perdait pas son temps non plus : grâce à ses habitudes déplorables, elle réussissait à faire tourner en bourrique le monde du cinéma. Et le jour où sa folie eut fait fuir des metteurs en scène comme Hal Ashby et John Schlesinger, et des actrices comme Goldie Hawn et Barbra Streisand, elle décida de réaliser le film elle-même.

À ce moment-là, je m'énervai carrément. Mis à part une brève formation de metteur en scène à l'Institut du film américain, Julia était une novice — et quelle novice ! (Moi aussi, bien sûr, mais je n'avais pas la prétention de me charger du travail.)

À l'époque, je vivais à Malibu avec Jonathan et j'essayais de m'extirper de mon mariage avec le Dr Jong. Notre maison était équipée d'un lit à eau qui surplombait le Pacifique, d'un bassin chauffé qui surplombait aussi le Pacifique, et d'une mini-jungle dans un patio à ciel ouvert, où couraient des serpents et des lézards. Un jour, en rentrant chez moi, je trouvai un serpent dans la salle de séjour, mais pas de l'espèce communément rencontrée dans les salons de Malibu.

La maison était une de ces structures légères assemblées à la six-quatre-deux par le menuisier du coin pour les cinq à sept entre producteurs et starlettes.

Nous étions heureux. Nous étions amoureux. Mais nous étions aussi traumatisés. *Newsweek,* qui préparait un dossier sur moi, avait posté des photographes dans les phycoïdes givrés et les bougainvillées. Jonathan essayait de démarrer une carrière de scénariste et subissait l'habituelle torture des refus. Moi, j'essayais de m'extraire du monde et d'écrire un second roman — contre l'avis d'amis écrivains, qui m'assuraient que c'était inutile vu qu'après *Le Complexe d'Icare,* quoi que je fasse, j'étais condamnée d'avance, vu aussi qu'il n'y avait jamais d'acte II (ou de deuxième chance) dans la vie d'un Américain.

« Écris des scénarios, me dit Mario Puzo, ça paye plus. »

Et moi, petite morveuse sortie de l'université, en regardant Malibu et ses multimillionnaires moroses aux noms à tiroirs qui couraient sur la plage et qui s'enrichissaient à mesure que leurs cheveux blanchissaient, je ne pensais qu'à la littérature avec un grand « L ».

« Si je n'écris pas le second, comment ferai-je pour écrire le troisième ? » demandai-je à Mario.

« Et si je n'écris pas le troisième, comment ferai-je pour écrire le quatrième, et si je n'écris pas le quatrième, comment ferai-je pour écrire le cinquième... » Etc.

J'avais envie de devenir une Ivy Compton-Burnett ou une Simone de Beauvoir, pas un Robert Towne.

« Les imbéciles passent », murmura Mario Puzo.

À moins qu'il ait simplement dit : « Imbécile. »

J'étais à Hollywood ? Très bien. Je serais Isherwood, Huxley ou Thomas Mann, mais certainement pas les Marx Brothers. Je me suis toujours fait avoir par la haute opinion que j'ai de la littérature.

Ou alors, c'est l'esprit d'entreprise de mon père-acteur-musicien qui a mal tourné chez moi.

À peu près à l'époque où Julia, la main posée sur un rocher, se déclara solennellement metteur en scène, et où moi-même, je m'adoubai Maîtresse de la Littérature, je rencontrai un certain personnage. Quelqu'un, je ne sais plus qui, l'avait amené à une soirée que nous donnions chez nous. L'année où je devins vraiment célèbre, notre maison de Malibu attira pas mal d'individus équivoques.

« Je voudrais vous faire rencontrer mon ami personnel et très proche », dit l'entremetteur, contredisant par l'expression même qu'il employait le sens du mot « ami ».

De quoi vivait l'ami personnel et très proche, voilà qui ne me parut pas transparent. Comment pouvait-il être à la fois directeur d'une affaire, agent, producteur, et dompteur de lions ?

À Hollywood, tout est possible.

Personne n'ignore (sauf la snob littéraire que j'étais en 1974) qu'Hollywood grouillait et grouille encore de personnages au passé lavé-blanchi jusqu'à ressembler au CV d'un acteur spécialisé dans les rôles de composition. Un passé épuré de ses magouilles financières et de ses échecs, mais qui se réclamait de tous les succès, y compris par association lointaine. De la bouche de ces personnages, les noms célèbres tombaient comme feuilles en automne.

Monsieur le « Directeur » avait des yeux verts étincelants et des cheveux gris ébouriffés. Il me semble qu'il portait des bijoux zunis et des tuniques de lin évoquant les toges romaines, mais non, je dois me tromper. Il disait avoir été jeune pasteur à des carnavals chrétiens dans sa jeunesse. Il se prétendait pécheur repenti ayant trouvé la lumière, alléluia ! Son discours m'évoquait celui des premiers chrétiens juste avant qu'ils soient jetés aux lions. Apparemment, j'avais le même effet sur lui.

Ce monsieur et moi commençâmes à bavarder près du bassin, sur fond de coucher de soleil flamboyant sur le Pacifique (ce dont nous nous félicitâmes mutuellement). Il avait suivi les tribulations du *Complexe d'Icare* à travers les rubriques de ragots. Il se scandalisait pour moi.

« Elle se prétend metteur en scène, et elle est incapable de s'entendre avec un acteur plus que le temps d'une séance de travail. Ça ne me regarde pas, mais si vous voulez faire quelque chose pour votre contrat, je peux m'arranger pour vous récupérer les droits. Vous vous êtes fait baiser. Un vrai marché de dupes. Et les agents se sont tous ligués contre vous pour vous forcer à accepter. »

J'étais ferrée. Mon cerveau fonctionnait avec un tic-tac de bombe. Mon fouille-merde s'était mis en marche et rôdait comme un félin. Mon détecteur de merde, lui, était tombé en panne.

Quelques jours plus tard, Jonathan et moi étions invités à rencontrer les lions de notre nouvel ami.

Parqués dans un canyon secret au fin fond du désert, ils erraient dans un territoire aménagé en veld africain.

On nous invita à les caresser, à nous enrouler

autour d'eux, sur eux, entre leurs pattes. Nous posâmes pour des polaroïds que nous montrerions à Howard et Bette Fast une fois de retour à Beverly Hills, sachant à l'avance qu'ils clapperaient de la langue comme il seyait à de bons parents juifs.

Notre dompteur sautait parmi ses lions, il leur rugissait à la figure pour prouver qu'il pouvait rugir devant n'importe qui. Il maniait les tabourets, les chaises, les fouets. Sa femme, une belle actrice dont les contrats étaient rares, avait l'air aussi passionnée que lui.

« Vous feriez mieux de sortir de la cage, dit-il d'un ton menaçant. Ça peut devenir dangereux. »

Debout derrière les barreaux, nous regardâmes notre dompteur mettre la main dans la *bocca di leone* et se tourner vers nous avec un grand sourire. Comment aurais-je pu deviner qu'il venait d'illustrer mon futur rôle ?

De la tanière des lions, nous passâmes aux cabinets d'avocats. Monsieur le Directeur m'expliqua qu'il n'y avait absolument aucun risque à poursuivre Julia, Columbia Pictures et ICM en justice. Je croyais qu'il parlait pour moi ; naturellement, il parlait pour lui. Il mettait son propre avocat à ma disposition, s'offrait comme producteur, et me dompta si bien qu'il m'enferma dans le pire cauchemar de ma vie, où les agents vinrent témoigner en brandissant des notes de téléphone percées de trous, comme du gruyère. Il promit de prendre tous les frais à sa charge ; parole de marchand de tapis.

Si on vous promet un procès « gratuit », si on vous montre comment ne jamais payer d'impôts, fuyez. À peu près à la même époque, on m'a fait le coup des impôts. Depuis, je paye. Grâce à ces deux désastreuses erreurs de jugement, je faisais d'une pierre deux coups : je me détruisais et je saccageais ma réputation.

Moi qui croyais encore aux films de mon enfance dans lesquels le petit type gagne contre le système, je n'avais pas plus la notion de ce qu'est un tribunal qu'une souris de ce qu'est un concours de dégustation de fromage.

Le premier imbécile venu aurait pu me dire que poursuivre en justice une société productrice de films dans la ville de Burbank était à peu près aussi malin que d'entrer dans la fosse aux lions au beau milieu du désert. Mon nouveau conseiller s'attendait à une capitulation rapide et à une victoire instantanée. Il démontra qu'il avait encore moins que moi le sens des réalités.

Le procès fut annoncé dans la presse, s'attira le genre de publicité qu'on imagine, et s'éternisa. Dans tout ce tohu-bohu, pas facile de me lancer dans un second roman. (En l'écrivant, j'avais vu dans *Le Complexe d'Icare* un travail d'apprentie, et voilà qu'il devait devenir ma pierre tombale ou, du moins, que le « baisage sans effeuillage » devait me servir d'épitaphe.) Mais me plonger dans un deuxième roman avec un procès sur les bras était la course d'obstacles rêvée pour me démolir après mon succès. Tout le monde me le déconseillait. Au lieu de les écouter, je me persuadai du bien-fondé de ma démarche et décidai que j'étais, moi — et non pas mon beau-père de l'époque —, Thomas Paine et Spartacus réunis.

C'est ainsi que je bousillai deux années de ma vie qui auraient dû m'apporter beaucoup de joies. Comme l'auraient tout de suite prévu les gens sensés, cela se termina par une débâcle judiciaire, une facture colossale, et pas de film. En 1975, je retournai à New York et fis la tournée mondiale de promotion de mon second roman, *La Planche de salut*. On ne m'interrogeait que sur le « baisage sans effeuillage » et mon fameux procès. De retour à New York, j'attaquai un troisième roman où un chrétien était jeté en pâture aux lions ; je l'abandonnai bientôt pour me replonger dans mon vieil objet transitionnel hérité de Barnard, la sécurisante rétrospective sur le XVIIIe siècle. Je fis des recherches pour un conte picaresque, l'histoire d'une orpheline qui devient poète, sorcière, bandit de grand chemin, prostituée, et enfin mère d'une adorable petite fille, triomphant ainsi de tous ses malheurs : l'héroïne rêvée pour racheter ma vie de l'après-gloire.

Mes cinq années de travail sur cette fable du XVIIIe me procurèrent un bonheur unique, et, au dénouement de l'intrigue, je mis moi aussi au monde une petite fille. Je la décrivis avec les yeux de Fanny :

> Et je pus m'émerveiller du minuscule nez retroussé (encroûté du sang de mon ventre) ; des minuscules mains cherchant à tâtons quelles mains saisir pour s'y cramponner ; de la minuscule bouche tétant à l'aveugle, Faute aussi de savoir quoi, et des minuscules pieds battant dans le Vide, dans l'ignorance des chemins qu'ils fouleraient (et sur quels Continents encore à découvrir ? De quelles Nations encore à naître ?).
>
> « Bienvenue, petite Inconnue, dis-je entre mes larmes. Oui, sois la Bienvenue. »
>
> Et puis, le flot amer de mes pleurs fut le plus fort. Sa houle déferla comme poussée par une grande Marée. Ô je sanglotai tant que mes larmes finirent par laver un peu de sang séché sur les joues de l'Enfant, dévoilant la peau translucide, de la Couleur d'une aube d'Été !

En arrivant à l'hôpital, je ne savais pas très bien qui, de moi ou de mon héroïne, allait avoir un bébé. C'est ainsi que sur son certificat de naissance, Molly fut d'abord déclarée sous le nom de Belinda, comme la fille de Fanny. Me rendant compte de mon erreur, je me mis à inventer des noms pour cette enfant magnifique. Glissanda, Ozma, Rosalba, Rosemonde, Justine, Boadicée... griffonnais-je distraitement sur un petit calepin. Puis j'eus l'idée de Molly Miranda. Le nom plut à Jon.

« C'est un bon choix, maman », me dit Molly.

Sa naissance racheta tout, et *Fanny* fit le reste. Je crois que *Fanny* est mon roman préféré (jusqu'à présent) à cause des profondes satisfactions que j'ai tirées de ses défis si singuliers. D'avoir à recréer la langue et l'intrigue du XVIIIe, à démonter les rouages du roman picaresque masculin, m'apporta un bonheur total, un bonheur comme je n'en avais pas connu depuis l'âge de six ans, le genre de bonheur que me donnait mon mariage avec Jon, jusqu'au jour où.

Il est plus facile de parler de la douleur que de la joie. Il n'y a pas de mots pour la joie. Après ce spasme de vie sur orbite, j'étais ravie de redevenir obscure, de partir me cacher à la campagne.

Nous avions envisagé de nous installer à Princeton pour être près de la bibliothèque, dans les Berkshires pour le paysage, à Key West pour la lumière, au Colorado à cause des montagnes, et finalement nous nous retrouvâmes à Weston, dans le Connecticut, d'où nous pouvions facilement rejoindre en voiture la bibliothèque Beinecke et Manhattan. Nous avions une vie quasi idyllique : écriture, yoga, chiens, cuisine. Notre seule erreur fut de nous laisser photographier pour le magazine *People* qui faisait un papier sur les couples heureux. Ce genre de reportage mène aussi sûrement au divorce que l'article de couverture de *Time* peut mener à la mort, à la faillite et au kidnapping de bébés.

Fanny me donnait le bonheur de vivre avec l'*Oxford English Dictionary* ouvert en permanence sur mon bureau — existe-t-il une plus grande joie ? Jon me donnait le bonheur de son humour et de sa certitude que rien n'égalait une vie d'écriture et de yoga. Et Molly me donnait le bonheur d'être mon miracle quotidien, sorte de cadeau divin accordé pendant que mon esprit s'attardait à d'autres choses, comme l'origine du mot *fichu*[1].

Mais la célébrité ne m'avait jamais rendue heureuse, ce qui ne veut pas dire pour autant que j'étais prête à en faire mon deuil. La célébrité est le test suprême du caractère : va-t-on se perdre ou se trouver ? Pour la plupart, nous nous perdons, du moins pendant un temps. Nous sommes quelques-uns à en revenir, pas les plus nombreux. À l'époque dont

1. En français dans le texte.

je parle, j'avais envie de me perdre dans les bois du Connecticut, de nourrir mon bébé, de chercher des mots dans l'*OED* et de lire Smollett ou Fielding ou Swift tous les matins, pour me mettre dans la tête le rythme de leurs périodes. La célébrité me terrifiait et me rendait perplexe. En l'espace de trois ans, elle m'avait empoignée et lancée de toutes ses forces dans un buisson de ronces. Je voulais fuir aussi loin que possible de ces souvenirs douloureux. Le règne de la reine Anne faisait parfaitement l'affaire. J'étais morte, mais j'allais renaître sous la forme d'une rousse en habit rouge.

Au moins, j'avais survécu. Elle survivrait aussi.

En relisant ce chapitre, je m'aperçois que je n'y parle pas d'Henry Miller. Peut-être parce que je m'étends sur mon désir d'autodestruction et qu'Henry était le contraire de cela : c'est lui qui m'a appris l'art de vivre.

Curieusement, je l'ai rencontré le jour où j'ai aussi rencontré Jonathan Fast, un jour d'octobre 1974 baigné de la lumière dorée de Californie.

J'avais descendu Sunset Boulevard jusqu'à Pacific Palisades dans ma Buick de location, et j'étais allée passer l'après-midi en compagnie d'un étonnant vieux-jeune homme de Brooklyn qui m'écrivait des lettres au ton enlevé depuis six mois, et dont je découvrais que le corps ravagé par quatre-vingt-trois années de vie recelait un esprit plus jeune que le mien.

Pratiquement cloué dans un fauteuil roulant, aveugle d'un œil, Henry Miller avait un visage de vieux sage chinois. Il se leva de son lit pour m'accueillir en pyjama et peignoir. Il préférait s'aider de son déambulateur, même s'il lui en coûtait, que de rester passivement assis.

Il devait devenir mon œil clairvoyant au milieu du cyclone.

En général, les écrivains américains sont des ivrognes mélancoliques dont la relation avec leurs jeunes admirateurs se résume à peu près ainsi : « Donnez-moi une seule bonne raison de ne pas me suicider. » Si vous allez leur présenter vos respects, apportez-leur du gin ou la liste des réunions d'Alcooliques anonymes, et soyez prêt à leur remonter le moral. Mais Henry était, pour reprendre ses propres termes, « toujours joyeux et radieux ». Et son tempérament était un don du ciel qu'il partageait avec nous tous.

Si je l'avais rencontré quand il était jeune, je l'aurais trouvé encore plus cyclonique, encore plus chaotique. Mais l'important était qu'il ait traversé les épreuves que je connaissais actuellement, et qu'il n'en soit pas sorti désaxé. Estampillé « roi de la cochonnerie », il continuait d'écrire ce qu'il avait à écrire. Alors qu'il avait toutes les raisons de perdre son côté humain, il resta ouvert et préféra transmettre cette qualité.

En Amérique, dès qu'on ose appuyer sur le bouton marqué « sexe », il faut s'attendre à déclencher alarmes et sirènes, qui couvriront de leur vacarme toutes nos réalisations à venir.

« Pourquoi ne prenez-vous pas ça à la rigolade ? » me demanda Henry lorsque je me dis préoccupée de recevoir des lettres de fans me demandant de leur envoyer mes culottes sales. Sa question, je me la pose encore vingt fois par jour. Et selon ce que j'y réponds, je sais à tout instant où j'en suis côté santé mentale.

Je remontai Sunset Boulevard, la voiture chargée d'aquarelles, de livres, de reproductions. Henry n'était pas du genre à vous laisser repartir les mains vides.

Tous ces cadeaux étaient encore sur le lit quand je rentrai avec Jonathan (que je venais de rencontrer à la soirée) tard le soir même ou tôt le lendemain matin, je ne sais plus. Nous avions passé des heures sur Mulholland Drive à regarder les lumières de Los Angeles danser dans le nuage de pollution, à nous demander si un mariage du cœur et de l'esprit était vraiment possible, à nous rendre compte que nous étions en train de tomber amoureux l'un de l'autre.

J'avais trente-deux ans et lui vingt-six, mais à certains égards nous venions à peine de naître. Dès cette première nuit, nous nous engageâmes l'un envers l'autre pour la vie et, à cause de Molly, nous resterons toujours unis.

Plus tard, nous devions nous déchirer atrocement, céder à la colère, fuir nos responsabilités d'amants et de parents, aveuglés que nous étions par l'orgueil, la jalousie et la rage.

Je n'ai aucun droit à me faire la voix du châtiment, bien que je ne m'en sois pas privée dans plusieurs livres, montrant ainsi que je croyais encore me libérer en accusant les autres.

Je dois m'amender envers lui et envers Molly. Je regrette de ne pas m'être mieux connue et de les avoir tant fait souffrir. Je regrette de n'avoir pas su alors ce que je sais aujourd'hui : qu'il ne sert à rien de rejeter sur mari et enfants ses propres insuffisances, que cela ne fait que retarder le moment où il faudra les regarder en face, le moment du changement. Aucune paix n'est possible tant qu'on n'accepte pas cette responsabilité.

Finalement, la célébrité, parce qu'elle s'empresse de rabaisser ses victimes, est un puissant instrument de la grâce. On s'avance à sa rencontre, vent en poupe, voile gonflée de solennité pompeuse, et une fois son quart d'heure terminé et le calme revenu, on se rend compte que ce n'est pas le faste qui nous emmènera où on veut aller.

C'est à ce moment-là seulement qu'on apprend à ramer comme une forcenée, et qu'on demande à Dieu la force de ne pas sombrer.

L'écriture, qui avait commencé pour moi par une séduction de la muse et du public, endossa un rôle très différent dans ma vie. Elle redevint la consolation qu'elle avait été dans mon enfance — un moyen de me faire plaisir et d'apprendre à me connaître.

À en croire plusieurs écrivains sages, dont Robert

Penn Warren, on ne peut commencer à écrire que le jour où on dit adieu à l'ambition.

Je revenais sans cesse à la poésie après chaque roman, parce que la poésie était garantie obscure, donc sans ambition, et qu'on pouvait s'y adonner sans se soucier du monde extérieur.

À mon avis, une société offrant peu de débouchés à une activité dénuée d'ambition s'appauvrit. La méditation, l'athlétisme, la poésie, l'aquarelle, la tenue d'un journal, la prière, ne peuvent nous enrichir que dans la mesure où nous n'espérons en tirer aucune flatterie. Dès que le diablotin de l'ambition se faufile dans une activité, il la souille. Mais il aurait bien du mal à se glisser dans la poésie, que l'on ne choisit ni pour l'argent, ni pour la gloire, ni pour faire un best-seller ; si elle doit être écrite, la poésie doit être écrite pour soi.

La célébrité, elle, est prisonnière d'un certain marché et exige que l'on fasse et refasse toujours la même chose — tant que l'on a besoin de nourrir sa famille.

Fanny avait rappelé à mes lecteurs mes racines littéraires ; le roman avait été accueilli avec sérieux par la critique et s'était taillé une renommée mondiale. Malgré cela, la réputation qui me collait à la peau était celle de Ms Chatte Solitaire, porte-parole des Américaines et de leurs pulsions les plus sombres.

J'avais beau puiser ma poésie au plus profond de moi-même, produire recueil sur recueil, le lutin de la renommée prétendait faire revenir au centre de la scène celle qu'il voyait comme l'inventeur du « baisage sans effeuillage », symbole des femmes de ma génération et de leur aspiration à la liberté par le plaisir sexuel.

On ne choisit pas ce par quoi on devient célèbre, pas plus que l'on ne décide, parmi les nombreux combats que l'on mène, lequel deviendra notre emblème. Au mieux, attachons-nous à ne pas trop nous soucier des symboles extérieurs et à suivre la voie de ce qui nous rassemble, de ce qui sauvegarde notre identité.

Pour moi, c'est la poésie.

Si le but de notre brève existence est d'arriver à nous accepter, à remettre l'avenir entre les mains de nos enfants, à faire la paix — même à contrecœur — avec notre condition de mortels, la poésie reste le moyen idéal.

La mort — accompagnée de l'amour, son valet de pied — est la principale obsession de la poésie. Elle éparpille les roses, il les ramasse et les serre contre sa poitrine osseuse.

CHAPITRE IX

Où il est question de bébés

Il n'est ni beau ni bon de commencer un enfant en réfléchissant...

COLETTE, *L'Étoile Vesper.*

OÙ IL EST QUESTION DE BÉBÉS

La maternité est censée participer de la nature, intemporelle, immuable, sorte de version féminine du rocher qui engendra le peuple de Moïse. En vérité, rien n'est plus changeant ; car elle est empêtrée dans les conventions et les credo d'une société à une époque donnée. Tout, en la matière, varie selon nos idéologies : sein contre biberon, couches, nourrices, anesthésie ou pas, liens mère-enfant ou sevrage, position pour accoucher, debout, assise, allongée, seule ou avec un parent, sage-femme contre obstétricien. Il n'existe probablement pas un seul aspect de la naissance qui ne puisse être modifié par la culture, excepté l'évidence que cela ne concerne que les femmes ! Il n'est pas jusqu'aux sentiments qu'une mère croit devoir éprouver qui ne puissent changer.

Constat sacrément désagréable pour les mères. Nous préférerions voir dans l'accouchement et tout l'attirail qui l'accompagne l'œuvre de la Déesse Mère, reproduite telle quelle d'une époque à l'autre. Le rituel hormonal a beau rester le même, l'ontologie du fœtus la même aussi (récapitulant la phylogénie, comme nous l'ont appris nos profs de biologie), notre réaction aux douleurs du travail, à la naissance, à la montée de lait quand le bébé pleure, subit d'innombrables variations.

Nous, les femmes coup-du-lapin, avons été aussi ballottées par les théories sur la maternité que par celles sur la sexualité, la féminité, le succès, l'argent, l'idéalisme, les hommes, et à peu près tous les aspects de nos vies perpétuellement bipolaires.

Nous avons grandi entourées d'images de mères à la Betty Crocker, dont la féminité s'exprimait aux fourneaux, sorte de mythe de Cérès revu au goût des années cinquante. Les magazines qui envahissaient les salles d'attente des médecins nous soutenaient que, si nous abandonnions nos gosses pour aller travailler, nous en ferions des attardés mentaux et nous pourrions dire adieu à notre tranquillité d'esprit. Les médecins (hommes) nous dictaient notre conduite, et nous soupçonnions rarement, pas plus qu'eux d'ailleurs, que sous leurs paroles se cachait un mot d'ordre politique.

J'étais étudiante en troisième cycle et mariée avec Michael lorsque le médecin de mes parents m'avertit qu'à vingt-deux ans, j'avais déjà bien entamé ma période de fécondité.

« Mieux vaut ne pas trop attendre, me dit-il. À trente ans, vous serez une primipare âgée. »

Une primipare âgée. Terrifiant. Âgée, à trente ans ? (Il y a deux cents ans, les femmes fécondes étaient presque toutes mortes à cet âge-là !) En effet, pour assurer la reproduction, nous n'avons guère besoin de vivre jusqu'à cinquante ans, et encore moins d'y ajouter les trente ou quarante années supplémentaires auxquelles nous estimons avoir droit.

Même si je n'avais absolument pas l'intention de suivre les conseils de ce médecin (ma sœur aînée était la mère dans l'âme, et moi j'étais l'artiste de la famille), la graine de panique qu'il avait semée en moi germait tous les mois. Chaque fois que je saignais, je voyais dans mon flux menstruel un bébé mort en miniature. C'était peut-être ma dernière chance. Je pleurais chaque ovule, je leur écrivais des poèmes, avec un sentiment d'abjection et de soulagement à la fois.

Mon combat d'étudiante et d'apprentie écrivain, je l'ai entièrement mené sous le poids d'une sorte de menace. Peut-être qu'en utilisant mon diaphragme aussi fidèlement que je l'ai fait, je dédiais ma vie au néant et au désespoir. À l'époque, les bébés m'inspiraient une telle répulsion physique que, en voyant un jour une copine de Barnard pousser un landau ancien en rotin sur West End Avenue, je fus prise d'une véritable nausée. De deux choses l'une ; soit j'avais tellement envie d'une grossesse que j'étais devenue allergique à mes propres désirs, soit j'étais fermement décidée à toujours rester maîtresse de ma vie. Je ressentais de la haine et de la pitié pour cette fille qui avait succombé à la faiblesse féminine, et qui se penchait sur l'immonde chose du landau avec force roucoulements et grimaces. *Elle ne fera jamais rien de sa vie,* me disais-je avec mépris.

Mes héroïnes étaient Simone de Beauvoir, Virginia Woolf, Elizabeth Ire d'Angleterre, reines sans enfants de la littérature et du pouvoir. Pour moi, il était clair que le prix à payer pour l'excellence intellectuelle était de renoncer à la complaisance qui faisait tomber les femmes dans la fange de la maternité. Mon diaphragme était le gardien de ma flamme, de mon cerveau, de mon indépendance.

S'il me fallait choisir entre Betty Crocker et Elizabeth Ire, pas d'hésitation possible. La maternité était un piège qui s'était refermé sur ma mère, sur ma grand-mère, sur toutes les femmes de tous les temps. Avant même la parution du *Groupe* de Mary McCarthy, j'étais allée consulter à la clinique Margaret Sanger pour mon diaphragme. À Barnard, c'était notre bizutage. La seule incertitude était de savoir s'il fallait d'abord aller chercher les alliances chez Woolworth. Je choisis de porter des gants de chevreau blanc — comme pour une confirmation.

Lorsqu'on découvrit la schizophrénie de mon premier mari, je me félicitai de mon intuition qui m'avait fait éviter une grossesse. Mais la terreur d'être enceinte me laissait rarement en repos. Tous les mois, c'était le puits et le pendule. Je notais la date de mes règles sur un agenda-planning et devenais folle si j'avais un jour de retard. Contrôler, encore contrôler, toujours contrôler. Pour une femme, c'était la seule manière de rester maîtresse de sa vie.

Allan et moi, nous n'avions jamais parlé bébés avant notre mariage. Et après, nous n'avons jamais parlé de rien. Peu après notre arrivée en Allemagne, je me mis à le considérer comme un extraterrestre. Jamais je ne pus ouvrir une brèche dans le mur qui nous séparait — impossible, dans ces conditions, d'imaginer avoir un enfant avec lui. Comme c'était inconcevable pour moi, j'étais incapable de concevoir (certaines femmes ne peuvent faire ça qu'avec certains hommes et pas d'autres). Je ne crois pas que nous ayons seulement essayé, sauf à la fin, alors que je savais que j'allais le quitter. Dans un sursaut de culpabilité, j'avais eu envie de me laisser piéger ; mais le temps de le faire, j'avais déjà refermé la porte derrière moi.

Jon, lui, a toujours été la chair de ma chair. Nous devions avoir Molly ensemble, c'était écrit. Je l'avais vue planer au-dessus du nuage de pollution de Los Angeles dès le soir où j'avais rencontré son père.

« Vas-y, maman, me dit-elle. J'arrive ! »

Nous avions répondu : « Attends un peu, veux-tu ? »

Trois ans plus tard, nous étions prêts à l'accueillir.

Comment ai-je fait pour tomber enceinte, moi qui avais une telle peur de me laisser déborder ?

Mon chemin fut pavé de chiens errants.

À l'époque, nous habitions le Connecticut, où nous avions acheté une maison de cinq chambres. Nous y avions apporté de New York notre ficus et un bichon frisé que j'avais acheté chez un spécialiste de Lexington Avenue, près de Bloomingdales. Nous allions bientôt nous convertir au sauvetage des animaux en péril. Enfin... moi.

Je contractai ma sauvegardite animalière par osmose (ou par lavage de cerveau), au cours de mon amitié avec June Havoc. Oui, elle est toujours en vie, cette chère Baby June, la sœur de Gypsy Rose Lee, au nez norvégien parfait (remodelé par l'Hollywood des années quarante) ; elle habite une maison typique du Connecticut, style Miss Havisham, avec toute une ménagerie de chiens estropiés, borgnes et boiteux, de chats à trois pattes, d'ânes arthritiques, de cochons diabétiques et de cygnes aux ailes cassées.

Elle les appelle « les gosses », et a baptisé son refuge « maison de retraite des acteurs » ; elle s'occupe d'eux avec un tel dévouement qu'à tout moment, on s'attend à les voir se dresser sur leurs pattes arrière et réciter *Hamlet.* Nous avions rencontré June lors d'une de ces croisières qu'on dit « gratuites » et qui n'ont rien de gratuit, vu qu'on se fait acculer sur le pont par un admirateur qui vous présente le manuscrit du petit-neveu, quand on ne se fait pas accoster par des groupes de vieux à la discothèque à trois heures du matin pour discuter du « monde de l'édition new-yorkais » : ces messieurs cherchent un bon agent à New York, parce qu'ils traduisent Omar Khayyam en ourdou ou réécrivent le livre d'Oz en vers à coupe enjambante.

June était donc sur le bateau, ainsi qu'une cohorte d'autres célébrités toutes neuves, ou même légèrement patinées.

Jon et moi lui confiâmes que nous avions passé l'année du bicentenaire à ratisser le pays à la recherche d'une maison, du lac Tahoe aux Berkshires en passant par le Wyoming, Santa Fe, Islamorada et Key West, et que nous en avions tellement par-dessus la tête que nous étions prêts à retourner en Californie, à Big Sur cette fois-ci, ou alors Napa, ou même Berkeley.

Les yeux de June s'éclairèrent.

« Venez à Weston, nous dit-elle. Je vous trouverai quelque chose. »

Et elle trouva. Et elle aida à peupler. À cause d'elle, je passai mon temps à courir à la SPA locale dès qu'on m'appelait pour me dire qu'il allait y avoir une euthanasie. Avec elle, je fis des émissions de télé locales (quand la télé voulait bien se déplacer) pour présenter ces adorables animaux condamnés ; et quand la télé ne se déplaçait pas, nous rentrions chez nous avec les bêtes abandonnées.

C'est au cours d'une de ces virées que Jon et moi eûmes le coup de foudre pour Buffy — ou plus exactement, que Buffy s'enticha de Jon. Cette grande bâtarde fauve — qui avait des airs de Sandy, la chienne de la petite Annie, l'orpheline — le suivit partout dans l'Auschwitz canin ; quand il refusa de l'emmener, elle se mit à hurler comme un coyote à la pleine lune.

« Chérie, me dit June, tu ne le regretteras pas, je t'assure. Si vous ne vous entendez pas, je la ramène à la maison, je te le promets. » C'est ainsi que Buffy se retrouva chez nous.

À la voir, on aurait vraiment dit qu'elle sortait d'Auschwitz ; elle n'avait que la peau sur les os et cachait sa maigreur sous les plis de sa robe fauve pelée ; ses yeux bruns, immenses et profonds, reflétaient toute la misère de l'humanité ; elle avait une fâcheuse tendance à renverser les poubelles pour en avaler le contenu ; quant aux vers incroyablement longs qui lui parasitaient l'intestin et lui donnaient une diarrhée incoercible, je n'en parle même pas.

Quand elle lui eut mordu la main pendant qu'il lui examinait les dents, le premier véto à qui nous l'avions montrée nous dit : « Vous ne pourrez jamais la domestiquer. Il faut la piquer. »

Il n'en fallait pas davantage pour nous décider. Nous ramenâmes Buffy à la maison ; après plusieurs séances de vermifuges, fumigations, désinfection, elle eut droit à un shampooing à la camomille et à une crème rinçante en plus de son régime de steak, vitamine E, riz et carottes. Elle montrait toujours les dents, faisait ses besoins dans la maison et pourchassait le camion de ramassage des ordures. Mais peu à peu, elle se calma.

En deux ou trois mois, elle fut comme la Sandy d'Annie, après son adoption par Daddy Warbucks et un concours canin sur Broadway. C'était une grande rousse aux pattes fines, avec une touffe de poils roux sur une mignonne tête tout en longueur. Nous la rebaptisâmes Virginia Wouf (pour aller avec Pouchkine, le bichon) mais son nom de fourrière lui collait à la peau. Elle garda Buffy, Bouffonne, Scruffoon, Miss Wouf comme pseudonymes. Elle devint un animal modèle, merveilleusement dressée par quelqu'un de plus costaud que moi à venir au pied, à aboyer à la figure des inconnus et à ne jamais « s'oublier » dans la maison ; autant dire que cela dépasse tout ce que nous avons jamais pu demander à Pouchkine, qui marquait son territoire aussi bien dedans que dehors et avait rigidifié les coussins du canapé à force de se masturber dessus.

S'ils ne s'étaient pas très bien entendus au début, les deux chiens s'installaient maintenant chacun d'un côté de la cheminée, ou jouaient aux presse-livres de part et d'autre de la porte d'entrée. Buffy avait le béguin pour Jon et Pouchkine pour moi. Nous avions chacun un allié canin dans nos batailles territoriales entre Monsieur et Madame. Mais c'était Buffy qui avait la plus grande profondeur d'âme. Elle avait été abandonnée, et sauvée de la mort. Les chiens, comme les hommes, gagnent en gentillesse après avoir touché le fond.

Si j'ai pu transformer ce chien, me disais-je, *je peux tout faire. Même avoir un bébé... et même en étant écrivain.*

Mais j'hésitais, reculant encore devant l'éternel Waterloo des femmes. L'été de mes trente-cinq ans, j'écrivais des histoires de chiens perdus sur des parkings de supermarchés, je pleurais les chiens écrasés, je composais des poèmes sur l'intelligence et l'intuition des chiens.

Un jour, en regardant Bouffonne, je me dis : « Un bébé ne me donnerait pas plus de travail. Et il n'y a qu'à voir ce qu'elle est devenue : le parfait animal domestique. » Ce que je ne savais pas, c'est que l'analogie entre les chiens et les enfants ne dure guère plus d'un an. Après, les enfants deviennent de petits animaux têtus et volontaires, jusqu'à l'âge de douze ans où ils se transforment en bons ou en mauvais génies, selon vos croyances religieuses.

Mais c'est réellement grâce à Buffy Bouffonne Scruffoon, la très distinguée Miss Wouf, que je pus me sentir prête à faire un enfant. J'avais capitulé à ma manière. Une fois qu'on a le cœur habité par un chien, il n'est pas difficile de l'ouvrir à un enfant.

Pouchkine avait été mes béquilles, ma muse, ma protection dans les rues de New York, mon fils, mon amant. Mais quand je l'avais eu, c'était un bébé bichon parfait et en bonne santé, alors que Buffy réclamait d'être aimée pour tous les ennuis qu'elle avait eus. Je savais bien que les ennuis faisaient partie de la maternité, et qu'une femme capable de trop aimer un chien doit pouvoir trop aimer un enfant ou un homme. (Voilà qui me donne une idée de best-seller : *Les Femmes qui courent avec les chiens et qui les aiment trop.*)

Un enfant ! Un enfant ! Nous commençâmes à jouer à saute-diaphragme. À penser à des noms. Nous démarrâmes un potager, achetâmes une Jeep, même si cette voiture familiale n'était pas l'idéal pour une femme enceinte.

Molly fut autant la fille de Buffy que la mienne. Buffy et Jon lui vouaient une dévotion sans bornes. La mienne était plus mitigée. Je sais que les femmes sont censées reproduire l'espèce par parthénogenèse, sans état d'âme. Mais moi, il me fallait la sécurité d'un homme et d'un chien. Pouvais-je dresser Buffy à devenir la Nana de Peter Pan ? C'était un problème crucial. Dans ma tête, je parcourais le Wiltshire, Londres, la Côte-d'Ivoire et les Caraïbes. Dans mon corps, je me préparais à faire un enfant.

J'ai toujours voulu écrire un livre qui stigmatise l'étrangeté de la vie d'écrivain : une vie imaginaire extravagante, enfermée dans un bureau entre les cahiers et les rayonnages d'une bibliothèque, tandis qu'une deuxième, domestique, quotidienne, gravite autour. Je voudrais montrer comment ces deux vies se tissent l'une dans l'autre. Comment est-il possible d'écrire, par un beau matin :

> Ils n'étaient pas plus de cinq Pendards, guidés par un Garçon de dix ans qui bavait et tremblait comme un Simple d'Esprit et ne cessait de crier d'une voix aiguë : « Vile Sorcière ! Elle m'a jeté un sort ! » en montrant d'un doigt crochu chacune de mes Sœurs.
>
> Au centre du cercle, deux Hommes maintenaient sur le sol glacé la belle Pucelle de l'Assemblée, tandis que leurs Compagnons la violaient tour à tour, avec toute la Brutalité dont ils étaient capables ; et moins, semblait-il, pour la Sorte de Plaisir qu'une Bête déraisonnable peut prendre à un Acte de Passion imposé de la sorte, que pour faire Montre de leur Sauvagerie devant leurs Frères en Barbarie. Elle fut violentée peut-être dix ou douze fois ; et alors qu'elle avait commencé par se débattre et gémir, au bout d'un Moment elle parut gésir sans Mouvement, les yeux obstinément tournés vers le Ciel, les lèvres murmurant : « Pitié, Déesse Miséricordieuse, Pitié ! » Sur quoi la Brute qui la tourmentait de son Organe rouge et tout gonflé, s'enflammant à tant de Piété, retira sa hideuse Trique du pauvre Connelet martyrisé (qui ruisselait maintenant de sang noir), pour l'enfoncer violemment dans la bouche de la Pucelle en criant « Ça t'apprendra à prier les Démons », et il plongea si loin son Membre dans le gosier de la Malheureuse qu'elle en devint pourpre et s'étrangla, près de rendre l'Âme, eût-on dit. Après quoi, le Monstre céda la place aux autres qui, un par un, violèrent cette jeune bouche, jusqu'à ce qu'elle saignât aussi atrocement que les tendres lèvres inférieures. Et, alors que je pensais avoir vu le pire et ne pouvais supporter de regarder encore, un des plus laids de ces Coquins, une Fripouille au nez en forme de fraise et aux petits yeux porcins, tirant une lame courbe d'un fourreau, et sourd aux cris piteux de la Pucelle et aux Supplications des autres Sorcières, fit deux entailles en forme de Croix dans le front de la victime, mordant si profond dans la chair que le sang ruissela et rougit tout le visage, et que la pauvre Fille perdit Connaissance et bientôt expira, dans les bras mêmes de son Tortionnaire...

et, juste après, venir s'asseoir à la table familiale ? Eh bien, c'est faisable.

Il arrive parfois que l'cxotisme de l'écriture se nourrisse de la domesticité de la vie quotidienne.

Mais que dire de ces moments où la vie quotidienne semble se mettre à saigner dans le livre, de ces moments où on ne sait plus si on est Erica ou Fanny, si c'est Fanny ou Erica qui est enceinte ?

Ce livre et cette grossesse étaient destinés à se nourrir l'un l'autre, à se grossir et se transformer mutuellement par leur destin.

Sous ma plume, Fanny, la Cendrillon d'une grande famille du Wiltshire, s'était déjà fait violer par son beau-père ; partie « chercher fortune », elle était tombée dans une assemblée de sorcières qui adoraient la Déesse Mère, avait rejoint une bande de voleurs style Robin des Bois qui portait le nom de « Joyeux Compagnons » et avait atterri à Londres où elle gagnait sa vie comme putain dans le bordel de Mère Coxstart, quand le livre fut soudain interrompu par un voyage à Paris à l'occasion de la sortie de mon second roman, *La Planche de salut.*

Jon et moi avions choisi un petit hôtel dans le quartier de Saint-Sulpice. Un soir, alors que nous tombions de sommeil, exténués par le décalage horaire et un léger abus de bon vin, nos corps se cherchèrent et nous fîmes l'amour indéfiniment, dans une sorte de transe.

Après, je restai éveillée pendant qu'il dormait. J'avais le ventre plein de lumière ; on aurait dit qu'une immense planète rouge luisait en moi. Cinq centimètres en dessous de mon nombril battait cette pulsation qui fait que nous nous sentons anneau de Moebius attirant en soi le cosmos.

Le lendemain matin, je me faisais photographier pour un magazine de luxe devant les lions de la fontaine quand ma traductrice me demanda ce qui me donnait un regard si facétieux.

« On a fait un bébé cette nuit, lui répondis-je du tac au tac, même si je n'en étais pas sûre.

— Et votre prochain livre ? dit-elle, me croyant sur parole.

— Quoi, mon prochain livre ? » rétorquai-je de ce ton allègre, totalement euphorique, qui dénote à coup sûr la grossesse.

Hortense Chabrier était une petite rousse qui fumait cigarette sur cigarette et s'était mis dans la tête d'être mon ange gardien littéraire. Elle avait deux enfants, et s'était installée dans un *ménage à trois* fort civilisé avec mon autre traducteur français, Georges Belmont. J'avais connu Georges et Hortense par Henry Miller. Henry et Georges étaient amis depuis les années trente, et Hortense était une brillante directrice de collection qui travaillait chez Robert Laffont. Henry avait découvert *Le Complexe d'Icare* et le leur avait envoyé, pour s'entendre répondre que Laffont avait refusé le livre sous prétexte que « Les Françaises n'ont pas besoin de psychanalystes ». (Probablement parce qu'elles ont les Français.)

Georges et Hortense avaient remis la question du *Complexe d'Icare* sur le tapis, avaient obtenu de traduire le livre et découvert qu'il plaisait autant aux Françaises qu'aux Américaines, et pour les mêmes raisons. Avec tout ça, nous étions devenus très liés.

L'allégresse de mon premier jour de grossesse céda bientôt le pas à la panique.

J'avais tellement fait mienne l'alternative soit/soit des bas-bleus (*soit* le bébé, *soit* le livre) que je fus prise d'épouvantables crises de doute : comment allais-je faire pour réaliser cet exploit d'équilibre entre les deux ?

Heureusement, le bébé, lui, ne connaissait pas le doute, pas plus que Jon, Buffy ou Pouchkine. La nuit, ils dormaient tous entassés sur moi et, dès le matin, je montais au grenier retrouver les aventures de Fanny, qui — curieusement — venait de s'apercevoir qu'elle était enceinte.

L'attente d'un enfant, pour une Femme sans Dot ni Mari et privée, au vrai, de tous Rapports d'Affection, suscite en elle, par-dessus tout, une immense capacité de s'acharner au travail...

Les Dames enceintes qui se languissent à la Campagne tandis que leur Époux s'adonne à la Putain et au Jeu en Ville sont peut-être enclines à la Malédiction de tous les Maux propres au Corps Féminin ; mais celles qui doivent travailler pour gagner le pain de leur bouche sont, au vrai, bien trop affairées pour souffrir de Pâmoison ou d'Humeur Noire, de Léthargie ou de Migraines, de Sciatique ou de Nausées. L'Oisiveté est elle-même mère de Mélancolie ; mais un bon Travail bien dur guérit toutes ces Maladies mieux que le plus dispendieux des Médecins.

Et mon Travail était dur — dur pour le Corps et encore plus pour l'Esprit ; car ce n'est pas Facilité que d'être mise au Lit avec des Messieurs pour lesquels on n'éprouve rien que Phobie et Répulsion. Imagine-toi jeune Fille, encore amoureuse de l'Amour, et forcée de folâtrer entre deux Draps avec des Vieillards Cadavériques, des Acteurs aux jambes torses, des Libraires grêlés de Petite Vérole et de Jeunes Apprentis Marchands aux joues adolescentes encore couvertes de pustules.

Fanny devint la dépositaire de tous les sentiments liés à la grossesse — terreur, confiance, bonheur — que je transcrivis dans la langue du XVIIIe siècle.

J'envisageai de faire avorter mon héroïne mais ne pus m'y résoudre. Fanny alla voir une apothicaire hors la loi, Mrs. Skynner, avec l'idée de se débarrasser du bébé, mais elle n'eut pas le courage de passer à l'acte. Je me demandais comment j'arriverais jamais à gagner ma vie si je ne finissais pas ce livre. Fanny, elle, intriguait pour se faire entretenir, à l'insu de son client qui s'avérait être son propre beau-père, le père de son enfant. Mon enfant à moi dormait à l'abri du danger dans son couffin de rotin blanc, tandis que celui de Fanny se faisait kidnapper par une méchante nourrice ; Fanny devait partir en mer pour le sauver. Tous les tumultes habitant une jeune mère devenaient une péripétie du roman. Ainsi font les écrivains pour créer des livres de chair.

« Je vais à la boutique de diététique. Tu viens ? » vous demande votre compagnon. Il vous extirpe d'une rue londonienne grouillante de monde, aux caniveaux pleins d'eaux sales, de têtes de poissons, de fruits pourrissants et d'animaux morts. « J'arrive ! » Et vous ajoutez encore quelques poissons pourris et quelques chats morts dans le XVIIIe siècle avant de sortir en vitesse acheter de la purée de haricots dans le XXe.

Une sorte de vie, disait Graham Greene. Et jusqu'à présent, personne n'a trouvé mieux comme expression. Mais c'est aussi une vie plus riche que la moyenne, parce qu'elle se déroule en deux endroits, dans deux siècles, deux espaces-temps à la fois.

Imaginez-vous enjambant le cosmos, agrippé à la queue des comètes, avec la conviction que le temps n'existe pas. Voilà ce qu'est la vie de l'écrivain. C'est la plus pure connexion à l'univers que puisse connaître un mortel. C'est aussi une sorte de prière.

Un roman réunissant ces vies menées à deux niveaux, et dans lequel ce serait en fin de compte le livre en gestation qui déterminerait la vie qui en émerge, aurait tout pour être palpitant, à condition d'être écrit en partant du niveau le plus profond. Mais la plupart des écrivains bradent littéralement le contraste entre rêve et réalité. De nombreux livres démarrent dans la « réalité », traversent le miroir pour s'aventurer dans le monde fantastique, et reviennent enfin à la « réalité ». Le « monde réel » est généralement utilisé comme cadre, ou comme rampe de lancement. Parfois, les personnages rapportent du monde onirique des objets ordinaires, histoire de prouver d'où ils reviennent : les chaussures des Douze Princesses ont le cuir tout usé, et dans *Le Retour de Mary Poppins,* une écharpe d'enfant a été oubliée dans l'assiette Royal Doulton. Comme notre vie quotidienne est faite pour moitié de rêve et de veille, les histoires que nous inventons reflètent naturellement notre confusion entre les deux. Peut-être, endormis quelque part, veillonsnous autre part ? Peut-être une personnalité apparemment cohérente résulte-t-elle de la fusion de deux vies opposées ? Si ces questions nous fascinent, c'est parce que nos vies sont à jamais clivées entre fantasme et réalité. Un écrivain est simplement quelqu'un qui exploite cette fissure et en extrait le compost qui nourrira ses histoires.

Jamais je n'avais été aussi heureuse que pendant ma grossesse. J'étais une devenant deux, ou deux ne faisant qu'une. J'étais d'humeur égale. Je me sentais radieuse, porteuse d'une finalité, débordante de vie. Et j'écrivais sans les doutes qui m'avaient paralysée par le passé. J'avais parfaitement réussi l'intégration entre mon esprit et mon corps. Ma muse était en moi, elle me rassemblait. Mon esprit pouvait vagabonder. Mon corps savait ce qu'il avait à faire sans que je m'en mêle.

Et c'était ce que je trouvais de plus curieux dans ma grossesse : je n'avais plus besoin de surveiller. Je pouvais lever le pied. Une instance supérieure prenait soin de tout. Quelle bénédiction, pour quelqu'un qui se croyait toujours obligé de tout contrôler !

J'étais enceinte de trois mois lorsque j'épousai Jon en secret dans notre maison du Connecticut. Nous n'avions rien dit ni à nos parents, ni à nos amis, ni à la presse, parce que j'avais écrit dans *Vogue* que je ne croyais pas au mariage, et il m'était impossible de me désavouer. Mais aussi parce que je trouvais ma vie trop publique. Je voulais retrouver le pouvoir que confère l'intimité.

Pendant des mois, Howard et Bette nous pressèrent d'allusions pour que nous nous passions la bague au doigt. Mes parents jouèrent les indifférents. Juste avant la naissance, nous eûmes pitié d'eux et annonçâmes aux quatre futurs grands-parents que le bébé arrivait en toute légalité.

Moi qui avais tant redouté la grossesse, je m'étonnais de m'en délecter. Moi qui avais dénoncé le mariage, je m'étonnais d'être si heureuse. Je ne me serais jamais crue capable d'une telle sérénité.

Peut-être venait-elle du bébé, cette sérénité ? La grossesse était une transformation si magique que je comprenais pourquoi ma sœur aînée avait eu six enfants, ma mère trois et ma plus jeune sœur deux. Dans la famille, on est mère dans l'âme. Je suis l'aberration.

La grossesse se déroulait si bien que tout le monde, de mon obstétricien à la personne qui me faisait les séances de préparation à l'accouchement sans douleur, tomba d'accord : « Ce bébé va sortir comme un diable hors de sa boîte. »

Séances de yoga au sixième mois et flexions en avant au septième avaient persuadé le monde entier (Jon et notre professeur de yoga commun) que l'expulsion se ferait facilement. Une tournée de promotion au sixième mois acheva de me convaincre. Parmi les personnes qui m'interviewaient, une seule osa me demander si sous ma robe, je cachais un bébé en préparation.

« Vous êtes le premier à me poser la question, lui répondis-je. Les autres ont dû simplement me trouver grosse. »

Je débordai d'énergie jusqu'au huitième mois, et même alors, avec mon ventre gros comme un œuf de dinosaure, je me trouvais superbe. Poussée par le narcissisme de la grossesse, je posais pour des photos qui mettaient mon ventre en valeur. Demi Moore devait être encore au lycée, et en 1978 personne n'aurait publié ça en couverture de magazine, mais moi j'aurais bien aimé, si ç'avait été possible. Dès que j'en avais l'occasion, je portais des robes transparentes qui laissaient voir mon ventre.

Je me souviens qu'à un cocktail, Jerzy Kosinski l'avait caressé en disant : « Je donnerais tout pour connaître ça. »

Mais le bébé ne sortit pas « comme un diable hors de sa boîte ». Molly, attendue le 1er août, ne commença à se remuer que le 18, après m'avoir bien écrasé la vessie. J'étais à la bibliothèque Pequot en train de lire un livre du XVIIIe siècle sur les *masques* et les *ridottos* quand tout d'un coup, ce fut l'inondation. Très calme, je rendis les livres et rentrai chez moi en voiture.

Avec Jon, j'appelai le médecin et attendis le début des contractions.

Rien.

J'allai dans la cuisine me préparer un énorme sandwich au steak et aux tomates du jardin. Dès que j'eus avalé le tout, les contractions commencèrent.

Beaucoup plus gênants que les contractions, les futurs grands-parents se mirent à nous téléphoner toutes les cinq minutes. Howard voulait à toute force nous faire partir pour l'hôpital. Bon sang, c'était le rejeton de son rejeton, tout de même ! Plutôt que de déclencher une dispute, nous nous mîmes en route. J'avais appelé la personne qui m'avait préparée à l'accouchement sans douleur ; je mis *Immaculée déception* et *Feuilles d'herbe* dans ma valise. J'étais bien décidée à laisser faire la nature — expression vague s'il en est...

Comme toutes les autres étapes de ma vie, j'allais traverser celle de l'accouchement dans une époque hautement politisée, qui considérait l'anesthésie comme complètement dépassée et antiféministe. Seules les grandes douillettes se faisaient faire des péridurales. Quand on était Amazone femme-mère, on n'allait tout de même pas avoir recours à la chimie ! On préféra me laisser en travail pendant neuf heures, à souffrir atrocement jusqu'à ce que mes forces m'abandonnent ; et lorsque le médecin parla de césarienne, je m'insurgeai, citant des textes féministes. Seul le ralentissement cardiaque du bébé me fit changer d'avis.

À ma place, Fanny serait morte. Le bébé aurait été marqué à vie par les forceps, démembré, ou mort-né. Planant grâce au Demerol dans un rêve du XVIIIe siècle, je ne pouvais pas savoir qu'une excroissance sur mon coccyx, que je m'étais cassé en tombant de cheval, empêchait mon bébé de venir au monde et que la césarienne était la seule solution.

« Ne me tuez pas, j'en suis à la moitié du meilleur

livre de ma carrière ! » criai-je à David Weinstein, mon obstétricien chéri, quand nous nous retrouvâmes coincés dans l'ascenseur qui nous emmenait à la salle d'opération. Un technicien de maintenance angélique en combinaison vert sauterelle (et aux ailes invisibles) vint nous délivrer, et nous sortîmes en trombe de l'ascenseur, le médecin poussant le chariot sur lequel je poussais des hurlements.

Jon ne fut pas admis dans la salle d'opération. C'est tout juste si je le fus moi-même. Nous étions dans l'antre sacré des médecins. On me fit une péridurale et mes jambes ne répondirent plus. Je sentis qu'on m'ouvrait, mais sans douleur.

On brandit une forme sanguinolente sous mon nez.

« C'est le placenta ?

— Non, c'est votre fille », dit David en déposant dans mes bras le petit être couvert d'un sang couleur minerai de fer. Elle était sommairement enveloppée dans une couverture rose et battait ses petites paupières collées par le sang. Ses yeux bleu sous-marin rencontrèrent les miens.

« Bienvenue, petite inconnue », lui dis-je. Mes larmes lui lavaient le visage.

Née d'une envie soudaine entre deux amants liés par le destin, sur un nuage de pollution planant au-dessus d'un canyon de Californie, elle avait fait tout ce chemin pour arriver jusqu'à nous, voyageuse patiente aux pieds venus à nous sans toucher terre (comme le dit Colette de sa propre fille). Elle était mienne et non mienne à la fois. Je n'avais jamais rien vu d'aussi beau qu'elle, ni d'aussi terrifiant. Dieu — ou alors l'otage de Dieu — était tombé dans ma vie, revêtant les traits de Molly. À partir de ce moment, ma vie ne m'appartiendrait plus entièrement.

Exténuée, exaltée, j'attendis qu'on me l'apporte dans ma chambre. On me livra dans une boîte de plexiglas un bébé entièrement lavé, avec les mêmes yeux sombres et la touffe de cheveux rouquins rassemblés par un nœud rose ; on aurait dit un cadeau de la Saint-Valentin. Je la mis au sein en me demandant si je m'y prenais comme il fallait, et c'était parti. Elle se mit à téter. Je ne pouvais détacher mes yeux d'elle, craignant sans doute qu'elle soit une apparition vouée à disparaître aussi vite qu'elle était venue.

Puis je m'effondrai. Après une journée — ou peut-être une nuit — d'un sommeil artificiel, je m'éveillai et retrouvai le petit visage rose aux yeux sombres et au toupet auburn. Quel était notre destin ? De quel miracle était-elle née ? Comment un tel miracle pouvait-il être à la fois si ordinaire et si extraordinaire ? La naissance de Molly fit une croyante de l'agnostique que j'étais.

> Ô le Miracle qu'est l'Enfant nouveau-né ! Arraché au Néant, à peine en Vie durant neuf Mois, il n'en surgit pas moins au Jour doigts et orteils entièrement formés, lèvres tendres comme des pétales de rose, yeux aussi insondablement bleus (et aussi aveugles, ou peu s'en faut) que la Mer, et langue plus rose que l'intérieur d'un coquillage — le tout gigotant et se tortillant tel un ver dans le sol détrempé d'un jardin printanier.
>
> Près de trois mois ont passé depuis que je te contemplai pour la première fois, ma Belinda ; mais jamais je n'oublierai ce que je ressentis alors que mes yeux embués se faisaient fête de ton petit visage frais éclos. Les Souffrances de la Gésine peuvent s'estomper (ah, elles ne s'en font pas faute) mais la Merveille de ce Miracle — le plus commun de tous — qu'est l'apparition du Nouveau-Né est un Conte dit et redit partout et tant que survivra la Gent féminine.

Voilà ce que j'écrivis au nom de Fanny alors que l'expérience était encore nouvelle et fraîche dans mon esprit.

Je gardai tous mes petits bouts de papier de l'hôpital (la liste de noms que j'avais griffonnés à la hâte), toutes les photos (y compris l'échographie à dix semaines), les deux bracelets d'identification, le sien et le mien. De tous ces souvenirs je lui fis des livres — des livres pour quand elle était bébé, des livres pour ses anniversaires de petite fille, et un livre spécial pour son entrée dans l'adolescence à treize ans. J'étais écrivain avant d'être mère, et celle-là avait plus d'expérience que celle-ci. La maternité fait partie des acquis. On l'apprend à genoux. Après, se faire écrivain de la maternité est un jeu d'enfant.

Nous ramenâmes Molly à la maison ; au début, mes bébés canins ne furent pas ravis d'avoir une petite sœur. Buffy grondait chaque fois que je donnais le sein ; quant à Pouchkine, il déposait des étrons scandalisés aux quatre coins de la maison.

Une nourrice épouvantable débarqua, envoyée par une agence de Greenwich ; elle s'employa aussitôt à nous montrer ses meilleurs talents de nourrice, qui consistaient à donner aux parents le sentiment d'être des idiots. Bien que n'étant que nourrice sèche, elle mangeait pour deux. Elle enfermait Molly dans sa chambre et me l'apportait toutes les deux ou trois heures pour me balancer le grand classique du genre : « M'ame Fast, votre lait n'est pas assez riche. »

Lorsque arrivait son jour de congé, je mettais le berceau à côté de mon lit et passais la journée et la nuit penchée au-dessus de la petite à gazouiller goulûment, quand je n'étais pas en train de la nourrir ou de la photographier comme une folle. Elle captait mon attention comme l'aurait fait une constellation embrasée. Ses yeux m'ensorcelaient. À son premier sourire, je me mis à valser dans la pièce avec Jon, Molly entre nous deux. Nous étions fous d'elle ; nous étions les premiers parents de l'histoire de l'humanité.

Mais d'un autre côté, je tenais absolument à terminer mon roman dans les temps. Tous les matins, je grimpais d'un pas ferme dans mon bureau installé au deuxième étage, bien décidée à respecter les délais. Les éditeurs m'avaient versé des sommes inhabituelles pour une femme. Si je dépassais la date fixée, ils me reprendraient tout. Jamais je n'eus l'idée de m'accorder un jour de vacances. Je triplai ma charge de travail et accélérai le rythme. Je nourrissais mon bébé la nuit et mon livre le jour. Ma production de pages augmenta au lieu de diminuer. Peut-être avais-je peur de voir mon talent se dissoudre dans la maternité. Tous les jours, je vérifiais cette hypothèse.

Comme les autres femmes de la génération coup-du-lapin, j'avais trop à prouver : à moi-même, à ma mère et à tous les hommes qui prétendaient que c'était infaisable. Je voulais démontrer à ma mère qu'elle avait tort, et que rien n'était impossible aux femmes. Ma plaisanterie favorite était devenue : « Nous avons gagné le droit d'être perpétuellement éreintées. »

Mais ce droit-là n'était-il pas préférable à l'interdiction de publier ?

Regretterais-je par hasard l'énergie qui me poussait ? Mais comment avoir de tels regrets ? Je répondais de ma vie. Le droit des femmes à donner la vie tout en créant dans un domaine artistique n'était encore acquis nulle part. À bien des égards, il ne l'est toujours pas.

L'idée d'un « congé parental » ne me vint jamais à l'esprit. Moi qui avais à la fois la chance insigne d'être femme et le droit de travailler, je n'allais tout de même pas faire chavirer la barque. C'eût été le meilleur moyen de me faire jeter par-dessus bord sans une parole d'excuse.

Quand Molly put rester dans un couffin, il m'arrivait de la monter dans mon bureau où elle dormait par terre pendant que j'écrivais. Mais bientôt, elle fut trop grande et trop affamée pour ça. À La Leche, on oublie de vous dire qu'un bébé qui grandit réclame le sein toutes les heures. Molly essayait de s'asseoir, de regarder autour d'elle, d'attraper des objets, de monologuer. La nourrice s'en alla et fut remplacée par Lula, la nanny entre toutes les nannies.

Lula avait eu la cuisse légère ; elle avait péché et aimé beaucoup de pécheurs avant de se tourner vers le Christ. Mais, lorsque je fis sa connaissance, elle était devenue très pratiquante ; elle craignait Dieu et révérait son pasteur (elle me fit écouter les cassettes qu'il distribuait à ses paroissiens). Elle avait une passion pour les pâtés aux patates douces, les pieds de porc, les choux de Bruxelles et les bébés. Elle chantait pour Molly, la berçait, l'enduisait de vaseline pour l'empêcher de s'enrhumer (le rhume n'aime pas la graisse, disait-elle), et l'emmenait à l'église à Harlem « pour que Dieu la bénisse ». Quand ma mère l'apprit, elle ne trouva pas ça drôle du tout. Mais moi, je me disais qu'une bénédiction n'était jamais de trop.

« Ce bébé, il bat des mains et il prie Jésus, disait Lula. Ce bébé-là, il crie "Alléluia".

— Je sais, je sais, Lula. Mais ma mère se fait du souci.

— Et pourquoi qu'elle se fait du souci ?

— Elle n'a jamais besoin de rien.

— Vous autres Juifs, vous êtes fous, concluait Lula.

— Vous l'avez dit ! »

Lula renvoyait les maux de tête « au fond du puits », soignait les rhumes au jus de citron et au Vick, et faisait grimper les livres en tête de liste grâce à ses prières. C'était une déesse lare à tout faire, et mieux valait se garer sur son passage. Avec Lula dans la maison, on n'avait jamais peur. Ce que Vick n'arrivait pas à soigner, Jésus s'en chargerait.

Avec l'arrivée de Lula, je pus finir mon roman. À sa publication, Molly avait déjà deux ans.

L'un des avantages, lorsqu'on écrit un roman du XVIIIe au moment d'un accouchement, c'est la gratitude qu'on ressent pour le simple fait d'être en vie. Avec un passé obstétrical comme le mien, à la place de Fanny je serais morte, et Molly aussi. Malgré tout ce que la science a pu faire pour détruire le monde, il faut lui reconnaître le mérite d'avoir sauvé la vie des femmes et de leurs enfants. Si on la laisse faire, la nature n'est guère tendre avec nous. De nos jours, on survit à la parturition et on se trouve confrontée au dilemme de la cinquantaine. Mary Wollstonecraft n'a jamais pu connaître cela.

Réclamant une vie de plus en plus longue, nous apprécions rarement nos acquis. J'ai beaucoup d'amies qui sont devenues mères à la quarantaine passée et qui ont eu des enfants beaux et intelligents. Nous avons repoussé les limites de la vie, et pourtant nous avons le culot de pester contre l'âge.

Quelle sacrée ingratitude ! Mais il faut dire aussi que nous autres, enfants du baby-boom, sommes sacrément ingrats. Comme personne ne nous a fixé de limites, nous excellons dans le gaspillage et les récriminations, mais nous sommes moins doués pour la gratitude. Et lorsque nous découvrons que la vie elle-même a ses limites, nous nous laissons aller à une colère dévastatrice avant d'apprendre combien il est important d'accepter. Nous sommes les gosses d'Alcooliques anonymes, la génération-qualification. Nous avons besoin de nous faire précipiter plusieurs fois tout au fond, pour comprendre enfin que la vie n'est faite que d'acceptation. Et si le fond ne monte pas à notre rencontre, nous plongeons toujours plus bas, entraînant à notre suite les êtres qui nous sont chers.

Seuls quelques élus remontent à la surface.

CHAPITRE X

Divorce et après-divorce

Tout change, hormis le cœur humain, disent les vieux sages, mais ils se trompent.

Denis DE ROUGEMONT, *L'Amour et l'Occident*.

DIVORCE ET APRÈS-DIVORCE

Voici un chapitre que je n'ai pas envie d'écrire. Mais je ne peux pas en faire l'économie dans un livre qui s'appelle *La Peur de l'âge,* parce que pour ma génération, le divorce est la cérémonie d'entrée dans la majorité, la scarification rituelle après laquelle tout semble supportable.

Il a forcément un rapport avec notre durée de vie. Toutes ces femmes qui mouraient en couches n'avaient pas l'occasion de changer de mari ; quant aux hommes, quand ils ne mouraient pas de petite vérole, de fièvre, de la goutte, d'un naufrage en mer ou d'un naufrage dans le rhum, ils se mariaient et se remariaient sans verser une larme de remords ni un sou de pension alimentaire.

Nous nous marions comme si notre vie devait ressembler à celle de ces femmes, mais arrivées à trente, quarante ou cinquante ans, âge auquel elles seraient déjà mortes, nous découvrons que nous avons changé. Nos valeurs sont différentes : nos plaisirs semblent plus doux, nos peines plus vives, mais aussi moins névrotiques. Nous avons besoin d'une autre vie, d'un autre amour. Notre durée de vie dépasse celle de nos compagnons tout comme, au XVIIIe siècle, les gens dépassaient la date d'expiration de la concession familiale au cimetière. Il n'était pas prévu que nous allions vivre aussi longtemps.

À trente-huit ans, après avoir fait un bébé et un

nouveau best-seller, après avoir accouché de la femme du XVIIIe siècle que je portais en moi, j'avais l'impression que rien ne pouvait me résister. À trente-deux ans, Jon avait une carrière encore incertaine et se sentait détrôné par le bébé.

« Je suis toujours le numéro trois, dans cette maison, disait-il. D'abord le bébé, ensuite le livre, et moi, alors ? Où est ma place ? »

Et c'est vrai. Il ne pouvait ni nourrir le bébé ni faire vivre la famille. Il ne publiait pas de best-sellers. J'ai dû le mépriser d'être si inutile, oui, mais il a abondé dans mon sens. Nous traversions une période où il aurait fallu que je prenne soin de lui, que je le rassure ; mais j'avais un nourrisson et un délai de remise de mon manuscrit et, malgré mes airs crânes, je ne pouvais pas être partout à la fois. Nous étions tous les deux tellement décontenancés par les exigences du bébé qu'il nous restait peu de temps pour nous aider mutuellement. C'est ainsi que nous commençâmes à nous faire du mal, comme tous les gens désespérés ; nous nous sentions accablés, incompris, abandonnés.

Plus que jamais nous avions une raison d'être ensemble ; plus que jamais nous nous éloignions l'un de l'autre. Molly avait à peine trois ans que, déjà, nous avions accumulé l'un contre l'autre assez de griefs pour camper chacun sur ses positions. De tout cela, le bébé n'était qu'un spectateur innocent.

Moi qui avais été fière de faire bouillir la marmite, soudain je n'appréciais plus du tout. Les pressions étaient trop fortes. Jon, qui avait été fier de jouer un grand rôle à la maison, se sentait tout d'un coup dépossédé de sa virilité — du moins est-ce l'impression qu'il donnait parfois. Un bébé vous renvoie en pleine figure tous les rôles parentaux qu'il vous reste de votre enfance. J'avais envie qu'on « s'occupe de moi » — même si cette notion restait à définir. Jon avait envie d'être « libre » de ficher le camp.

À la soirée mexicaine que je donnai pour mon trente-huitième anniversaire (Molly avait un an), j'étais si tendue, si épuisée, que je jouai à la roulette russe avec ma vie. Je bus des dizaines de margaritas ; je titubais déjà lorsqu'un « ami » me fit cadeau de « petites pilules bleues ». J'en pris deux et m'évanouis instantanément.

Je ne peux reconstituer la suite que d'après ce qu'on m'a raconté.

Mon pouls chuta et je commençai à me refroidir. On m'immobilisa par terre dans la salle de bains, puis sur le lit. Un ami médecin me fit marcher et me donna du café et de la vitamine C. Je vomis, repris du café, vomis à nouveau. Nuit de rêves entortillés, images du Sahara dans ma gorge.

Lorsque je m'éveillai enfin, le lendemain matin, les invités étaient partis. J'étais humiliée, et malade. J'avais raté mon propre anniversaire. La fin du monde se dressait devant moi, telle une rangée de bouteilles de tequila vides. Ma honte était immense.

Contre toute attente, le bébé allait bien. Tout d'un coup, en pensant à ce qui aurait pu lui arriver, je fus prise de panique. J'étais plus mal partie que je ne le croyais. La joie de brûler la vie par les deux bouts cédait devant l'épuisement. Car j'étais littéralement épuisée. Ce qui m'avait précipitée dans cet abîme, c'était le stress de vouloir donner à chacun — la petite, Jon, moi-même — selon ses besoins. Et mon besoin de dépendance s'imposa en force, réclamant sa drogue. Il peut se tourner avec un égal enthousiasme vers la nourriture, vers l'alcool ou vers le travail. Et au moment précis où je commence à comprendre ce qui se passe, il change de cap.

Cette dépendance-là fait aussi partie du chapitre que je n'ai pas envie d'écrire, et pas seulement parce que tant d'autres l'ont déjà fait, en se vantant d'avoir trouvé « La réponse ». Ces prédécesseurs m'ont appris à respecter le pouvoir de ne pas tout mettre en mots. L'âme ne peut écouter que dans le silence. On ne peut pas se confronter à soi-même en public. Et le jour où on annonce sa guérison, on peut être sûr de rechuter. Un vieux dicton de sorcière dit : « Pouvoir partagé, pouvoir perdu. » Il est particulièrement percutant en matière de dépendance.

Le besoin de drogue est le mal de notre époque. Rusé, puissant, il découle de notre soif spirituelle chronique ; s'il prospère, c'est parce que nous privilégions les possessions et la dépense, ou les derniers ragots du monde extérieur, alors que la réponse à nos besoins se trouve à l'intérieur de nous. Si nous nous intéressons tant à l'opinion des autres, c'est pour nous détourner des exigences de notre esprit. Notre dépendance se nourrit de ce que nous étouffons en permanence notre vie intérieure. Si nous ne croyons pas au spirituel, c'est parce que nous ne lui avons pas fait la place qu'il mérite dans notre vie. Et ce truisme se vérifie de lui-même.

Mais également, nous faisons trop peu de place au plaisir dans le mariage. Le résultat est que nous fuyons le mariage, à la recherche de nous-mêmes. Nous croyons avoir perdu notre âme. Et nous l'avons perdue, en effet. Mais nous pourrions sans doute la retrouver ensemble, si seulement nous savions comment.

Le regret est la pilule la plus amère à avaler. Je ne m'étonne pas que Dante en ait fait le châtiment suprême de l'enfer. Aujourd'hui, mon regret est de n'avoir pas su faire en sorte que ce mariage réussisse, même si c'était au-dessus de mes forces.

L'été des trois ans de Molly, je fuis en Europe pour échapper à Jon, en espérant qu'il m'y rejoindrait. Je me réfugiai en Mayenne, dans la maison de campagne de mon traducteur. Mais Jon ne vint pas. Il préféra vivre sa propre odyssée, qui l'emmena vers l'Ouest. Nous eûmes des mots amers au téléphone, entre la Mayenne et San Francisco. Un jour, sous le coup de la colère, mes paroles dépassèrent ma pensée : « Fous le camp ! » lui criai-je.

Il s'exécuta. En rentrant, je trouvai les décombres d'un foyer brisé. Jon déménageait.

J'avais repris mes esprits ; je voulus le retenir.

Mais il resta sourd à mes prières. Il ne demandait qu'à se faire flanquer à la porte : ça lui donnait la permission d'être « libre ». Pratiquement depuis la naissance de Molly, il était profondément déprimé. Il se sentait abandonné, il avait perdu sa place et manquait d'amour. Bien sûr, aujourd'hui je m'en rends tout à fait compte. Mais à l'époque, j'avais sur les épaules une charge beaucoup trop lourde. Il ne fallait pas attendre trop de compréhension de ma part, sauf envers Molly (et *Fanny*) : je n'en avais déjà pas assez envers moi-même.

La vie continua ainsi quelques mois. Jon revenait à la maison, repartait, revenait, repartait ; pendant ce temps, il accumulait les rancœurs et rencontrait sa nouvelle femme.

Nous avions tué la confiance qui régnait entre nous. Après, tout devint impossible.

L'aspect légal du divorce fut réglé beaucoup trop vite. Je ne demandais rien. Il ne demandait rien. Nous nous séparâmes comme si nous n'avions pas d'enfant, si bien qu'aujourd'hui, tout n'est pas terminé entre nous. Et ce problème, Molly en hérite.

Que se passe-t-il lorsque votre partenaire et meilleur ami devient votre ennemi ? Vous hurlez au téléphone, vous raccrochez en pleine nuit, vous vous jetez sous les voitures, à la tête des hommes, dans l'alcool, vous engagez des poursuites, vous en faites l'objet, vous gaspillez votre argent... et votre fureur.

Tout cela est inévitable, aussi dérisoire que cela paraisse en fin de compte. Ce n'est pas comme de mettre un enfant au monde car, au bout, il n'y a que le néant. Mais c'est comme la guerre : on est content d'en sortir vivant.

Comment ai-je pu supporter cette souffrance amère et aveugle, je ne sais pas. Je l'ai traversée en trébuchant, avec un mal de tête lancinant.

Je me souviens d'avoir enseigné à la Breadloaf Writers' Conference, d'avoir été invitée à un séjour d'écriture à la Fondation Robert Frost, dans son ancienne ferme de bardeaux blancs, et de n'avoir ressenti que du désespoir. Je me traînais aux cours, laissant Molly à la garde d'une jeune Anglaise au pair, en compagnie du fantôme de Frost. Je me traînais pour rentrer le soir. J'avais envie de chercher refuge dans l'alcool et, de ce côté-là, je ne pouvais pas mieux tomber : à Breadloaf, à l'époque, on pouvait s'inscrire en maîtrise d'alcoolisme. Aux réunions de professeurs, on ne parlait que de la façon de marquer ses bouteilles. La région tout entière avait besoin d'une cure de désintoxication. Même les arbres avaient le cerveau imbibé. Ils se pliaient en deux et oscillaient du chef. Les érables rougissaient de honte. Il y avait de l'alcool sur les fauteuils Adirondack, de l'alcool dans la grange, de l'alcool dans la salle des profs. Au crépuscule, le ciel était zébré d'alcool. On suivait un cycle préétabli : d'abord de l'alcool — jusqu'à perdre conscience, comme le disait mon père à propos des musiciens des années trente —, puis du sommeil, et enfin du café pour émerger. Faire barrage à tout prix aux idées noires. Mais que reste-t-il à la fin ? La perte de conscience.

J'appelais Jon de toutes les cabines téléphoniques du Vermont, espérant obtenir une commutation de ma peine, mais je ne vis rien venir. J'avais les yeux rouges à force de pleurer. Et je pleurai un peu plus encore.

La plupart des résidents de Breadloaf étaient venus pour échapper à leur conjoint. Moi, je voulais retrouver le mien. On dérivait, comme toujours, dans l'ébriété, dans des lits qu'on partageait au nom de la Littérature, dans l'habituel chaos camouflé sous des airs de lubricité.

Les journalistes de *Time* étaient tapis dans l'ombre ; ils préparaient un article de couverture sur John Irving, qui était sur le point de publier la suite de *Garp*. John Gardner paradait allègrement sur la moto qui le tuerait bientôt. Hilma et Meg Wolitzer, ce talentueux duo mère-fille, m'entourèrent toutes deux, dans mon chagrin débordant, d'une gentillesse indéfectible.

Un bruit m'arriva aux oreilles, selon lequel *Time* allait faire une rubrique « ragots » sur l'effondrement de mon mariage. Je passai un savon à l'un des journalistes, confirmant ainsi la rumeur.

Je démarrai un flirt innocent avec un sympathique écrivain marié. Un soir, nous nous retrouvâmes dans une auberge ; il fut impotent, nous fûmes soulagés. Il pensait à sa femme, qui au même moment rejoignait le Vermont à toute allure pour le rattraper. Je pensais à Jon, qui ne faisait rien de tel.

Pour pouvoir me toucher, il devait sans cesse passer le bras par-dessus le fantôme de sa femme. Pour le toucher, il fallait que je passe par-dessus le spectre de Jon. Au bout d'un moment, nous renonçâmes à nos tentatives avortées ; nous nous étions au moins donné un gage de séduction mutuelle. Nous devînmes amis.

Le sexe reste un dilemme. Malgré tout le besoin que nous en avons, nous ne pouvons pas faire l'amour sans sentiments. Il faut toujours qu'ils viennent se mettre en travers du chemin, ces fichus sentiments.

Après Breadloaf, ce fut pire.

Cette maison vide, c'était épouvantable.

Je me retrouvais célibataire à trente-neuf ans, mais cette fois-ci avec un enfant, et obligée de m'adapter à des situations totalement nouvelles. Les rendez-vous amoureux obéissaient à des codes différents. Le monde du sexe avait de nouveau changé. Visiblement, la dernière mode était de baiser avec le premier venu et de trouver ça tout naturel.

Célibataire à dix-sept ans, j'avais voulu me fixer et m'interdire toute distraction sexuelle. Célibataire à vingt-deux ans, j'avais connu une ou deux années de liberté, puis, prise de panique, j'avais épousé Allan. À trente ans, je passais de ce mariage directement dans l'aventure romantique suivante, avec Jon. Mais maintenant, à trente-neuf ans, j'étais libre de vivre mes fantasmes si je le voulais. Et pourtant, tout d'un coup, cette perspective n'avait plus rien d'alléchant. Il n'y a que les gens mariés pour croire que la solution réside dans les fantasmes.

À Greenwich, j'avais une amie mariée qui était la grande prêtresse de l'adultère. L'exemple typique de la femme du Sud montée s'installer dans le Nord. Son mari était un chirurgien glacial qui pratiquait une médecine sportive dans le vent. Il n'était jamais chez lui. Elle, on aurait dit qu'elle était tout le temps chez elle. Qu'elle passait ses journées à patiner des meubles, à raccommoder des édredons anciens, à s'adonner à ses talents de décoratrice, style Martha Stewart : la femme qui gagnait sa liberté en glorifiant l'esclavage du foyer.

En réalité, plusieurs jours par semaine, de onze heures à quatre heures, la femme du chirurgien prenait une chambre dans un hôtel de Stamford avec un assortiment d'amants deux fois plus jeunes qu'elle. Elle n'avait pas sa pareille pour se bichonner un adultère bien propre et bien à part, chose indispensable pour qui en fait son style de vie. Elle était blonde, mais elle mettait une perruque poivre et sel pour se rendre à Stamford. Elle apportait son propre champagne millésimé. Caviar beluga, pumpernickel fait maison, câpres préparées maison, échalotes et oignons du jardin, émincés. Les serviettes de table étaient en lin, les fleurs fraîchement cueillies. Ms Stewart aurait approuvé.

La personne en question s'était constitué un fichier à l'intention de ses amies récemment veuves ou divorcées. Elle attribuait des notes de 0 à 10 pour les performances au lit, qu'elle avait codées par la première lettre du terme qu'elle employait pour les désigner : « C », « B », « E » et « M », pour *cunnilingus, baise, étreinte* et *massage du dos.*

Voilà qui vous donne une idée de ses priorités.

Elle m'envoya sept CV avec photo (du visage), accompagnés d'une description précise de l'homme et de son corps, et de la recommandation de ne jamais le recevoir chez soi. Les capotes étaient conseillées, mais (on était en 1982) encore facultatives.

Deux de ces types me dépannèrent pendant quelques mois. L'un était chauffeur de poids lourd et l'autre disc-jockey. Dans *Les Parachutes d'Icare,* je lui donne un surnom porno, histoire, comme d'habitude, de tourner ma douleur en dérision. Mais j'eus du mal à me débarrasser de l'un comme de l'autre.

Les hommes ont beau jeu de prétendre qu'ils veulent une relation purement physique. Qu'une femme s'avise de leur donner ce qu'ils demandent, sans plus, et elle s'aperçoit vite qu'ils attendent davantage. Possession. Mariage. Communauté de biens.

Si c'est nous qui recherchons une relation physique et qui refusons de laisser notre numéro de téléphone, ils prennent la mouche et ils s'accrochent à nos basques. Parfois même, ils sombrent dans le désespoir.

Une raison de plus qui fait que cela ne peut pas marcher entre les hommes et les femmes : le pouvoir. Une femme qui veut s'en tenir à une relation purement physique détient tout le pouvoir, et la plupart des hommes préfèrent débander plutôt que de se laisser dominer par une femme qui leur rappelle trop maman. Les hommes faisant exception à la règle s'avèrent souvent totalement dépendants et quasi incapables de se moucher tout seuls. On finit par les envoyer se faire voir ailleurs parce qu'ils donnent encore plus de travail qu'un enfant. Ou qu'un chien.

Lorsqu'il s'agit de jouer un rôle, c'est différent. Un homme peut prendre plaisir à jouer au petit pisseur au lit, au petit mendiant, au vilain petit garçon avec une maîtresse sadomaso qu'il paie. Les hommes comprennent ce genre de marché. Le jeu du pouvoir est clair. Mais de se faire dominer par la femme qui partage leur vie, voilà qui les dérange. Quand le jeu de rôle devient réalité, les problèmes commencent.

Est-ce une règle absolue ? Aucune règle n'est absolue. Mais c'est une situation suffisamment répandue pour valoir la peine d'être notée.

Beaucoup d'hommes préfèrent les femmes fortes, ce qui ne les empêche pas d'avoir besoin de dominer dans certaines sphères. Sans cela, impossible de faire l'amour. Et ils commencent à regarder ailleurs.

Moi qui élevais seule mon enfant, j'allais découvrir tout ce que mon enfance des années cinquante avait omis de m'apprendre. Ce fut la période la plus critique de ma vie, ces années qui connurent le changement de toutes les cellules de mon corps et de mon esprit, et qui me virent devenir maîtresse, c'est le cas de le dire, de mon destin.

Mais avant que je puisse prendre possession de moi-même après le divorce, il fallait que mon corps élimine ses toxines. Ma longue dépendance — par rapport à mes parents, à mes grands-parents, aux hommes — se manifesta par un colossal mal de tête qui devait durer six mois. Rien ne me soulageait, ni l'aspirine, ni la codéine, ni le Tofranil, ni le Nardil, ni l'alcool, ni le hasch, ni les hommes.

Pour coucher avec des hommes que je n'aimais pas assez pour avoir envie de me retrouver au lit avec eux, il y avait l'herbe. Pour traîner avec des amis qui n'étaient pas des amis, il y avait l'alcool. Pour les matins, il y avait l'aspirine. Pour la nuit, le Valium et la codéine. Ma tête se rebiffait. Elle battait comme un pulsar dans l'espace. À chaque prise d'analgésique, elle semblait plus décidée à me faire souffrir. Elle en avait besoin, de cette douleur. C'était son message cosmique. Tant que j'y resterais sourde, il tambourinerait, invisible, contre mon crâne.

Le corps est plus sage que son habitant. Le corps est, véritablement, l'âme. Nous ignorons ses douleurs, ses souffrances, ses éruptions, parce que nous avons peur de la vérité.

Le corps est le messager de Dieu.

Je dénichai un jeune étudiant en médecine qui

avait un organe splendide et un réfrigérateur plein de champignons magiques. Avec lui, je plongeai dans la période salades que je n'avais pas connue étudiante. Des salades noires et fongiques, amères à la langue, mais qui apportaient l'oubli. J'avais manqué les années soixante. Grâce aux salades, je retrouvais mon enfance.

Mais l'étudiant en médecine, malgré toute sa gentillesse, fut incapable de venir à bout de ma migraine. Elle me dépassait. Elle était comme le nez de Gogol : migraine métaphysique. La migraine de ma destinée. Le casse-tête qu'était devenue ma vie.

Elle était le signe d'un blocage sur le chemin de la connaissance de moi-même. Qu'était devenu le Dr Mitscherlich ? Il était trop loin pour m'aider. Malade quelque part en Allemagne. S'acheminant vers la mort.

Ma tête éclatait : quelqu'un demandait-il à naître ? Athéna préparait-elle sa percée ? Ou alors Pandore ? Étais-je destinée à devenir une guerrière, ou simplement la porteuse d'une boîte à malheurs ? Peut-être que chez les femmes, la dépression est une passion méconnue pour la renaissance. Quelque chose insiste pour voir le jour. Ce n'est pas l'enfant ; ce ne peut être que la mère.

La maternité stimule toutes nos peurs archaïques d'abandon. Lorsqu'elle mène au divorce, l'abandon, concrétisé, devient la plus profonde vérité que nous connaissions. Spéléologue explorant les grottes de mon moi primitif, je découvris un nourrisson en pleurs. Ce n'était pas ma fille. C'était moi.

Ainsi commença l'odyssée, cycle en sept ans de mort, de résurrection et de naissance. Le dernier avait donné Molly. Le suivant me produirait, moi.

À trente-neuf ans, j'appris comment changer une roue, déblayer la neige, rentrer le bois pour l'hiver. J'appris à respecter un délai sans une épaule sur laquelle aller pleurer. Le bois de chauffage devint une obsession. Si seulement j'étais sûre de pouvoir entretenir un feu en permanence dans la cheminée, tout irait bien. (Prométhée devait être une femme. Je retrouvai mon ancienne nature, moi qui inventais le feu tout le jour et me faisais manger le foie toute la nuit.)

Avant son départ, Jon avait renvoyé Lula. Il l'avait fait parce qu'il savait que je dépendais d'elle pour mon travail. Deux écrivains dans la même maison, c'est plutôt délicat. Quand l'un est un homme et l'autre une femme, la bonne d'enfant, comme l'enfant, devient un pion sur l'échiquier.

Les candidates se succédèrent. Elles n'aimaient pas plus que moi se retrouver dans un coin perdu, et se fichaient complètement de savoir si j'avais un livre à terminer. Elles étaient venues en Amérique pour se trouver un mari ou un permis de travail, pour décrocher un diplôme ou découvrir la came. Les jeunes, en tout cas. Les plus âgées avaient l'air bizarre des aliénées sorties de l'asile, quand elles n'étaient pas en dépression chronique. Quant aux autres, elles tournaient les talons si je refusais de les payer en liquide.

W.H. Auden dit quelque part que, dans son Utopie, toutes les statues publiques représenteraient des chefs défunts plutôt que des *condottieri.* Dans la mienne, elles représenteraient des femmes ayant mené avec la même ardeur une vie publique et une vie privée : Harriet Beecher-Stowe, Margaret Mead, Hillary Rodham Clinton.

J'étais devenue à la fois mon père et ma mère. Et mes parents se faisaient la guerre dans ma tête.

Rien que de très banal dans cette expérience quotidienne de ma génération coup-du-lapin : prises entre nos mères au foyer et nos filles qui considéraient comme acquis le droit à se réaliser, nous avons souffert dans notre tête toutes les transitions de l'histoire des femmes. Quoi que nous fassions, nous avions l'impression d'être en porte-à-faux. Quoi que nous fassions, la critique était virulente. C'était ça, le destin de notre génération.

Pour qu'une femme puisse se réaliser, il faut soit qu'elle n'ait pas d'enfants, soit qu'elle les fasse garder dans de bonnes conditions. En Amérique, où nous ne croyons pas à une classe subalterne qui se chargerait des travaux dits féminins, ce sont les femmes elles-mêmes qui forment cette classe subalterne. Ces travaux, elles les font par amour. Personne ne doute que cet amour soit réel. Nous nous dévouons pour nos enfants. Mais il faut que ce soit de manière invisible et silencieuse. Alfred North Whitehead, qu'on ne peut accuser d'avoir été une femme, a dit que la vérité d'une société est l'indicible. Et encore aujourd'hui, le travail des femmes est indicible. Il se fait étiqueter *pleurnicherie, apitoiement sur soi,* et ce même par les autres femmes. Si les femmes écrivains se font détester, c'est peut-être parce que l'oppression est rendue possible par l'abstraction, et que nous refusons d'être abstraites. Et comment l'être ? Nos combats sont concrets : nourriture, feu, enfants, une chambre à soi. Rares sont celles, même parmi les privilégiées, qui sont déchargées de ces tâches élémentaires. C'est un véritable miracle qui se produit chaque fois qu'une femme qui a des enfants arrive à terminer un livre.

Nos vies, de la chambre du bébé jusqu'au bureau, sont les vies de la majorité des êtres humains : jamais assez de temps pour réfléchir, toujours trop de fatigue. L'élite masculine, objet de tous les soins des esclaves féminines qui pourvoient à leurs besoins corporels, a du mal à considérer nos difficultés comme « réelles ». Le « réel », c'est le déficit budgétaire, les guerres du pétrole au Moyen-Orient, ou l'interruption des distributions de lait dans les écoles au profit des crédits du Pentagone.

Aujourd'hui, la véritable division du monde se situe entre ceux qui disent nonchalamment « le tiers-monde » en partant du principe qu'ils appartiennent au « premier-monde », et ceux qui ont conscience de constituer le tiers-monde ; ceux-là, on les trouve partout sur la planète.

Partout, les femmes sont le « tiers-monde ». Dans mon pays, où la plupart d'entre elles ne se sentent pas partie prenante des décisions importantes, elles deviennent triplement « tiers-monde », piégées qu'elles sont dans le mythe de faire partie du « premier-monde ».

Avant d'avoir un enfant, moi aussi j'étais prisonnière de ce mythe. Je croyais que ma situation privilégiée m'était acquise. C'est seulement après la naissance de Molly que j'ai percé à jour la supercherie. Et que j'ai fait cause commune avec ma mère.

Après Lula, il y eut une kyrielle de bonnes d'enfants à qui ne pas confier ma fille ; puis vint Mary Poppins, alias Bridget-de-Brighton. Bridget-de-Brighton avait de gros lolos, une chevelure noire, des lèvres rouges et un joli visage en forme de cœur. Elle tomba bientôt amoureuse de l'électricien qui travaillait à l'aménagement de mon bureau sous les combles. Peu après, ils partirent pour le New Hampshire, lui emportant ses cartons de bière, son camion et ses outils, elle ses recettes de quiche à la tomate, de suprême de citron et de crème caramel, et son empressement à servir sinon moi, du moins un homme. L'électricien était jaloux de Molly ; il lui fallait une bonne d'enfants.

Comment expliquer autrement que ces deux jeunes gens plutôt responsables par ailleurs aient pu laisser ma fille assise dans la baignoire pour descendre charger le camion ? Mon sixième sens maternel, celui qui loge dans les surrénales, me dicta de quitter précipitamment mon bureau : je trouvai Molly en grande conversation gazouillante avec la mousse du bain. Et si je l'avais trouvée sous la mousse ? Comme la nounou et l'électricien démarraient, ils écrasèrent mon cher Pouchkine — mon premier enfant, mon inséparable. Couinant comme une âme en peine, il mourut sur la table du véto. Je ne savais plus qui, de lui ou moi, était mort.

Pouchkine avait disparu, mais Molly grandit, comme tous les enfants. J'appris à écrire du lever du soleil au lever du soleil pendant les week-ends qu'elle passait chez son père. Par un effort de volonté pure, j'arrivai à changer mes heures de concentration intense. (Comme George Sand, comme toutes les mères écrivains, je travaillais toute la nuit et m'effondrais sur le divan au petit matin.) Je cessai de dormir. Mais comment dormir quand, par les longues nuits pluvieuses, le fantôme de votre bichon vient gémir à la porte ? Buffy était partie avec Jon ; Pouchkine avait fini comme on sait et avait été remplacé, sans l'être tout à fait, par Emily Doggenson, une bichon championne, et Puccini, son petit bonhomme de chiot. Évidemment, on ne remplace pas davantage les chiens que les humains ; chacun a son odeur propre. Je ne m'étonne pas que mes deuils les plus profonds soient toujours annoncés par des chiens. J'en fais des poèmes et je continue.

NOS MEILLEURS AMIS

Nous les avons faits
à l'image de nos peurs
pour qu'ils pleurent à nos portes,
aux séparations — même brèves,
pour qu'ils mendient à table,
et nous regardent de leurs grands
yeux douloureux,
et qu'ils restent près de nous
quand nos enfants nous quittent,
pour qu'ils dorment sur notre lit
par les nuits les plus sombres
et qu'ils rentrent sous terre aux roulements de tonnerre
comme dans nos
peurs
enfantines.

Nous leur avons donné des yeux tristes,
nous les avons faits aimants, loyaux, effrayés
d'une vie sans nous.
Nous avons nourri leur dépendance
et leur chagrin.
Nous les gardons comme souvenirs de notre peur.
Nous les aimons
comme les hôtes non reconnus
de notre propre terreur
de la tombe — l'abandon.

Tiens-moi la patte
car je meurs.
Dors sur mon cercueil ;
attends-moi,
les yeux tristes,
au milieu de l'allée
qui fait un coude derrière le mur du cimetière.

J'entends ton aboiement,
j'entends ton hurlement lugubre —
oh, si seulement tous les chiens que j'ai aimés
pouvaient porter mon cercueil,
hurler vers le ciel sans lune
et s'étendre avec moi pour dormir
quand je mourrai.

Alors, la Déesse Mère, qui s'était montrée étrangement absente ces derniers temps, revint, prit pitié et m'envoya Margaret.

Je découvris plus tard à quoi je devais cette rencontre : la fille de Margaret, qui a des dons de télépathie, avait vu une annonce dans le *Bridgeport Post.* « À mon avis, c'est exactement ce qu'il te faut, maman, lui avait-elle dit.

— Moi, nounou ? Mais je n'ai aucune expérience.

— Peut-être, mais tu as élevé quatre enfants, m'man. Et tu adores lire. »

Apparemment l'agence avait mentionné dans l'annonce « écrivain célèbre ». Kim et sa mère s'attendaient peut-être à tomber sur un homme. Mais pas forcément. Kim avait vu juste en nous prédisant à tous un peu de lumière dans les années à venir. Molly grandirait. J'écrirais. Les chiens ne mourraient pas.

Lorsque je vis Margaret, je compris que c'était du solide et que je tenais ma chance. Ses yeux d'un bleu franc rencontrèrent immédiatement les miens. Elle avait soigné « mon Bob », son mari, mort de la maladie de Lou Gehrig près d'un an auparavant ; elle avait besoin d'élever un enfant autant que j'avais besoin d'elle. Son mari était tombé malade presque dès sa retraite. S'étaient ensuivies deux années de déclin, et une agonie prolongée.

Quand je fis sa connaissance, Margaret habitait en Floride ; déprimée, seule, elle se noyait dans son chagrin. Elle allait à des réunions Al-Anon pour tenter d'apprendre à apaiser sa colère envers Dieu. Elle apprenait l'affirmation et désapprenait le déni.

Femme d'un chauffeur de quarante tonnes qui couvrait de longues distances, elle avait l'habitude de prendre les choses en main et de décider rapidement. Elle avait perdu un enfant en bas âge et élevé les quatre autres. Elle avait accepté les aléas de la vie comme je ne l'avais pas encore fait moi-même. Elle était là pour m'apprendre.

Le chagrin lui avait donné des rondeurs : c'est donc une petite femme potelée aux yeux vifs et aux cheveux grisonnants qui vint s'installer chez moi. Elle devait y rester dix ans. Molly avait cinq ans à son arrivée, quinze quand Margaret prit sa retraite pour de bon. Entre-temps, il y avait eu une tentative avortée de départ en retraite.

Margaret n'était pas une servante — si ce n'est une servante de Dieu. Elle avait besoin de se sentir utile. Pour surmonter la mort, elle avait besoin de faire croître les choses. « Si je fais ça, c'est bien parce que c'est vous », disait-elle. Autant que la nounou de Molly, elle était mon professeur, mon sponsor en respect de soi. Elle m'initia à la méditation quotidienne, et m'apprit à prendre soin de mon âme et à vivre au jour le jour. La vie avec Margaret, c'était un second droit à l'enfance. La mienne avait trempé dans la névrose juive, maintenant je connaissais l'autre version.

Une jeune mère a besoin d'une mère elle aussi. Molly, Margaret et moi reconstituâmes la tribu primitive : notre vie rappelait la communauté des grottes de Lascaux. Margaret me permettait les cinq heures ininterrompues qu'il me fallait chaque jour pour travailler. Elle m'aidait aussi à entretenir la flamme du foyer.

Elle m'a fait le plus précieux des cadeaux — après

la naissance de Molly et le lait acidifié de mes parents. Mes parents m'ont donné la vie. Molly a donné un sens à cette vie. Margaret m'a aidée à faire battre le cœur de cette vie.

J'espère lui avoir apporté autant qu'elle m'a apporté. Sans elle, la maternité aurait gobé tout droit mon travail.

Toutes les trois ensemble, nous avons fait le tour du monde. Nous avons dorloté une quantité d'hommes avant de les flanquer à la porte. Margaret faisait du bouillon de poulet pour mes prétendants, les informait fidèlement que j'étais « dans la douche » quand j'étais au lit avec un autre, et était là pour Molly quand je m'absentais. Elle m'apprit que la maternité est une responsabilité partagée. Elle m'apprit aussi à écouter mon enfant. Finalement, elle me laissa les rênes. Quand Molly me réclamait moi et non mon substitut, Margaret se retranchait dans le rôle de ministre des Affaires ménagères.

Au début de son adolescence, Molly eut la chance d'avoir deux mères à demeure contre lesquelles se révolter. Pour tant de sarcasmes, tant de rage, il lui fallait bien deux cibles. Toutes les filles ont au minimum deux mères à accuser.

Notre société a terriblement étriqué la vie des femmes. La paysanne égyptienne sarclant le limon du Nil se faisait au moins aider de sœurs et de cousines. Elle était peut-être pauvre et illettrée, mais certainement pas aussi seule que nous dans nos salles de bains de luxe. J'imagine l'Américaine « privilégiée » dans une salle de bains digne d'un palace, avec un marmot en train de mater entre ses jambes quand elle s'assied sur la cuvette. Elle a des gadgets à ne plus savoir qu'en faire, mais jamais la paire de bras dont elle a le plus besoin. Les Américaines ont beau briquer les plus beaux sanitaires du monde, elles n'ont souvent personne avec qui partager leurs enfants.

Les pages « vie actuelle » de leurs magazines, véritables hymnes au shopping, leur dictent de se voiler sous le maquillage si elles veulent se faire aimer. Et nous prenons le voile sans rechigner, croyant nous libérer. Le maquillage n'est pas plus facultatif chez nous que le voile chez les Arabes : c'est notre version occidentale du tchador.

À trente-neuf ans, j'avais une fille de trois ans, toutes les responsabilités d'un homme et les obligations d'une femme. Je gagnais ma vie en le disant — or, c'est le contraire qu'on attend d'une femme. Tout d'un coup, je comprenais certains aspects de la discrimination sexiste dont ma vie m'avait protégée jusqu'ici. Privée d'une pension pour élever mon enfant, j'étais bien obligée de continuer à écrire — c'était le seul moyen de subsistance que je connaissais —, et pourtant mes écrits me plaçaient perpétuellement au milieu des tirs croisés entre les sexes. Je rêvais d'une vie sereine, mais ne voyais absolument pas comment y parvenir. Je vivais l'expérience type de ma génération, et encore, en jouissant de privilèges que mes congénères ne commencent même pas à entrapercevoir. Privilégiée ou non, c'était terriblement éprouvant. Mon éducation m'avait préparée à me faire ma place dans un monde qui n'existait plus.

S'il me fallait vivre comme un homme, me dis-je, autant revendiquer les plaisirs d'un homme : les concubines nubiles.

Pour mon imminent quarantième anniversaire, je voulais me faire un cadeau et je recherchais le summum. Ne le méritais-je pas, moi qui avais tant travaillé, moi qui avais entretenu le feu du foyer et la vie de mon enfant ?

Imaginez, si vous le voulez bien, un jeune homme de vingt-cinq ans. Il mesure un mètre quatre-vingt-cinq, il a les yeux bleus, un nez parfait, profilé en tremplin de ski, des dents de nacre, un sourire éblouissant, les pectoraux développés, les bras, les biceps et les mollets musclés. Et comme si ça ne suffisait pas, il aime la poésie et il a un penchant pour la littérature ; sa queue aussi a un penchant pour la littérature : elle s'incurve vers le haut comme un cimeterre lustré.

Comment l'ai-je rencontré ? Pas par une brochure de pub pour des mâles bien pourvus (mes admirateurs m'envoient régulièrement ce genre de choses), mais dans un club de remise en forme, par l'intermédiaire d'une amie. Il transpirait sur un rameur — très fin des années soixante-dix, comme manière de se rencontrer.

Will Wadsworth Oates III était le rameau vert sur un arbre généalogique pourrissant. Il vint prendre le thé un soir d'hiver et ne repartit jamais — sauf pour aller s'acheter de nouveaux haltères et des Harley anciennes.

« Horizontalement parlant, comme l'a dit Lorenz Hart de Pal Joey, il est au mieux de sa forme. » Mais verticalement il n'était pas mal non plus. Il portait le smoking à merveille. Depuis tout petit, il avait appris à ne pas se tromper de couvert à table. Ce n'était pas lui qui allait confondre le rince-doigts avec le consommé. Il portait le chapeau à merveille, signe distinctif de l'homme à femmes, ou de l'acteur. Il savait naviguer, nager, chanter ; il pouvait se déshabiller en quelques secondes. Et il était gentil. Mes amis homosexuels l'adoraient. Mes amies reniflaient l'air et le traitaient de gigolo dans mon dos. Mais attention, un gigolo intello, selon l'expression consacrée. Il était bibliophile, romantique, héros picaresque. Il aimait les livres durs et les femmes douces.

L'amour se nourrit de similitude, ou d'une similitude imaginée. Quand tout s'effondre, nous voyons rouge. Pourquoi ? Parce que nous nous sommes trompés sur notre moitié d'orange.

Comment aurais-je pu savoir que Will (ou Oatsie, comme l'appelaient ses vieux amis) ferait des propositions à toutes mes amies, taperait mes amis pour des auditions et passerait son temps à « emprunter » de l'argent ?

Je croyais connaître les règles : je lui obtins une

carte de crédit. Je ne les connaissais pas toutes : j'avais placé la limite trop haut.

Je lui achetai des vêtements fabuleux, lui donnai une voiture (mais, avec mon esprit pratique, en omettant de la mettre à son nom). L'été, je l'emmenais au Cipriani, à Venise, comme une starlette. Il faisait ses longueurs de piscine dans l'admiration générale, masculine comme féminine. Will avait tant besoin de plaire qu'il pouvait rendre n'importe qui fou de lui. Il était dans la vie comme sur un plateau de tournage.

Mais les Juives et les armes ne font pas bon ménage, et Will avait planqué des fusils chargés chez moi. Lorsque je m'en aperçus — cinq ans trop tard — je le mis dehors. Je devais être mûre, de toute façon. Au début, je crus que les armes n'étaient pas chargées (« ben voyons, m'dame ») parce qu'il m'avait juré qu'il avait rangé les munitions à part.

Dans les souvenirs qu'il m'a laissés, il se fond avec le Chéri de Colette. Je crois le voir essayant mes perles sur le lit. Il avait le côté joueur du gigolo-né — et toutes les femmes libérées ont besoin d'un gigolo de temps en temps. Même si la connotation du mot trahit notre désapprobation du plaisir lui-même, vivre pour les sensations et le plaisir n'est pas nécessairement une mauvaise chose. Will était mon Bacchus — beau, androgyne, plein de vitalité.

Le gigolo nous choque parce qu'il est payé pour faire l'amour, mais nous n'avons rien contre le mercenaire, qui est payé pour tuer. Nous avons érigé nos statues aux *condottieri* mais pas aux *cavalieri serventi.* Si c'était le contraire, notre société ne s'en porterait que mieux.

Les homosexuels sont bien plus doués que les femmes pour ces courts engagements. Peut-être comprennent-ils mieux les termes du marché. Il leur arrive d'adopter leurs amants, reconnaissant l'aspect « jeu de rôle parental » qu'il y a dans cette relation. Mais même eux finissent par se lasser.

Quand les termes de l'arrangement changent, ils sont fous furieux. Et ils chassent les salauds de chez eux.

Dans l'ensemble, Will était gentil, même si son côté roublard prenait parfois le dessus. Il adorait faire son petit numéro, dans la vie comme à la scène. Il travaillait aux haltères sur la pelouse les jours où Jon venait chercher Molly. Il espérait avoir l'air suffisamment dangereux pour me protéger. J'étais touchée.

Il me pressait de l'épouser ; je repoussais toujours. Non seulement j'aimais être officiellement libre, mais je savais que je ne serais jamais sa femme. D'un jour à l'autre, ma vie pouvait changer — sans l'intervention des avocats. Donc, je ne dis ni oui ni non. Et il se fâcha.

J'avais toujours cru que Molly l'aimait bien. Plus tard, elle m'avoua qu'elle avait peur de lui. Je tremble au souvenir des armes cachées. Will avait toujours juré qu'elles étaient hors de portée de main. Mais comment pouvait-il en être sûr, lui dont l'état normal était d'errer entre deux vins ? Il fallait vraiment que nous ayons des hordes d'anges gardiens, Margaret en tête.

Lorsque notre cauchemar devint chronique, je pris conscience des quantités que nous avalions. Nous buvions comme des trous. Je traînai Will chez les Alcooliques anonymes : à mes yeux, c'était lui qui en avait besoin. Encore une superbe illusion. Comme beaucoup d'intoxiqués, il me fallait son vice pour pouvoir regarder le mien en face.

Nous fréquentâmes les réunions ensemble. Au début, elles me terrifiaient. Je les passais tout entières à pleurer, sans savoir pourquoi. Je détestais le jargon et les slogans qu'on y employait, je tournais en dérision le ton collet monté sur lequel les convertis baragouinaient : Jour après jour, Tout doux, La volonté en plus c'est le souci en moins, Laisse aller. Puis, peu à peu, je vis qu'Alcooliques anonymes était le seul endroit au monde où on me prenait comme j'étais. Je ne pouvais plus m'en passer : cela me changeait, et en bien, du côté « toutes griffes dehors » qui caractérise le reste de la société. Les gens d'Alcooliques anonymes sont attentionnés par principe. Ils savent qu'ils doivent servir les autres pour se servir eux-mêmes.

La sobriété de Will dura un an. La mienne deux. D'y avoir goûté me remit sur les rails, et nous sépara. Je repris ma longue pérégrination sur la route tortueuse de l'acceptation, que j'avais laissée en plan. Je suis toujours entêtée, j'ai toujours peur, mais au moins je le sais.

Au moment où Will déménageait, je me découvris une grosseur au sein gauche. L'attente des résultats de la biopsie fut l'occasion d'une brève réconciliation dans la peur de la mort. Le jour où on m'annonça que la tumeur était bénigne, Will partit. La grosseur subsista quelque temps, puis disparut sans laisser de traces.

Je rêvais de lui sans arrêt, et cela continue encore maintenant. En rêve, il peut me faire jouir. Lorsque je suis seule dans une chambre d'hôtel ou que je m'installe dans une maison de location, où que ce soit sur la planète, il arrive immédiatement.

J'ai entendu certaines personnes dire qu'elles ont gardé dans une synapse ou une autre les traces de leurs anciennes amours. Je ressens la même chose. Le souvenir estompe l'amour, c'est normal, mais sous la brume de l'oubli, l'amour est toujours là. Je les aime toujours tous — Jon, Will, Michael, Allan. Et même mieux que lorsque nous étions ensemble, parce que maintenant je suis davantage prête à les comprendre. Ils n'ont probablement rien à faire de mon amour, mais le fait est qu'il existe. Je ne peux pas m'en débarrasser. Il revient dans mes rêves.

J'ai l'impression d'avoir chaussé des patins et d'avoir glissé sur mon divorce comme sur une glace épaisse et lisse. C'est loin de s'être passé de la sorte : ce fut comme une chute. Comme de tomber dans une eau noire, comme d'être submergé dans de l'encre sans pouvoir, sans plume ni papier, s'en servir pour écrire ; d'être incapable de lire, de respirer, de se tenir debout sur le fond vaseux. Quelques incidents miroitent à travers les ténèbres, qui me font revivre toute cette tristesse.

Un matin, au Connecticut, je me réveille dans mon lit à eau. Je suis avec Will. La sonnerie de la porte d'entrée retentit, stridente. C'est un huissier de chez Dickens, au visage rougeaud et à la tignasse filasse et jaunasse.

Hébétée, je sors, en m'enveloppant dans un peignoir mouillé.

« Excusez-moi, dit-il du ton poliment glacial de la police secrète dans le Zembla de Nabokov. Vous êtes bien Madame *Yong* ?

— Oui.

— Voici pour vous. »

Il me tend une enveloppe épaisse, puis tourne les talons et descend en courant le sentier verglacé ; il met sa voiture en marche et s'éloigne.

Toujours devant ma porte, je déchire l'enveloppe en frissonnant. C'est la première fois que je vois un huissier. C'est la première fois aussi que je vois un papier comme celui-ci. Apparemment, il me signifie que si jamais je quitte Fairfield County, je serai poursuivie « par les pleins pouvoirs de la loi » et perdrai la garde de Molly, « le fruit de l'union », sauf si je reste « domiciliée » dans l'une des quatre villes suivantes : Westport, Weston, Fairfield ou Redding.

Très troublante, cette citation ; peut-être pas très légale ni très défendable, mais une épine dans le cœur tout de même. C'est vrai, j'ai déjà l'impression d'être la mauvaise mère par excellence parce qu'il faut que je travaille pour nourrir ma fille. J'ai réussi à accepter de ne pas avoir de pension alimentaire pour elle, j'ai accepté les petites vacheries gratuites, comme de brancher le répondeur pour me bloquer la fonction interphone qui me permet de surveiller mon enfant de deux ans, mais ça, là, c'est le nec plus ultra du sabotage : on va m'enlever mon gosse à cause de mes livres subversifs. Cette trahison-là m'atteint au vif. (À l'époque, j'ignorais encore que la bataille pour la garde des enfants était devenue le châtiment régulièrement infligé aux femmes qui osaient combiner maternité et carrière.)

Deux années et plusieurs milliers de dollars plus tard, Jon et moi nous retrouvons dans le repaire des assistants sociaux, situé au sous-sol du tribunal de Stamford. Nous sommes reçus par deux personnes, un homme et une femme, qui nous demandent dans leur jargon d'assistants sociaux : « Quels sont vos points de mésentente ? »

Mon avocat a réussi à éviter que Molly paraisse au tribunal, m'a préparée en me remettant des déclarations sous serment attestant sa bonne santé mentale, a fait rejeter la demande de garde de l'enfant et nous a envoyés en « médiation », thérapie qui, en fait, ne soulage personne d'autre que le juge. Dans une « médiation », le conjoint réglo cède et c'est le cinglé qui décide, généralement en hurlant plus fort que tout le monde.

Nous attendons depuis deux heures dans un couloir en sous-sol bondé de parents adolescents originaires du ghetto noir, de femmes latino-américaines battues et d'autres personnes si pauvres qu'elles n'ont même pas les moyens de divorcer.

Lorsqu'on nous demande d'exposer notre problème, nous nous rendons compte que nous sommes incapables de le formuler. Finalement, Jon sort tout de go : « Mon ex-femme veut envoyer notre fille à l'école Ethical Culture, et moi je pense que Dalton serait mieux pour elle.

— Euh, elle serait beaucoup plus à l'aise à Ethical, parce qu'elle est... » Je laisse ma phrase en suspens.

Les deux assistants sociaux nous regardent comme si nous venions tous les deux de péter.

« Il y a sûrement un moyen de trouver une solution », dit la femme d'une voix étranglée.

Et nous arrivons à un compromis. J'enverrai Molly à Dalton (l'ancienne école de Jon), et il laissera tomber son action en justice. Je mets dans la balance d'un côté l'inquiétude dans laquelle le procès plonge Molly, de l'autre son inscription dans une école qui à mon avis ne lui convient pas, et je choisis le moindre des deux maux. Jon hausse les épaules et abandonne ses prétentions. Il en a assez. Moi aussi.

Un an plus tard, je suis sur le point de publier *Molly et le Livre du divorce,* un album illustré pour enfants qui raconte l'histoire d'une fille de divorcés ballottée entre maman et papa. Le livre est ironique, mais c'est aussi un cadeau de Saint-Valentin pour les gosses et les parents qui traversent l'épreuve de la séparation. Je l'ai écrit comme une histoire à raconter au coucher, pour aider Molly à s'accommoder d'une vie dans laquelle elle passe son temps à oublier chaussettes, culottes et nounours chez l'un de ses parents. Je l'ai aussi écrit pour moi. Il se termine par une fête, occasion de réconciliation entre les époux divorcés et leurs nouveaux partenaires. Vœu pieux. Le livre est sous presse quand, soudain, une lettre arrête tout.

L'avocat de Jon menace d'utiliser tous les moyens pour faire interdire le livre si je ne change pas le nom de Molly.

Le père d'Alice au Pays des merveilles n'est jamais allé jusque-là, ni non plus celui de Christopher Robin (vu que c'était lui l'auteur), mais à quoi bon aller prouver devant un tribunal que les livres pour enfants portent le nom de vrais enfants ? L'éditeur est déjà en pleine panique. Il me convoque dans son bureau et me somme de m'exécuter.

Pour éviter un procès, j'appellerai la petite fille Megan ; les presses peuvent tourner. On m'envoie la facture des livres mis au pilon. D'interminables réunions avec les avocats tentent de rassurer l'éditeur, mais le cœur n'y est plus. La presse à sensation s'est emparée de l'affaire et en a fait sa mouture habituelle. Toutes les critiques ne parlent que du scandale et pas du livre. Mais quel scandale ?

Pas de procès, pas d'interdiction de publication, une seule lettre d'un avocat, quelques mots durs et de longues réunions, et le livre est fichu. L'éditeur s'en lave les mains. Et les parents qui auraient pu y puiser un réconfort pour leurs enfants ne le trouveront pas en librairie. Mais, comme un enfant blessé, je refuse de baisser les bras. Bien décidée à ce que l'histoire de Megan voie le jour, je l'arrange pour la télévision : Loretta Swit jouera la mère, Keri Houlihan la petite fille, Alan Katz réalisera l'épisode pilote. Ce pilote est époustouflant. Mais il ne débouchera pas sur une série.

« Le divorce, ça ne marche pas », me disent les dirigeants de la chaîne.

« Loretta est bien trop vieille », me disent ces mêmes personnages qui, six mois auparavant, me l'imposaient. Pourtant, elle a fait un travail fantastique : en bonne actrice, elle a si bien copié mes tics que j'en ai la chair de poule. Grâce à sa très personnelle combinaison de punch et de douceur, elle aurait pu être un soutien pour les mères qui élèvent leurs gosses seules. Mais le feuilleton, écrit et interprété par des femmes, avait été refusé par les hommes : le coup classique. Entre « Loretta est trop vieille » et « le divorce, ça ne marche pas », il avait reçu le coup de grâce. Il avait été exposé comme un pilote en mission kamikaze et s'était attiré une meilleure critique que la plupart de mes livres, avant de disparaître dans les limbes de la vidéo.

En 1986, la moitié des couples américains divorcent dans la vie, mais pas dans les feuilletons télévisés. Le mot « divorce » est encore une incongruité dans le monde du petit écran. Quelques années plus tard, tout le monde se bousculera pour faire ce genre de programme.

« Vous étiez un véritable prophète, me disent aujourd'hui les dirigeants de chaînes. Vous aviez des années d'avance sur votre temps. »

Megan est épuisé. Les thérapeutes d'enfants le découvrent et se le procurent par des libraires spécialisés ; il les aide à épauler les gosses ébranlés par le divorce. Je leur envoie les exemplaires soldés qu'il me reste, mais, dans l'ensemble, le livre est introuvable — le divorce aura fait une victime de plus.

Après ce sabotage, je perds plus ou moins la tête et je poursuis Jon pour harcèlement, en invoquant ma perte d'énergie et mes interruptions de travail. Le harcèlement est tout ce qu'il y a de plus réel, mais la loi n'a pas prévu ce cas, pas plus que de recoller les cœurs brisés. Ce procès absurde traîne en longueur quelque temps ; il me coûte cher et ne fait qu'interrompre davantage mon travail.

Je finis par m'apercevoir que ma colère contre le père de Molly n'est pas assez forte pour que je le traîne de tribunal en tribunal. Je ressens toujours de la tendresse pour lui. Je rêve que nous soyons amis un jour. Et je veux continuer à vivre.

Jon et moi nous nous sommes repoussés, nous nous sommes fait du mal, nous avons fait du mal à notre enfant. Maintenant, Molly entre à Dalton. Il est temps pour nous d'apprendre à devenir des parents — amis, nous verrons ça plus tard. J'ai pris à Manhattan un bel appartement qui surplombe l'East River. Cela a mis un peu de distance entre nous et notre douleur. La cicatrisation a commencé. Les nouveaux tissus sont constamment arrachés à cause de notre enfant mais, peu à peu, nous apprenons à partager. Le week-end, nous nous voyons dans le Connecticut. Je garde la maison pour que Molly soit près de son père. De plus, pour écrire, c'est mon havre de paix.

Mon nouvel appartement new-yorkais est situé dans un de ces immeubles antédiluviens où même les Juifs sont encouragés à se laisser pousser un prépuce pour passer pour des Américains protestants pure souche. Comme ils se savent tout juste tolérés, vu qu'auparavant l'immeuble leur était « interdit », ils se mettent du côté de la loi et en barrent l'accès aux autres Juifs.

Comme au Maidstone Club, dans les Hamptons, dont les fondateurs n'avaient jamais prévu d'ouvrir le voisinage « aux pédés, aux gens du spectacle ou aux Juifs », les habitants de cet immeuble vieux jeu se retrouvent cernés.

Bien que je sois l'incarnation même de tout ce qu'ils ont fui dans leur vie, ils ont bien voulu me vendre l'appartement. Quand Will emménage avec sa Harley, son blouson de cuir noir, ses bracelets cloutés et son accent des beaux quartiers, je deviens la Jeanne d'Arc de Gracie Square.

Dans l'immeuble, on murmure que « nous faisons grincer les ressorts du lit la nuit », que Will fume — ou vend — de la came à Carl Schurz Park, et que la petite fille rousse de cinq ans et sa gentille bonne aux cheveux blancs sont des païennes pratiquantes qui vouent un culte au Dieu Cornu ici même, sur East End Avenue.

Le conseil syndical décide d'envoyer un groupe d'experts examiner mon logement. Avons-nous ou n'avons-nous pas une assez grande surface de moquette ? Là est la question.

Un comité pour les ressorts de lit est réuni. Il se compose d'un Juif au prépuce reconstitué (un avocat), d'un Anglo-Saxon blanc et protestant alcoolique invétéré (également avocat) et d'une pétasse genre Chanel dont pas un cheveu ne dépasse de la coiffure et qui arbore un sac en agneau plongé orné de deux C entrelacés (une décoratrice mariée à un avocat). L'auguste aréopage inspecte l'appartement. Les tapis gris-mauve sont assortis au fleuve, qui se reflète dans les murs garnis de miroirs. Le lit à eau, dissimulé par un couvre-pieds amish et une tête de lit en cuivre, se donne des airs de *letto matrimoniale* douillet dans une pension de Nouvelle-Angleterre.

Je retiens mon souffle tandis que le comité inspecte la chambre. Chaque centimètre carré de l'appartement est moquetté, mis à part le minuscule vestibule tapissé de miroirs. Le lit à eau est contraire au règlement, et je le sais. Mais heureusement, mes inspecteurs généraux sont trop prudes pour poser la main sur le matelas, dont la surface, en se mettant à ondoyer sous sa couverture ancienne, m'aurait trahie. Ils ont pris leur pied, ils s'en vont, étonnés de mon apparente conformité aux normes.

C'est maintenant qu'une campagne de harcèlement commence pour de bon. Coups de téléphone toutes les nuits à trois heures du matin sans personne au bout du fil, lettres anonymes au vitriol passées sous la porte d'entrée. Un jour, quelqu'un s'en prend à Molly dans l'ascenseur et l'insulte en lui reprochant mes prétendus crimes.

Will et moi allons consulter des avocats. Leurs conseils sont maigres et leurs acomptes replets. Ils promettent de négocier avec le conseil syndical. J'ai un soudain éclair de lucidité : encore un problème contre lequel la loi est impuissante ! Mais qu'est-ce que je fais donc dans un immeuble pareil ? Ma place est dans le West Side, où j'ai été élevée. Il se trouve que l'appartement de mon enfance est en vente. Un agent m'appelle, me demandant si je veux le voir. Et comment ! Jusqu'au moment où il m'annonce le prix. Deux millions de dollars ? Du temps de mes parents, le loyer était de 200 dollars par mois. Thomas Wolfe avait raison : on ne peut jamais revenir chez soi.

Will, Molly, Margaret et moi louons un appartement à Venise pour les trois mois d'été, et mettons Gracie Square en vente sans tambour ni trompette. Un après-midi où je traîne au lit avec Will, les yeux au plafond où les eaux du canal tracent leurs cercles magiques, mon homme de confiance m'appelle pour m'annoncer qu'il a un acheteur.

« Vendez ! » Will et moi faisons l'amour comme des malades, puis nous dansons tout autour de la pièce, pris de fou rire.

Pédés, gens du spectacle et Juifs, unissez-vous ! Vous n'avez rien à perdre, si ce n'est vos biens immobiliers ! (Et qui en voudrait aujourd'hui ?) Une mère célibataire avec un jeune amant est interdite de séjour dans les « bons » immeubles de New York. Mon erreur a été de vouloir habiter un « bon » immeuble. Chacun chez soi.

Donc, nous vendons les Tours Prépuce et cherchons quelque chose en pierre de taille. Finies, les copropriétés de l'East End. Nous voulons être chez nous, sur notre lopin de terre.

Nous trouvons une maison mitoyenne un peu étroite sur la 94e rue, entre Park Avenue et Lexington Avenue, dans laquelle vit un sympathique psychiatre avec sa femme énergique et trois enfants qui ont oublié d'être bêtes. Ils espèrent aller s'installer à Paris. Au-dessus du lit du psy, ce proverbe encadré : « *Un esprit sain est notre plus grande richesse.* » Je trouve ça de très bon augure et j'achète immédiatement.

Il faut tout refaire, absolument tout : le toit, la cuisine, la buanderie, la chaudière, les salles de bains. Comme toujours quand j'emménage dans une maison, je dépense jusqu'au dernier sou, et je me remets au travail pour terminer mon livre.

Tôt ou tard, je fuis les travaux en criant : du fric ! Sur les quatre étages, trois sont agréables à vivre, même si le jardin et le rez-de-chaussée ne sont pas terminés. Les murs sont tapissés d'un papier William Morris victorien, du même millésime que la maison ; les cages d'escalier sont violettes et les lustres vénitiens. Réflexion de mon père : on dirait un bordel.

Moi : « Comment le sais-tu ? »

Adieu, Tours Prépuce. Dans ma maison à moi, personne ne viendra me dire avec qui je dois vivre. Mais l'endroit n'est pas pratique. Comme il a toujours appartenu à des médecins, le sous-sol est plein de vieux matériel médical, de radios de cages thoraciques, de bassins, de crânes, de toutes sortes de trucs à vous flanquer la chair de poule. Les anciens patients, qui parlent divers dialectes hispanisants, continuent de débarquer au milieu de la nuit pour réclamer des soins. Même en plein jour, la maison est sombre, et la sécurité nous oblige tous — sauf Puccini le bichon, successeur de Pouchkine — à porter des déclencheurs d'alarme chaque fois que nous sortons les poubelles ou que nous allons ouvrir la porte.

La maison résout nos problèmes de logement quelque temps. Elle donne à Will quelque chose à faire de ses dix doigts et à moi une occasion de le remercier. Mais elle est hantée par mon ancien mal de tête. Les fantômes des occupants précédents et de leurs patients ont pris possession des murs. Je me trompe de rêves, dans cette maison. Ceux que je fais doivent appartenir aux malades de l'un des toubibs. Ou alors les fantômes sont beaucoup plus vieux que ça encore.

Je commençais à me demander si le corps du directeur de la Brasserie Rupert (qui avait fait construire la maison) n'était pas enterré dans la cave voûtée sous le trottoir. Si quelque mari déshonoré n'y avait pas assassiné son infidèle épouse. J'engageai une guérisseuse (réputée pour avoir accompagné Margaret Mead dans sa dernière année) et lui demandai d'exorciser l'endroit. Elle me promit de le faire, mais seulement si je venais la consulter régulièrement. Je me rendais dans son « studio » de York Avenue, où je m'étendais nue sur une table pendant qu'elle parlait à ma peu fiable thyroïde, palpait mon foie sain et me décrivait les visites astrales qu'elle rendrait à mon petit hôtel à cinq heures du matin. (« Je suis venue très tôt ce matin, vous ne m'avez pas vue ? ») Sur quoi je la payais en liquide.

Elle ne me répétait jamais assez combien elle détestait les exorcismes (les *nettoyages*, comme elle les appelait), qui lui donnaient une colossale migraine. Mais elle a dû faire des miracles, parce que j'ai vendu la maison avec profit juste avant l'effondrement du marché de l'immobilier.

Je redéménageai donc. Lorsque je rencontrai Ken, il habitait dans un immeuble spécialisé en « pédés, gens du spectacle et Juifs ». Nous achetâmes un appartement plus grand dans ce même immeuble et y restâmes. J'étais ravie de me retrouver au vingt-septième étage après avoir vécu des années dans l'obscurité. Et ravie d'y retrouver les miens : bon nombre des occupants étaient des chiens et des chats. Apparemment, les « pédés, les gens du spectacle et les Juifs » aiment les animaux.

J'inscrivis Molly à l'école publique, où les mères ne se croient pas obligées de porter le diamant Krupp pour aller aux fêtes champêtres, et où on ne vient pas chercher les enfants en limousine. (Dans les années quatre-vingt, beaucoup d'enfants allaient dans leur école privée en limousine, avant que leurs papas aillent en prison.)

J'étais tantôt pleine aux as, tantôt fauchée ; mais j'arrivais toujours à payer les factures et à élever ma fille. J'appris même à faire une mère décente. Jon et moi finîmes par arrêter de nous poursuivre devant les tribunaux et commençâmes à parler. Il nous arrive même de raviver les souvenirs anciens et de nous rappeler pourquoi nous nous aimions. Et le visage de Molly s'éclaire alors comme de mille chandelles.

Je suis impatiente d'entendre sa version des faits, même si je sais qu'elle ne sera pas tendre envers moi. Tant qu'elle n'en aura pas tiré quelque chose de cohérent, la vraie histoire restera tue. C'est à elle de la raconter, pas à moi.

Dans ce divorce, tout est à la fois très ordinaire et très extraordinaire. Deux écrivains, confrontés à la célébrité, au rejet, aux soucis d'argent et à leur propre souffrance, tentent d'élever leur enfant. Celle-ci leur ressemble à tous les deux, mais elle est surtout elle-même : extrêmement drôle, cynique, elle manie les mots comme un poignard. C'est indispensable si elle veut survivre à ses parents.

Le chemin de ma génération est jonché de divorces. En y repensant, on se demande souvent pourquoi. Qu'avons-nous gagné en ne choisissant pas de rester ensemble pour le bien des enfants ? Et d'ailleurs, y avons-nous seulement gagné ?

Nous étions la génération promise à la vie éternelle, et nous avons atteint la cinquantaine comme tout le monde. Tout compte fait, nous n'allons pas triompher du *malach ha-movis*[1].

Parfois, on dirait que nos parents et nos gosses sont plus malins que nous. Nous sommes tombés quelque part au milieu, entre l'idéalisme des années trente et le cynisme des années quatre-vingt. Au fond de nous, nous croyons encore que *all we need is love, love, love.* Au fond de nous, nous nous demandons pourquoi nos cheveux ont blanchi. Comment se fait-il que ce soit nous les adultes ?

Le plus étonnant, c'est qu'après tout ce que nous avons fait pour les détruire, nos gosses arrivent à grandir.

1. Ange de la mort.

CHAPITRE XI

Doña Juana a plus d'un tour dans son sac
ou
Guide des mauvais garçons à l'usage des filles sages

Si tu n'as pas la liberté, tu ne peux la donner aux autres.

Proverbe arabe.

Vois-tu, plus je vais et plus je sens qu'on ne peut bien aimer que celui qu'on n'estime pas.

Marie Dorval, citée par André MAUROIS in *Lélia ou la vie de George Sand.*

DOÑA JUANA A PLUS D'UN TOUR DANS SON SAC OU GUIDE DES MAUVAIS GARÇONS À L'USAGE DES FILLES SAGES

J'ai reçu une éducation visant à faire de moi une fille sage des années cinquante, à me faire croire qu'amour et mariage étaient aussi inséparables que vin et fromage. Mon premier mariage date de 1963, mon deuxième de 1966, mon troisième de 1978, mon quatrième de 1989. Ma vie est donc un condensé de ma génération, un microcosme d'amour et de sexe. Chaque fois qu'un mariage se défaisait, je me sentais comme Margaret Mead chez les Manus ou les Mundugumor. Les rencontres et les couples se faisaient selon des règles « différentes, complètement différentes », et « une terrible beauté était née ».

De tous ces insondables âges des ténèbres, les années quatre-vingt furent les pires. Le problème venait de ce que les hommes se croyaient tous obligés de jouer les Maîtres de l'Univers, et de ce que les femmes se prenaient pour des ratées si elles n'avaient pas su mettre le grappin sur un homme qui leur achèterait des émeraudes grosses comme le Ritz. À un moment de cette époque de folie, j'ai dû m'essayer à écrire un guide résumant tout ce que j'avais appris sur les hommes dans ma bien trop longue vie amoureuse.

Mon titre provisoire était *La Belle et la Bête :*

Guide des mauvais garçons à l'usage des filles sages. Je savais que les femmes réclamaient des règles précises. Et comment le savais-je ? Eh bien, parce que j'en réclamais moi-même. Je décidai donc de me les donner :

DOUZE ILLUSIONS QUE LES FEMMES PRENNENT POUR DES VÉRITÉS.

Illusion n° 1. S'il m'aime, il me sera éternellement fidèle.

Vérité. Le fait qu'il vous aime n'a aucun rapport avec sa fidélité. Quelques hommes sont monogames. La plupart ne le sont pas. Les hommes sexy font généralement partie de cette deuxième catégorie. La monogamie dure trois jours, trois semaines, trois mois, trois ans au mieux. Souvent, elle dure juste le temps qu'il faut pour que vous tombiez enceinte. Il y a une raison naturelle à cela. Les hommes sont programmés pour répandre leur semence aussi largement que possible, et les femmes pour élever des bébés vivipares et en bonne santé. Les bébés humains sont très longs à atteindre leur autonomie — comme vous l'aurez remarqué. Certains hommes mentent mieux que d'autres, mais le mensonge est endémique dans notre espèce. Quelques rares parangons de virilité sont fidèles. Les autres trichent. La question est la suivante : le supportez-vous ? Si la tricherie n'est pas flagrante, si on ne vous manque pas de respect, et si la relation vous apporte beaucoup sur d'autres plans (un ami, un amant, un père pour vos enfants, un partenaire économique), envisagez les options suivantes : vous pouvez accepter ses écarts avec grâce, et en même temps tirer un profit affectif et financier de sa culpabilité. Vous pouvez tricher discrètement vous-même — si (et seulement si) vous le faites par plaisir (et pas par dépit). Vous pouvez vous rendre compte que ce qu'il fait n'a aucun rapport avec vous. Il le fait *pour* sa virilité et pas *contre* votre féminité.

Illusion n° 2. J'ai besoin d'un homme pour me sentir comblée.

Vérité. Vous n'aurez jamais besoin d'un homme autant qu'un homme a besoin de vous. Ce sont les femmes qui sont le sexe autonome, les hommes le sexe dépendant.

Les femmes reproduisent l'espèce ; elles créent la vie dans leur corps (ou c'est la Déesse Mère qui le fait par leur intermédiaire). Les hommes le savent et, dans leur infériorité, ils ont créé un monde qui paralyse et rabaisse toutes les réalisations féminines, de la gloire de l'accouchement au travail des femmes dans tous les domaines créatifs et professionnels. Vous n'êtes peut-être pas (encore) à même de changer la société, mais vous n'êtes pas obligée de gober ce mensonge. Vous êtes puissante, forte, indépendante. Plus vous le saurez, plus heureuse vous serez, avec ou sans un homme.

Illusion n° 3. Si vous mettez tout votre pouvoir à soutenir un homme, il vous soutiendra toujours lui aussi.

Vérité. Hélas, faux. C'est merveilleux d'apporter votre appui, de donner à celui que vous aimez ; mais il ne faut jamais vous oublier, ni vous ni vos enfants, parce que ce danger-là risque déjà de venir de son côté. En tant qu'homme, il part du principe que ses besoins passent avant les vôtres. En tant que femme, vous abondez dans son sens. Erreur. Protégez-vous, non pas avec des arguments ou une rhétorique féministe, mais en agissant. Un compte en banque et une propriété à votre nom, de l'argent de côté pour les études des enfants, auquel il ne peut pas toucher (et qu'il ne peut pas donner à sa prochaine — et plus jeune — femme et sa progéniture), un métier à vous, sur lequel vous pourrez compter. Avant tout, donnez-vous du pouvoir, et ensuite aidez-le à s'en donner, mais seulement si vous en avez envie.

Illusion n° 4. Les hommes adorent que vous disiez la vérité sur votre relation.

Vérité. Ils ont horreur de ça. De toute façon, leur vérité et la vôtre seront différentes. La leur concerne leurs priorités (conquérir, gagner, baiser). La nôtre concerne nos priorités (nourrir et protéger, créer, aimer). Les nôtres rendent la vie possible. Les leurs rendent leur victoire possible. Ils considèrent les nôtres comme triviales, mais ils ne pourraient pas vivre sans elles. Ils fonctionnent dans le déni des dépendances auxquelles les soumet leur condition humaine, et nos priorités leur permettent d'entretenir ce déni. Comment pouvez-vous discuter de ça ? C'est comme si l'un de vous parlait grec et l'autre swahili. Dialogue de sourds.

Votre relation, il ne faut pas en parler. Il faut agir.

Elle est à prendre ou à laisser. Annoncez clairement vos besoins. Saisissez un pouvoir légitime. Exprimez vos sentiments, vos désirs, et n'accusez sous aucun prétexte. Soyez douce mais ferme. Sachez ce que vous voulez, et sachez le demander. S'il dit non une fois de trop, considérez vos options. Si vous êtes masochiste, remettez vos pendules à l'heure. Le monde est trop cruel pour que vous pactisiez avec lui, pour que vous ajoutiez à sa cruauté envers vous. Quant à votre compagnon, parlez-lui gentiment, et parlez-vous encore plus gentiment. Aimez-vous. Les hommes sont des imitateurs. Si vous vous aimez, ils vous aimeront aussi.

Illusion n° 5. Les hommes aiment les femmes qui ne s'opposent jamais à eux et font tous leurs caprices.

Vérité. Marabel Morgan et Anita Bryant ont répandu cet énorme mensonge il y a une quinzaine d'années, et il n'y a qu'à voir où ça les a menées. La vérité, c'est que les hommes ne se sentent pas en sécurité avec les femmes qui font leurs quatre volontés, se plient à toutes leurs fantaisies et ne leur disent jamais ce qu'ils ont à faire. Ils ne veulent pas être mis en pièces, mais ils ont besoin d'être guidés. Ils savent qu'ils sont de vilains garçons, et une femme qui rampe devant eux ne fait que renforcer leur culpabilité. Si vous voulez vous faire aimer d'un homme, donnez-lui un sentiment d'importance, mais aussi des conseils, avec calme et fermeté. Vous êtes sa planche de salut et il compte sur vous. Il sait qu'il n'est ni le chevalier sur le destrier blanc ni le Prince Charmant... alors, pourquoi le croyez-vous encore, vous ?

Illusion n° 6. Les hommes se voient comme des chevaliers qui volent à notre secours sur des destriers blancs.

Vérité. C'est exact, et ce n'est pas en contradiction avec la vérité n° 5. Ils veulent avoir l'air de voler à votre secours, tout en sachant parfaitement que c'est vous, en réalité, qui venez à leur rescousse. Il faut leur laisser leurs illusions, s'y prêter, abonder dans leur sens, jouer dessus au lit pour pimenter la relation sexuelle. Mais au fond de vous-même, ne vous y laissez jamais prendre. Supposons qu'en descendant l'Amazone vous fassiez naufrage dans une zone infestée d'alligators : il y a fort à parier que c'est vous qui le sauverez et lui qui récoltera les lauriers.

Illusion n° 7. Les hommes détestent les féministes.

Vérité. Ce qu'ils détestent en fait, ce sont les femmes qui ont du féminisme plein la bouche mais qui ne font rien d'autre que de les accuser ; ils adorent les femmes conscientes de leur propre force et qui, en paroles du moins, les reconnaissent indispensables. Malhonnête ? Oui et non. C'est malhonnête si vous vous sentez obligée de toujours dire la vérité aux hommes — ce qui est la plus grosse erreur que vous puissiez faire si vous voulez qu'ils vous baisent. Si vous n'avez pas besoin de ça — si vous êtes une célibataire ou une homosexuelle heureuse —, inutile de continuer votre lecture. Vous voyez de quoi je parle.

Illusion n° 8. Les hommes adorent les bébés ; ils rêvent tous d'être des papas gâteaux.

Vérité. C'est vrai pour certains. Dans leur majorité — comme vous — ils sont ambivalents vis-à-vis de leur rôle de parent, et après tout, c'est humain. Mais vous, les hormones qui vous courent dans les veines vous rendent — presque toutes — gagas devant les bébés comme jamais ne le sera un homme. Au cours de votre période de fécondité, votre corps vous rappelle chaque mois que vous êtes mortelle, et que vous êtes faite pour engendrer ; son corps à lui ne connaît pas ça. Son corps lui rappelle que son pénis est toujours présent, vulnérable, insistant, et solitaire. À cause de lui, il vous dira n'importe quoi pour avoir l'air d'un homme invincible, endurci, qui ne souffre pas de la solitude. Et après, il dira vraiment n'importe quoi pour se dégager. Alors que votre désir le plus cher est de vous fondre en l'autre, lui en a peur. Votre objet d'amour primitif était un être du même sexe que vous, le sien un être du sexe opposé, ce qui fait qu'il redoute l'union en même temps qu'il la recherche. Votre désir d'union est dénué d'ambivalence. Vous ne craignez pas de vous faire engloutir dans votre mère ; vous espérez même plutôt devenir elle. Ajoutez cela aux différences hormonales entre les sexes, et vous aurez un sexe recherchant la fusion et l'autre la redoutant en même temps qu'il la recherche. Les hommes sont à la fois passionnés et claustrophobes ; ils avancent et battent en retraite simultanément. C'est la petite farce que Dieu a jouée à l'espèce humaine. Certains physiologistes prétendent que si les hommes s'occupaient des bébés, ce serait différent. Nous sommes parfaitement disposées à faire l'essai, mais les hommes sont loin de nous suivre à l'unanimité. Les bébés les rendraient même plutôt nerveux. Bien sûr, il y a ces hommes modèles qui écrivent des articles dans la colonne masculine du *New York Times*. Mais ils ne comptent pas. Qui sait ce qu'ils font une fois qu'ils ont bouclé leur article ? De plus, ils ne sont pas davantage Monsieur Tout-le-Monde que Katharine Hepburn n'est Madame Tout-le-Monde. Si vous êtes avec un homme comme ça, j'imagine que vous ne lisez pas ces lignes. Sinon, peut-être votre fille peut-elle encore espérer, mais pour vous c'est trop tard. Dans la génération coup-du-lapin, les bébés exacerbent la claustrophobie des hommes. C'est quand vous avez le plus besoin de faire votre nid qu'il a le plus la bougeotte. Si vous pouvez le comprendre, si vous ne le prenez pas comme une atteinte personnelle, vous n'en serez que plus heureuse.

Illusion n° 9. Les hommes aiment les femmes lascives.

Vérité. Pour la plupart des hommes, la femme idéale devrait être lascive sur commande. Sa commande à lui. Et il faudrait que tout s'arrête aussi vite qu'un peep-show ou aussi soudainement qu'on referme un magazine. Avez-vous remarqué comme les hommes les plus lascifs sont capables de baver devant les pages dépliantes de *Playboy* tout en ignorant la femme en chair et en os qui les attend dans leur lit ? Paradoxal ? Pas exactement. La page dépliante, comme le peep-show, c'est plus rassurant. Ça cadre dans son emploi du temps... ce n'est pas comme une vraie femme. Mais il y a mieux encore : deux femmes. Une lascive et disponible de temps en temps, et une autre non sexuelle, une sorte de maman-nounou éternellement disponible pour s'occuper de lui. Dans l'esprit masculin, c'est le paradis, c'est-à-dire la sécurité totale — ce qui nous ramène à l'illusion n° 1.

Illusion n° 10. Les hommes sont rationnels, les femmes irrationnelles.

Vérité. Si cohérence égale rationalité, les femmes sont plus rationnelles. Elles recherchent l'intégration, l'honnêteté, l'union. Elles souffrent peut-être de syndrome prémenstruel, de dépression postnatale et d'angoisse de la ménopause, mais dans l'ensemble elles ont moins d'états d'âme quand il s'agit de prendre la vie à bras-le-corps. Les hommes le savent, et ils rêvent de se faire entraîner par une femme forte. Une femme forte qui, par stratégie, fera semblant d'être faible.

Illusion n° 11. Les hommes détestent les femmes qui ont plus d'argent qu'eux.

Vérité. En fait, les hommes détestent les femmes qui ont un pouvoir sur eux. Ils sont parfaitement heureux d'avoir des femmes riches tant que ce sont eux qui ont le contrôle — apparent, du moins — de leur argent. Rappelez-vous le code Napoléon. Rappelez-vous toutes ces héritières épousées pour leurs biens au temps où l'argent d'une femme allait automatiquement au mari. Ce que les hommes détestent, ce sont les femmes qui sont en mesure d'exercer une pression sur eux. Si vous gagnez ou possédez plus que votre mec, il va falloir trouver des moyens, véritables ou imaginaires, de lui céder la mainmise pour rétablir l'équilibre ; et encore, il risque de ne jamais vous le pardonner.

Illusion n° 12. Les hommes aiment les jolies femmes, aux traits et au corps parfaits.

Vérité. En fait, ils les préfèrent à distance ; de près, elles les inquiéteraient plutôt, sauf quand il s'agit simplement de se montrer avec elles.

En relisant ces lignes, j'y vois un cri de douleur déguisé en conseils aux femmes en mal d'amour... ce que j'étais à l'époque, que je l'admette ou non.

Je rencontrais des hommes. Pour la première fois de ma vie, j'essayais de comprendre le sexe opposé. Il le fallait ; je sentais que ma survie était en jeu. Jusque-là, j'avais toujours eu l'embarras du choix. Maintenant que j'étais dans la quarantaine, les hommes étaient soit mariés, soit morts. Quant aux autres, ou bien ils ne sortaient qu'avec des femmes de moins de trente ans, ou bien ils étaient gays. Super pour s'en faire des amis, moins bien pour s'en faire des amants. J'avais le choix entre les rayer de la carte — ce qui n'était peut-être pas une mauvaise idée, mais je me disais que ça pouvait attendre encore un peu — et apprendre, enfin, comment ils fonctionnaient. Mon petit guide inachevé fut très certainement un essai de codification de ce que je savais. Je crois d'ailleurs toujours à chacune de ces « règles de l'amour », et davantage encore après plusieurs années d'un mariage contracté sur le tard.

On pourrait se demander pourquoi, à quarante ans passés, je croyais avoir besoin d'un homme. J'aime être seule ; je gagne ma vie ; je n'ai jamais eu de mal à trouver des amants. Alors, pourquoi cherchais-je un partenaire ?

Question troublante, à laquelle je n'ai jamais trouvé de réponse rationnelle. Peut-être, tout simplement, la réponse n'est-elle pas rationnelle. Peut-être obéis-je à la même loi qui fait que les oies s'accouplent et que les singes rhésus préfèrent une vraie mère à un mannequin chauffant. Peut-être n'est-ce qu'une question de chaleur. Ou peut-être est-ce le triste constat que dans un monde masculin encore bourré de préjugés sexistes, mieux vaut avoir un allié de son côté que d'affronter ce monde seule.

Quels trésors de chaleur et de protection renferme cette expression « mon mari » ! Quelle certitude, quelle sécurité, quelle solidarité ! Et si c'était ça qui nous poussait dans le mariage, bien qu'en connaissant les risques : dépouillement, enfants pris en otages, violences physiques ? Au mieux, le mariage, c'est

> le rôle de médiatrice, je vous dis, entre Monsieur et le reste de l'humanité... Le mariage, c'est... c'est : « Noue-moi ma cravate ! Fous la bonne à la porte ! Coupe-moi les ongles des pieds ! Lève-toi pour faire de la camomille ! » C'est : « Donne-moi mon complet neuf, et remplis ma valise pour que je file *la* retrouver ! » Intendante, garde-malade, bonne d'enfant... assez, assez, assez !

Ce qui, peut-être, fait conclure à la Renée de *La Vagabonde* :

Je ne suis plus assez jeune, ni assez enthousiaste, ni assez généreuse pour recommencer le mariage — la vie à deux, si vous voulez. Laissez-moi attendre, parée, oisive, seule dans ma chambre close, la venue de celui qui m'a choisie pour harem. [...] Je ne voudrais de l'amour, enfin, que l'amour...

Après trois mariages, je ne peux que me rallier au point de vue de Colette. Quelle perversité me faisait donc toujours rechercher l'Homme Parfait, tout en sachant qu'il n'existait pas ?

Après ma phase col bleu, je me mis à fréquenter la gent masculine de ce qu'à Manhattan on considérait comme le dessus du panier. Si c'était ça, le dessus, que devait être le dessous ! Ces hommes étaient d'un byzantinisme digne des courtisans de la Constantinople ancienne.

J'ai des souvenirs de premiers rendez-vous où je me serais crue à une interview de conseil syndical, ou en train de remplir un questionnaire pour l'attribution d'un plafond de crédit chez Dun & Bradstreet. J'ai des souvenirs d'hommes « en instance de divorce ». J'ai des souvenirs d'hommes qui portaient des postiches et conduisaient des Bentley pour compenser leur calvitie. Je suis même sortie avec un rabbin qui pratiquait encore, et avec un prêtre défroqué. J'aurais sans doute essayé un ayatollah, s'il s'en était trouvé un seul pour me juger assez kasher et vouloir me fréquenter.

Certains hommes avaient visiblement fait le tour des circuits de célibataires. Tout le monde les avait plus ou moins croisés. Ces modèles d'exposition étaient généralement parfaits sur le papier, et révélaient quelque défaut rédhibitoire dès qu'on les connaissait mieux. Défaut rarement détectable au premier coup d'œil. La pièce manquante, c'était par exemple le cœur ; ou alors la queue.

L'une de ces perles rares était un grand brun aux yeux bleus qui passait la moitié de la semaine à l'étranger. Sur ses trois journées new-yorkaises, il essayait de caser le maximum de rencontres avant le départ du Concorde, si bien qu'on avait toujours l'impression de se faire renvoyer comme une balle ou coincer entre deux rendez-vous. Il disparaissait à huit heures le lundi matin et ne donnait plus signe de vie pendant trois semaines. Vous veniez à peine de l'oublier que brusquement, il se rappelait que vous existiez. Il passait d'une femme à une autre selon un plan aussi précis qu'un programme diététique dans une station balnéaire. À croire qu'à baiser avec lui, on aurait droit à une prime — un voyage gratuit, peut-être.

Mais ses week-ends étaient souvent soigneusement découpés. Il devait avoir peur des débordements. Oh, il ne manquait ni d'intelligence ni de séduction, et il avait toujours des préservatifs sur lui. Chose plus étonnante, il les utilisait. Après, il disparaissait invariablement.

Mais au moins, il vivait réellement seul. Et apparemment, il était hétéro (de nos jours, allez savoir). Je le vis plus ou moins régulièrement pendant un an, mais fus assez sage pour ne jamais rompre avec mes autres soupirants.

Le plus déprimant, pour une célibataire, c'est le nombre incroyable d'hommes mariés qu'il y a sur terre. Qu'une femme arrive à se remarier après huit ans seule à New York — ou ailleurs — tient sans doute au « triomphe de l'espoir sur l'expérience » (pour reprendre la formule que Ken et moi avons choisie pour notre faire-part). Ou alors à l'amnésie.

Les hommes mariés sont, bien sûr, les meilleurs amants — sauf si le hasard veut qu'ils soient mariés avec vous. Ils ont toujours du temps à vous consacrer. De plus, leur disponibilité est parfaitement en phase avec celle d'un écrivain à plein temps. Avec un homme marié, on a les week-ends, les vacances, le réveillon du jour de l'an pour écrire. Alors que le monde entier joue à délirer, on peut délirer pour de bon, avec une plume et du papier. Ça ne fait peut-être pas l'affaire de tout le monde, mais pour un écrivain en milieu de carrière, c'est parfait. Quand votre enfant est avec votre ex, vous avez un week-end entier de tranquillité devant vous. Combien de femmes mariées aimeraient pouvoir en dire autant ?

Où rencontrais-je ces hommes ? À peu près partout. Si vous êtes sincère et avenante, les relations se nouent facilement. La plupart des hommes sont tellement terrorisés par leur mère ou leur femme, leurs sœurs ou leurs filles, qu'une femme qui s'intéresse un peu à eux et rit de leurs plaisanteries leur paraît plus rare qu'une licorne. Pour faire connaissance avec des hommes, il faut aimer les hommes. Et avoir un peu de *rachmones*[1] pour eux.

Je les rencontrais à bord du Concorde à l'époque où je croyais encore avoir les moyens de voyager en Concorde. Je les rencontrais à des conférences, à des vernissages, à des soirées. « Le monde est plein d'hommes mariés », écrit Jackie Collins. Variante possible : *Le monde est plein d'hommes mariés qui se sentent seuls.*

Car seuls ils paraissent en effet, et reconnaissants dès qu'on les écoute et qu'on leur donne un peu de tendresse. Ils cherchent quelqu'un avec qui faire l'amour, mais aussi de l'affection et une oreille attentive — choses apparemment impossibles à obtenir chez eux. C'est dans mon rôle de maîtresse que je suis le plus à mon avantage : charmante, tendre, drôle. Quand on ne vit pas avec un homme, il est facile d'être gentille avec lui. On a sa salle de bains, sa chambre, son placard et sa cuisine. On peut dormir toute la journée et écrire toute la nuit. On peut consacrer le week-end à ses enfants ou à soi-même, traîner dans son bain, lire des poèmes, dîner de yaourt. On peut passer son temps dans la salle de bains avec sa fille à se faire des pédicuries. Tous les gestes de femmes, liés aux soins quotidiens, et que les hommes trouvent si bêtes — sauf quand ils en bénéficient — peuvent devenir les pivots de la vie.

Comme je n'aimais pas les rencontres pour les

1. Compassion.

rencontres, j'avais tendance à entamer des relations avec des hommes mariés. (D'ailleurs, les « épousables » étaient terriblement arrogants. Et comme ils étaient persuadés qu'on ne pensait qu'à les attraper au filet, plus on leur plaisait, plus ils prenaient la tangente.)

Mon analyste me fit remarquer que j'aimais trop les hommes mariés. À l'entendre, j'avais peur du mariage. Après les trois incursions que j'y avais faites, c'est plutôt le contraire qui aurait été étonnant. Je n'avais eu que des expériences malheureuses. Moi qui m'étais mariée par amour, j'avais terminé devant un tribunal en train de me battre pour la garde de mon enfant. N'aurais-je pas mieux fait de ne jamais me marier ?

Peut-être n'ai-je jamais su choisir mes hommes. Qu'un type bien s'intéresse à moi, et on pouvait être sûr que j'allais jeter mon dévolu sur le mufle qui cherchait à m'éviter. Pourquoi ne pas simplement admettre que le mariage n'était pas pour moi et laisser tomber ?

Ma psy était très en faveur du mariage. Cette femme réputée pour y pousser ses patients voyait d'un mauvais œil que je fréquente des hommes mariés.

J'ai brûlé mon petit livre noir. À la place, j'ai l'intention de créer l'homme marié en pièces détachées.

Vous vous rencontrez à une projection de film, au cocktail de lancement d'un livre, à un vernissage ou un événement politique. Il accroche votre regard plus que les autres. Il a lu vos livres et dit les aimer (à moins que ce ne soit sa femme qui les aime). Il vous fait des yeux timides d'adolescent emprunté.

La conversation s'enclenche et ne s'arrête plus. À un moment, vous vous demandez qui, de vous ou de lui, la prolonge. Un instant, vous apercevez dans ses yeux le petit garçon qu'il a été. Il vous fait une remarque intime sur votre parfum ou vos cheveux et vous propose de vous raccompagner. Dans la voiture, vous prenez conscience de l'attirance que vous éprouvez pour lui — une force quasi magnétique, que cependant vous n'exploitez pas. Arrivée devant chez vous, vous lui donnez votre numéro de téléphone. Pas de baisers. Sa main se fait un peu trop intime sur la vôtre, ou alors il vous caresse les cheveux d'un geste de propriétaire. Il n'a pas envie de vous quitter, mais vous lui faites comprendre que la soirée est finie. Il a un air de chien choyé qu'on laisse au chenil pour les vacances.

Le lendemain, avant dix heures, le téléphone sonne. Il vous invite à déjeuner, très bientôt, le jour même. Vous savez qu'il est marié parce qu'il ne vous a pas invitée à dîner. Et aussi parce qu'il ne cache pas le désir qu'il a de vous. Les célibataires ne désirent jamais ouvertement.

Au déjeuner — dans un endroit charmant un peu à l'écart des sentiers battus — vous avez la confirmation qu'il est marié. Non parce qu'il l'annonce mais parce qu'il est très discret sur sa vie.

Il dit par exemple : « Je suis allé au cinéma », ou « Je suis allé en Europe », mais d'après les détails qu'il donne, vous comprenez qu'il n'était pas seul. Il est rare que des hommes seuls descendent au Splendido de Portofino ou à l'Hôtel du Cap, ou à l'Eden Roc. Un lit vide aux draps de lin blanc immaculés est peut-être l'idée que vous vous faites du paradis, mais ce n'est généralement pas la sienne.

Il n'y a aucun risque à lui poser des questions sur ses enfants. C'est une façon de vérifier qu'il est marié. S'il est divorcé, il parlera de la mère de ses enfants — en mal. Mais s'il est marié, à l'entendre vous aurez l'impression qu'il les a faits tout seul.

Si vos doutes subsistent, vous pouvez toujours demander à brûle-pourpoint : « Vous êtes marié ou divorcé ? » Il vous fera une réponse déloyale, du genre : « Entre les deux », ou « C'est ce que j'aimerais bien savoir », ou « Nous sommes très libres ». Il l'est peut-être, lui, mais certainement pas elle.

Un homme marié alla jusqu'à me dire un jour : « Nous sommes d'anciens hippies ; depuis les années soixante, nous vivons un mariage très libre. » J'appris plus tard que si ç'avait été vrai vingt ans plus tôt, cela ne l'était plus, ce qui expliquait probablement qu'ils soient toujours ensemble. Un autre me dit : « Ma femme n'aime pas m'avoir dans les pattes ; elle est trop contente de se débarrasser de moi. » Un autre : « Elle est dans notre maison de la Barbade avec les gosses. » Et un autre encore : « Elle est en voyage d'affaires en Californie. » Traduction : *loin des yeux, loin du cœur.* Les hommes ont, pour compartimenter leurs sentiments, un don que les femmes n'imaginent même pas.

Votre relation charnelle met un moment à démarrer. Il semble d'une patience infinie ; il s'intéresse davantage à votre esprit qu'à votre corps. Il vous appelle plusieurs fois par jour, mais — comme c'est étrange — il se tait après le coucher du soleil et pendant le week-end. Vous l'appelez toujours au bureau. D'ailleurs, vous n'avez pas d'autre numéro. Et vous évitez soigneusement l'un et l'autre de parler de cette omission.

Cet autre numéro, d'ailleurs, le voulez-vous vraiment ? Vous avez un travail fou. Vous aimez aller au lit seule, lire tard si ça vous chante, avoir votre cuisine, votre salle de bains, votre voiture à vous, bien propres. Vous vous glissez dans l'enveloppe propre et blanche de vos draps comme un petit mot de remerciement. Vous vous rappelez le chaos des chaussettes sales, des serviettes et des canettes vides, et vous vous jurez : *plus jamais ça.* Et pourtant, vous vous sentez excitée, vivante, femelle. C'est agréable, un homme qui n'est pas là à demeure. C'est agréable d'avoir un homme sans en avoir. On se sent sereine. Si ça pouvait durer toujours... avec tout le pouvoir de votre côté.

Mais juste comme vous reculez, son désir de vous posséder ne peut plus attendre. Ainsi est fait le mâle de l'espèce.

L'endroit est choisi. Chez vous un week-end où votre enfant est avec son père, une auberge dans le Vermont (un week-end où sa femme s'absente), une île au soleil (la semaine où sa femme est en Europe ou en Asie).

S'il vous propose de venir chez lui, refusez ; et avant de vous engager davantage, réfléchissez à deux fois. Il est impossible de faire confiance, même pour une relation occasionnelle, à un homme dénué de scrupules au point d'amener une femme dans le lit conjugal. De plus, c'est un homme à mi-temps que vous voulez ; pas la tête d'une femme sur un plateau. Il faut qu'elle soit l'épouse pour que vous puissiez être la maîtresse, position qui a ses charmes propres.

Il arrive le jour J, avec des airs d'impétrant timide. Il a apporté des fleurs, du vin, des CD, ou une chemise de nuit de soie rouge. (Si c'est à lui qu'elle était destinée, encore une fois, réfléchissez.) Il a peut-être apporté tout ça à la fois. Mais pas encore de bijou. Il attend de voir si vous êtes un bon investissement. (Cédez-vous trop vite ? Auriez-vous dû le tenir en haleine plus longtemps ? Si vous ne succombez pas, les bijoux seront-ils plus beaux ? Je ne sais pas — c'est peut-être pour ça que de ce côté-là, je ne suis pas très vernie.)

Sur ce, au lit. C'est là que le pouvoir change de mains. S'il vous fait du bien au lit, c'est maintenant que vos ennuis commencent. S'il vous trouve bonne, c'est lui qui est mal parti. Le lit est le pivot du changement de pouvoir. La charnière entre avant et après. La suite dépend de vous.

Si vous avez les doigts trop crochus, vous allez le faire fuir. Quand il vous appelle le lundi, la bouche pleine de compliments romantiques et sexy, faites durer. C'est peut-être la chance de votre vie de vous amuser. Il n'a jamais été compris aussi bien que par vous. Il emploie même le mot « amour ». Encore un indice qui confirme qu'il est marié. Il est vacciné. Il peut dire ce qu'il veut, il est à l'abri des maladies.

Les hommes sont des créatures très simples. Nourrissez-les, baisez-les, mais ne leur donnez jamais les clés du château. Avides de territoire, ils sont beaucoup plus agréables quand ils ne déposent pas leurs chaussures sous votre lit.

Ces liaisons peuvent durer des années tout en vous laissant du temps pour vivre pleinement votre vie. Il ne faut pas cracher dessus. Il ne faut pas nécessairement vouloir les transformer en mariage.

J'ai connu un homme marié qui avait pris un congé conjugal sabbatique et s'était loué une maison de campagne près de la mienne. Il retournait tout de même passer les week-ends chez lui. Au moment décisif, où il pensait se faire inviter à emménager chez moi, je lui ai rappelé combien sa femme l'aimait. Je ne crois pas qu'il s'attendait à ça. Mais j'aime ma liberté, et je me disais que notre relation souffrirait durement s'il fallait que j'endosse ses problèmes.

Peut-on parler d'amour dans un cas comme celui-là ?

Pourquoi pas ? Les femmes ne peuvent-elles pas aimer sans abdiquer leur vie ? Les hommes l'ont toujours fait, eux.

Nous nous persuadons trop facilement que si nous ne sommes pas prêtes à tout abandonner, nous ne sommes pas vraiment amoureuses. Mais passé cinquante ans, ce schéma ne marche plus. Et quoi d'étonnant ? Après cinquante ans, c'est à nous que nos vies appartiennent et non plus à l'espèce. Elles sont plus importantes à nos yeux qu'aux yeux des hommes — et ce n'est pas trop tôt.

Mais à l'époque, comme je n'avais pas encore cinquante ans, j'étais bien obligée de me poser la question : *épouserai-je cet homme s'il quitte sa femme ?*

Et je conclus que non. Ma conscience me dicta donc de le renvoyer à son épouse. Elle avait un besoin de lui que je n'éprouvais pas. Il n'était que juste de le lui rendre.

D'autres liaisons ne finissent jamais. Elles traversent les années, intermittentes, même après que l'un des deux (ou les deux) ont retrouvé leur conjoint ou épousé quelqu'un d'autre. Elles deviennent une affaire privée, totalement étrangère et totalement liée au reste de votre vie. Étant par nature impermanentes, elles ne peuvent apporter que du plaisir, pas de souffrance. Le fantasme suprême est celui de deux amants qui se voient une fois l'an (comme dans *Même heure l'année prochaine*), qui se trouvent une petite oasis hors du temps — de temps à autre.

Mais tôt ou tard, même les meilleures liaisons s'effritent. Soit que vous ne soyez plus celle que vous étiez lorsque vous aviez besoin de cette petite oasis, soit que vous trouviez refuge dans une autre relation qui vous paraît satisfaisante en elle-même, soit qu'en vieillissant, vous n'ayez plus envie d'encaisser les inévitables déceptions, soit encore que vous décidiez de mener une vie propre et honnête.

En fait, c'est cette relation amoureuse qui vous a amenée là où vous êtes. Vous en conserverez toujours une certaine gratitude. Et lui aussi. Vous le revoyez à une soirée, ou dans un avion, et il vous lance son regard de petit garçon. Vous avez touché sa fibre joueuse, et il vous est reconnaissant d'avoir bien voulu le connaître. Car c'est cela qui brise la solitude de la condition humaine. Vous aussi, vous en êtes reconnaissante.

Vous vous étreignez, vous vous séparez — sans baisers.

Tous les gentils garçons sont aussi de mauvais garçons. C'est pour cette dualité que nous les aimons. Quel ennui que l'homme parfait — si tant est qu'un tel prodige existe. Quel ennui que d'être tout le temps la petite fille sage.

Les femmes rangées sont toujours attirées par les hommes indisciplinés : nous avons subi un entraînement si intensif en matière de bonté féminine qu'il faut impérativement que nous retrouvions notre moi refoulé : la rebelle. Mais nous ne sommes pas toujours capables de nous émanciper seules ; il nous faut un homme qui coupe le ruban avec nous — sinon pour nous. Quel ruban ? Le ruban rouge de sang qui nous lie toujours à notre mère et à notre père.

Pensez à toutes les grandes féministes qui se sont enfuies avec des mauvais garçons ! Mary Wollstonecraft avec Gilbert Imlay, un voyou révolutionnaire qui l'a laissée enceinte et sans le sou. Lui en a-t-elle voulu ? Au contraire. Elle écrit : « Ah, mon ami, vous ne connaissez point les délices ineffables, le plaisir exquis que procure une union faite d'affection et de désir, quand l'âme tout entière et les sens s'abandonnent à une imagination fertile... »

George Sand prit pour mari un mauvais garçon, Casimir Dudevant, et s'en choisit un autre, Alfred de Musset, comme amant (pour compenser le bien trop moral Frédéric Chopin). Avant eux, il y avait eu tout un tas d'autres mauvais garçons, dont Stéphane de Grandsagne, père de sa fille unique Solange. Le nom de son premier amant, Aurélien de Sèze, commençait par les mêmes lettres que le sien, Aurore. Après ces deux-là, on ne compte plus les canailles lui ayant inspiré de la passion et peuplé ses livres.

Pour Sand, la passion et la poésie allaient visiblement de pair. Ses muses étaient les garnements. Heureusement, elle leur survécut à tous, et termina sa vie grand-mère comblée qui ne cessa jamais d'écrire. Même en pleine passion, même en voyage, elle travaillait cinq à huit heures par nuit. Quand elle fermait sa porte à Musset pour remplir son quota de pages, il allait s'amuser avec les danseuses de la Fenice, le magnifique opéra de Venise. Il en fallait davantage pour empêcher Sand de poursuivre son œuvre, même si, peut-être, elle en eut le cœur fêlé. Toute tendre et maternelle qu'elle ait été avec les hommes, elle savait que c'était le travail et pas l'amour qui la maintenait en vie. Elle est la première de la race moderne des amantes-mères-écrivains.

Même si on ne peut pas dire d'Elizabeth Barrett Browning qu'elle avait choisi l'archétype du coquin en Robert Browning, ce fut sans aucun doute lui qui la libéra de la maison parentale, et il devint sa muse. Son poème « Comment t'aimons-nous ?

Comptons les manières » rehausse la tradition des femmes poètes emportées par l'amour libérateur, tradition perpétuée à notre siècle par Anna Akhmatova et Edna St Vincent Millay. Et qui était Sylvia Plath, sinon une fille sage amoureuse du type même du mauvais garçon ? Elle a payé de sa vie sa *Liebestod* de poète.

Mary Godwin Shelley, la fille de Mary Wollstonecraft et de William Godwin, qui inventa le genre immortel du roman d'horreur, aimait en Percy Bysshe Shelley un mauvais garçon. Shelley était un révolutionnaire, un traître à sa classe sociale, un révolté sexuel ; voilà pourquoi Mary, en digne fille de sa mère, le choisit au jeune âge de seize ans. Il honorait sa mère disparue autant qu'elle, et il y eut des scènes de séduction croustillantes dans le cimetière, où la pierre tombale de Mary servait d'amulette magique. Évidemment, il est plus facile pour une adolescente d'honorer une mère décédée qu'une mère vivante.

Les sœurs Brontë — Emily, Charlotte et Anne — avaient toutes les trois un faible pour les voyous, ne serait-ce que dans leur prose et leurs poèmes. Heathcliff et Rochester ont engendré des milliers de peu recommandables héros de romans et de films mineurs (dont les auteurs n'avaient pas lu les sœurs Brontë, mais en avaient hérité l'archétype par le biais de la culture de masse). Quant aux accents ardents des poèmes d'Emily Brontë, ils ont donné naissance à une tradition de désir qui marque encore une bonne partie de la poésie féminine du XXe siècle.

Car les jeunes femmes désirent s'anéantir dans l'amour. À l'adolescence, nous faisons nôtre ce cri : « Tout le bonheur de ma vie est dans la tombe avec toi. » Ce n'est qu'à la maturité que nous apprenons la valeur des amitiés féminines intimes, des amitiés intellectuelles et du temps à consacrer à des vies qui transcendent la nôtre.

À seize ans, Heathcliff et Rochester sont les plus alléchants des appâts. Nous mourons d'impatience de tout abandonner au nom de l'amour. Cela doit tenir à une étape de notre évolution. Heathcliff et Rochester nous aideraient-ils par hasard à trancher les liens avec nos parents, à nous affranchir d'eux pour vivre les aventures de notre propre vie ? Nous arracheraient-ils à l'enfance ? Représenteraient-ils une force plus grande que le désir de rester à la maison avec maman ? Je le crois. Les jeunes femmes rêvent d'amour et de passion comme les hommes rêvent de conquête, parce que ces rêves sont les aiguillons qui nous poussent à quitter l'enfance et à grandir. Sinon, comment expliquer que les plus virulentes féministes aient aussi été les amantes les plus passionnées ?

Même si la passion sexuelle n'assurait pas la continuation de l'espèce, une adolescente devrait nécessairement rompre les liens avec sa mère, pour pouvoir enfin devenir cette mère. La passion est un grand catalyseur de la croissance.

Beaucoup de femmes artistiquement et intellectuellement épanouies sont en même temps écrasées par une figure paternelle. Mary Godwin Shelley en est un parfait exemple, elle qui a dû s'accommoder d'une mère mythique et d'un père bien réel. Celuici, brillant mais affectivement faible, avait, comme beaucoup de faibles, épousé une mégère. Percy Shelley fut donc pour Mary à la fois une mère, un père et une échappatoire. Elle ne pouvait tout bonnement pas lui résister — surtout quand il lui jurait qu'il attenterait à sa vie si elle refusait de se donner à lui.

Le tabou œdipien exige l'intervention d'un étranger (différent de papa en apparence) pour susciter une passion qui fasse fi de toute considération pratique. Et le mauvais garçon est parfait dans le rôle. Il doit arriver par la lande, dans un furieux martèlement de sabots ; il doit aimer le travail créatif de sa belle qu'il enlèvera pour l'emmener en Italie, en Angleterre ou sur la lune ; il doit être d'une race, d'une couleur de peau, d'une nationalité, d'une classe sociale différentes ; il doit parler une langue différente ; danser sur un rythme différent. Sinon, l'attraction œdipienne restera trop forte pour nous permettre de quitter papa et la maison.

Pourquoi partir, alors que nos premiers objets d'amour sont là ? Parce que c'est à ce prix-là que nous pourrons revenir chargées des trésors de l'art.

Lorsque nous nous penchons sur les vies de grandes créatrices comme Mary Wollstonecraft, George Sand, Sylvia Plath, Colette, Edna St Vincent Millay, Anna Akhmatova, Mary McCarthy et tant d'autres, nous ne devrions peut-être pas regretter qu'elles aient invariablement mal choisi l'objet de leur amour. Se tromper d'homme est parfois la seule chose que puisse faire une jeune artiste qui doit s'affranchir de sa famille. Aimer un voyou, c'est aimer le voyou qui est en elle, affirmer sa liberté, le côté indomptable de son âme. Le voyou est la révolte qui sommeille en elle et que l'éducation a tenté d'étouffer. Ce n'est qu'en l'intégrant à sa personnalité qu'elle pourra se passer de l'amour brut qu'il lui donne. Si elle y survit, elle en sortira plus forte. C'est son passeport pour l'âge adulte, son mariage entre la force et la tendresse, son indépendance.

Après cinquante ans, plus rien de tout cela n'est nécessaire. Nous nous rendons compte que nous pouvons être à la fois le mauvais garçon et la fille sage. Nous pouvons affirmer le pouvoir du premier et la chaleur maternelle de la seconde. Nous n'avons plus besoin du mauvais garçon à nos côtés pour revendiquer notre virilité. Ni de nos mères pour acquérir des qualités maternelles. Nous sommes devenues des êtres androgynes à part entière, déterminés et tendres.

Dans notre effort pour trouver notre identité de femmes, il est important de ne pas confondre les divers stades de la vie. Les qualités requises dans l'enfance et l'adolescence sont différentes de celles de la maturité. La tâche de l'adolescence est de quitter la maison paternelle. Et dans une société sexiste, cette tâche a toujours été ardue pour les femmes. Notre physiologie a renforcé la dépendance que nos esprits ont réussi à transcender. Les pratiques patriarcales telles que mariages de convenance, mutilations sexuelles et autres interdictions d'avorter nous ont encouragées à glorifier dans l'attachement à la famille une stratégie de protection.

On ne s'étonne plus que nos modèles de créativité aient dû faire preuve d'ingéniosité pour partir de chez elles. Les hétérosexuelles ont choisi de tomber amoureuses de garnements. Nous nous trompons si nous ne voyons en elles que des victimes. Elles étaient avant tout des aventurières, et n'avaient pas l'intention de souffrir. Sylvia Plath était plus qu'une masochiste ; c'était une aventurière téméraire, qui a peut-être récolté plus que ce qu'elle était prête à assumer.

En vieillissant, je comprends que les obsessions apparemment auto-destructrices de mes jeunes vies n'étaient pas uniquement auto-destructrices. Elles étaient aussi auto-créatrices. Tous les stades de notre vie s'accompagnent de transformations qui ne se manifestent qu'une fois terminées et intégrées. Que j'aie aimé des révoltés et des garnements attestait que j'aimais ces mêmes aspects de ma personnalité. J'ai quitté ces hommes, mais je les remercie de m'avoir aidée à devenir la battante solide que je suis aujourd'hui.

CHAPITRE XII

Devenir vénitienne

Lorsqu'il la percevait chez d'autres que lui, l'illusion qu'en Italie art et nature ne faisaient qu'un irritait Byron, qui en avait été l'une des principales victimes. Thomas Moore raconte de manière édifiante sa rencontre à Venise avec son grand ami, après une longue séparation. « Nous étions sortis sur le balcon pour que je puisse, dans les dernières lueurs du jour, jouir de la scène qu'offrait le grand canal. Comme je faisais observer, en regardant les nuages encore illuminés à l'ouest, que “ce qui me frappait dans les couchers de soleil italiens était cette nuance vermeille très particulière”, à peine avais-je prononcé le mot “vermeille” que Lord Byron, m'assénant une tape sur la bouche, me dit en riant : “Bon Dieu, Tom, ne faites donc pas dans le poétique.” »

Luigi BARZINI, *Les Italiens.*

Eau égale temps, réservoir de beauté grâce à son double. Partiellement eau, nous servons la beauté pareillement. Polissant l'eau, cette ville flatte le portrait du temps, embellit l'avenir.

Joseph BRODSKY, *Ligne d'eau.*

DEVENIR VÉNITIENNE

Au milieu de ces années de naufrage, de ces années de bouleversement, je tombai amoureuse d'une ville : Venise, Venezia, La Serenissima, Venice, Venedig. Je pensais que cette île magique allait me sauver la vie. Je croyais les mythes littéraires qui s'élevaient autour d'elle comme son célèbre brouillard. J'y retournais sans cesse, à la recherche de l'amour, à la recherche de moi-même.

Pour les écrivains de langue anglaise, l'Italie est devenue mythe plus que réalité.

C'est la faute des poètes du XIXe siècle : tout d'abord, les Browning — Monsieur et Madame — qui attirèrent à Florence les foules venues découvrir Fra Lippi et la transformation de l'amour (qui s'améliore après la mort), pour ne trouver que gaz d'échappement, *gelati* fondues, musées pris d'assaut, marchands de cuir cyniques et orfèvres indélicats du Ponte Vecchio ; ensuite, Lord Byron qui descendait le Grand Canal à la nage, suivi à la rame par son domestique (chargé de son manteau romantique et de son pantalon), un Lord Byron qui ennoblit le Palazzo Mocenigo en y écrivant des vers du divin *Don Juan* mais fut infect avec les femmes et laissa Allegra, sa fille chérie, mourir dans un couvent plutôt que de la confier à sa mère ; ensuite encore, Percy Bysshe Shelley, qui laissa son cœur sur la plage de Lerici, et qui mourut consumé par les flammes ; et enfin, mais non parmi les moindres, Mary Wollstonecraft Godwin Shelley, qui conçut son monstre humanoïde dans les Alpes avant de venir en Italie assister à la noyade de son mari, noyade qui réalisait la prophétie de son roman.

Oublions un instant George Sand et Alfred de Musset (qui se trompaient mutuellement à Venise), Henry James, John Singer Sargent, John Ruskin, Vita Sackville-West, Nathaniel Hawthorne, le baron Corvo, Igor Stravinski, Ezra Pound et tous les autres toqués. À eux seuls, Byron, Browning et les Shelley ont suffi à gâcher le tourisme dans une Italie ruineuse. Les poètes venaient pour écrire ; puis les hordes ont débarqué. Qui prétend que la poésie n'a aucun retentissement économique ?

Le charme que ces poètes avaient jeté sur certains lieux sanctifiés de la botte superbe mais légèrement défraîchie ensorcelait tous ceux que captivaient les livres. Nous allions en Italie chercher l'amour et la poésie — et pour nous, amour et poésie étaient interchangeables.

Lors de mon premier voyage à Venise, j'avais dix-neuf ans ; j'arrivai seule par le train de Florence où j'étais venue en séjour linguistique étudier les Italiens. Les étudiants participant à l'échange logeaient à la Torre di Bellosguardo, un bâtiment du XIIIe siècle aujourd'hui transformé en auberge typique mais plutôt délabrée, et qui dominait Florence de la colline où étaient venues se réfugier Vita Sackville-West et Virginia Woolf. En Italie, tout est revêtu d'allusion poético-sexuelle, car l'Italie est, avant tout, le pays des enlèvements poétiques, du moins aux yeux des Américains et des Anglais. Les Italiens voient leur pays tout à fait autrement.

Postée dans un petit coin de la gare Santa Lucia, je serrais dans la main un *Don Juan* à couverture bleue. Les escaliers de marbre se dressaient, plus hauts et plus raides qu'ils ne le sont en réalité. Je ne voyais ni les chatons morts qui flottaient dans le ruisseau, ni les capotes usagées, ni les bouteilles de

Fanta vides. Je ne voyais que la poésie et l'amour. Il n'y a pas de meilleurs publicitaires que les poètes.

Je pris le vaporetto jusqu'à la place Saint-Marc, émerveillée par les palais qui bordent le Grand Canal. Lorsque je lus sur le mur du Palazzo Mocenigo la plaque qui portait l'inscription « *Qui abita Lord Byron* » (ici vécut Lord Byron), je crus m'évanouir. J'étais en présence de la Littérature — cette vieille tricheuse, ce gigolo intello. Comme le dit Mary Shelley de sa lune de miel à l'étranger : « C'était d'un romantisme au-delà du romanesque. »

J'errai donc sur la place grouillante de monde, dans le palais des Doges, au milieu de cette ville-musée vivante.

Un jeune et beau médecin chinois (pas celui que je devais épouser plus tard) m'acheta des violettes et une glace en cornet, en discutant de Byron avec moi. Un étudiant américain pas très dégrossi me demanda de partager sa chambre minable dans un bouge près de la gare. Les Italiens me pincèrent les fesses. Je flottais, protégée par la poésie.

Rien ne rompait le charme. J'étais en autoparalysie, en autohypnose. Les livres étaient ma drogue ; je les portais dans mon cœur et dans ma tête.

J'entrai dans une maison sur laquelle était inscrit le nom de Ruskin, et me fis accueillir par un torrent d'injures : je n'étais pas dans un musée. Je mangeai des mini-pizzas pour touristes et bus du vin aigre. Pour moi, c'était de la manne.

Les toits de tuiles rouges à moitié effondrés, les cloches, les mouettes, la boule d'or de La Dogana (la douane, qui enrichit Venise par ses perquisitions et ses saisies), le chapeau conique vert du *campanile* de San Giorgio Maggiore, faisant face à celui du bassin de Saint-Marc, les deux s'alignant dans le canal en un point de repère bien visible des voiliers entrant au port, les bateaux de croisière descendant le canal de la Giudecca comme sur des rails invisibles, tout cela m'enchantait, m'envoûtait et me ramenait à Venise, encore et encore.

J'y retournai avec des amies, et finalement avec Allan, avec Jon, avec Will, et plusieurs fois seule. Je descendis dans tous les hôtels, de l'*Ostello della Gioventù* aux établissements bon marché en passant par les *pensioni* modérées et les palaces ridiculement onéreux, tels le Gritti ou le Cipriani. Plus tard, je me mis à chercher des locations, aussi à l'écart des touristes que possible. Je me flattais d'être sinon quelqu'un du cru, du moins une *habituée*[1].

En arrivant à Venise, je me demandais souvent ce que j'avais bien pu venir y chercher encore une fois. Cette ville languissait ; elle m'enserrait, me piégeait ; mais l'*ensorcellement*[2], comme dit Anaïs Nin, n'était pas toujours agréable. Je me sentais mouche prise dans une toile d'araignée, marin entraîné vers le fond par une pieuvre fantastique. Je n'étais jamais sûre de ce que Venise attendait de moi.

Les ciels bleus d'été et la lagune étincelante sont parfois trompeurs. Les touristes déferlent, tels des mendiants dépenaillés, brûlés par le soleil, pressés de rentrer chez eux pour dire qu'ils ont « fait » Venise.

Mais quand on a un peu vécu dans cette ville, en hiver ou en été, on s'aperçoit qu'elle recèle des milliers de secrets qu'elle ne vous divulguera qu'en temps et en heure.

L'été 1983, j'avais été invitée en ex-Union soviétique à une conférence d'écrivains. L'homme adorable qu'était feu Harrison Salisbury avait réuni Studs Terkel, Susan Sontag, Robert Bly, Gwendolyn Brooks, Irving et Jean Stone. On attendait Voznessenski, qui ne vint pas, mais on vit beaucoup d'apparatchiks. Nous fîmes le voyage de Moscou à Kiev en train. J'étais horrifiée de voir comment, dans les deux villes, les gens dévisageaient Gwendolyn Brooks parce qu'elle était noire. Elle partagea

1. En français dans le texte.
2. Idem.

mon compartiment et nous passâmes la nuit à parler poésie et maternité.

Pourquoi Venise, après ce voyage ? À cause de Carly Simon. Sinon, je serais sans doute rentrée directement au Connecticut où Will m'attendait.

« Rendez-vous à Venise, au Cipriani, le 1er août », avait suggéré Carly quelques mois auparavant, alors que nous déjeunions au Village. Au cours de ce repas un peu olé-olé, chacune avait vanté les mérites de son jeune amant. Nous les amènerions à Venise, et nous verrions bien ce qui se passerait. Échangisme ? Seulement en fantasme. Je réservai donc au Cipriani, dont j'ignorais l'existence avant d'entendre Carly prononcer ce nom. Après Moscou, je retrouvai Will à l'aéroport de Milan. Nous courûmes nous engager l'un envers l'autre (c'est comme ça qu'on dit ?) dans une chambre d'hôtel, avant de reprendre l'avion du soir pour Venise. Quand on est amoureuse, on se sent non plus piégée mais en mal d'effusion à la vue de la ville.

À l'époque, j'avais de l'argent — ou plutôt, je ne savais pas encore que le fisc allait me le piquer. Nous prîmes donc une suite au Cipriani, près de la piscine. Nous n'en bougions pas de toute la journée.

Matin et après-midi, nous faisions l'amour ; tout nous était monté dans la chambre. Le soir, nous arpentions la ville.

Pas de nouvelles de Carly ni de son amant, Al Corley. Elle m'avait lancé une de ces invitations exubérantes qui plongent immédiatement leur instigateur dans l'amnésie. Mais Will et moi, nous n'avions besoin de personne. La nuit, Will m'apprenait à nager dans l'immense piscine déserte (aux dimensions démesurées parce que le constructeur avait confondu les mètres avec les pieds). Dans l'obscurité, nous explorions les petites *calli* de la Giudecca. Nous buvions au café, dans notre chambre, au lit, au bord de la piscine. Nous faisions l'amour comme si nous venions de l'inventer, ce dont nous étions d'ailleurs persuadés. En cela nous étions comme tous les amants.

Venise était devenue notre ville à nous. Chaque été, nous venions nous installer dans une location — appartement, maison, *piano nobile* — avec Molly et Margaret. Nous nous fondions dans la lagune et ses rythmes d'*adagio*. Le matin, Will sortait acheter du pain frais. Nous prenions le petit déjeuner sans nous presser. Je me mettais à écrire, après quoi nous partions tous ensemble déjeuner dans une *trattoria* du coin.

Dès l'âge de cinq ans, Molly passa tous ses étés à Venise. Nous allions terminer l'après-midi à la piscine du Cipriani, puis nous prenions une douche avant de rentrer par le *vaporetto* nous changer pour le dîner. Une vraie famille de quatre personnes.

La journée s'organisait autour de l'écriture, des promenades, de la natation, des repas. On se débarrassait peu à peu des tensions de New York. Je prenais des notes, inventais des poèmes, commençais des histoires que je me sentais le besoin d'écrire. Parfois elles devenaient des livres, parfois non. Mais le rythme de vie nonchalant était propice à ce genre d'éclosion, baptisée ensuite par le monde aquatique. Je rentrais toujours à la maison la tête pleine de floraisons exotiques.

C'est fou ce que j'ai pu rêver à Venise, bateau flottant sur l'Adriatique ! J'avais l'impression de dormir sur un chalutier, bercée par le clapotis de l'eau et le flux des marées. Je me disais parfois que je ne venais à Venise que pour dormir.

C'est au cours de ces étés que je me mis à quelques recherches sur le ghetto et que je tombai sous le charme du XVIe siècle.

Will et moi, nous arrivions toujours avec une cargaison de lectures à faire ensemble. Nous lisions à haute voix, et truffions nos livres de signets et d'annotations. Dès le début, on nous présenta à des Vénitiens qui nous montrèrent la ville, nous ouvrirent des musées et des bibliothèques. Nous nous mîmes à explorer Venise, à la recherche d'une histoire qu'elle voudrait bien me dire, ou dire à travers moi.

Le ghetto nous captiva. Par solidarité avec moi, Will arbora une étoile de David sertie dans une verrerie vénitienne. Nous nous intéressâmes à l'histoire des Juifs de Venise.

Grâce à Cecil Roth, à Riccardo Callimani et aux pierres de la ville, la Venise du XVIe siècle se mit à revivre pour moi. Cette île avait été le refuge de tous les Juifs qui y cherchaient asile. Sépharades venus d'Espagne, Ashkénazes d'Allemagne, Levantins du Proche-Orient s'y retrouvaient et se mêlaient aux chrétiens et aux musulmans, créant la magie de la culture vénitienne.

J'établis immédiatement une analogie entre l'île de Venise et celle de Manhattan. La Venise du XVIe siècle était la Manhattan du début du XXe : grouillante de Juifs chassés d'Europe et du Moyen-Orient, dont le destin était d'aller enrichir le monde chrétien et de le transformer à jamais.

Les Juifs venaient à Venise parce qu'elle voulait bien d'eux. Ils devinrent bientôt marchands de vieux vêtements, de vieux objets, de livres ; spécialistes en arts de la scène, en imprimerie et reliure, en peinture, en antiquités — ce qu'ils sont restés aujourd'hui. Ils fondèrent des synagogues, des théâtres, des maisons d'édition, des compagnies de commerce. Ils pratiquèrent les arts. Canalisant leur énergie vers les rares activités qui ne leur étaient pas interdites, ils finirent par représenter une certaine force. Et ils prospérèrent. Et Venise prospéra. Ils apportaient un levain différent au grand gâteau saupoudré de sucre qu'était la Serenissima.

Durant mes longs séjours paresseux à Venise, j'entendis un murmure s'élever des pierres. Une histoire prenait corps. Une jeune Juive, la vraie Jessica, est emprisonnée dans le ghetto par son père, Shylock (ou Shallach, forme probable du nom avant son anglicisation).

À l'occasion d'une sortie quotidienne tout à fait banale, Jessica rencontre dans le ghetto un jeune

Anglais venu entendre les célèbres prêches des rabbins et apprendre l'art dramatique (dans lequel les Juifs de l'époque s'étaient fait une réputation). À vingt-huit ans seulement, il est poète, acteur, dramaturge ; il est venu à Venise avec son mécène à la bisexualité lascive, le comte de Southampton. La peste a fermé les théâtres londoniens, si bien qu'on a tout le temps de voyager. Le lord anglais est follement amoureux de lui et, comme tous les amoureux fous, il veut être son maître.

Entre Will — car l'ironie veut que ce soit le nom du jeune homme — et Jessica, c'est le coup de foudre, comme entre tous les amants de contes de fées ; poussés par leur amour, ils veulent fuir le ghetto, fuir Southampton, Shallach et le cynisme — puisque l'amour est fait pour vaincre le cynisme.

C'est quelque chose de ce genre qui mijotait dans ma tête tandis que je terminais un autre roman, *Les Parachutes d'Icare*. Cet hiver-là, je reçus une invitation inattendue pour participer au jury du Festival de Venise. Sachant que j'avais besoin de pousser mon nouveau livre dans la lumière, j'acceptai immédiatement, et emmenai mon propre Will comme *cavaliere servente*.

Le festival fut un vrai cirque. Eugène Evtouchenko avait amené de Moscou une épouse britannique dont il devait bientôt se séparer, et des manières de grand manitou. Grand, théâtral, habitué à remplir des stades entiers d'admirateurs, il cherchait la bagarre. Günter Grass arriva d'Allemagne avec sa pipe et son humeur sombre ; il était dans les mêmes dispositions d'esprit, mais trop malin et trop avisé pour le montrer. Balthus aurait préféré ne pas quitter son atelier. Il était descendu au Gritti avec sa femme japonaise et ses filles, toutes de vraies beautés. Il se la coula douce et sembla prendre son rôle un peu par-dessus la jambe, ce qui était sage. Nous le voyions rarement, et jamais aux projections. Les frères Taviani, Paolo et Vittorio, modestes et drôles, étaient d'une nervosité incurable. Ils se préparaient à montrer *Kaos*, leur film génial d'après Pirandello. Michelangelo Antonioni, bien que malade, était d'un sérieux passionné ; il assista à toutes les projections.

Toute la journée, le jury visionnait film après film — les meilleurs, les pires, les médiocres. Films socialo-réalistes du bloc de l'Est, films indiens produits à la chaîne à New Delhi, films chinois produits par des magnats de Hong Kong, films japonais d'art ou d'exploitation, films faits pour choquer ou pour anesthésier, en quantité bien plus grande qu'on ne croirait possible de produire en une seule année.

Je commençais à m'ennuyer. Rien n'est plus fastidieux qu'un film médiocre. Au fil des jours, on voyait les nuages d'orage s'amonceler sur la lagune.

Lorsque arriva Claudia Cardinale avec son producteur sicilien de mari, le décor était prêt pour l'épreuve de force, la bataille d'OK Corral.

Cardinale jouait Clara Petracci, la dernière maîtresse de Mussolini, dans un film épouvantable qui s'inspirait moins de l'histoire que du feuilleton télé. Le Russe avait enfin trouvé quelque chose à critiquer. L'Allemand repéra un Russe qu'il pouvait mettre KO. Et ce fut le grand chambardement.

Comment tout cela commença, mystère. Les conférences et les séminaires ont tendance à entrer spontanément en combustion au bout de quatre ou cinq jours. Peut-être à cause de la discipline qu'ils imposent à des gens naturellement indisciplinés. Ou parce que les artistes sont des gens peu habitués à vivre en groupe, et qu'ils ne s'en accommodent que pour de brèves périodes. Ou parce que ce groupe a besoin d'une soupape de sécurité, et que l'explosion est inévitable.

Le jury commença par débattre de la « moralité » d'un film montrant Mussolini dans un rôle d'amant, puis il y eut des escarmouches verbales au déjeuner et à la pause de cinq heures, et tout d'un coup voilà Eugène qui donne une conférence de presse : enfin, les journaux italiens ont quelque chose à se mettre sous la dent ! Si le festival était assommant, on ne pouvait pas en dire autant des juges. Pan ! Paf ! Bing ! Boum !

« C'est un scandale de glorifier un fasciste en le montrant sous les traits d'un amant... » etc. Le tapage se nourrissait de lui-même, à la manière des scandales de presse. Les médias adorent par-dessus tout la controverse caricaturale. Entre les Français et les Anglais, c'était à qui serait le plus absurde. Les Italiens étaient trop contents de sauter dans l'arène. C'est alors que les journaux américains se jetèrent dans la mêlée.

Nous fûmes tous dûment interviewés et cités : impossible de ne pas prendre position sur cet innocent mélodrame. (Anita Hill a dit un jour que dès qu'on devient célèbre, on est censé avoir une opinion sur tout. « Je me réserve le droit de ne pas faire de commentaires », répondit-elle. Si seulement nous avions été aussi sages qu'elle !)

Claudia Cardinale se fit photographier : offusquée, elle était encore plus jolie. Son producteur de mari (ou son mari de producteur) promettait des vendettas rageuses.

C'est ainsi que le festival fut l'événement médiatique qu'il se devait d'être ; tout le monde y gagna une publicité, voulue ou non. Et la ville de Venise en eut pour l'argent qu'elle avait dépensé à faire venir et à nourrir toutes ces célébrités. Et Liv Ullmann put débarquer au dernier moment pour remettre le Lion d'or — qui rampa une fois de plus sur fond de *campo* bourré d'agents de presse.

L'étonnement que me causa ce festival à combustion spontanée me fit de nouveau réfléchir à mon roman vénitien. Tout écrivain rêve d'écrire un conte dans le genre Yankee-du-Connecticut-à-la-cour-du-roi-Arthur. Tout écrivain a envie de voyager dans le temps passé, du moment qu'il est sûr de pouvoir revenir au présent.

Et si ma Jessica n'avait pas été juive mais chrétienne ? Et si c'était une débutante ayant subi à contrecœur une éducation à la Radcliffe dans une vieille famille poussiéreuse protestante de l'Upper

East Side ? Et si elle avait fréquenté l'Académie royale d'art dramatique à Londres au lieu de faire un mariage comme il faut, et qu'elle eût bravé la désapprobation de sa famille pour devenir actrice ? Et si un beau jour, à Venise, après avoir été juré d'un festival, elle qui avait toujours adoré la poésie de Shakespeare, elle s'était glissée dans une fêlure du temps pour se retrouver au XVIe siècle dans le ghetto juif, amoureuse d'un jeune Anglais du nom de Will, épris de poésie ?

Et si est toujours le début d'une histoire.

Je tenais mon histoire. Ou elle me tenait.

Je me mis à griffonner des notes comme une folle. C'était l'occasion rêvée de confectionner un gâteau à partir de mes connaissances sur Venise, Shakespeare, les Élisabéthains et les Juifs.

Je mis dans ce conte tous les sanglants ingrédients shakespeariens. Poignards et poisons, dagues et couteaux, stylets, tout y passa. Voulant avoir à l'oreille la musique de la langue élisabéthaine, j'écoutai la lecture des sonnets par sir John Gielgud jusqu'à ne plus entendre que cela. Je dénichai toutes les mises en scène du *Marchand de Venise* de cette année-là. Je visionnai de vieux films et des vidéos de la pièce. Je me la lus à haute voix. Puis je dévorai toutes les critiques et tous les commentaires que je pus trouver. « Shakespeare est un terrain de chasse fécond pour les esprits égarés », dit Joyce par l'intermédiaire de Stephen Dedalus. Je ne cherchais pas à lui donner raison, mais je voulais vraiment remonter dans le temps. Je retournai donc dans le ghetto sous les pluies de l'automne, et je réfléchis. De nouveau, j'entendis le murmure des pierres. De nouveau, je vis le jeune Shakespeare marchant dans la pluie accompagné d'une Dame Noire.

Si l'on veut que Shakespeare fonctionne à notre époque, il existe un secret : ne pas dissimuler les vérités concernant les personnages sous une abondance de fioritures élisabéthaines. Ces détails, le public de Shakespeare les perçait à jour, habitué qu'il était aux conventions de langue et de mise en scène du dramaturge. Aujourd'hui, il faut rendre les pièces aussi transparentes qu'elles l'étaient pour les Élisabéthains. Une bonne adaptation doit enlever les écrans qui nous séparent de l'Angleterre de la Renaissance au lieu de les renforcer.

Mais *Le Marchand* est une pièce très difficile à moderniser à cause de l'attitude de Shakespeare envers Shylock : un antisémitisme très désagréable pour nous, et qui pourtant se situe au cœur de la pièce. Shakespeare avait beau voir en Shylock un être humain comme lui, les préjugés de l'époque envers les Juifs étaient tenaces. Même le personnage de Jessica est plus faible que celui de Portia. Elle fait preuve de cruauté quand elle renonce à son père, et aussi quand elle lui vole sa précieuse bague (léguée par son épouse disparue). On peut lire froidement, comme une insulte aux Juifs, la comparaison que fait Shylock entre les filles et les ducats ; mais on peut aussi la jouer avec passion, comme une illustration de l'amour et de la fureur d'un père. (Ce qu'ont fait Laurence Olivier et Dustin Hoffman.)

J'attendais de mon livre, *Serenissima,* qu'il résolve le dilemme de Jessica une fois pour toutes, et je voulais montrer les raisons qui poussaient Jessica à trahir son père : non seulement la conquête de son amour et de sa liberté, mais aussi la recherche de la poésie. Je voulais également dévoiler le mystère de la Dame Noire des sonnets. Je pensais frapper d'une pierre deux coups, en faisant d'elle la Juive du ghetto qui avait inspiré le personnage de Jessica.

C'était le genre de défis que je me lançais. Ce livre serait littéraire, mais il devrait aussi éclairer les femmes du XXe siècle, avoir une bonne intrigue qui donnerait au lecteur envie de tourner les pages, et enfin contenir une réflexion sur le rôle central de la poésie dans notre vie.

Bien que *Serenissima* me fascine toujours par son potentiel, je crois devoir en partie son échec à ce que je ne comprenais pas encore pleinement ma relation à la ville de Venise. Et aussi au fait d'avoir voulu caser trop de choses dans un petit volume. *Serenissima* aurait dû être plus long et plus foisonnant, comme *Fanny.* J'aurais dû lui donner davantage de personnages, de courants contraires, d'intrigues mineures. Il aurait dû être moins revu et corrigé.

Embarrassée de ma tendance à l'excès, j'avais engagé un préparateur de copie indépendant pour tailler mes sous-bois. Tous les deux, nous nous encourageâmes tellement que nous finîmes par élaguer un peu trop. V.S. Pritchett dit que les forces et les faiblesses d'un écrivain sont si étroitement entrelacées qu'il est impossible de couper les unes sans les autres.

Venise, comme New York, était pour moi une cité ancestrale, une cité qui me rendait à mes racines juives. Mais c'était davantage encore : le mythe qui l'entoure veut que sur cette île magique, les problèmes se résolvent, les mystères s'éclaircissent ou, du moins, se dissolvent dans l'eau.

Le Marchand de Venise n'est que l'une des nombreuses versions shakespeariennes du même conte. Mais la pièce n'est pas un chef-d'œuvre — malgré la tirade de Shylock sur la nature juive, malgré le ciel étoilé de Belmont, malgré la beauté sombre et perplexe de Jessica et la sommation en justice de la bégueule Portia, sorte de concession de la noblesse aux pauvres hères comme les Juifs à condition qu'ils fléchissent un genou converti, qu'ils renoncent à leur sang, à leur nourriture, à leurs ducats, à leurs filles et à une descendance juive.

Le Marchand, donc, ne fonctionne pas très bien non plus, il faut le dire. Peut-être à cause de la haine qui couve en son sein. On ne fait pas de bonne littérature avec de la haine. En revanche, l'autre pièce de Shakespeare située sur une île magique, *La Tempête,* résout admirablement les questions qu'elle pose et se dénoue à merveille.

Tout y est authentique : l'amour entre les amants,

le repentir du roi sorcier Prospero, la liberté rendue aux esprits enchaînés Caliban et Ariel, la liberté du poète qui s'en va. L'île magique (située au large de la côte nord de l'Italie) pourrait être Venise, mais il est clair que ce n'est pas le cas. C'est d'ailleurs impossible, vu que Venise est avant tout l'île des morts, ce que Thomas Mann savait mieux que quiconque. Venise est le piège des esprits torturés. C'est l'île-papier-tue-mouches. Il lui faut constamment du sang neuf. Venise n'est ni plus ni moins qu'un vampire.

J'ai connu un pianiste danois qui revenait à Venise, d'année en année, jouer dans un bar minable. Il passait l'hiver et le printemps au service d'un cheik de Sharjah qui lui donnait beaucoup, beaucoup de ducats. Mais chaque été et chaque automne le ramenaient à Venise, comme obéissant à une injonction du fantôme de l'homme qu'il avait été.

Ce Danois mélancolique avait fait des recherches sur son fantôme, un boulanger du XIIIe siècle, semble-t-il. Parfois, la nuit, sa chambre se remplissait d'une odeur de farine ou des effluves chauds du pain qui cuit. Moules et étagères s'effondraient à grand fracas. À son réveil, il y avait une fine poussière blanche déposée partout. Il ouvrait les yeux tout grands, mais sans surprise.

C'était un blond aux yeux bleus, de petite corpulence, au visage à la peau tendue sur les os, comme on en voit parfois chez les Scandinaves. Lorsqu'il bougeait au piano, il paraissait jeune ; mais de près, on lui donnait quelque chose entre la cinquantaine et un nombre infini d'années. Il avait le visage craquelé de minuscules rides. Comme moi, Venise était sa drogue, mais il était clair que cela ne valait rien à sa santé.

Il y avait forcément un amant dans l'histoire — un amant impossible, comme mon Piero, qui apparaissait et disparaissait sans prévenir. Un amant à la même cruauté enfantine et inconsciente que le

Tadzio de von Aschenbach. Comme tous les amants vénitiens.

Peut-être Piero était-il l'amant de ce Danois en même temps que le mien. Et peut-être aussi l'amant de Tadzio. Et d'Alfred de Musset. Et de Byron. Et de Shakespeare. Allez savoir. À Venise, il est possible de mener plusieurs vies dans un temps démultiplié. Grace aux multiples portes. Le brouillard et les ombres cachent tout. L'*acqua alta* monte inexorablement, inondant les rez-de-chaussée.

Nous avons bavardé plusieurs fois, le pianiste danois et moi et, même si j'ai oublié son nom, je sais que son histoire n'est pas très éloignée de la mienne. Quand on ne peut pas s'affranchir de Venise, on finit par y mourir. La lagune a besoin de ces fantômes pour attirer de futurs fantômes.

On touchait là à une autre carence de mon roman vénitien : il taisait la suprême vérité sur Venise. Pas par manque de bonne volonté de ma part, non. Mais cette vérité, je ne la connaissais pas encore. Venise n'est pas une ville ensoleillée. Venise est une tombe.

Les étreintes volées entre le petit déjeuner et le déjeuner, la passion débridée de cinq à sept sont des appâts qui font revenir à Venise. Mais faire l'amour ne crée pas la vie. Cela crée des fantômes, des fantômes séduisants, des fantômes d'une force magnétique et sexuelle incroyable, des fantômes capables de faire trembler la vaisselle dans le plus grand orgasme jamais connu sur la *terra firma*. Sauf qu'on n'est pas sur la *terra firma*. On est sur la mer, et la barque de la mort vogue vers l'ouest, vers le soleil couchant.

Il n'y a pas très longtemps (j'en étais à la moitié de ce livre) je suis retournée à Venise avec ma fille. Nous avons marché, nous avons parlé, nous nous sommes rappelé les étés de son enfance, quand j'étais sans mari. Mais quand j'allais rendre visite à mes vieux amis, elle refusait de m'accompagner. Elle préférait rester au Gritti devant CNN, en utilisant le service de chambre. J'y allais donc seule.

Mes amis me mettaient quasiment le grappin dessus, à la manière des insulaires, qui crèvent d'ennui. Ils me préparaient à déjeuner, à dîner, à goûter, m'informaient de leur dernière sélection des propriétés à vendre.

D'anciens amants me laissaient des messages à la réception de l'hôtel, mais, quand je les appelais, ils n'étaient jamais là. À mon retour, je trouvais de nouveaux messages, sans jamais pouvoir joindre mes correspondants. Certains messages venaient de parfaits inconnus. Je me demandai s'il n'y avait pas, parmi eux, un boulanger du XIIIe siècle.

Mon ami danois était parti ; je crus apercevoir Piero dans son bateau à moteur, descendant seul le Grand Canal, puis je crus m'être trompée. J'essayai de l'appeler, et tombai sur une secrétaire qui m'annonça qu'il était « fuori Venezia » (il s'était absenté de Venise). Le ciel s'assombrissait. Au Gritti, les vieilles fenêtres de ma chambre (celle d'Hemingway, me dit-on) s'ouvraient toutes grandes. La nuit, des pas faisaient craquer le plafond ; quand je m'en plaignis, on me répondit que la chambre du dessus était inoccupée.

Finalement, le cinquième jour, je me retrouvai dans un jardin verdoyant (un ancien cimetière, paraît-il) du Dorsoduro. Un monde de statues, personnages portant manteau et chapeau, visage voilé, était tapi dans les ombres velouteuses. Dans les haies d'un vert pommelé de mousse, çà et là, un fuchsia ou un cyclamen éclaboussait la verdure comme un pot de fleurs posé sur une tombe.

J'étais assise au centre d'un groupe de femmes. Il y avait une artiste autrichienne qui vivait à Venise depuis près de trente ans. Attirée par des amants italiens et par la lumière, elle avait maintenant décidé de se passer d'hommes (de toute nationalité). Une autre, une Américaine potelée, avait vendu son logement new-yorkais après son divorce pour venir s'installer ici. Une troisième, une riche veuve anglaise, s'était acheté un *palazzo* au bord du Grand Canal, qu'elle rénovait. Une quatrième était la volumineuse duchesse qui gardait mon Piero, son Piēro, le Piero de tout le monde. Il naviguait en Méditerranée. Personne ne savait où.

Nous parlâmes régime, cours de gym, nourriture, enfants capricieux, domestiques capricieux, hommes capricieux. Toutes, elles me pressèrent d'abandonner New York, mon mari, ma famille pour venir m'installer définitivement à Venise. Le rythme de vie était plus lent, disaient-elles, je pourrais écrire.

Mais écrire uniquement sur le passé, me disais-je. Et finalement ne plus écrire du tout, parce que j'aurais les doigts recouverts d'herbe. Le cimetière gagnait sur moi, et Venise faisait que c'était agréable. La barque qui rame vers le soleil couchant m'attendait au bout du canal. Le séduisant clapotis de l'eau était la voix de Venise : *vieni, vieni*.

La mort qu'elle offrait n'était pas *la petite mort*[1]. C'était la grande. Une mort inexorable.

Les amants vénitiens, quelle que soit leur identité, quel que soit leur sexe, étaient ses petites mains, ses agents, ses béquilles. Ils attiraient les gens robustes. Mais nous ne pouvions rester que de notre plein gré, car c'est ainsi que la mort nous veut. Elle nous prépare à Venise, pas à pas, rame à rame, orgasme après orgasme.

Je me souvins de ma première attirance pour Piero, huit ou neuf ans auparavant. Nous étions sur son voilier dans le bassin de Saint-Marc, par une nuit chaude de la mi juillet. C'était la fête du Redentore, qui commémorait la délivrance de la Serenissima après quelque fléau un demi-millénaire auparavant. Un pont de bateaux avait été établi entre la Piazza del Giglio à Saint-Marc, Santa Maria della Salute dans le Dorsoduro, et la magnifique église du Redentore construite par Palladio sur l'île de la Giudecca. On avait l'impression que la ville entière marchait sur l'eau. Ceux qui n'empruntaient pas les ponts pour transporter chandelles, nourriture ou *prosecco* étaient allongés sur leur

1. En français dans le texte.

bateau jonché de fleurs et buvaient le fruit de la vigne. La musique de Vivaldi, de Monteverdi et d'Albinoni flottait sur les canaux. Les grands — les futurs *tangentopolisti* qui aujourd'hui peuplent les prisons — étaient confortablement installés dans une sorte de loge royale flottante, une tribune sur ponton qui, elle aussi, diffusait à plein tube de la musique vénitienne. Les équipes de télévision, ballottées sur les eaux dans de petits canots, retransmettaient la *festa* au reste du pays pour qui Venise est depuis toujours une bizarrerie — mi-italienne, mi-autre.

La somptueuse duchesse de Piero cuisinait des écrevisses, des calamars et du risotto noir préparé à l'encre des *seppie* de Venise. Je regardais, époustouflée de ses talents et de son expression imperturbable. Piero se glissa près de moi.

Je sentis son souffle sur mon cou. D'un geste possessif, prémonitoire, il passa un doigt sur mon bras. Il me prit du regard.

Je me perdis dans ses faunesques yeux bruns, sentis le parfum du feu qui couvait sous sa peau, de ses boucles dorées de satyre. Sa sueur avait des senteurs de chèvre, délicieuses — ou était-ce la mienne ? Nous avions la même odeur.

« Désolé de ne pas être tout à fait libre », me dit-il en me montrant la duchesse. Il voulait dire le contraire, naturellement : *Je suis bien content de ne pas être tout à fait libre. Voici mon inoculation, ma protection, mon bouclier invisible. Mais je serai heureux de vous faire revenir à Venise autant de fois que vous le voudrez pour vous faire goûter à mon bâton magique.*

Et ce fut le début de notre histoire. Elle couva sur la lagune une année entière, fut consommée par une nuit de pleine lune un an plus tard, dura des années, par intermittence, et se termina définitivement le jour où je fuis Venise en panique, sans même le revoir.

Ce jour-là, le vent soufflait fort du canal. Les fenêtres tremblaient, la vaisselle se brisait et les pianos jouaient des mélodies saccadées ; un nuage de farine envahissait tout. Je jetai un coup d'œil dans le miroir. J'étais blanche comme un fantôme.

« Ô toi, femme que j'appelle maman, si tant est que tu mérites ce nom, me dit ma fille qui a maintenant quinze ans, il faut absolument partir d'ici. Il va arriver quelque chose de terrible. »

En une heure de temps, nous avions fait nos bagages et rejoint en gondole-taxi l'office de location de voitures.

Alors que nous traversions à toute vitesse pour rejoindre la *terra firma,* une tempête déchaînée nous donna la chasse, secouant notre break, assombrissant les vitres.

Nous étions parties juste à temps. Au-dessus de la lagune, les fantômes tourbillonnaient dans les airs en hurlant. Les dames du jardin public me criaient : « *Non scappi !* » (Ne t'en va pas !)

Mais, pied au plancher, je prenais la route de Milan. Retour à la vie, aux affreux embouteillages, aux préoccupations terre à terre des affaires, aux téléphones qui n'arrivent pas à joindre les morts.

Même Browning avait quitté Venise, et Byron et les Shelley. George Sand avait abandonné la ville une fois son livre terminé. Seul Aschenbach était resté. Et Pound. Et Stravinski. Ils y sont enterrés.

Une fois sur la terre ferme, j'étais hors de portée des dames du jardin sombre.

« Maman, me dit Molly, jamais je n'ai été aussi contente de partir. Quand j'étais petite, j'adorais Venise. Qu'est-ce qui s'est passé ?

— Tu étais assez jeune pour cette ville, lui dis-je en fonçant toujours.

— Je ne comprends pas.

— Nous ne sommes pas encore prêtes à faire de bonnes Vénitiennes. »

Mais en pensée, je voyais l'eau se refermer sur la ville, les mosaïques dorées flotter en se décomposant, les saints byzantins s'effriter lentement.

Cette Atlantis condamnée finirait par sombrer sous les eaux réchauffées, et nous n'en serions pas plus avancés. Les archéologues de 5040 feraient des fouilles et s'émerveilleraient de l'ouvrage de la mort.

Je pensai au jour où nous avions enterré notre amie Vesty Entwhistle dans le jardin verdoyant de San Michele, l'île-cimetière ; nous avions déposé des céramiques dorées sur la terre de sa tombe parce qu'elle en avait utilisé dans ses mosaïques. Encore une vie qui irait nourrir la cohorte des fantômes. Chaque enterrement est un triomphe pour *La Serenissima.*

Douze ans plus tard, les fossoyeurs à tête de mort déterrent les ossements de tous ceux qui ne sont pas assez célèbres pour attirer de nouveaux touristes. Ils jettent ces restes indignes dans la fosse commune — une île faite d'ossements, et dont je n'ai entendu parler que par chuchotements. Pendant les douze premières années, on a le droit de goûter à l'immortalité. Ensuite, si votre éclat s'est terni, du balai : crâne, bassin, vertèbres, tibia, péroné, tout. Qui peut prétendre à une gloire posthume beaucoup plus longue ? L'immortalité n'est-elle pas le souvenir de nous qui subsiste dans les esprits de ceux qui ont aimé le nôtre ?

Je n'ai plus envie de mourir à Venise. C'est pourquoi je ne peux plus y vivre.

Je dois être trop vieille pour prendre le risque de devenir vénitienne.

CHAPITRE XIII

La vie picaresque

Passé cinquante ans, nous apprenons avec surprise, avec un sentiment d'absolution suicidaire, que nos projets avortés n'auraient jamais pu se réaliser.

Robert LOWELL, « Pour Sheridan »

Tout ce que j'ai jamais gagné, je ne l'ai dû qu'à l'amour, et à rien d'autre.

Saul BELLOW, *Le Faiseur de pluie.*

Qu'est-ce que notre personnalité, détachée de celle des amis auxquels le destin nous a liés ? Je ne peux me concevoir indépendamment de l'influence des deux ou trois grandes amitiés de ma vie ; pour retracer mon évolution, il faut parler de leur influence stimulante et éclairante.

Edith WHARTON, *Les Chemins parcourus.*

LA VIE PICARESQUE

Pour toute femme qui écrit, la plus ineffable des vérités sur elle-même est l'histoire intérieure, l'histoire qu'elle écrit sans savoir pourquoi, l'histoire automatique, intrinsèque, dont son inconscient la nourrit par voie intraveineuse. La mienne est de nature picaresque.

Il a fallu que j'aie écrit six romans pour enfin m'en rendre compte. Et dans tous ces romans, une route, un voyage aller-retour : à Vienne, en Californie, dans le Londres du XVIIIe, dans le divorce, dans la Venise du XVIe, dans l'alcoolisme, etc. Dans tous ces romans, une héroïne tourmentée triomphe de l'adversité avec le sourire, après avoir rencontré sur le chemin cahoteux de la vie ornières et fossés, salauds et garnements.

Née dans une famille juive russe nostalgique, hyperintellectuelle, phobique et paranoïaque, j'avais besoin d'une histoire de ce genre, et d'une fin de ce genre. Mes lecteurs aussi.

Arrivée au grand tournant de la vie, je me sentis attirée par l'autobiographie : j'avais besoin de me comprendre avant qu'il soit trop tard. Et quel meilleur moyen d'y parvenir qu'en examinant les mythes ayant éclairé ma vie ?

Ma génération a grandi dans un mythe imposé : le *ils-furent-heureux-et-eurent-beaucoup-d'enfants* indissociable d'un homme, le prince charmant descendu du ciel pour vous emmener au septième ciel. Que l'on calque ses écrits sur ce mythe ou sur son contraire — *le prince n'existe pas, et même s'il existe il ne descendra jamais du ciel, et même s'il descend du ciel il ne m'emmènera jamais au septième ciel* —, il reste toujours la référence de notre vie. Pro-prince ou anti-prince, les termes du débat sont déjà définis, et ne l'ont pas été par nous. Nous avons tenté d'écrire d'autres mythe, — *un jour ma princesse viendra*, ou *je suis ma propre princesse, na !* — mais ils dérivaient tous du premier. L'armature de l'intrigue était la même. Nous étions dans la réaction, pas dans la création. Nous n'avions pas élargi notre conception de notre vie.

N'y a-t-il qu'une seule histoire possible ? La venue ou la non-venue du prince, le remplacement du prince par la princesse, le remplacement des deux par la solitude ?

Ne pouvions-nous pas trouver une histoire totalement différente, une histoire dans laquelle ni une relation ni le renoncement à une relation ne représenteraient le début et la fin de tout ?

Apparemment, non. Nos écrivains et philosophes avaient battu tout le territoire et n'en avaient rapporté que de nouvelles versions du même mythe, mais aucune création originale.

Nos bâtisseuses de théories sur les copines et sur le vieillissement n'avaient elles-mêmes aucune ride à ajouter au vieux portrait. Gail Sheehy disait : on peut toujours attirer les hommes après la ménopause ; Germaine Greer répondait : en a-t-on seulement envie ? Mais le thème principal restait la relation hommes-femmes. Même Gloria Steinem reconnaissait qu'elle ne pouvait pas vivre uniquement pour son mouvement. Et Betty Friedan admettait que malgré les agréments de la vieillesse, elle ne pouvait pas se passer de danser. De toute façon, les femmes ayant choisi de vivre sans hommes avaient toujours préféré les femmes ; ou alors, elles découvraient auprès d'elles une plus grande tendresse, sans se rendre compte qu'après cinquante ans on trouve davantage de tendresse partout, même chez les hommes.

Peut-être qu'en laissant mon inconscient me dicter un modèle picaresque, je me donnais accès à une vie de femme aussi dense, aussi héroïque et éclatante que la vie d'un héros traditionnel (vie aujourd'hui quasiment interdite aux hommes eux-mêmes). Malgré tout, mes héroïnes ne cessaient de s'enliser dans leurs relations avec les hommes. Isadora n'apprend ce qu'est la vie qu'après s'être fait plaquer par un salaud égoïste ; Fanny découvre l'héroïsme en sauvant sa fille ; quant à Leila, elle retrouve la sobriété en tirant de l'alcoolisme son invivable compagnon.

Où est la femme qui part de zéro, qui ne se contente pas de réagir, qui vit sa vie pour un idéal indépendant d'une relation ? Est-elle seulement imaginable ? Et si oui, les lectrices sont-elles prêtes à s'identifier à elle ?

L'été dernier, j'ai pu revivre ma vie picaresque, mais un peu différemment cette fois-ci.

J'avais loué avec ma fille, sur documents, une maison en Toscane située sur une colline plantée d'oliviers et de cyprès. Nous devions arriver fin juillet, après deux semaines de cours d'été à Salzbourg et plusieurs jours à Venise, Milan et Portofino. Deux amies de Molly devaient nous rejoindre, puis Margaret, et enfin ma meilleure amie. Mon mari devait arriver plus tard, et, pour finir, d'autres amis.

Nous avions choisi la région de Lucques, et non Venise où j'avais séjourné tant d'étés, parce que nos amis Ken et Barbara Follett y avaient loué une grande et superbe villa l'année précédente et nous y avaient invités pour quelques jours. En août, ils ne se déplaçaient jamais sans leur nichée d'enfants, filleuls, neveux, belle-famille et amis d'enfants. Ils formaient une sorte de conférence itinérante du Labour Party, car des gens comme Neil et Glenys Kinnock s'arrêtaient souvent chez eux pour partager un plat de pâtes, un verre de vin ou une bonne petite polémique.

Nous adorions la douceur de la campagne, qui n'était pas encore devenue un musée de la mort en ruine, comme Venise. Nous étions sensibles au fait que Molly, ma fille unique, se retrouvait avec des enfants de son âge, et nous aimions beaucoup Ken et Barbara, un couple intelligent et talentueux, mais aussi attentionné et loyal.

Mourant de chaleur, couvertes de poussière dans notre break Opel de location dont le changement de vitesses était défectueux et les freins plus tout neufs, Molly et moi étions enfin arrivées à Lucques. Nous venions de passer deux jours chez les Follett, dans un village voisin. Nous étions allées chercher Margaret et tous ses bagages à l'aéroport de Pise et prenions maintenant la route de notre ferme, pleines d'une anticipation dépassant celle de Miss Havisham envers le mariage. (Aujourd'hui, on l'appellerait Ms Havisham et elle suivrait une cure de désintoxication.)

Après avoir dépassé la jolie ville fortifiée, nous prîmes une vieille route en direction du nord et commençâmes à compter les villages et les vignes, les coopératives vinicoles et les fermes.

Quittant à droite, à un bosquet de pistachiers, une route qui s'effondrait dans les virages surplombant une rivière à sec (le Serchio, un quelconque affluent mineur de l'Arno ou du Pô), nous attaquâmes la montée d'un chemin boueux creusé d'ornières, jonché de cailloux et barré de canaux d'irrigation ; bientôt, nous nous retrouvions dans un fossé. La voiture cala, repartit, s'affaissa avec un grincement de lassitude. À nous trois, nous la remîmes sur la route, pour retomber dans un autre fossé... et encore dans un autre.

Un pompier incroyablement gros, casqué et tout gainé de cuir, sortit en trombe sur le perron en roche volcanique de sa maison, le manoir du Pistachier, et se mit à crier dans son pur dialecte toscan : « *Questa macchina non va su quella strada* », ce que nous avions déjà pu constater. Derrière lui apparut la signora Pompier avec la *bambina,* qui hurlait parce que nous l'avions réveillée.

Nous gravîmes la colline dans des crachotements de moteur, nous calâmes, et nous descendîmes de voiture pour nous trouver coincées au bord d'un précipice planté d'oliviers à intervalles bien réguliers.

Mon sang se glaça. Moi qui ai déjà une peur bleue au volant, je redescendis la colline en marche arrière, percutai un rocher qui arrêta la voiture, enfin soumise, dans un choc. Et les roues m'entraînèrent doucement dans le fossé maintenant familier.

Le pompier, sa femme et la petite rigolaient.

Mais Molly ne se décourageait pas.

« Je monte jusqu'en haut pour voir si c'est carrossable, maman », dit-elle en sortant de la voiture. Je vis ses larges épaules et sa tignasse rousse disparaître dans le virage du chemin rocailleux. Depuis qu'elle mesure dix centimètres de plus que moi, j'ai du mal à me faire obéir.

Je hurlai : « Molly !

— Calmos, maman ! » me cria-t-elle en retour, en vraie héroïne picaresque qu'elle était.

Et qui vois-je redescendre quelques instants plus tard ? Ma Molly, dans une Land Rover conduite par un monsieur robuste, le propriétaire de la maison. Elle sourit de toutes ses dents. Lui a l'air perplexe.

« Bizarre, dit-il. Personne n'a jamais de problème pour monter. Allez, ma p'tite dame, en voiture !

— L'agent immobilier ne m'avait pas prévenue qu'il fallait une Jeep », dis-je d'une voix sinistre où j'espérais faire poindre la menace. Je voyais déjà les papiers à remplir pour « publicité mensongère » ; mais il faudrait être fou pour intenter un procès en Italie : une vie ne suffirait pas pour le faire aboutir. Je sautai dans la Land Rover et grimpai le mauvais chemin en épingle à cheveux jusqu'à la propriété de l'Anglais.

Tout en haut, je trouvai une ferme toscane aux poutres apparentes, avec vue sur le paradis, *all'ita-*

liana. J'écarquillais des yeux impressionnés. Le propriétaire redescendit récupérer Margaret et les bagages.

« Bonjour, bonjour ! » nous dit la maîtresse de maison tandis qu'avec Molly, je grimpais les trois étages dallés d'ardoise menant à cette maison de rêve en plein pays du Chianti.

Le mari revint bientôt au volant de mon break, accompagné de Margaret.

« Même dans votre voiture, c'est du gâteau, dit-il.

— Personne ne s'est jamais plaint de la route », renchérit sa femme, qui ressemble à Mistress Quickly dans son maillot de bain extensible couvert de roses pommées. Avec son double menton et son ventre proéminent qui auraient fait l'indignation des chefs de file de la ménopause ou de Lotte Berk et sa mode anorexique de l'East Side, elle est bien dans sa peau.

Je me dirige vers la maison pour prendre possession du territoire auquel me donnent droit mes shekels.

« Pas par là, dit Madame. On n'entre pas dans ma cuisine tant que la bonne n'a pas passé la serpillière. Rien à faire : ma maison, c'est ma fierté ! »

Son mari me retient avec un verre de vin blanc additionné d'eau gazeuse, et nous nous asseyons pour bavarder de l'agent immobilier qui nous a bien roulés, moi en me faisant payer six mois à l'avance, eux sans rien leur verser. Mais enfin, ils espèrent que l'endroit nous plaît.

« Magnifique », dis-je, et je ne mens pas.

Monsieur et Madame débordèrent de prévenances pendant les deux heures que nous passâmes assis au soleil ; Margaret fit la conversation : la Reine, la Reine mère, Lady Di ; elle se vanta d'appartenir aux Filles d'Écosse et se mit à décrire en détail la maison de sa tante, au milieu de la bruyère et des ajoncs des Highlands, et la mort de son oncle écossais, et où et quand il avait été enterré, et ce qu'on avait mangé après l'enterrement.

Les menus propos. Ils remplissent les petits trous de la vie.

Enfin, dorées au soleil de Toscane et imprégnées des vapeurs de sa vigne, nous étions prêtes à visiter la maison.

« Quand nous l'avons eue, c'était une ruine », dit le mari.

Et en effet, on voyait encore la chrysalide d'où était sorti le papillon. La bergerie à flanc de colline était devenue un bastion de britannisme, avec Sky TV, MTV, CNN, des étagères de cassettes vidéo et d'atlas routiers, mais très peu de livres à part des livres de cuisine ou des guides de décoration, et le lot habituel de best-sellers laissés par la panoplie de locataires. Il y avait des « confessions de ma vie » signées par des célébrités qui n'en avaient pas rédigé un mot, des livres de généraux et de médecins-chefs, des romans écrits par des stars de cinéma sur le déclin, d'anciens ministres d'État ou des évangélistes du petit écran (dont certains sévissaient toujours). Mais la maison n'en était pas moins littéraire, car John Mortimer l'avait louée une année pour écrire un livre sur la Toscane.

« Je t'avais bien dit que tu aurais dû regarder dans *Résidences d'été,* rouspétait mon mari au téléphone.

— Mais comment veux-tu qu'on lise à New York ? rétorquai-je. Pour ça, il faut venir en Toscane. »

En temps voulu, nous eûmes accès au Pays des merveilles Weetabix, avec ses vues surprenantes de tous les points de la maison. Les cyprès s'étageaient sur la pente, lançant leur flèche sombre sur fond de châtaigniers feuillus et d'oliviers argentés. Fuchsias et glycines poussaient partout à profusion. Des vols d'hirondelles glissaient d'une colline à l'autre sur une immense étendue de ciel bleu immaculé. Comment ne pas abandonner Londres pour un endroit pareil ? C'était l'Italie dont rêvaient les poètes anglais.

Les lits avaient des bosses et les oreillers devaient

être remplis de débris de marbre de Carrare. Il y avait quatre chambres doubles et non sept comme annoncé, et le terme de « double » était un peu exagéré. On pouvait certes loger à quinze, à condition que ce soient quinze costauds qui acceptent de dormir sur la terrasse, sous la pergola ou dans la piscine.

Peu importait. Nous y étions, nous y restions. Les amis de Molly arrivaient bientôt. J'avais déjà payé la totalité de la location, et ce couple casanier avait besoin de mes *soldi* pour passer l'hiver à Weetabixland.

« Mais maman, tu ne la trouves pas super, cette maison ? demande Molly, qui l'adore. On s'y sent chez soi, au moins. Je n'ai pas la frousse, ici. » Elle la compare à la location de Venise, que nous avions baptisée le Palazzo Erica, ce *piano nobile* croulant dont le passage secret communiquait avec le *palazzo* de Piero.

Le Palazzo Erica avait au moins un avantage : la proximité de Piero, et le minuscule studio à l'écart de l'enclos plein de roses, qui abritait nos rendez-vous galants pendant que la famille était bien installée à l'étage. Maintenant que je suis affublée d'une adolescente, je ne prendrais plus jamais ce risque. Tout d'un coup, ma fille a fait de moi une matrone modèle, et je ne sais pas si cela me plaît ou si cela me déplaît. Les enfants n'exigent de nous rien de moins que tout ce que nous avons — cœur, âme, organes sexuels, MTV et CNN. Et en général, nous sommes prêtes à le leur donner.

« Dis, maman, j'ai lu un article, dans un magazine, où ils disaient que dans une maison de location il faut toujours changer les meubles de place. Ils disent qu'il faut apporter sa touche personnelle. »

Molly est en patrouille antinapperon. Elle retire tous les chichis (dit-on toujours une « têtière » ?) de sous les plantes vertes et les fleurs séchées, elle les cache dans les tiroirs.

La voilà qui aligne des pommes sur une poutre,

comme elle l'a vu faire dans son magazine de décoration. Qui pousse l'énorme, l'affreuse table de salle à manger contre le mur pour m'en faire un bureau.

« Ici, tu pourras écrire, m'man. J'en suis sûre ! » s'écrie-t-elle. Elle conspire avec moi, et non plus contre moi. Elle a ses propres chats à fouetter : une villa pleine d'Anglais et de Sud-Africains à Vorno, ses amis qui arrivent, son beau-père qui lui a promis de lui apprendre à conduire en Italie. (« Si tu sais conduire en Italie, tu peux conduire n'importe où », dit-elle toute fière à son amie au téléphone.) C'est que maintenant, maman a intérêt à écrire et à ne plus être tout le temps sur son dos. Elle est devenue experte en l'art de faire valoir mes éternelles dates limites pour se débarrasser de moi, tout en me gardant sous la main quand elle a besoin de mon aide. Les enfants d'écrivains ont des ressources infinies ; ce sont les meilleures créations de leurs parents.

Aujourd'hui, c'est Molly qui est l'héroïne picaresque, et moi Sancho Pança. Elle prépare la maison pour accueillir ses amis, elle essaie les maillots de bain qu'elle va porter à la piscine avec les garçons, elle pense à celui qu'elle a rencontré l'année dernière à Lucques. Aura-t-elle une vie qui ne soit pas centrée sur les relations ? J'en doute. Déjà, elle doit son bonheur et sa tristesse à ses amitiés passionnées ; elle rêve de garçons ; elle veut une maison intime pour recevoir ceux qu'elle aime.

Mais elle négocie la route en bonne héroïne picaresque qu'elle est, et elle trouve les aéroports et les *autostrade* sans hésitation. Elle est capable de faire le tour d'un supermarché italien en moins d'une heure. Elle a tout préparé pour se rendre à la villa voisine, où sont les garçons.

Elle a entamé son propre voyage picaresque, mais déjà le but de sa quête est de jeter l'ancre dans un nouveau chez-soi. Elle a retourné tous mes défauts en qualités : je me perds, pas elle ; je suis passionnée et romantique, elle est pragmatique et cynique ; j'ai vécu pour l'écriture, elle vit pour vivre. Elle me plaît beaucoup plus que moi.

Quelques jours plus tard, j'ai loué une Jeep, je connais bien la route, je me suis habituée aux lits, j'ai adopté deux ou trois chats à moitié sauvages, j'ai fait des stocks de nourriture, je suis allée chercher la première amie de Molly. Assise au clair de lune, j'observe le lever de l'astre, empalé sur un cyprès sombre. Les feuilles d'olivier scintillent dans la lumière. Le chat noir à la queue coupée, soi-disant sauvage, bondit sur mes genoux, me donne un petit coup de museau dans le ventre avant d'y appuyer la tête pour se faire caresser, et se met à ronronner avec un bruit de moulin à café.

Je suis assise à la table de jardin, avec mon bloc et mon stylo. On dirait que la pleine lune essaie de s'éviscérer sur les *cipressi,* mais bientôt elle s'élève au-dessus de leurs pointes et, lentement, décrit dans le ciel un arc argenté. Sous le charme, j'écoute la sérénade des criquets me résonner aux oreilles tandis que la lune atteint la colline opposée. Un coup d'œil à ma montre m'apprend qu'il s'est écoulé trois heures. Je n'ai pas écrit une seule ligne. En Italie, le temps nous joue de drôles de tours. Le chemin plein d'ornières, le pistachier en bas, les lits durs comme des cailloux, j'oublie tout pendant que la lune guide mon œil dans l'éternité.

De nouveau éprise du paysage et des plaisirs de ses couleurs, vert noirâtre, vert argenté, pourpres variés des raisins et des baies, je comprends pourquoi l'Italie a toujours attiré les poètes. La mort n'est pas un prix trop élevé à payer pour cette beauté. Je m'endors dans la pleine lune qui entre par la fenêtre, et j'invite à m'accompagner tous les hommes que j'ai aimés, et dont les noms sont inscrits sur mon carnet de bal. Mon mari me manque, mais je sais qu'il est important que nous passions quelques semaines loin l'un de l'autre chaque été. Cela nous permet de ne pas oublier qui nous sommes l'un sans l'autre, d'avoir des vies et des fantasmes qui ne soient pas toujours entremêlés.

Le lendemain matin, j'attends ma meilleure amie qui doit arriver de New York. Je reçois un coup de fil paniqué de l'aéroport de Rome.

« J'ai raté l'avion de Pise et j'ai loué une petite voiture, un truc style dandy de discothèque, pour venir jusqu'à Lucques. Le problème, c'est que je suis d'une faiblesse... jamais je ne pourrai...

— Qu'est-ce qui t'arrive ?

— Je n'arrête pas de saigner », répond-elle, anxieuse. Puis la ligne est brouillée ; nous sommes coupées par les sadiques qui font marcher — ou plutôt qui empêchent de marcher — les téléphones italiens. Je fais les cent pas autour de la piscine, en attendant qu'on me rappelle. J'apporte le téléphone dehors et je le regarde fixement : si seulement je pouvais le faire sonner ! Je fais des petits travaux sous le soleil, j'arrose les géraniums, je m'enduis d'une épaisse couche d'écran total. Tout en arpentant la terrasse, je réfléchis. Depuis la mort de son mari, je me sens responsable de Gerri ; cependant, je n'ai aucun moyen de la joindre si elle ne me rappelle pas. Je l'imagine sur *l'autostrada,* desséchée par le soleil — même si elle m'a dit qu'elle était trop faible pour conduire. Elle aura loué une voiture pas très chère, sans climatisation. Même malade, impossible de lui faire louer une limousine avec chauffeur — car elle est très fière de ne rien devoir à personne. Sa voiture de « dandy de discothèque » doit avoir des freins douteux et un changement de vitesses au tableau de bord.

Alors, je regarde les collines toscanes et leurs *cipressi* noirs, et je suis envahie d'un sentiment de paix.

« Mais elle n'a rien, voyons », me dis-je.

Je prends une profonde inspiration et je me mets à griffonner dans mon cahier tous les souvenirs qui me viennent de ma longue amitié avec Gerri.

Nous disons l'une de l'autre : « C'est ma meilleure amie. » Un peu comme à douze ans, sauf que, bizarrement, ce n'est plus pareil. Nous partageons les maladies, les grosseurs au sein, les maisons, les enfants et les craintes névrotiques ou réelles qu'ils nous inspirent. Nous nous disons des secrets horribles sur nos maris, nos ex-maris, nos maris morts. Nous connaissons la taille de leur queue et leurs gains mensuels, nous savons s'ils sont/étaient sinistres ou enjoués au lit, s'ils ronflent/ronflaient la nuit, s'ils courent/couraient la pute, et s'ils nous rappellent/nous rappelaient nos grands-pères, nos pères, nos oncles ou nos frères disparus/encore en vie.

Je n'ai pas de frères, mais elle en avait deux, dont l'un, drôle et beau, est mort du SIDA. Et c'est elle qu'il a choisie pour l'aider à mourir. Il ne lui reste que son frère aîné. Gerri est la deuxième de trois enfants, comme moi.

Mais si mes deux sœurs étaient assez envieuses, Gerri fut toujours pour moi une bonne image de sœur, qui savait que j'avais des problèmes. Entre nous, il existe encore une rivalité fraternelle, mais que nous ne laissons jamais prendre le dessus. Ce qui ne nous empêche pas de nous battre et de nous hurler des choses horribles à la figure. En dix-sept ans, c'est inévitable. Mais nous savons toujours entendre ce qu'il y a derrière les hurlements. Par quelle intuition, je l'ignore. C'est quelque chose que je n'arrive pas toujours à faire avec mes vraies sœurs, et pourtant, récemment, poussées par notre conscience d'être mortelles, nous avons commencé à nous lancer des passerelles, de l'une à l'autre.

J'ai rencontré Gerri dans les années soixante-dix ; c'était un dimanche après-midi. Je portais un bikini en crochet ivoire avec plus de trous que de crochet, et elle était en survêtement — un Speedo, probablement. Au contraire de moi, c'est une vraie athlète. Elle n'arrive pas à croire que les noms des sportifs célèbres ne puissent allumer aucune lueur dans mes yeux. Dans sa famille, ils sont tous très sportifs. Et quand ils ne sont pas en train de taper dans un ballon ou de regarder des gens taper dans un ballon, ils investissent de l'argent, occupation qui me laisse aussi perplexe que le sport.

Quand je fis sa connaissance, je fus frappée par ses immenses yeux d'un gris-vert étincelant, ses boucles auburn, qui entouraient son visage d'un halo cuivré, ses pommettes saillantes, sa bouche pleine, véritable prune qui ne demandait qu'à se faire manger.

À bien des égards, rien ne nous rapprochait. Elle avait trois enfants, je n'en avais pas. Elle avait toujours voulu être mère de famille, et se retrouva toute désemparée quand la maternité cessa d'être un job à plein temps. Je n'avais jamais voulu être mère, mais je l'avais crue sur parole quand elle m'avait dit que c'était génial. Elle possédait une grande rapidité et une grande intelligence verbales, mais ne ressentait pas, comme moi, le besoin de tout écrire. Elle était sportive et j'étais vissée à mon bureau. J'avais du mal à croire qu'elle était juive. Elle skiait comme une Anglo-Saxonne blanche et protestante.

Nous découvrîmes que nous avions à peu près le même âge, que nous avions participé au même programme linguistique à Florence, que nous adorions toutes les deux l'Italie, les plaisanteries grivoises et la vodka à l'orange qu'on sirote au bord de la piscine en plein été. Nous nagions dans des piscines pleines de vodka, comme le nageur de John Cheever. Au Connecticut, nous habitions à quelques maisons l'une de l'autre, moi en permanence et elle le week-end.

Je vivais avec Jon une relation faite de bonheur pur. Nous ne nous étions pas encore engagés dans le mariage. Nous passions nos journées à écrire, à faire du yoga, à nous occuper de nos deux chiens et à prendre soin l'un de l'autre. Gerri était mariée à David, un superbe spécimen avec des muscles comme ceux du *David* de Michel-Ange, et des yeux verts dont l'un s'égarait, mais pas au sens biblique ; elle avait trois enfants fabuleux : une petite fille athlétique et poétique, Jen, et deux petits sportifs déchaînés, Andy et Bob. C'étaient les enfants les plus délicieux que j'aie jamais rencontrés : exubérants, affectueux, intelligents.

Nous nous adoptâmes aussitôt.

Considérant mon amie comme une experte en maternité, je lui demandai si je devais faire un enfant. Évidemment, je connaissais la réponse. Sinon, je n'aurais pas posé la question.

Sans hésiter, elle me dit : « Tu ne le regretteras jamais. » C'est ainsi qu'elle devint la marraine de Molly — selon la tradition juive —, même si je ne sais pas très bien ce que cela représente (une sorte de curatrice, je crois).

Lorsque, l'été suivant, je fus enceinte de Molly, elle m'aida à faire de ma grossesse une longue fête. Je me souviens des journées passées en famille au bord de sa piscine, des soirées où nous nous immergions dans mon jacuzzi chaud, chacun coulant un regard oblique sur la nudité des autres et décidant que notre amitié passait avant.

À la naissance de Molly, mon lien avec Gerri se resserra. Je comprenais enfin comment elle avait passé ce qu'elle considérait comme les plus beaux jours de sa vie. À ce moment-là, l'idée de devoir m'occuper d'un nourrisson me terrifiait. J'essayais de m'imaginer dans la peau de mon amie, sans succès. Mais enfin, même si j'étais incapable de donner cette concentration totale et permanente qu'exigent les enfants, au moins, j'avais un modèle.

Mon esprit était perpétuellement divisé en deux. Quand je chantais pour mon bébé, c'était le chant des sirènes de mon livre que j'entendais. Immergée dans ce même livre, j'avais envie de la compagnie du bébé. Il était rare que je tombe dans l'écoute extatique, ce don suprême de la maternité.

Dès le début, chacune respecta en l'autre les talents qu'elle rêvait de posséder. Gerri aimait les livres et aurait adoré en écrire. Je lui lisais des chapitres de *Fanny,* et elle m'encourageait. Plus tard, elle investit l'argent nécessaire pour en monter la version musicale. Chaque fois que mon travail était menacé, elle arrivait à la rescousse.

J'adorais les enfants et aurais aimé en avoir davantage. J'adoptai les siens.

Je divorçai ; elle pas. Elle eut cinquante ans la première. Elle fut la première à perdre un frère, un père. Elle m'accompagna dans mon divorce. Je la soutins dans ses deuils, et je pleurai avec elle des années après que ses autres amies eurent décrété que le temps des larmes était passé depuis longtemps.

Les hommes m'en firent voir de toutes les couleurs. À chaque fois, elle était là. Après la mort de son mari, elle fut la seule personne, à part Ken et Molly, à pouvoir me déranger pendant que j'écrivais.

Elle se sentait guettée par la mort. Je me sentais guettée par les bouleversements et l'abandon. Si j'étais parfois en partie responsable de cet abandon, je ne peux pas dire la même chose d'elle. Je recherchais la solitude autant qu'elle la redoutait et la détestait. Il m'arrivait de chasser un homme pour pouvoir écrire. Mais elle, elle s'accrochait à son mariage, elle faisait tout pour qu'il marche alors même qu'il avait tout pour capoter.

Nous avions la même analyste — notre Mère-faite-Miel —, la figure maternelle parfaite, qui dispensait réconfort et piques introspectives ; elle avait de petits pieds et des vêtements flottants, comme l'oracle de Delphes. Cette grande prêtresse de l'estime de soi et du mariage était dotée d'une certaine réticence à se séparer de ses patients.

Avec son corps à la Botero et ses petites jambes, ses petits pieds, son beau visage vieillissant dans la sérénité, elle pleurait quand on lui racontait des épisodes tristes de sa vie, ou quand on rencontrait un homme pas comme les autres, ou quand on faisait une « percée ».

« Ce que je suis fière de vous ! » s'écriait-elle. Elle était la bonne mère que personne n'osait rêver d'avoir eue. Elle était parfaite en tout, sauf pour couper le cordon.

Qui, de toute façon, peut remplacer complètement la mère dont on a besoin ? Pas même soi. Et envers son enfant, on s'aperçoit qu'on répète toutes les horreurs dont on a souffert. Il m'arrive de crier après Molly avec la voix de ma mère.

« J'ai l'impression d'entendre Grand-mère, me dit ma fille. Si on maltraite les enfants, ici, moi, je m'en vais. »

Lui ai-je vraiment dit qu'elle devrait être contente d'aller à l'école parce que les petits Bosniaques n'avaient pas cette chance ? Lui ai-je vraiment dit que Benetton, le Gap et Calvin Klein n'étaient pas des destinations spirituelles ? Lui ai-je vraiment dit qu'à quinze ans, je n'avais pas le droit d'acheter du maquillage ? Lui ai-je vraiment dit qu'elle était une enfant gâtée ?

Apparemment, oui. De mon temps, le terme de « maltraitance » n'existait pas. Ni celui de « viol par un intime », de « rescapé d'inceste » ou de « politiquement correct ». Comment faisions-nous, nous qui n'avions que « lapsus freudien », « flirt poussé » et « Mom » américaine. Quel défi lexical ! Comment ai-je fait, sans l'expression « maltraitance », pour empêcher ma mère de me hurler à la figure ?

Une chose encore qui me liait à Gerri : nous avions eu des mères semblables. Des mères complètement erratiques, aimantes mais imprévisibles. Elles étaient capables de démarrer comme des fusées, de percer la couche d'ozone, et de redescendre sur terre. Il avait fallu apprendre à vivre avec. Vu notre rang dans la constellation familiale, nous avons trouvé notre place en devenant le clown de la famille. Et ni elle ni moi n'avons jamais abandonné le rôle de « Ridi, Pagliaccio ». Nous riions pour cacher notre souffrance.

Et qu'est-ce que le rire ? C'est ce qui fait changer de point de vue. Car c'est ça qui nous fait aimer une amie : elle nous fait voir notre vie autrement, elle met nos bons côtés en avant quand nous ne voyons que les mauvais, elle nous montre nos forces quand nous nous sentons faibles. Et elle nous dit la vérité, mais sans méchanceté. La franchise bienveillante est le secret de l'amitié.

Notre amitié débuta pendant le long été verdoyant du Connecticut et s'épanouit comme une grosse plante bien vivace. En tant que mère, je me jugeais tout juste passable (et pourtant j'avais gagné un truc qui s'appelait le Prix de la Mère de l'année, décerné par le syndicat des fleuristes en 1982). Mais Gerri était l'une des grandes mères de tous les temps. J'étais impressionnée de la voir parler à un bébé, moi si stressée avec Molly au début. Je craignais que la clé du mystère de la maternité me soit à jamais défendue. Molly était un bébé plein de santé, mais je vivais dans la crainte perpétuelle qu'elle s'étrangle avec un morceau de pain ou qu'elle se fracasse le crâne en tombant de son berceau. Vers onze mois, elle fit un soleil dans son baby-trott et dévala un escalier pour atterrir tête la première sur un sol carrelé. Prise de panique, j'appelai le pédiatre.

« A-t-elle des pertes de mémoire ? »

Oubliant que Molly n'avait pas un an, je lui posai la question. Elle pleurait. Se rappelait-elle le traumatisme de sa naissance ou avait-elle perdu l'usage de son cerveau ? Elle pleura davantage. Puis elle reprit le dessus et se mit à rire.

« Comment voulez-vous que je voie si elle a des pertes de mémoire ?

— Faites-lui compter à l'envers.

— Elle ne sait même pas compter à l'endroit.

— Oh ! De quel enfant s'agit-il ?

— De Molly... Molly Jong-Fast.

— Ah, oui, la petite rousse. Oh, elle n'a rien, ne vous en faites pas. »

Comment être mère et écrivain ? Je ne perdais pas une occasion de me dire que c'était impossible. Que j'arrête une seconde de surveiller mon bébé, et elle mourrait. Que j'arrête une seconde de surveiller mon livre, et il mourrait. C'est ainsi que, mariée comme divorcée, je vécus les dix premières années de la vie de ma fille. J'étais persuadée qu'on allait me punir d'écrire en me la kidnappant. Quand Jon entama son absurde procédure pour avoir la garde de l'enfant, je paniquai.

Ce fantasme de rétribution est présent dans beaucoup de romans féminins, généralement lié au sexe. Dans *Le Joli Mois d'août,* l'héroïne d'Edna O'Brien va passer dans le sud de la France les premières vacances qu'elle prend depuis des années. Son fils est tué brutalement. Il était en vacances avec son père ; dans les fantasmes féminins, personne ne peut remplacer une mère. Dans *La Bonne Mère* de Sue Miller, c'est un archétype similaire qui se fait jour. L'héroïne recherche le plaisir, en conséquence de quoi elle perd sa fille. Le mythe est profondément ancré dans notre psyché. On peut difficilement lui coller l'étiquette de paranoïa, parce que pour notre génération, il s'est souvent vérifié dans les faits : notre indépendance et notre succès nous ont valu des procès pour nous priver de la garde de nos enfants.

Je n'étais pas loin de croire que des choses aussi banales que le diagnostic d'une fièvre chez un nourrisson étaient au-delà de mes capacités. J'avais été mise sur terre pour écrire, pas pour vivre. Le plus grand cadeau que m'ait fait Gerri a été de me donner le courage de saisir ma vie à bras-le-corps.

Gerri avait passé son enfance au New Jersey. Elle avait fait certaines expériences qui resteraient toujours un secret pour une gosse de Manhattan, comme de conduire à seize ans, d'acheter en gros, d'être une vraie mère.

« Écrire, c'est facile, comparé au boulot que c'est de s'occuper d'un bébé toute la journée », lui disais-je. Elle n'était pas de cet avis. Peu après notre rencontre, elle loua un petit bureau où elle se rendit chaque jour, espérant devenir écrivain. Moi, je tombai enceinte de Molly. Un hommage mutuel.

Jamais elle ne fut ma rivale, ni moi la sienne. Mère amateur avec un enfant unique, je n'interrompis jamais mon travail un mois entier. Et il était déjà trop tard pour que j'aie trois gosses. Pour moi, Gerri était un chemin que je n'avais pas pris, une mère dans l'âme, comme ma sœur aînée. Elle était la preuve que beaucoup de femmes intelligentes, lettrées, drôles, pouvaient choisir de consacrer leur vie à la maternité.

Sa vie formait contrepoids à la mienne. Grâce à elle, j'appris que le féminisme se devait d'inclure des femmes comme elle. Grâce à elle, je compris qu'une femme ne veut pas forcément qu'il n'y ait que des hommes au Congrès ou à la Cour suprême parce qu'elle-même a choisi de rester mère au foyer. Cela, j'aurais pu l'apprendre de ma grand-mère si mon grand-père n'avait pas toujours rabaissé les idées de sa femme devant moi.

C'était exactement ce genre de crise que traversait le féminisme au début de mon amitié avec Gerri. Les enthousiasmes grisants de la fin des années soixante et du début des années soixante-dix étaient sur un inévitable déclin ; il était temps que le mouvement s'intéresse à la femme moyenne, la mère de famille, au lieu de l'exclure. L'échec de Betty Friedan et de Gloria Steinem à former une alliance entre les femmes était symptomatique du problème. Celles qui avaient rejeté la vie de famille méprisaient celles qui l'avaient choisie. Peut-être cette haine était-elle faite en partie d'amertume. Car le désir d'enfant est si fort que le prix à payer pour y renoncer est exorbitant.

Ma meilleure amie l'avait compris bien avant moi.

« Comment veux-tu que je m'identifie avec un mouvement qui décrète que pour être féministe, il faut que je sois lesbienne ou sans enfants ?

— Tu exagères. Toi aussi, tu fais partie de la grande famille. »

Mais elle s'en sentait exclue, et beaucoup de femmes étaient comme elle. Je les rencontre partout, ces féministes passionnées qui aiment les hommes et les enfants. Tant que nous n'aurons pas reconnu ouvertement les erreurs du féminisme avant la prochaine décennie du retour de pendule, nous ne pourrons pas empêcher ce pendule de retomber en arrière.

Nous manquons encore de pratique dans l'art de nous allier aux autres femmes, en qui nous voyons toujours des concurrentes à éliminer. Nous en sommes toujours à jouer *Ève,* le film de Mankiewicz. Les jeunes femmes complotent pour remplacer leurs aînées. Les plus vieilles ont du mal à faire l'éloge de leurs cadettes. Alors que les hommes gravissent l'échelle du succès guidés par des mentors de leur propre sexe, nous éliminons nos consœurs par tous les moyens possibles et imaginables. Nous n'avons pas même le droit de reconnaître ce sabotage, parce qu'officiellement il n'existe pas. Mais nous en avons toutes fait l'expérience. Et plus nous garderons le silence dessus, plus nous prolongerons son pouvoir sur nous.

La mort de David. Comment ai-je appris la mort de David ?

C'était en mars, ce mois gris et humide qui apporte mon anniversaire, la Pâque juive, la Pâque chrétienne. En mars, avec les jours qui rallongent et s'allègent, et l'approche de mon anniversaire, je me sens généralement renaître. Mais ce mois de mars-là devait stagner sous un ciel d'hiver tenace. Un jour, vers le quinze, j'étais au téléphone avec mon vieil ami Arvin Brown ; nous discutions des acteurs à choisir pour ma version musicale de *Fanny Troussecottes,* quand il reçut un signal d'appel.

« Tu attends une seconde ? Je te reprends tout de suite, me dit-il.

— Pas de problème. » J'attendis un temps qui me parut interminable.

Puis, de nouveau, Arvin — la voix altérée.

« Je viens d'apprendre quelque chose d'horrible,

dit-il d'un ton hésitant. Et je ne sais même pas si c'est vrai.

— Quoi ?

— David s'est tué.

— Comment ? Où ?

— Je n'en sais pas plus », dit Arvin.

Je lui promis de le rappeler, et appuyai sur la touche mémoire du numéro de Gerri au Colorado.

« Que se passe-t-il, Gerri ?

— David est mort », me répond-elle d'une voix qui semble venue d'un espace hors réseau téléphonique.

« Il a été pris dans une avalanche... Dieu du ciel... » Il y a une sorte de finalité dans sa voix ; on dirait qu'elle s'attendait à la catastrophe.

« Seigneur ! s'exclama Arvin quand je le rappelai. Seigneur ! » répéta-t-il, suspendu à la ligne comme s'il attendait un démenti.

Arvin était le meilleur ami de David ; le sachant, des connaissances à lui, dont un ami participait à la même excursion de ski héliportée, l'avaient appelé pour lui annoncer l'atroce nouvelle. On se passait le mot par fibre optique, d'un bout à l'autre du pays.

La nouvelle d'une tragédie se propage dans un groupe d'amis comme un poison se répand dans une nappe phréatique. Un certain jour, tout le monde sait. Le puits est empoisonné. Les appels arrivent de partout, d'abord pour informer, puis pour vérifier, puis pour échanger les réactions. Nous tremblons tous dans le vent punitif de la mortalité. Nous vivons notre instant de Frisson Glacial. Le beau David est mort.

Nous avions tous à peu près le même âge que David — David qui s'échauffait pour sa journée de ski en grimpant l'Ajax en raquettes. Jamais nous n'aurions pensé qu'il partirait avant nous. David était solide comme le roc, intrépide ; il avait un corps parfait. David aurait dû nous enterrer tous. Et maintenant, il n'avait plus de corps.

C'était stupéfiant, incroyable. Nous avions du mal à accepter la réalité.

Jour après jour, le mystère commença à s'éclaircir ; pourtant, il échappait toujours à notre compréhension. Des bribes de faits cristallisaient comme le sucre sur un quartier d'orange trempé dans du sirop.

David avait fait une dernière descente dans la poudreuse. Trop fatigué pour porter le sac à dos de survie, il l'avait passé à un autre skieur — qui avait survécu. Le sol avait vibré, mais sans bruit. Le guide avait hurlé « Avalanche ! » et les premiers skieurs engagés sur le glacier avaient évité la neige qui dévalait à cent cinquante kilomètres-heure avec une densité de ciment frais.

Le guide, une femme, était parvenus à remonter et à s'extirper de la neige, mais David s'était fait écraser sur le coup, emporter par la coulée et projeter contre un arbre où il était resté suspendu, pris dans les branches, tandis que son émetteur continuait d'envoyer son lugubre signal. Neuf personnes étaient mortes. David fut le seul à ne pas se faire décapiter ou démembrer. Les autres victimes ne tenaient plus que par leur combinaison de ski.

Les restes de David revinrent à la maison — ou plutôt aux pompes funèbres Frank E. Campbell. Le message était le suivant : la chair n'est qu'illusion. Seul l'esprit est réel.

« C'est trop injuste, dit mon amie, anéantie. Le guide savait comment remonter à la surface, mais pas ses clients. On avait l'impression que David disait *Merde !* Il avait le dos cassé, son dos si beau, les poumons écrasés, l'aorte éclatée. Sa poitrine était spongieuse au toucher — sa belle poitrine, si forte. Il a dû mourir sur le coup, sans savoir ce qui l'avait frappé. » Elle sanglote dans mes bras, on dirait qu'elle verse toutes les larmes de la terre. Et en effet, elle verse toutes les larmes de la terre, des larmes inextinguibles.

« Au moins il est mort tout de suite, sans souffrir. » Je me sens totalement inutile.

« Il savait, dit Gerri. Il savait. »

Les obsèques eurent lieu à l'endroit où nous avions enterré son jeune frère et son père.

Vacillant sur nos jambes, nous suivons la cérémonie comme des somnambules.

Pour cette triste occasion, on me charge de m'occuper de la poésie et des sous-vêtements. J'emmène Jenny s'acheter un soutien-gorge noir. Elle n'en a pas, ce n'est qu'une enfant. « Papa me manque », dit-elle, sidérée. Nous parlons de ce que nous allons mettre pour l'enterrement, et je rentre à New York. Je m'enferme dans mon bureau, je débranche le téléphone et j'essaie de rassembler mes sentiments anarchiques ; j'espère qu'ils voudront bien se condenser en un poème.

COULEUR DE NEIGE

À la mémoire de David Karetsky
(14 avril 1940 — 12 mars 1991),
tué dans une avalanche.

Poser les skis
dans la neige blanche,
dans le vent qui chante,
dans le blizzard du temps
qui défile devant tes yeux,

c'est un peu
comme d'être encerclé par la neige
dans la maison du Connecticut
un jour où le monde
s'en va

et où seul le chien blanc
te suit dehors ;
il laissera des traces fraîches
dans la longue ombre bleue
de la montagne.

Nous sommes tous à mi-chemin,
mieux vaut
ne pas y penser.
Tu as fait la descente

le premier,
dans un flamboiement de lumière,
tu nous as rappelé
de prendre notre vie à bras-le-corps,
de vivre avec le vent
qui siffle à nos oreilles,
et la lumière qui étincelle
à la pointe de nos skis

et ceux que nous aimons
qui attendent en bas, au relais,
gribouillant des lignes
sur un papier couleur
de neige,

sachant qu'il n'y a pas
de prise possible,
qu'il n'y a que le vent qui chante
et ces lignes de lumière
qui brillent
dans la neige fraîche.

À la fin du service chez Frank Campbell, quand les gosses, Gerri et d'autres membres de la famille eurent pris la parole, je lus ce poème, « le poème de David », comme je l'appelle en secret. Des foules entières se répandirent dans la rue. On manqua de chaises. Même les gens célèbres — parfois, surtout les gens célèbres — ne sont pleurés que par une poignée de curieux. Quand leur moment de gloire est passé, plus personne ne vient, pas même un ami. Mais David avait des amis dont nous n'avions jamais entendu parler. Des gosses qu'il avait eus comme élèves, des adultes qu'il avait aidés, des associés de longue date, des amis de fac et des partenaires en affaires qu'il n'avait pas vus depuis des années. Tous vinrent dire pourquoi ils étaient là.

Mon amie fit un magnifique discours dont pas un de nous ne se souvient. Elle et ses enfants se tenaient par les épaules, se balançant doucement. Tous, nous essayions de trouver quelque réconfort dans ces ténèbres opaques, mais nous savions que nous étions les suivants sur la liste.

C'est la mort de David qui m'a appris que j'étais mortelle.

Je savais qu'il avait voulu emmener les gosses avec lui, et que Gerri l'en avait empêché. Il voulait l'emmener elle aussi, mais elle avait refusé. Elle avait déjà participé à une expédition de ce genre, et elle avait senti le souffle de la mort. Je ne voyais qu'une explication : il n'avait pas voulu vieillir. Elle, retenue par quelque pressentiment aveugle, connaissait maintenant la culpabilité de lui survivre.

Je ne voyais sa douleur que de l'extérieur, il m'est donc difficile de mettre des mots dessus. Je remarquai sa réticence à se séparer tout à fait de David, comme si ce mouvement allait le tuer pour toujours, comme si elle était la gardienne sacrée de sa mémoire, et qu'en relâchant une seconde toute l'attention qu'elle lui portait, il lui échapperait.

Emily Brontë connaissait ce sentiment, que nous ressentons tous dans le chagrin. Nous voulons oublier pour vivre, tout en craignant que l'oubli tue les morts une seconde fois, une fois définitive.

> Froid dans la terre, sous des monceaux de neige
> loin, loin de moi, froid dans la tombe sombre !
> Ai-je oublié, mon seul amour, de t'aimer.
> Toi enfin fauché par le temps, la vague qui fauche tout ?

Les premières nuits, Gerri et les enfants dormirent tous ensemble, entassés comme des chatons, comme des chiots. Puis chacun dut gérer son propre chagrin à sa manière.

Gerri reçut les vêtements, puis les skis, puis les « effets personnels ». Il fallut régler les affaires : l'argent, des tonnes de papier inutile. Elle s'en occupa dans un état second, dégoûtée de la vie. Parfois, les matins étaient à peu près passables, mais les nuits étaient épouvantables. Son sommeil aussi avait été assassiné. Elle ne pouvait pas s'y abandonner, de peur d'abandonner David, dont la connexion ténue avec la vie était le souvenir qu'elle avait de lui.

De cette époque, je me rappelle particulièrement bien la manière dont tout le monde la poussait à remonter la pente, à enterrer ses morts, à se remarier. Mais elle avait besoin de faire son deuil. Un besoin rendu plus douloureux par le déni de la mort qui prévaut dans notre culture. Elle avait besoin de hurler, de se révolter, de s'arracher les cheveux. À New York comme à Aspen, ses amis trouvaient cela déplacé.

« Secoue-toi, repars du bon pied, lui disait la voix collective de la sagesse collective. Tu ne trouves pas que tu as passé assez de temps à te morfondre ? » Sous-entendu, aucun compagnon n'est irremplaçable. Trouve-t'en un autre (comme on se « trouve » un chien). Mais même un chien ne se « remplace » pas tant qu'on n'a pas fini de pleurer le précédent. On ne peut pas aimer le nouveau chiot tant qu'on n'a pas versé assez de larmes pour lancer le vieux chien à la mer. Le chiot attend, les yeux larmoyants, qu'on ait fait les choses comme il faut. Alors seulement peut-on lui ouvrir les bras et le cœur.

Les gens me murmuraient que deux ans, c'était assez. Comment osaient-ils juger le chagrin d'un tiers, voilà quelque chose qui me dépasse. Peut-être que personne ne leur avait jamais manqué au point de les faire souffrir beaucoup... ou alors, ils pensaient que pour être à la page, il fallait étouffer ses sentiments. C'était un peu comme de se faire refaire les yeux ou le menton, comme de garder la forme : les débordements du cœur sont aussi mal venus que ceux de la chair.

Je n'avais jamais perdu du mari, mais je n'avais pas oublié le chaos dans lequel m'avait plongé le départ de Jon. Je l'avais vécu comme un veuvage. Au début, baignée dans des humeurs et des sentiments que je ne m'étais jamais autorisée à connaître auparavant, je refusais la consolation. Rien ne pouvait me distraire, ni les beaux mecs, ni les anciens amants, ni l'étudiant en médecine, ni Will. Le sexe fut un calmant temporaire, mais qui ne me dispensait pas de l'obligation de vivre en attendant que ma peau cicatrise. Cela prit sept ans. Et je me remariai en effet, exactement sept ans plus tard.

Le téléphone sonne. C'est Barbara Follet. (Occupée à tout consigner dans mon journal, je n'ai pas vu passer le temps : déjà cinq heures que j'écris.)

« Je file à Lucques chercher Gerri. Elle a perdu ton numéro de téléphone et vient de retrouver le mien. Elle ne sait plus ce qu'elle a fait du papier avec les indications pour aller chez toi.

— Comment va-t-elle ?

— Elle est fatiguée. Elle a la grippe et une cystite, d'après ce que je comprends ; mais rien de grave, à mon avis. Il me faudrait le numéro du médecin. »

Je le lui donne et je reste de nouveau plantée près du téléphone. Je ne peux m'empêcher de remarquer que ce ne sont plus des hommes que j'attends, mais mes amies, dans un mouvement d'entraide.

La sonnerie me fait sursauter. Gerri semble au bout du rouleau : « Je suis à Lucques, dans un hôtel. Barbara vient de me donner ton numéro. Je l'avais laissé, avec le plan pour venir chez toi, au bureau de location de voitures, à Rome. J'étais morte de peur. Et puis j'ai retrouvé le numéro des Follett sur un bout de papier.

— Peu importe ! Barbara est partie te chercher. Elle va t'emmener chez le médecin. »

Environ une heure plus tard arrive une caravane de voitures dont les roues chassent les cailloux du chemin.

En tête, un taxi (avec Barbara et Gerri à l'arrière), suivi d'un filleul Follett au volant de la voiture de Gerri, et du majordome des Follett, qui conduit la voiture de Ken Follett, immatriculée à Londres.

Éblouie par le soleil et par la vue, Gerri s'effondre dans mes bras. Je la conduis à son lit, je lui apporte de l'eau, du thé à la menthe et ses médicaments. Elle est faible et fatiguée. Margaret m'aide à mettre ses vêtements tachés de sang dans une bassine d'eau froide.

« Je vais te laver ça, dis-je.

— Non, pour l'amour du ciel !

— Ce n'est que du sang. Tu ne crois tout de même pas que j'aurais peur du sang, après toutes ces années de règles et de maternité ? »

Lasse, elle ferme les yeux.

« Essaie de dormir », lui dis-je.

Et elle s'endort.

Quand la lune se lève, un peu plus pleine cette nuit, je la contemple pendant que les cinq autres femmes de la maison dorment profondément.

Qu'est-ce que j'attends de cette vieille lune ? Je veux qu'elle me libère. Je ne veux plus de cette vie picaresque dictée par le sang des femmes, par l'influence des marées ou de la lune. Je veux que le sexe perde son emprise sur moi. Et je veux me débarrasser de ce creux au fond de moi, qui s'accroche aux hommes et fait d'eux le centre de toutes mes aventures.

Je me sens prête à endosser le rôle d'Erica Orlando (je ne parle pas de Disney World). Je suis prête à devenir une créature androgyne, à passer d'un siècle à l'autre dans une garde-robe pleine de combinaisons et de culottes de cheval, de redingotes et de châles, de tricornes et de bonnets, de fichus et de cravates, de perruques et de postiches. Je suis prête à marcher le long de la route sans qu'on reconnaisse en moi un être sexué, tout en chantant mes chansons sous un voile, un masque, une cagoule — comme ces statues ambiguës qui ornaient le jardin vénitien de mon amie. Quelle libération, que d'être asexué comme la mort, que de prendre des propriétés masculines ou féminines au gré de mon caprice !

Ce n'est pas que je n'aime plus les hommes, mais je veux faire l'expérience d'une vie exempte de sexe pour réellement connaître l'amour, celui qui rassemble tout en une brassée à la fin du voyage.

Ces derniers jours, je relis un livre que j'avais adoré vers vingt ans, *Le Faiseur de pluie,* de Saul Bellow. Encore une aventure picaresque : le héros, dont le cœur bat au rythme de *Je veux ! Je veux !*, part en Afrique poussé par il ne sait quoi. Il y rencontre des hommes primitifs qui l'emmènent faire un voyage spirituel par lequel il rachète ses péchés. À la fin de l'histoire, il attribue à l'amour tous les progrès spirituels de sa vie. Par « amour », il entend l'amour des femmes et des enfants. Avant de venir en Afrique, il n'avait pas un seul ami. Ce sont les Africains qui lui apprennent à accorder sa confiance à un autre homme. Ses relations avec les hommes — à commencer par son père — ont toujours été un vrai champ de bataille. Et les femmes ont été *l'amour.* Elles ont suppléé la moitié manquante.

Peut-être qu'Henderson, le faiseur de pluie, peut attribuer la grâce de sa vie à l'amour, mais pour une femme, l'amour sexuel est une entreprise bien plus périlleuse. Toutes ces générations de femmes mortes en couches, tous ces siècles de mortalité infantile élevée, les myriades de promesses que les hommes n'ont pas tenues, nous ont appris à nous méfier de l'amour charnel, qui revenait parfois à une question de vie ou de mort.

Pour une femme, l'amour sexuel peut être un luxe qui attend au retour du voyage. Mais c'est une nécessité sur le chemin picaresque de la vie d'un homme. Henderson rentre chez lui pour trouver l'amour, tout comme Ulysse et Tom Jones. Mais pour les femmes, ce type d'amour est la grande fosse aux dinosaures de La Brea — un bassin gluant qui peut vous manger toute crue et ne vous laisser que les os.

À l'époque où nous sommes, nous ne pouvons plus nous permettre l'amour-abnégation, parce qu'il nous dépouille trop. Notre dilemme à nous, femmes de la génération coup-du-lapin, a toujours été d'arriver à aimer tout en gardant assez d'amour pour nous-mêmes.

Une partie de nous demande à aimer comme les déesses — froidement et capricieusement. Une partie de nous fait allégeance à Kali, qui a mangé son amant et porte son crâne attaché à sa ceinture. Une partie de nous veut aimer comme Junon, ramasser les mortels à la pelle et jouer avec eux avant de les rendre à la terre changés en grottes où vient s'engouffrer la mer, en grandes pierres phalliques ou même, dans nos jours de bonté, en porcs.

Une partie de nous se veut Athéna ou Diane, qui n'ont pas besoin d'amants parce qu'elles possèdent l'intelligence et les arts de la guerre ou de la chasse.

La lune elle-même, avec sa grosse tête creuse, conseille la froideur. *La fin du picaresque est la raison,* dit-elle. *Et la raison l'emporte toujours sur l'amour.*

Mais ne se trompe-t-elle pas ? En fin de parcours, nous déboucherons peut-être sur une autre sorte d'amour. Nous y aurons été préparées par l'amour sexuel, l'amour maternel, l'amour-tendresse, et nous connaîtrons enfin l'amour qui nous relie à l'éternité. Mais pour l'atteindre, il faut d'abord y croire. À contrecœur sans doute au début, mais ensuite timidement, et enfin passionnément. Pour arriver à voir l'océan spirituel dans lequel nous baignons, nous devons acquérir la conviction que l'amour charnel ne suffit pas.

Il faut une certaine discipline pour chasser notre habituel aveuglement à tout ce qui n'est pas matériel. Certains devront s'abstenir d'alcool ou de drogue, d'autres de nourriture ou de biens terrestres. Le renoncement nous aide à voir plus clairement le chemin, mais il ne vise pas la boisson ou la nourriture. L'abstinence ne fait que révéler la voie qui a toujours été là.

Une semaine plus tard, Gerri est sur pied. Nous descendons ensemble le chemin rocailleux qui part de la maison et remontons la route vers (c'est son nom, je le jure) le Restaurant de Dante. De jour en jour, le chemin est devenu moins caillouteux et dangereux ; à l'approche du mois d'août, la campagne toscane s'épanouit. On y trouve des tomates cerises, des grappes de raisins violacés et de gros rosiers arborescents aux fleurs jaunes lourdes de parfum.

Comme d'habitude, nous parlons de l'amour et de l'acceptation.

« Ce qui compte, ce n'est pas d'arrêter de boire, dit Gerri, c'est de cesser de se battre. De se voir non plus comme un rocher en travers du chemin de la nature, mais comme le chemin lui-même. »

Frappée par la beauté de sa tournure, je me souviens de ma clarté d'esprit à l'époque où je ne buvais pas : une précision calme qui inspirait tout le monde autour de moi, mais surtout elle, ma meilleure amie.

Comment avais-je perdu ma sobriété ? Ce n'était pas tant que je buvais beaucoup, ou sans retenue. La boisson n'est pas ma seule drogue. Il y a aussi le travail. Ou la nourriture. Ou le souci. Ou les médicaments. Ou les dépenses inconsidérées. Ou l'incapacité de dire non. Ou les hommes. Mes drogues changent de visage pour mieux me tromper. Elles me prennent par ruse, tout doucement mais très fermement, et elles apportent leurs propres dénis.

Mais autrefois, j'avais connu la véritable sérénité. Je l'avais transmise à ma meilleure amie quand elle était en deuil de son magnifique mari mort stupidement dans une avalanche. J'avais été le rocher où elle pouvait s'accrocher au milieu de la coulée de neige et de son terrible secret. Aujourd'hui, elle me rendait cet équilibre. Si nous sommes tous faits de Dieu, ce sont nos amis qui nous le rappellent. Nous leur passons le don de Dieu. Ils nous le rendent quand nous en avons le plus besoin.

La voie picaresque peut être prise comme métaphore du retour de l'âme vers son créateur. Les bandits de grand chemin — voleurs d'argent, d'amour, de magie, de temps — ne sont que des obstacles humains dont le rôle est d'empêcher la voyageuse de se voir comme le chemin lui-même.

Un chemin aussi raide et abrupt, ou aussi nivelé et lisse que nous voulons bien le tracer, aussi égal que nous le sommes, praticable ou impraticable selon notre volonté de passer.

Dans un vrai roman picaresque, le héros cesse de se battre et devient le chemin.

À cinquante ans, c'est cela, plus que tout, qu'il faut savoir.

Pendant notre séjour en Toscane, Gerri et moi nous levions tard et nous racontions nos rêves à notre réveil. Des rêves d'anciennes vies, d'anciennes amours, et de champs de neige bleutée, aux pentes jonchées de corps démembrés et de voitures en miettes. Parfois, les rêves de l'une empoisonnaient le sommeil de l'autre. Nous nous faisions la lecture : poésie ou livres de méditation. Nous analysions mutuellement nos problèmes, comme d'habitude. Nous riions de tout.

Nous nous disputions à propos de tout — comme de vraies sœurs. Qui paie quoi, qui prend quelle chambre, quelle voiture... Sous chacune de ces disputes se cachait autre chose — généralement l'abandon. Je voulais avoir la première place sur sa liste de priorités, et vice versa. Je réclamais toute son attention et toutes ses attentions, tout son amour. Je voulais qu'elle soit ma maman, mon papa, ma sœur. Elle attendait la même chose de moi : nourriture, soins, petites bontés et grande bonté. Elle voulait que je lui masse le dos, que je lui lise des poèmes, que je lui prépare des pâtes, et que je la laisse tranquille quand elle avait besoin de solitude. Elle voulait passer avant mes livres, mon enfant, mon mec. Et je n'en attendais pas moins d'elle.

Elle était arrivée malade, et je l'avais soignée. Puis j'avais été jalouse de toute cette attention, et elle avait pris soin de moi à son tour. Nous étions descendues dans la grotte originelle de notre amitié. Nous nous étions senties suffisamment aimées pour nous battre et nous mettre en colère, pour montrer l'intérieur de notre gorge nue et découvrir nos crocs, et notre amitié avait fait un bond en avant dans l'intimité. Sans colère, point d'intimité. Je l'avais appris de mon mariage — le quatrième, celui qui a des chances de marcher.

La location se termine aujourd'hui. Tout le monde est parti à l'aube, sauf Ken et moi. Molly a quinze ans et deux jours. Ce matin, elle m'a remerciée pour « l'été le plus fantastique » de sa vie ! Puis elle a pris l'avion pour rejoindre son père, accompagnée de Margaret et de ses amies. Gerri est partie elle aussi. Il est sept heures du matin. Seule sur la colline toscane, j'observe l'étoile du matin qui s'efface dans le rose du soleil levant.

Le coq chante. Les cigales s'échauffent pour une journée torride.

Les cyprès sont toujours noirs, les oliviers d'un argenté patiné, les châtaigniers verts.

Le chat noir que nous avons nourri tout l'été rôde sur la terrasse dallée, il crache en voyant approcher le chat isabelle qui lorgne sa part de butin. Ils habitent la colline, nourris par le pompier et sa femme, par nos propriétaires et une autre famille d'Anglais, mais ils n'appartiennent à personne. Cette colline est à eux, pas à nous. Le sens du territoire régit le monde animal auquel nous sommes si réticents d'appartenir.

Nos bagages sont prêts. Nous laissons du vin et de l'huile d'olive ainsi que des piles de livres pour les prochains occupants de ce petit perchoir avant le paradis. La route est toujours impraticable, mais pas pour nous.

Rien ici ne nous appartient. Nous avons loué pour le mois et nous reprenons notre route. Les oliviers, les cyprès, les noyers aux fruits encore verts, rien n'est à nous, et nous ne serons pas là pour la récolte. J'emporte mes poèmes, mes photos et les chapitres que j'ai écrits ici, et je pars pour ma prochaine destination.

Tout ce qui m'a horripilée — la bonne qui refusait de faire la vaisselle et acceptait uniquement de laver le linge pour les locataires suivants, le proprio qui rôdait dans le coin, prétextant de réparer le filtre de la piscine pour pouvoir reluquer ma fille et ses amies en maillot de bain, le four qui ne s'allumait pas, les nuées de guêpes qui nous tombaient dessus dès qu'on coupait une pêche ou un melon ou qu'on ouvrait un coca, les chats sauvages qui se bagarraient continuellement —, tout cela, finalement, a fait les délices de Molly et a rempli de louis d'or les coffres de sa mémoire.

« Nous passions tous nos étés en Italie, dira-t-elle plus tard, pour que maman puisse écrire. »

Et tous les tiraillements de la relation mère-fille seront oubliés sous toutes les épaisseurs de souvenirs.

Oh, bien sûr, il y a eu les hurlements dans la voiture à propos de la route à prendre, dans la cuisine à cause de la vaisselle et dans les magasins à cause de certains prix. Bien sûr, elle m'a poussée à bout avec ses perpétuels besoins, et je l'ai rendue folle avec les miens — en particulier mon besoin de silence, totalement incompréhensible pour un adolescent.

Parfois, je me sens trop vieille pour suivre le rythme d'une fille de quinze ans. Parfois, je me sens si jeune que je dois jouer à l'adulte uniquement à cause d'elle.

Comment suis-je devenue adulte ? Il m'arrive de me retrouver assise à flanc de colline, préparant ma vengeance contre le monde adulte. Quand j'ai peur, je dis « maman », même si je n'ai jamais appelé ma mère maman et si ce nom trop bancal ne m'est d'aucun secours. Car ma mère, bien qu'aimante, n'a jamais été très solide. Et Molly a vraiment besoin d'apprendre des choses que je sais, même si j'ai oublié que je les sais : par exemple, dans quelle circonstance on peut téléphoner à un garçon, ou comment retenir des trucs idiots pour un examen, ou encore quand se lancer dans l'inconnu, même si ça fait peur, et quitte à laisser tomber pour se préserver. Je me réveille, et je me dis qu'elle a besoin que je sois adulte. Elle m'oblige à quitter mes manières de bébé.

J'ai une montagne de projets. Je veux finir *La Peur de l'âge* et me replonger dans mon roman futuriste, je veux retrouver mon don pour la poésie, écrire des nouvelles, finir ma comédie musicale, terminer mon livre de méditations, affirmer ma vie chaque matin et m'autoriser une journée agréable, me libérer chaque soir pour faire les rêves nécessaires, trouver du plaisir à servir ceux que j'aime, ne plus culpabiliser de dire non à ce qui risque de m'anéantir, redécouvrir les joies de l'enseignement, répondre avec plaisir à mes lecteurs attentionnés (qui croient que je possède des réponses alors que je n'ai que quelques questions pertinentes), dégager un peu de temps tous les jours pour marcher un peu ou aller au musée, être généreuse parce que cela me rappelle tout ce que j'ai reçu, être affectueuse parce que cela m'empêche d'être jalouse de ceux qui ont (en apparence) plus que moi, prendre ma vie à pleines mains, exprimer ma colère, bénir le monde connu et inconnu, la colline d'oliviers, les pommes qui tombent des pins parasols, les noix encore vertes, la lueur vermeille du soleil que je n'aurai peut-être pas la chance de goûter un été de plus, ou même un jour de plus.

Si, tous les jours, j'ose me rappeler que je ne suis que prêtée à la Terre, que cette maison, cette colline, ces minutes m'ont été louées et pas données, jamais je ne désespérerai. Le désespoir est le lot des gens qui croient vivre éternellement.

Je ne suis plus de ceux-là.

CHAPITRE XIV

Comment se marier

Le véritable mariage d'esprit se fait entre deux personnes dotées d'un sens de l'humour ou de l'ironie parfaitement accordé, et qui fait que sur tous les sujets, leurs regards se croisent comme des faisceaux de torches.

Edith WHARTON, *Les Chemins parcourus.*

Mais j'avais été assez souvent amoureuse, et je ne trouvais pas que cela résistait à l'usure.

Enid BAGNOLD, *Autobiographie.*

COMMENT SE MARIER

J'ai rencontré mon mari au coin d'une rue. J'ai failli le renverser en voiture. Nous avions rendez-vous sans nous connaître (une idée d'un ami commun qui est humoriste), et s'il y avait une chose dont j'étais sûre, c'était que je ne voulais pas me retrouver piégée dans la voiture d'un type que je rencontrais dans ces conditions.

Il avala son dîner en moins de deux minutes chrono, sans cesser de parler. J'essayais de me rappeler la manœuvre d'Heimlich ou comment faire recracher une arête à quelqu'un qui s'étrangle — encore qu'il en eût peut-être préféré une autre. Il fallait vraiment qu'il me plaise pour que je le laisse monologuer toute la soirée. D'habitude, c'est plutôt ma spécialité à moi.

À l'époque, j'avais encore plusieurs beaux étalons aux hanches serpentines répartis sur plusieurs continents, et je n'avais pas l'impression d'être en manque de mari, même si j'avais besoin d'un ami.

Malgré ce qu'il m'en coûte de l'admettre, je dois dire que nous étions mariés cinq mois plus tard. Nous avons passé notre lune de miel en croisière sur la Méditerranée. Ensuite, nous avons appris à nous connaître. Aujourd'hui, je conseillerais une cour un peu plus longue.

Même maintenant, nous attrapons des laryngites à force de nous disputer. Le sale petit secret d'un mariage durable.

Jamais je ne divorcerai — et comment m'y prendrais-je ? Il est avocat, et spécialiste de la question — mais il n'est pas impossible que je lui tire une balle dans le corps. C'est à ça qu'on reconnaît un couple.

Il semble ne me vouloir que du bien (et réciproquement). Casier judiciaire vierge. Il a — gloup ! — « bon caractère », comme dirait ma mère si elle disait des choses de ce genre. Je n'ai pas envie de parler des bons côtés de ce mariage, car il est bien connu que, de même qu'un article dans la rubrique « Les couples du bonheur » entraîne un divorce immédiat, de même dire du bien de son compagnon dans un livre entraîne des problèmes matrimoniaux. (Comme en dire du mal, d'ailleurs.)

Dès notre première rencontre, Ken et moi eûmes souvent l'occasion de nous parler, où que nous soyons sur la planète. Je partis en Californie voir mon agent qui y séjournait quelque temps et, sans réfléchir, j'appelai Ken. Je partis en Italie dans le but affiché d'assister à un cours de cuisine ombrienne, mais en réalité dans l'espoir de revoir un amant qui remua ciel et terre pour éviter de me consacrer plus d'une nuit, et j'appelai Ken. J'attendais que le capricieux téléphone ombrien sonne, et c'était toujours Ken. j'hésitai à faire un détour par Venise, où était l'autre homme, mais choisis de donner rendez-vous à Ken à Paris. Mon futé de futur mari m'avait déjà envoyé un billet pour la capitale française, ce qui me donna l'occasion de m'étonner : voilà que je prenais l'avion pour aller retrouver un homme disponible alors qu'un autre, pas du tout disponible, m'attendait en Italie. Il fallait que quelque chose ait changé dans mon petit cerveau maso... ou alors, que je sois — horreur ! — amoureuse.

Mais je n'avais pas envie d'aimer tout court. Aimer bien me suffisait. L'amour ne m'avait attiré que des ennuis. Comme le dit Enid Bagnold : cela ne résistait pas à l'usure. Donc, quand je rencontrai

Ken, je décrétai que l'amour, c'était fini. Dans le passé, je m'était mariée en touchant du bois.

Le soir de notre première rencontre, donc, je rentrais de ce fameux mariage à Saint-Moritz où mon meilleur ami, le beau Romain, venait d'épouser une belle et blonde et intelligente princesse avec toute la garantie du *von* et du *zu*. Elle avait vingt ans et quelque ; moi, quarante et quelque ; lui, trente et quelque. J'étais contente de faire la connaissance d'un homme de mon âge. Et j'aimais l'allure de Ken : on aurait dit un ours débarquant dans un camping en plein parc de Yellowstone.

Cet homme grand et fort, moustache et barbe noires, épais cheveux noirs grisonnants aux tempes et un peu ébouriffés, costume trois-pièces et nœud papillon rouge, ressemblait à un sympathique animal en train de flairer l'air du temps. Il avait des yeux d'un brun chaud. Pour pouvoir entrer dans ma voiture, j'eus l'impression qu'il devait replier ses jambes comme les baleines d'un parapluie télescopique. Il se tourna vers moi et me sourit comme un chat qui vient d'apercevoir une soucoupe de crème.

« Bonjooouuur », dit-il, visiblement soulagé. Sur quoi avait-il cru tomber ? Vampira, Boadicée, une reine des Amazones au sein tranché, brandissant une lance ?

L'humoriste, mon ami Lewis Frumkes, m'avait prévenue qu'il avait à peu près mon âge. Et qu'il était intelligent. Et sympathique. « Un mélange rare, avait-il précisé. D'habitude ils sont soit intelligents soit sympas, mais pas les deux.

— J'espère que tu ne me le présentes pas comme un beau parti ? »

Lewis fut déconcerté par l'expression, et c'était bien compréhensible. Comment pouvait-il savoir que je détestais les « beaux partis », parce qu'on découvrait à tous les coups qu'ils étaient dingues de travail ou sexophobes, et qu'ils voulaient qu'on prenne rendez-vous pour les examens prénuptiaux dès la première rencontre ? J'avais décidé depuis longtemps que les Italiens infidèles, les acteurs sans cachet, les petits héritiers américains et les hommes mariés étaient plus sexy.

Mon analyste voyait unc allergie au mariage dans ce qui n'était qu'un béguin œdipien pour mon père qui m'adorait. Elle ne tarissait pas de conseils, bien que se défendant d'en prodiguer. Elle me faisait clairement sentir qui avait son approbation et qui ne l'avait pas.

« Et qu'est-ce qu'il est devenu ? » disait-elle quand je lui parlais d'un homme riche ou célèbre ou les deux avec qui j'étais sortie, même brièvement, dans le passé. Elle dressait l'oreille comme une maîtresse femme digne d'Edith Wharton.

Elle me regardait comme si mes acteurs itinérants et autres maris égarés étaient *trayfe.*

Elle aurait voulu me voir mariée, et que je me fasse donner des cartes de crédit plutôt que d'en distribuer moi-même. Elle trouvait que je me galvaudais comme on donne de la confiture à un cochon. Que je me dévalorisais. Peut-être. Mais j'aimais faire l'amour, et la plupart des soi-disant beaux partis en avaient une peur bleue.

« Si j'étais célibataire, est-ce que je serais un beau parti ? me demanda Lewis.

— Certainement pas », dis-je en riant.

Légèrement décontenancé, il ne savait pas s'il devait prendre ma réponse comme une insulte ou comme un compliment.

« J'ai dit à Lewis que je n'avais pas la moindre envie de rencontrer une femme célèbre, dit Ken. Mais il m'a répondu : "Elle n'est pas comme ça."

— Vous voulez dire que vous me jugiez avant même de m'avoir vue ?

— Nous sommes tous pareils : nous passons notre temps à juger les autres, répondit-il en reculant son siège pour allonger les jambes. Chaque fois que je négocie avec d'autres avocats, c'est un concours de bites. Vous connaissez. Vos livres ne parlent que de ça.

— Alors ? Pourquoi n'aviez-vous pas envie de me rencontrer ?

— La peur, sans doute. Je croyais me retrouver en face d'une croqueuse d'hommes. Je me trompais, c'est évident. »

Et ça, était-ce une insulte ou un compliment ? Allez savoir. Je compris tout de suite que j'avais à côté de moi un homme honnête, et nerveux. Il ne tenait pas en place sur son siège. Il paraissait avoir chaussé les bottes de sept lieues.

Je laissai la voiture dans un parking près de la Cinquième Avenue et nous allâmes dîner dans un restaurant horriblement surfait du centre-ville — qui allait bientôt succomber à la dégringolade de la fin des années quatre-vingt.

Il refusa la première table, puis la seconde. Nous prîmes la troisième. Il est né à New York, me dis-je.

« Non, à Great Neck. Mais j'étais tout petit quand on a emménagé à Central Park West. Je me revois encore en train de jeter les tickets de rationnement — les points rouges — par la fenêtre. À moins qu'on me l'ait raconté. Je suis un enfant de la guerre. »

Moi, aussi. Fallait-il le lui dire, ou étais-je censée mentir sur mon âge ? Vers quarante ans, je n'avais pas encore résolu la question. Mon analyste était d'avis de garder le silence. Je n'étais pas d'accord. Qui suis-je, sinon un être humain né en pleine Seconde Guerre mondiale ? Mon âge fait partie de ma personnalité. Mais les femmes, même les femmes désirables, ont toujours peur de sembler indésirables. Il faut bien du temps pour arriver à l'honnêteté. Jusqu'où fallait-il la pousser ce soir-là ? Je l'ignorais. Je le laissai parler. Je ne lui fis pas mon numéro de la nana qui passe une audition, pas plus que je ne me crus obligée d'en rajouter parce qu'il m'invitait. Notre première rencontre n'eut rien de l'habituel duel verbal si typique de New York, où chacun essaie d'en mettre plein la vue à l'autre.

Ken me parla de sa vie, en commençant par les tickets de rationnement. Il brossa un portrait de ses parents, des écoles qu'il avait fréquentées, de ses premiers boulots — journalisme, cinéma —, de ses études de droit. Il me parla de deux ex-femmes, d'une longue relation qui venait de se terminer, d'une fille de sa femme, qu'il adorait, de sa passion pour les avions et de sa collection de livres rares. Tout cela sortait pêle-mêle de sa bouche, teinté d'une forte dévalorisation de soi. Et de beaucoup de crânerie, ce qui me ressemblait assez.

Il ne se cachait pas de moi, contrairement à beaucoup d'hommes qui le faisaient sans même s'en apercevoir.

Je restai songeuse en apprenant qu'il était pilote. Le roman que j'avais déposé chez l'éditeur le jour même (et sur lequel je venais de peiner trois années) se terminait par le mariage d'Isadora avec un pilote privé, son quatrième mari. J'avais tout inventé, n'étant jamais ne serait-ce que sortie avec un pilote privé. Mais Isadora ne pouvait guère faire autrement que d'en épouser un. Il fallait qu'elle prenne des leçons de pilotage pour se débarrasser définitivement de sa peur de l'avion.

Nana Blues commençait par sa mort. Isadora avait laissé un dernier manuscrit pour publication posthume. Ce volume tombait entre les mains d'une féministe coincée totalement dénuée de talent et d'humour, qui prenait toutes ses plaisanteries à la lettre et les condamnait politiquement. Mais en fait, Isadora n'était pas morte. Elle avait simplement disparu dans le Pacifique sud, comme Amelia Earhart ; mais contrairement à Amelia, elle y avait trouvé son salut. Elle retournait au Connecticut et redevenait poète — perdue pour le monde, mais pas pour elle.

Si mon inconscient avait imaginé ce mythe personnel de renaissance poético-aérienne, c'est parce que je métaphorise facilement les conflits de mon existence. Lorsque je m'attaquai à *Nana Blues,* je me sentais morte. Dégoûtée de mon personnage public, je n'avais plus envie d'ajouter un volume à la série des Isadora ; sur un caprice, je choisis donc de tuer ma plus célèbre héroïne. Mais tout en écrivant, je la sentis revenir à la vie, et moi avec. Notre salut nous vient de nos propres créations.

Et voilà que je faisais la connaissance d'un pilote privé le jour même où je remettais mon roman à l'éditeur.

Tous les auteurs savent que les livres sont un peu des manuscrits runiques, une lecture de tarots, la carte des lignes de la main et du cœur. Nous fabriquons l'océan... pour tomber dedans. Mais nous créons aussi le radeau de sauvetage. Et nous mettons dans l'haleine de nos personnages le souffle qui cicatrise.

Malgré tous mes efforts pour occire mon alter ego Isadora, elle s'obstinait à rester... inoccidable. Et moi avec. Je n'avais plus qu'à apprendre à piloter.

Cet homme pourrait devenir mon ami, me disais-je en l'écoutant me dire pourquoi il aimait voler.

« C'est la liberté, c'est un défi aux limites.

— Qu'est-ce qui vous rend si honnête ? lui demandai-je.

— Ai-je le choix ? C'est maintenant ou jamais. »

Cette première soirée était un mercredi. Je le déposai chez lui, quelque part entre la 60e et la 70e rue est, et fonçai vers la maison du Connecticut où Molly, Margaret et Puccini avaient élu domicile pour les vacances de printemps.

Il m'appela le lendemain à dix heures ; je le sentais sincère.

« J'ai passé une excellente soirée.

— Moi aussi. »

Puis, paniquée d'en avoir trop dit, je me tus. Mes divers prétendants si peu pressés de s'engager m'avaient appris à ne pas déballer mes sentiments. Cela me mettait en position de faiblesse.

« Samedi prochain, ça vous irait ? me demanda-t-il.

— Pour ?

— Vous êtes libre ?

— Je ne sors pas le samedi soir, dis-je d'un ton terre à terre. Je passe les week-ends à la campagne... j'écris...

— Eh bien, je viendrai à la campagne...

— Certainement pas, dis-je.

— Pourquoi ?

— Je n'invite pas mes nouvelles connaissances chez moi... c'est contraire à ma religion.

— Convertissez-vous.

— Pas si vite », dis-je.

Il y eut un silence gêné. Nous nous rendions compte que c'était notre première bagarre pour le pouvoir.

« Bon, je vous verrai à New York, dis-je enfin.

— Fantastique ! Prenez le train. Je vous attendrai à la gare. Je pourrai vous raccompagner.

— Non, dis-je avec force. (Je n'ai jamais voulu me retrouver sans voiture avec un homme que je connais à peine.) Je viendrai en voiture.

— Ne faites pas ça. Vous ne pourrez jamais vous garer !

— Si, dans mon garage. Ou alors je prendrai un chauffeur. Oui, c'est ça : je prendrai un chauffeur, comme ça je pourrai rentrer tout de suite et être avec ma fille dès dimanche matin.

— Je vous raccompagnerai, moi. J'adore conduire.

— Pas question.

— Bon... comme vous voudrez. Du moment que vous venez.

— Qu'est-ce qui vous fait penser que je pourrais ne pas venir ?

— Vous pourriez paniquer, dit-il. Ça arrive. »

Ai-je pensé à lui après ce coup de fil ? Non. J'étais assez blasée pour ne pas me mettre à rêver à un homme.

Mes journées se partageaient entre mes préoccupations du moment : savoir quand appeler Venise et quels week-ends la femme de mon copain s'absentait, et revoir sans arrêt *Nana Blues,* bien que le livre ait déjà été rendu. (Je fais partie de ces écrivains qui forcent les éditeurs à leur arracher leur manuscrit des mains.) En même temps, je travaillais à l'adaptation en comédie musicale de *Fanny Troussecottes-Jones,* je faisais des recherches pour un livre sur Henry Miller et prenais des notes pour un nouveau roman. C'est au milieu de tout cela que l'un de mes amoureux les plus réticents refit surface, après une absence de quatre mois.

Il m'envoya un cadeau — une miniature indienne représentant une déesse en train de danser — qu'il fit suivre d'un coup de fil. Il voulait savoir ce que je faisais pour mon anniversaire. On aurait dit qu'il avait senti que je n'étais pas libre. Sinon, il n'aurait pas posé la question.

Je lui répondis que j'avais invité Ken et Barbara Follett au Connecticut (mon anniversaire tombait le dimanche de Pâques). Il me demanda s'il pouvait se joindre à nous. Je dis que j'allais tâter le terrain.

« Mais c'est qui, ce type-là ? » me demanda Follett qui m'avait vue six mois plus tôt avec Piero à Venise. Puis il rit. « Mais oui, invite-le donc. Comme ça je pourrai faire la comparaison avec l'autre.

— On le connaît, celui-là ? » demanda Barbara. Ces dernières années, on m'avait pas mal vue passer en coup de vent à Londres, sous bonne escorte. Comme je recrutais chez les hommes mariés et les célibataires, mes amis étaient toujours intrigués mais aussi très protecteurs. Un jour, Barbara avait demandé à brûle-pourpoint à un de mes soupirants : « Vous êtes marié, vous ? » C'était un historien portugais, un homme superbe que j'avais rencontré à une conférence à Rome. Il avait été totalement pris au dépourvu.

« Il faut croire », avait-il répondu d'un air penaud.

Barbara l'avait fusillé du regard.

« Voyons un peu de quoi il a l'air, me dit Barbara au téléphone. On verra bien comment il s'y prend pour décorer les œufs de Pâques. »

Nous passâmes ce week-end-là installés avec

Molly autour de la grande table ronde, à peindre des autoportraits à l'huile sur des œuf durs.

« C'est très révélateur, l'image qu'on a de soi-même », dit Barbara qui était experte en l'art de lire les lignes de la main, de déchiffrer les visages et les gens. Et aussi l'animal qui nous représente le mieux. Ken est un loup. N'est-ce pas, mon petit loup ? Et Molly est un éléphant, avec son grand front bombé. Et Erica est un bichon frisé comme Pouchkine.

Chacun se peignit sur ses œufs, même le tiède prétendant, qui avait un visage assez peu typé. Les manières abruptes de Barbara lui avaient rabattu son caquet. J'étais bien contente.

Je dormis avec lui cette nuit-là, mais sans même le toucher. Je rêvai que je volais dans un petit avion avec Isadora Wing et Piero, et un grand ours brun. Piero meurt de trouille, mais l'ours est très à l'aise. « Pas de panique, mesdames et messieurs », dit-il. Et tout d'un coup, Ken et Barbara sont dans l'avion avec nous, et aussi Molly, et tous les enfants Follett.

Je demande à l'ours : « Avez-vous jamais essayé de marcher sur les ailes ?

— Je suis un pilote conservateur. Je me trouve un peu trop jeune pour mourir. J'ai plein de choses qui m'attachent à la vie. »

Le jour de mon anniversaire, le dimanche de Pâques, l'ours m'appela de Toronto.

Je lui demandai s'il passait un bon week-end.

« Affreux, me dit-il. Quand le passé est enterré, il est enterré. »

Je fus intriguée.

« Je suis venu fêter mon anniversaire avec mon ancienne compagne. »

J'avalai ma salive, mais ma bouche resta sèche.

« Votre anniversaire ? Quel jour est-ce ?

— Aujourd'hui, le vingt-six mars.

— Ça alors ! Le mien aussi. » J'en avais le souffle coupé.

Il y eut un long silence. Il n'avait pas l'air surpris. Il me demanda :

« Je vous vois la semaine prochaine ?
— Samedi ?
— Oui, la soirée consacrée à l'écriture.
— D'accord. Pour vous, je ferai une exception. »

J'étais agacée que son anniversaire tombe le même jour que le mien. D'abord, ça devrait être interdit, une chose pareille. Ensuite, c'était un sacré présage. Une sorte de piège se refermait sur moi, et je n'aimais pas ça du tout. Comme le dit Anita Loos : « Le destin ne cesse de s'accomplir. »

Comment osait-il, cet homme, avoir le même anniversaire que moi ? Il ne respectait donc rien ? Que voulait-il ? Me piquer tout ce que j'avais ? Mon anniversaire était à moi et à personne d'autre.

Ce samedi-là, je passai le prendre dans ma voiture — avec un chauffeur que j'avais loué pour la soirée. Nous allions au Théâtre national voir une comédie musicale moitié en yiddish, moitié en anglais, qu'il avait choisie lui-même. À sa façon de me regarder, je compris que c'était un test. Il voulait voir si je riais au bon moment, si je comprenais le yiddish, si j'étais yidlettrée ou non. A-ha ! nous y voilà : l'épreuve. Le thème des trois coffrets, l'escalade de la montagne de verre, le baiser au prince endormi pour voir si le charme peut être rompu. Comment osait-il me tester ? me dis-je. Ce devrait plutôt être le contraire !

« Alors ? Reçue ou recalée ? lui dis-je en montant en voiture.
— De quoi parlez-vous ?
— Écoutez : quand je suis sur la sellette, je suis encore capable de m'en rendre compte. Il ne faudrait pas me prendre pour une idiote. »

Il me décocha un regard moqueur.

« Où avez-vous appris le yiddish ? me demanda-t-il.
— À la même école que vous. D'ailleurs, mes connaissances sont très limitées.
— Vous avez ri quand il fallait.
— Quand *vous* avez décidé qu'il fallait, dis-je.

Bon sang... vous êtes vachement culotté, comme mec !

— Et vous adorez ça. »

Après quoi, nous nous retrouvâmes tous les soirs pour dîner.

« J'ai rencontré un homme vraiment bien, annonçai-je à ma séance de thérapie de groupe.

— Ouais, ouais. S'il était si bien que ça, tu serais incapable de l'apprécier...

— Ah ouais ? dis-je.

— Ouais, ouais, ouais ! »

Ken et moi, nous avions pris l'habitude de faire la fermeture des restaurants. À force de manger, de boire et de parler, nous nous retrouvions tout d'un coup cernés par des gens armés de balais et de serpillières.

De quoi parlions-nous ? J'ai oublié. Mais nous n'arrêtions pas. Les yeux dans les siens, je me disais : *jamais je ne coucherai avec lui.* J'en avais plus qu'assez, des relations qui commençaient au lit et se terminaient en eau de boudin. Nous serions amis, me disais-je. Amis, pas amants. Comme ça, pas de risque que ça tourne mal. L'amitié, il n'y avait rien de mieux, après tout. Ça avait une chance de résister au temps.

Voilà comment, tous les soirs, nous dînions mais ne couchions pas ensemble.

Cela devint un jeu : je voulais voir combien de temps je pourrais le faire durer. Le sexe, ça ne prouvait rien, me disais-je. Ça ne faisait qu'agiter la vase au fond de l'eau. J'avais connu plusieurs passions sexuelles, mais chaque fois que j'avais rompu le charme, il n'en était jamais rien resté de bien folichon. Cet homme-ci, il faudrait qu'il me plaise d'abord. Je n'allais pas l'épouser sur-le-champ et essayer de le changer après.

Entre-temps, il y avait Piero, Piero à l'amour impérissable parce que promis à une autre. Il était venu me voir au Connecticut bien avant ma rencontre avec Ken et, hors du contexte aquatique de Venise, il m'était apparu nettement moins impressionnant. Comme Ondine sur la terre ferme, il lui fallait ses écailles iridescentes pour rester éblouissant. Je l'avais vu rapidement après le mariage à Saint-Moritz, et la magie était partiellement revenue. Mais je crois qu'en vérité, je me fatiguais de ses fuites si prévisibles. Si j'étais arrangeante, il apparaissait quand ça m'arrangeait... pendant quelque temps. Au lit, bien entendu, ç'avait toujours été le délire, mais le délire lui-même a ses limites. S'il n'est plus alimenté par le masochisme, il finit par tiédir. Comme les hommes qui vous faisaient des avances assidues et qui prenaient soudainement la fuite, comme les « beaux partis » qui vous faisaient subir un questionnaire sur vos biens et investissements, même les plus splendides étalons finissaient par lasser. Ils avaient mis au point un nouveau numéro, c'est tout : le numéro-gigolo. Ils savaient comment vous faire jouir, jouir et jouir encore. Et après ? Dès qu'on détectait le cynisme sous-jacent, la pâmoison perdait de son importance. Manipulation plus que révélation.

Je partis quelques jours à Los Angeles où je devais rencontrer mon agent littéraire et montrer mon nouveau roman à un panel trié sur le volet de bébés-manitous du cinéma (qui avaient lu *Le Complexe d'Icare* au lycée). Une amie actrice m'avait prêté son appartement à Hollywood. Tous les matins, debout trois heures trop tôt, je me retrouvais au téléphone avec Ken, en train de lui décrire la scène où je résume l'intrigue de mon roman dans un numéro de claquettes. Mon public, dont la moyenne d'âge ne dépasse pas vingt-cinq ans, s'habille chez Armani ; on a piqué mon premier roman sur l'étagère de papa et maman et on s'est enfermé dans la salle de bains pour se branler avec. J'essaie de les persuader que ce roman, dans lequel une artiste plus toute jeune est asservie à un superbe jouvenceau, a tout pour faire un film à succès. Mais ça ne les intéresse pas. Pour eux, je suis une curiosité, une antiquité qu'on a ressortie d'une ère voilée des brumes de l'histoire : les années soixante-dix.

« Ma mère adore vos livres », me dit l'un d'entre eux, ce qui déclenche un concert de *La mienne aussi, La mienne aussi.*

Ils vont rentrer à leur bureau et appeler leur mère, tout fiers : « Tu ne devineras jamais qui j'ai rencontré ! » Mais ont-ils envie de faire des films qui plairaient à leur mère ? Absolument pas. Leur mère est, par définition, vieille.

« Je suis passée de "trop jeune" à "trop vieille", dis-je à Ken au téléphone. Quand j'étais à Hollywood dans les années soixante-dix, on commençait tout juste à parler de moi. J'étais la proie rêvée des escrocs de tout poil. Tous les gens qui tenaient les ficelles étaient plus vieux que moi. Maintenant, ils sont tous plus jeunes... mais ce sont toujours des mecs. »

Pourquoi vais-je lui raconter tout ça ? Parce qu'il me comprend ? Parce qu'il sait de quoi je parle ? Parce que nous pouvons parler comme si nous n'avions fait que ça toute notre vie ?

N'empêche, je me méfie. À quel moment va-t-il se transformer en monstre ou en vraie nouille ? À quel moment va-t-il prendre la tangente parce que notre relation devient trop intime ? À quel moment va-t-il laisser poindre le Mr. Hyde sous le Dr Jekyll ?

Tout au long de ma semaine hollywoodienne, je me répète cette phrase immortelle d'Hannah Pakula à propos d'un retour vers l'est : « Hollywood n'est pas une ville pour une femme de plus de quarante ans, surtout si elle a pris une carte de bibliothèque. » Hollywood me donne l'impression que je ne serai jamais assez riche, ni assez mince, ni assez jeune. Même jeune, je me sentais trop vieille pour y rester. Je suis donc d'autant plus ravie de voir arriver à ma table chez Morton's, où je dîne avec mon agent, celle qui stigmatise la femme-mûre-qui-a-conquis-Hollywood, très enthousiasmée par mes livres. Elle m'invite à venir déjeuner chez elle le lendemain, et je découvre que la très pulpeuse Joan Collins est en fait, sous son vernis, une mère dans l'âme, dotée de toute la câlinerie des Juives.

Assises dans son salon blanc, nous échangeons nos expériences avec nos jeunes amants. Elle se remet tout juste d'un démêlé épouvantable avec ce serpent, ou plutôt cette anguille de Peter-je-ne-sais-plus-comment, qui lui réclamait une pension après avoir vécu quelque temps avec elle.

« Je n'ai jamais soupçonné qu'il me mentait, dit-elle, et encore moins qu'il baisait mes amies. Il était très romantique. Parce que c'est ça qu'il nous faut : des hommes qui n'aient pas peur d'être romantiques avec nous. »

Je reprends l'avion pour New York, où Ken m'attend à l'aéroport.

« J'ai pensé que vous auriez besoin de quelqu'un pour vous accueillir », dit-il en renvoyant le chauffeur.

Peu après, il m'emmena voler pour la première fois. Il avait un Cessna 210 basé à l'aéroport de Teterboro, dans le New Jersey. Il m'apprit à faire la visite prévol, à vérifier le carburant, le train d'atterrissage, il me fit lire à haute voix la check-list du décollage ; il fut d'un calme et d'une concentration extraordinaires pendant la manœuvre. Quand il volait, il était dans un état second. Il n'était jamais aussi heureux qu'en l'air. Tandis que nous nous élevions au-dessus des gazomètres et des déchetteries industrielles du New Jersey, nous larguions tous les problèmes terrestres. Le ciel était plein d'avions, chacun relié au sol par contact radio permanent. Le ciel était le dernier espace où la liberté était plus qu'un mot.

Nous remontâmes l'Hudson et ses falaises pourpres ; après un virage à l'est au-dessus du détroit de Long Island, nous fîmes un tour rapide sur la pointe de l'île, avec ses vagues écumantes et ses verts champs de pommes de terre. Nous écoutâmes les comptes rendus météo donnés par les autres pilotes et nous fîmes secouer par des thermiques en passant au-dessus de la couche de nuages. Après ça, comment s'étonner que j'aie donné un mari pilote à Isadora ? Je venais de trouver la liberté que j'avais recherchée toute ma vie. Mais comment un personnage de roman arrivait-il à faire entrer dans ma vie un homme en chair et en os ? En écrivant, j'avais dû jeter un sort particulièrement puissant.

Nous atterrîmes.

« Vous n'avez pas eu peur », me dit Ken.

C'était vrai.

Après ce premier vol, je l'amenai dans mon appartement, où nous attendait Molly qui revenait de chez son père. C'était la première fois que Ken la voyait.

Elle faisait sagement ses devoirs à la table de la salle à manger.

« Qu'est-ce que tu veux faire, quand tu seras grande ? lui demanda Ken (question peu inspirée, il faut l'avouer).

— Avocat de droit civil », lui répondit-elle d'un air décidé. Et il l'adopta aussitôt.

Mes sonnettes d'alarme se déclenchèrent. *Ce type ne plaisante pas,* me dis-je. Que faire ?

Partir pour l'Italie dès que possible, voilà ce que je devais faire. Heureusement, une amie m'avait invitée à faire bombance dans une école de cuisine en Ombrie. Nous devions tous nous retrouver à Rome, et faire ensemble le voyage d'Ombrie où, pendant une semaine, nous apprendrions à goûter l'huile d'olive, à faire la *pasta* et à mitonner le *sugo*. Je m'étais engagée bien avant de connaître Ken, mais je n'avais pas plus tôt posé le pied sur le sol romain qu'il me manquait déjà. Molly aussi me manquait. J'avais l'impression que je n'avais rien à faire là. Il y avait longtemps que je ne faisais même plus semblant de cuisiner.

Nous étions tous logés dans une charmante auberge aménagée dans une ancienne écurie. Les chambres, froides et humides, avaient des murs de pierre apparente et pas de téléphone. Dans la campagne, c'était une débauche de fleurs sauvages —

coquelicots, iris, jacinthes — mais il pleuvait sans arrêt. Comme d'habitude, j'appelai Piero et, comme d'habitude, j'eus du mal à le joindre. Quand il rappela, j'étais plongée dans la *pasta* jusqu'aux coudes ; il m'annonça qu'il n'était pas libre. Puis il me passa son beau-fils — j'appris plus tard que c'était une manière de me faire comprendre qu'il venait, mais qu'il ne voulait pas le claironner devant toute la famille.

Pensant ne pas le voir, je pris mes dispositions pour repartir aussitôt. Mais quand il me rappela pour me dire « *Non scappi* », je ne pus résister au son de sa voix.

Entre-temps, Ken m'appelait de New York pour me donner rendez-vous à Paris. Je tergiversai. Puis Piero apparut comme par enchantement. Nous passâmes une nuit de bonheur dans l'écurie de pierre. L'amour fut aussi magique que d'habitude, et nous passâmes la nuit dans les bras l'un de l'autre. Le lendemain, partis explorer la campagne sous la pluie, nous fîmes une pause à Todi pour déjeuner. Voyant comment nous riions, nous nous touchions, nous mangions et buvions ensemble, je lui demandai pourquoi il restait avec une femme qu'il n'aimait pas.

« Elle est mon antibiotique, répondit-il. Sans elle, je me serais marié vingt fois. »

Au moins, voilà qui est clair. Si elle est l'antibiotique, je suis la maladie.

Il me ramena à mon école de cuisine et nous nous séparâmes avec un baiser. Dans ma chambre, je trouvai trois messages de Ken ; le dernier m'informait qu'un billet pour Paris m'attendait à l'aéroport de Rome.

Il me rappela un peu plus tard. « Ne vous sentez pas obligée de venir, me dit-il, mais ça me ferait vraiment plaisir. »

Finalement, le jour prévu pour le retour arriva. Dans le taxi qui m'emmenait à l'aéroport, je ne savais toujours pas où j'allais passer la soirée.

Venise, ce serait des heures et des heures d'attente avant de trouver un moment où Piero serait disponible. Paris, ce serait quelque chose de différent.

À l'aéroport, je trouvai mon billet au comptoir d'Air France. Je vérifiai les horaires. Le prochain vol pour Venise partait dans une heure. Celui pour Paris dans une heure et demie. Paniquée, les yeux égarés, je me mis à tourner en rond en poussant mon chariot. Je me cognais dans les gens, dans les murs. Cette décision marquait une charnière dans ma vie. Je pensais à la belle Venise et au beau Piero, et aux jours merveilleux qui avaient suivi le mariage à Saint-Moritz. Je pouvais connaître tout ça de nouveau. Hmm... pas sûr. On n'entre jamais deux fois dans la même chambre. Un bonheur dont on entraperçoit la routine peut-il encore s'appeler bonheur ? Même les sybarites risquent de devenir victimes de leurs horloges. Ah — il est temps de m'immerger, comme tous les soirs, dans le Chaos et les Ténèbres. Les divinités chtoniques n'obéiront jamais à un horaire. Essayez de leur imposer une routine et elles s'éloigneront peu à peu. Et le dieu Pan ? Pan repart au galop dans la forêt primitive.

De l'autre côté, Paris. Si j'y allais, je vivrais quelque chose de nouveau. Une autre porte s'ouvrirait. Ou se fermerait. Rien que d'y penser, je transpirais. J'avais peur que ce soit la fin de ma liberté, de ma vie.

Je pris l'avion de Paris. Arrivée au tapis à bagages, j'aperçus, à travers la cloison vitrée, ce grand ours d'homme qui agitait les bras dans tous les sens, hilare. Il avait un visage extraordinairement ouvert. Quand je le retrouvai dehors, il me répéta plusieurs fois combien il était heureux que je sois venue. Pendant le trajet dans la voiture qu'il avait louée, ne pouvant détacher les yeux de moi, il passa son temps à monter sur le trottoir. Il n'arrêtait pas de dire : « Ce que je suis content de vous voir ! Ce que je suis content de vous voir ! »

Il avait retenu dans son hôtel préféré un petit

relais[1] dans un parc en plein cœur du XVIe arrondissement. Cette ancienne *maison de passe*[2] avait des chambres minuscules bourrées d'affreux meubles rococo, mais notre suite donnait sur un jardin verdoyant.

« J'ai besoin de prendre un bain », dis-je. Un bain, c'est ma solution à tout.

Ken faisait la mouche du coche ; il faisait couler mon bain, y versait les sels verts aux senteurs de pin, voulait m'aider à défaire ma valise, s'agitait dans la petite suite, tant et si bien que je finis par crier : « Mais restez donc tranquille ! Vous me rendez dingue ! » Il avait tellement envie de faire plaisir que ça m'énervait.

Enfin seule dans mon bain, dans l'eau jusqu'au cou, je réfléchis. Qu'est-ce que j'étais venue faire ici ?

On frappa à la porte.

« Vous voulez un thé ? Un café ? me demanda-t-il. Je commande quelque chose ? »

Cette interruption m'agaça. Mais je hurlai : « Un café. »

Quand je sortis, nous allâmes boire le café dans le salon.

« Vous êtes parfaitement à l'aise avec votre corps, et ça me plaît beaucoup, me dit-il. Vous pouvez vous balader habillée, à moitié ou quasiment déshabillée et vous êtes bien dans votre peau. Je n'ai jamais vu une femme comme vous.

— Comment ça ?

— D'habitude, les femmes s'enferment à clé et se tartinent de maquillage. Elles ont peur de se montrer visage à nu. »

Nous continuâmes à parler, puis nous sortîmes dîner dans une brasserie du coin, et parlâmes encore. Je comparais ma soirée à celle qui m'aurait attendue à Venise. J'aurais passé un temps fou à téléphoner, organiser, annuler, organiser autre

1. En français dans le texte.
2. Idem.

chose. Puis il y aurait eu une baise torride, et au revoir. Ici, c'était le contraire. Nous étions à un début et non à une fin. Nous marchâmes longuement dans les rues de Paris, tout en parlant. Nous rentrâmes à l'hôtel et parlâmes un peu plus. À un moment, je me dis qu'il allait falloir faire une croix sur le sexe, et avec quelles conséquences ? C'était un Rubicon à franchir, peut-être un Waterloo.

« Il y a des années que je n'ai pas porté de préservatif, dit-il avec un enjouement et un humour feints sous lesquels il cachait sa panique dès qu'il était question de sexe. Je vis avec la même personne depuis des lustres. » Et en effet, ce fut toute une affaire que de mettre l'obligatoire protection, et la détumescence fut immédiate.

« Autant pour le politiquement correct », dit-il. Je fis semblant de rire, mais j'étais désespérée et lui aussi. Quand, au matin, je m'éveillai en sentant son érection contre moi, je me payai d'une attaque de culpabilité grandeur nature envers Piero, histoire d'écarter jusqu'à l'idée de pouvoir faire l'amour avec Ken. *Pauvre Piero,* me disais-je. Comment pouvais-je lui faire ça ? Comment pouvais-je l'abandonner pour un autre homme ?

Pauvre Piero ? Pendant toute notre relation, le pauvre Piero avait dû se taper toutes les femmes qu'il voulait, et je ne l'avais jamais forcé à mettre une capote. (Nous avons des règles différentes pour les mauvais garçons et pour les gentils garçons.)

Qu'est-ce que je voulais ? Replonger dans le numéro-gigolo ? Parce qu'il faut bien dire que ma génération ne concevait pas la première fois au lit autrement que magique, sans effeuillage, miracle de la chimie des corps. Nous ne croyions plus en Dieue, que nous avions remplacée par l'extase sexuelle instantanée. Quand nous avions rencontré quelques problèmes de ce côté-là, nous avions déclaré que Dieue était morte. Le Pays de la Baise était notre terre sacrée, et quand l'accès en était devenu trop difficile, nous nous étions décrétées échouées sur une île déserte.

Ce matin-là, Dieu merci, Ken avait une réunion. Je restai à l'hôtel pour écrire. Après avoir ruminé la situation, j'appelai Piero à Venise. Il eut l'air remarquablement indifférent à mon absence, et parla vaguement de projets auxquels il devait travailler avec sa femme, et qui lui mangeaient tout son temps. Il espérait me voir l'été suivant, à la saison où je louais mon *palazzo* décrépit.

Je fus ravie de retrouver Ken. Il avait son sourire qui me rendait heureuse de vivre. Il me tendit un petit paquet. Je l'ouvris. C'était une édition originale de *La Fin de Chéri*, de Colette.

« Je voulais te donner un petit souvenir de notre week-end, au cas où ce serait le dernier.

— Comment savais-tu que c'est l'un de mes livres préférés ? m'écriai-je.

— Je ne le savais pas. Il me faisait signe, là, sur son étagère. »

Comment avait-il deviné que je mesurais les étapes de ma vie à l'évolution de Colette ? J'avais eu mon Willy, mon Chéri — Ken devait-il représenter le rêve impossible, l'homme qui devient aussi un ami ? Pour Colette, c'était la dernière étape de la vie d'une femme. Il m'avait apporté ce livre en cadeau d'adieu. Il savait que l'heure du sauvetage avait sonné.

Mais quel sauvetage ! Il avait réussi à mettre la main sur le seul livre qui pouvait lui ouvrir mon cœur.

Aujourd'hui encore, je m'étonne que nous ayons persévéré.

Car la vérité est que je trouvais en Ken la seule chose que je n'avais pas cataloguée dans mon chapitre sur le sexe : l'empathie. Moi qui croyais tout savoir, je ne savais pas cela. Les hommes sont aussi opprimés que les femmes par la mythologie macho. Ils sont terrifiés d'avoir à se comporter comme des étalons. Au nom de notre libération, nous les avons réduits à ça ou rien. Nous avons réclamé des gigolos à cor et à cri, pour aller pleurer ensuite sur le fait que nous n'avions que des gigolos. Ma génération, soi-disant sexuellement libérée, subit une nouvelle tyrannie : celle de la « chimie ». Mais la chimie a ses blocages, quand on est trop proches.

Avec Ken, j'appris que certains êtres humains craignent l'amour plus qu'ils ne le désirent. Nous sommes entraînés à nous servir de notre sexe pour faire barrière à l'amour.

Une certaine conjonction astrale voulut que Joan Collins soit à Paris en même temps que nous. Elle nous invita à assister à son interview filmée pour la télévision française. Ensuite, nous devions tous aller dîner chez Lipp.

Pour sa prestation, Joan devait se faire interroger dans un fabuleux tailleur Chanel rose, entourée d'antiquités de chez Didier Aaron. Elle parlait d'antiquités, et imaginait le plaisir qu'elle aurait à en acheter. J'observais son professionnalisme confirmé. Voilà une femme qui avait battu le système en brèche, survécu à tous ses maris en assurant l'éducation de ses enfants, et fait un pied de nez à une société qui se moquait des femmes âgées et traitait les actrices comme des articles jetables. Elle en avait tiré la meilleure des vengeances : elle vivait bien. Dans un monde sain d'esprit, elle serait devenue un modèle féminin au lieu d'être la cible des autres femmes. Mais elle subissait les attaques des féministes autant que des machos. Pourquoi ? Parce qu'elle se maquillait ? Parce qu'elle osait jouer un rôle de femme mûre mais sexy ? Parce qu'en bonne actrice, elle savait réussir son entrée ?

Après l'enregistrement, Joan, son ami Robin, Ken et moi fîmes quelques mètres à pied pour aller prendre le thé à l'Hôtel Bristol. Joan et moi marchions devant. Un couple américain nous repéra ; la femme s'arrêta en s'écriant : « Regarde, c'est Joan Collins !

— Laquelle ? » demanda le mari.

Célébrité, célébrité...

Ce soir-là, chez Lipp, notre petit groupe n'engendra pas la mélancolie. Après le scandale dont elle venait de faire l'objet dans la presse, Joan n'avait pas envie de se faire photographier avec Robin Hurlstone ; elle demanda donc à Ken de lui servir de couverture. Elle parla avec lui pendant que je faisais la conversation à Robin, et les paparazzi en furent pour leurs frais. Ils s'amassaient devant la porte du restaurant. Comment s'étonner qu'ils détestent les célébrités dont ils se nourrissent ? Ils passent leur temps à attendre dehors pendant que leur proie est bien au chaud à l'intérieur, et mange, elle.

À fréquenter des vedettes du calibre de Joan, je me félicite de n'être qu'un simple écrivain. On me reconnaît pendant les brèves périodes de promotion de mes livres, mais le reste du temps je prends mes notes, invisible.

Vers le milieu de ce très joyeux (bien qu'un peu trop public) dîner, je descendis aux toilettes avec Joan et sa secrétaire.

« Il est plutôt sexy, me dit Joan en parlant de Ken. Et il a l'air assez intelligent pour vous plaire. » Elle leva au ciel ses yeux immenses.

Comme à ce moment-là je faisais tout ce que je pouvais pour me libérer de Ken, d'entendre Joan le trouver « sexy » me donna à réfléchir. J'imaginais à chaque instant de quitter Paris pour Venise, mais je me souvenais que rien ne m'appelait là-bas.

Comme il est difficile de s'ouvrir à celui qui pourrait vous aimer sincèrement... Combien de fois ai-je essayé de repousser Ken : il réussissait régulièrement le test en refusant de s'éloigner.

Il voulait sans arrêt me rendre de petits services : me faire couler mon bain, me donner quelque chose à grignoter. Je nous revois tous les deux, incapables de tenir en place dans la minuscule suite, pareils à deux boxeurs sur un ring.

« Mais enfin, tu crois que tu as besoin de faire tout un tas de trucs comme ça pour qu'on t'aime ? » lui criai-je, exaspérée.

Du coup, il s'arrêta net.

« Oui, dit-il.

— Eh bien non... On n'a pas besoin de ça pour

t'aimer, lui criai-je. Le problème, c'est que tu ne le sais pas. »

Il se mit à pleurer. Étendu sur le lit, il laissait les larmes lui ruisseler sur les joues. Je le pris brusquement dans mes bras.

« Oh, non, on n'a vraiment pas besoin de ça pour t'aimer, tu sais », lui dis-je. Et, mêlant nos larmes, nous fîmes l'amour pour la première fois.

Voilà à quoi ressembla le début de notre relation. Si j'avais été bookmaker, jamais je n'aurais misé dessus.

Quelques semaines plus tard, de retour aux États-Unis, il m'emmena passer un week-end chez lui, dans le Vermont. Comme la météo ne permettait pas d'y aller en avion, nous prîmes la route 91 jusqu'à Brattleboro avant de nous engager dans les montagnes Vertes. À Putney, nous nous arrêtâmes pour dîner. La conversation fut très libre, comme toujours entre nous. Notre intimité croissante me terrifiait.

« Je t'ai attendue toute ma vie, me dit-il.

— J'ai très peur, répondis-je, enfin consciente de ce qui m'arrivait.

— De quoi ?

— Si je t'aime, je vais passer mon temps à vouloir te faire plaisir, et je n'écrirai plus. J'ai besoin de ma liberté pour écrire avec honnêteté, et ça doit passer avant tout. Je n'ai pas le temps de protéger un homme.

— Écris tout ce que tu as envie d'écrire sur moi et sur tout ce que tu voudras, me dit-il. Jamais je ne te le reprocherai. C'est pour ça que je t'aime.

— C'est ce que tu dis aujourd'hui, mais tu changeras. On change toujours. Les hommes disent noir quand ils veulent une femme, et blanc une fois qu'ils l'ont piégée. Tu es probablement sincère aujourd'hui, mais tu changeras. Tu verras.

— Non, je ne changerai pas. D'ailleurs, je ne suis pas *les hommes.* » Il prit une serviette en papier. « *Je te libère de toute obligation* », écrivit-il dessus. Puis :

« *Écris ce que tu veux, toujours.* » Et il apposa la date et sa signature.

J'ai toujours ce document, dans un coffre.

Mais honnêtement, j'avais davantage peur de moi que de lui. Si je l'aimais, n'allais-je pas censurer ma plume pour lui plaire ? Si je l'épousais, n'allais-je pas imposer le mariage à mes écrits ?

Voilà quel avait été mon dilemme au début — car nous nous mariâmes trois mois plus tard, dans le Vermont. À moi de combattre ma tendance à plaire en censurant la vérité.

« Si tu censures, me dit-il, tu m'en voudras terriblement et tu me quitteras. Et moi je préfère que tu dises la vérité et que tu restes avec moi. »

C'était ma folie à moi, de me croire toujours obligée de choisir entre l'écriture et ma vie. Mais peut-être que tous les écrivains connaissaient ça. Je livrais toujours les mêmes combats que ma mère et ma grand-mère.

Avant notre mariage, nos parents donnèrent une petite fête dans une auberge campagnarde. Puis Ken raccompagna ses parents à leur hôtel et moi Molly à New York. Je dus me tromper à un embranchement, parce que je me retrouvai sur la route qui passe par la montagne. La pluie tombait à seaux. La route semblait interminable.

Molly me mettait en boîte, comme d'habitude, à propos de mon sens de l'orientation.

« Tu sais, maman, me dit elle, tu n'es pas obligée de te marier si tu n'en as pas envie. »

À ce moment, j'aperçus Ken et son père dans mon rétroviseur.

C'est seulement après notre mariage que nous découvrîmes tout ce qui l'avait rendu inévitable. Ken a un Prozac naturel qui compense mon pessimisme habituel. Il a la ténacité de mon père. Il ne déclare jamais forfait. Il est possédé du démon de la blague. Il se réveille au milieu de la nuit en riant. Il a besoin de m'aimer plus que de me repousser.

J'ai besoin de l'aimer plus que de me sentir abandonnée et dépossédée.

Pourquoi nous marier et ne pas simplement vivre ensemble ? Parce qu'il nous fallait la certitude que dans les moments difficiles, nous serions ensemble pour résoudre les problèmes. Et des moments difficiles, nous en avons connu. Problèmes sexuels, problèmes d'argent, difficultés propres aux familles reconstituées. Il nous arrive de nous battre comme des chiffonniers et de faire l'amour comme des amants. De nous tourner le dos. Même quand nous nous lançons des trucs à la figure en hurlant, nous sommes amis. Qui est l'homme, qui est la femme ? Parfois, nous ne le savons pas. Notre mariage est androgyne, comme les amitiés proches. Il résistera au temps.

Nous acceptons tous les deux le fait qu'en essayant de nous vivre égaux dans le mariage, nous faisons l'histoire — comme le reste de notre génération pionnière. Nous acceptons de bannir la possessivité entre nous. Nous pouvons tout nous dire, et nous avons connu des disputes si sombres que le soleil semblait ne plus jamais devoir se lever.

Mais au fond de l'abîme, il nous reste le sens d'une responsabilité l'un envers l'autre, sinon envers notre bonheur respectif. Entre nous, il y a de l'empathie, de l'admiration, du respect pour l'intelligence et l'honnêteté de l'autre. Sans ce mariage, je ne vois pas comment j'aurais écrit un livre aussi nu que celui-ci.

Quand il me voit bloquée, Ken me dit : « Qu'est-ce que ça peut faire, les attaques et les railleries ? Ce ne sera pas la première fois. Ça n'effacera pas ce que tu as écrit. »

Et je me rends compte que j'ai vraiment tout vécu, et que l'Erica qui en est sortie peut maintenant rire et faire la lecture au lit à son meilleur ami.

CHAPITRE XV

Le problème ne vient pas des hommes

Si les femmes sont devenues aussi lâches,
c'est parce qu'elles ont été
si longtemps tenues en semi-esclavage.
Le nombre de femmes prêtes à défendre leurs pensées,
leurs sentiments, leur expérience
avec l'homme qu'elles aiment, est encore infime.
La plupart des femmes
auront plutôt tendance à s'enfuir
comme un petit chien sous une pluie de pierres
si un homme leur dit : tu n'es pas féminine,
tu es agressive, tu es castratrice.

Doris LESSING, *Le Carnet d'or* (Introduction).

L'homme et la femme sont deux coffrets fermés
à clé dont chacun renferme la clé de l'autre.

Isak DINESEN, *Sept Contes gothiques*.

LE PROBLÈME NE VIENT PAS DES HOMMES

Prise comme la tranche de jambon dans le sandwich entre mes deux sœurs, j'ai toujours su combien les femmes pouvaient être impitoyables, combien la rivalité entre sœurs pouvait être acharnée. Quand j'étais petite, j'avais eu envie de faire partie des Éclaireuses ou des Guides, mais je n'avais pas osé parce que ma sœur aînée les trouvait saintes nitouches et désespérément bornées. À Barnard, je fus citée au tableau d'honneur, ce qui me conféra le douteux privilège de porter la toge noire et de surveiller les examens finaux. Je ne le dis jamais à Nana, ancienne de Barnard elle aussi, sachant qu'elle se moquerait de moi. Elle était la rebelle et j'étais la petite fille trop polie pour être honnête ; quant à Claudia, je me sentais responsable d'elle ; elle était ma charge, ma croix à porter. Allongée dans mon lit, je me demandais quand les ciseaux à ongles de ma mère s'envoleraient mystérieusement du nécessaire de toilette pour aller se ficher dans le cœur de ma petite sœur. Ensuite, j'échafaudais des plans compliqués pour les en empêcher, annulant mon propre vœu.

Je connais donc la méchanceté des femmes entre elles. Je la connais par les souhaits que j'ai refoulés. Aucun des hommes qui ont croisé mon chemin n'a jamais été aussi perfide et critique. Même ma carrière littéraire a reçu les encouragements d'hommes bienveillants tels que James Clifford ou Louis

Untermeyer, John Updike, Henry Miller ou Anthony Burgess. Parfois, ces mêmes hommes, pourtant sexistes réputés, accueillaient l'imagination féminine d'un œil plus favorable que beaucoup de femmes. Pour beaucoup de femmes, en fait, il ne s'agissait pas de plaisanter avec la littérature : les héroïnes devaient obligatoirement choisir une obédience politique quelconque. Moi qui écrivais des romans et de la poésie, j'avais souvent le sentiment d'être en porte-à-faux, parce que le but recherché était non pas la vraisemblance, mais un « politiquement correct » tellement pointilleux que personne ne pouvait s'y mesurer, pas même celles qui en dictaient les lois. Si je parlais d'une femme esclave d'un homme, eh bien c'était mal. Comme si la fiction créait la réalité, comme si le miroir placé devant la nature s'était changé en épée.

Si je parlais du plaisir d'allaiter un bébé, j'étais contre-révolutionnaire, j'étais le vilain petit canard de la famille — comme si le sein n'était plus notre symbole. Si je disais que les femmes étaient capables de méchanceté, on m'accusait de traîtrise — comme si prétendre que les femmes étaient toutes bonnes n'était pas une traîtrise pire encore. Je n'avais pas le droit de jouer avec mes mots. Tout était lu comme une prescription politique, donc dangereux. Je découvris, ainsi que beaucoup de femmes de lettres, que les règles étaient bien plus strictes quand elles émanaient des femmes que des hommes.

J'en eus un avant-goût amer en 1979 quand, venant de cesser d'allaiter, je lus quelques poèmes sur la grossesse et la naissance à un festival de poésie féminine qui se tenait à San Francisco. Je commençai par le morceau suivant :

ALLAITEMENT

La première nuit
de la pleine lune
la poche d'océan primitif

s'est rompue
et je t'ai donné naissance,
petite femme
petite touffe carotte
petit nez retroussé
je t'ai sortie de moi
comme ma mère
m'avait sortie d'elle
et sa mère avant elle
et la mère de sa mère,
nous qui étions toutes nées
femmes.

Je suis la seconde fille
d'une seconde fille,
mais tu seras première.
Pour toi l'expression
« deuxième sexe »
sera une énigme ;
tu te demanderas comment,
à moins d'être fou,
on peut t'appeler « deuxième »
toi qui es si splendidement
première,
toi qui confères à ta mère
une primauté, une amplitude, une plénitude
comme la lune, pleine,
illumine le ciel.

Aujourd'hui la lune est pleine encore une fois
et tu as quatre semaines
Petit lion, petite lionne
qui miaules pour avoir mon sein,
qui grondes à la lune,
comme j'aime ta soif de vivre,
ton visage rouge qui exige,
ta bouche affamée qui hurle,
tes cris, tes pleurs
qui tous, écrivent la vie
en grandes lettres
couleur de sang.

Tu es née femme
pour la gloire et pour rien d'autre,
petite rousse, splendide crieuse.

Deuxième sexe, à d'autres,
tu es la première des premières ;
et quand les cycles de la lune
rempliront le cycle
de ta vie,
tu croasseras
ta joie
d'être femme,
tu enverras la lune pâle
se noyer dans l'océan bleu,
si fière, si fière, si fière
de la merveille vermeille
de ton être merveilleux
étincelant de soleil.

Quand je terminai ma lecture, je m'aperçus qu'on sifflait dans le public.

Moi qui m'étais convertie aux transformations de la maternité, j'avais senti que cette expérience participait de l'héroïnomanie féminine : qu'une fois mère, une femme risquait d'être plus radicalement féministe. Elle devenait vraiment partie prenante quand il s'agissait d'épurer la planète de ses politiciens mâles, quand il s'agissait d'éducation et de santé, d'environnement, de politique sociale. Elle comprenait enfin comment notre société fait des enfants et des mères la dernière des priorités.

Mais les femmes qui étaient venues à ce festival, et dont plusieurs avaient adoré *Le Complexe d'Icare, La Planche de salut* et mes premiers recueils de poésie, se sentaient apparemment trahies par ce poème et quelques autres sur la maternité. Elles sifflèrent et chahutèrent pendant la lecture des *Miracles ordinaires,* et pourtant, plusieurs avaient des enfants dans les bras.

À l'époque, je m'étais sentie terriblement trahie. N'avais-je pas cherché à concilier maternité et écriture ? N'avais-je pas essayé de soutenir d'autres femmes qui souhaitaient exercer leur créativité ? N'essayais-je pas de montrer qu'on pouvait être mère et créer avec passion ? Venant des femmes, la critique était beaucoup plus blessante que venant des hommes. Je la sentais gravée dans ma peau par ma mère et mes sœurs depuis longtemps jalouses de mon succès.

Mais ma génération coup-du-lapin avait mûri dans l'idée que la maternité était obligatoire. On nous insultait, on nous traitait de primipares âgées et d'autres choses pires encore. La libération, c'était le refus des obligations. Ces femmes mécontentes qui étaient venues m'écouter avaient sans doute l'impression que j'apportais de l'eau au moulin de la maternité incontournable, ce en quoi elles se trompaient. Moi qui avais été mère sur le tard, à contrecœur, moi qui étais une primipare âgée, il m'avait fallu toute ma force et tout mon courage pour décider de faire un enfant. Puis j'avais été surprise de me voir transformée par la grossesse, et folle de mon bébé. Mais on ne pouvait pas dire que cela m'avait radoucie. Au contraire, mon féminisme n'en était devenu que plus virulent.

Comment expliquer tout cela devant mon public de San Francisco ? Je ne le comprenais pas encore moi-même.

Cette expérience, ainsi que d'autres similaires, m'apprirent qu'il est capital que les femmes s'allient, alors même qu'elles sont délibérément découragées de le faire. Malgré tous les sports d'équipe qu'elles peuvent pratiquer aujourd'hui, les adolescentes continuent, comme celles de ma génération, à se monter les unes contre les autres. Elles se battent pour les vêtements, les garçons, le statut, l'argent, et elles s'insultent.

Un jour, en entrant dans la chambre de ma fille, je la surpris avec deux amies en train de traiter une troisième de « salope ».

« Je t'interdis de traiter une fille de salope, lui dis-je. C'est un terme sexiste.

— Mais maman, c'est une vraie salope, je t'assure !

— Ton langage est une manière de rabaisser les femmes qui vivent bien leur vie sexuelle.

— Vous comprenez, dit Molly en se tournant vers

ses amies, ma mère est la spécialiste du sexe dans le monde occidental. Elle a été mariée un nombre incroyable de fois.

— Quatre maris, ça n'a rien d'extraordinaire, compte tenu de mon âge », lui dis-je, citant Barbara Follett qui en est aussi à son quatrième mariage.

Les amies de Molly gloussent.

Je referme la porte.

Séparatisme entre les sexes ne signifie pas nécessairement féminisme, pas plus que féminisme ne signifie haine des hommes. On ne compte plus les mères et les épouses ayant voulu militer dans les années soixante-dix, et s'étant fait, comme moi, proprement rejeter. Les idées féministes n'ont jamais été plus motivantes pour ma génération qu'à cette époque-là. Mais une myopie chronique empêchait certaines organisations féministes de battre le fer pendant qu'il était chaud. Si on vivait trop « bourgeoisement », on n'avait pas droit de cité (de Cité des femmes, bien entendu). On avait l'impression que pour se faire accepter, il fallait se parer de tous les oripeaux du lesbianisme radical. Car il s'agissait bien d'oripeaux. Il y avait un style auquel on était censée se conformer : salopette, chaussures de marche, pas de maquillage. Il fallait avoir l'air de sortir tout droit de la communauté rurale. Rouge à lèvres et ombre à paupières n'étaient pas seulement contre-révolutionnaires, ils seraient comptabilisés à votre passif dans les critiques de vos livres. Il n'y avait pas plus sexiste que ces féministes.

Comment notre génération aurait-elle pu tout d'un coup abjurer les valeurs qui avaient étayé son éducation ? C'était impossible. Certaines d'entre nous devinrent des extrémistes, comme toujours lorsqu'on a peur. Et, comme dans toutes les révolutions, les fanatiques excluaient les modérés ; les antiféministes exploitaient la scission à leurs propres fins haineuses. C'est ainsi qu'on assista à l'émergence d'une génération entière complètement rebutée par le mot « féminisme ».

La vérité était que nous subissions toutes une discrimination fondée sur notre sexe. Pourquoi n'avons-nous pas su le voir ? Des femmes qui s'excluaient pour impureté politique ne se serreraient jamais les coudes et ne feraient jamais rien pour l'expansion du féminisme. Des féministes, il en fallait — et il en faut toujours — de tout poil.

Qui risque le plus pendant un holocauste ? La poignée de ceux qui rejoignent la résistance et consacrent leur vie au combat, ou la masse, qui se dit que tout ça va finir par se calmer et que la vie va reprendre comme avant ?

Il faut recruter les femmes mariées, car elles risquent de se leurrer sur la « protection » que leur accordent les hommes. Il leur faudra peut-être subir des divorces injustes, ou la violence, ou même voir leurs enfants maltraités, kidnappés, pour enfin ouvrir les yeux. Les banales atrocités quotidiennes du mariage peuvent engendrer la haine, certes, mais jamais elles ne bâtiront un mouvement. Ça, c'est le rôle du féminisme.

Toutes les femmes ont une cause commune à défendre, et la division nuit au mouvement. Les tendances séparatistes des années soixante-dix ont ralenti nos progrès et ouvert la porte au retour de flamme.

Comment s'étonner que le mot « féminisme » ait pu faire peur ? Sa définition était bien trop étroite. Pour moi, une féministe est une femme qui se donne ses propres moyens d'agir et qui souhaite la même chose à ses sœurs. Je ne mets dans ce terme ni une certaine orientation sexuelle, ni une certaine façon de s'habiller, ni l'appartenance à un parti politique quelconque. Une féministe est simplement quelqu'un qui refuse l'idée que le pouvoir des femmes doit venir des hommes.

La résurgence de la haine dirigée contre les femmes, dans les années quatre-vingt, fut en partie un produit du pouvoir politique de droite, mais en partie aussi une réaction à la politique menée par les femmes contre les femmes. Imaginez ce qu'aurait été notre réponse au retour du pendule si nous avions été unies au lieu d'être divisées. Ce n'est que plus de dix ans après la mise au tombeau de la réaction antiféministe que nous avons commencé à nous réveiller et à nous solidariser.

Pourquoi les femmes manquent-elles si singulièrement de générosité les unes envers les autres ? Parce que trop longtemps, celles qui ont réussi se sont prises pour l'exception qui confirme la règle ? Ou existe-t-il une animosité plus profonde, et que nous nous devons d'explorer ?

Un éditeur spécialisé en poésie m'écrivit récemment, désespéré parce que toutes les femmes poètes majeures qu'il avait contactées lui refusaient un petit laïus pour le premier recueil d'une jeune recrue talentueuse. Il ne comprenait pas pourquoi les femmes répugnaient tant à s'entraider, surtout pendant l'« Année de la Femme ». Il me demandait de lire le recueil. Je le lus, je fus émue, je le promus. Mais je fus effleurée par l'idée que d'une certaine manière, en aidant cette femme, je risquais de me mettre des bâtons dans les roues — en quoi, je l'ignorais. S'il n'y avait de place que pour une seule femme poète, il faudrait trouver un autre espace à remplir.

« Et merde », me dis-je. Et je postai mon petit baratin. Mais ma réaction est typique. Si je me sens toujours en compétition, que ressentent les femmes moins connues que moi ? Ce doit être épouvantable.

Dans les soirées, il a fallu que je m'exerce à être aussi attentive aux femmes qu'aux hommes. Avec mes sœurs, il a fallu que je soigne les relations, que j'en épure l'envie et l'hostilité. Peu à peu, j'arrive à bâtir avec ma plus jeune sœur une relation adulte. Je voudrais sincèrement arriver au même résultat avec ma sœur aînée. Si mes rapports avec ma meilleure amie résistent à tous les chocs, cela ne s'est pas fait sans peine. Et j'ai dû me forcer à ne pas traiter par-dessus la jambe la créativité des autres femmes. Nous sommes depuis si longtemps dans un état de demi-esclavage (comme dirait Doris Lessing) qu'il faut maintenant cultiver la liberté en nous-mêmes. Elle ne vient pas naturellement. Pas encore.

Dans ses écrits sur les drames du développement de l'enfant, Alice Miller a élaboré, entre autres, une théorie de la liberté. Pour être capable de jouir de la liberté, un enfant doit avoir reçu soins et amour. La sécurité et l'abondance sont le fondement de la liberté. Miller montre comment une éducation traumatisante se transmet d'une génération à l'autre, et comment le fascisme profite de générations d'enfants traumatisés. Les femmes subissent des violences depuis des siècles ; il ne faut donc pas s'étonner qu'elles soient si expertes dans l'art de se détruire mutuellement. Tant que nous n'aurons pas appris à mettre fin à ce processus, jamais nous ne pourrons confirmer les acquis de notre révolution.

Beaucoup de femmes ont été maltraitées pendant leur enfance, soit qu'elles aient manqué de protection ou de respect, soit qu'elles aient été victimes de malhonnêteté. S'étonnera-t-on qu'elles se soient fabriqué de formidables défenses contre leur propre sexe, lorsqu'on sait que leurs bourreaux ont si souvent été des femmes ? S'étonnera-t-on qu'elles répondent à l'intimidation par l'intimidation, ou qu'elles réservent leurs plus grandes fureurs à celles qui leur rappellent leurs propres faiblesses : les autres femmes ?

Les hommes, eux, malgré toute leur condescendance intellectuelle, leur esprit de corps, leurs obscénités de rustres, se montrent rarement aussi froidement calculateurs que les femmes. Leur défaut serait plutôt de nous épauler quand nous sommes jeunes et jolies (et que nous leur rappelons leurs adorables filles), et de nous ignorer quand, plus vieilles, nous avons des opinions plus affermies (et que nous leur faisons penser à la mère qui les terrorisait). Mais ils sont trop occupés à établir des liens avec d'autres hommes, à échafauder des hiérarchies masculines[1], pour faire attention à nous.

Si nous maîtrisions l'art de l'alliance et du compromis, nous pourrions transformer la société. Mais malheureusement, nous sommes des débutantes qui passons notre temps à nous chamailler. Telle est la crise actuelle du féminisme.

La lecture de féministes de la jeune génération, comme Naomi Wolf ou Katie Roiphe, est instructive. Voilà deux femmes élevées par des mères féministes brillantes et accomplies, à une époque où Princeton, Yale ou les bourses d'études à Oxford sont ouverts aux femmes. Eh bien chacune, à sa manière, s'est trouvée déphasée par rapport à la ligne du féminisme contemporain. Pourquoi ? En résumé, parce que le féminisme est incapable de prendre en compte le désir sexuel féminin et l'ambivalence des femmes face au pouvoir. Katie Roiphe réagit aux manifestations féministes qui se déroulent à Princeton en essayant de faire reconnaître la sexualité comme une composante humaine et non comme quelque chose d'imposé par des violeurs déchaînés. Naomi Wolf ose faire exploser le mythe du « féminisme victime ». Pour elle, les femmes ont droit autant que les hommes à leurs désirs, bons et mauvais, à leur avidité pour l'épanouissement sexuel et le pouvoir ; elles sont ligotées par les mythes jumelés de la petite fille modèle et de la solidarité sentimentale entre sœurs. Bien qu'un peu trop optimiste sur la capacité des femmes à surmonter leur peur du pouvoir, Wolf me remplit d'espoir, car je reconnais à son analyse le mérite d'avoir fait éclater les fausses catégories qui emprisonnaient ma génération. Les femmes n'ont pas besoin d'être d'accord sur tout pour s'unir dans la promotion du pouvoir féminin. Les femmes n'ont pas besoin de refouler leurs mauvais côtés pour affirmer leur droit au pouvoir. Les femmes n'ont pas

---

1. Qu'un esprit fin appelle « mesures boursières ».

besoin de tirer un trait sur leur sexualité pour s'entraider.

L'arrivée de la nouvelle vague de féministes ranime le débat au sein du mouvement, et voilà qui est passionnant : comptons entre autres sur Susie Bright, jeune voix d'un féminisme de forte trempe, et politiquement incorrecte. Elle et ses contemporaines me rendent l'espoir d'un mouvement nouveau qui a toutes les chances de devenir mouvement de masse. Je connais les écueils qui attendent Roiphe, Wolf et Bright dans leur parcours d'écrivain. Ils viendront surtout des autres femmes qui — sevrées de leur propre voix depuis des années — risquent de voir avec rage ces jeunes femmes séduisantes et privilégiées s'emparer du discours intellectuel avec autant de désinvolture et d'esprit de contestation. Déjà ces jeunes plumes se sont attiré des attaques virulentes par leur liberté sexuelle.

Cela m'amène à la question de la rivalité entre les générations de femmes. Quand j'étais jeune et que je faisais parler de moi — rôle que tiennent aujourd'hui Roiphe, Wolf et Bright — j'étais épouvantée par la haine, par la jalousie, par l'hostilité que je rencontrais chez les femmes plus âgées. Je n'y étais pas préparée. Et leurs critiques étaient plus blessantes que celles des hommes, que j'attendais plus ou moins. Aujourd'hui, j'ai un peu oublié la haine engendrée par *Le Complexe d'Icare*. Les femmes journalistes qui, en privé, s'étaient dites très concernées par le livre m'attaquaient en public, reprenant souvent à leur compte les confidences qu'elles m'avaient arrachées au nom de leur sentiment d'identification. Je fus profondément blessée par ces trahisons, et ces cruelles attaques personnelles me clouèrent le bec comme jamais les critiques masculines ne l'avaient fait.

Peu à peu, je compris que ce goût du sang n'était pas typiquement féminin, mais caractéristique des femmes privées d'une partie importante de leur corps ou de leur personnalité. Des femmes qui avaient eu les pieds bandés, le clitoris excisé, et à qui il ne restait que le bec et les ongles. *La Femme eunuque,* les avait baptisées Germaine Greer, sentant intuitivement qu'une sexualité féminine épanouie impliquait une révolution féminine accomplie. Mais les femmes entraînées au puritanisme et à une citoyenneté de deuxième classe n'étaient pas vraiment prêtes pour accomplir la révolution féminine. Dressées les unes contre les autres, elles ne pouvaient pas même concevoir une société dans laquelle les femmes plus âgées soutiendraient les plus jeunes, dans laquelle la sexualité féminine serait prise en compte, l'excellence féminine honorée. Depuis des siècles, le système des kapos s'employait à creuser un fossé entre les femmes, dont il avait fait des ennemies, et des ennemies du progrès.

Il m'est souvent arrivé d'accueillir à bras ouverts de jeunes journalistes inspirées ou émues par mes livres, et qui m'envoyaient par la suite une page de leur article accompagnée de leurs excuses navrées : elles avaient été forcées de censurer leurs sentiments, de me critiquer là où elles m'avaient approuvée, de mettre plus de « mordant » dans leur style (c'est-à-dire plus de vacheries, y compris personnelles, fondées ou non). Souvent, le commanditaire de cette clitoridectomie était une femme, une femme violemment attaquée par le système, qui avait gardé son poste en faisant semblant de partager les opinions de ses patrons et en imposant ces opinions encore plus férocement qu'ils ne l'auraient fait eux-mêmes.

Pour faire de la liberté des femmes une composante de la société, nous devons apprendre à devenir des êtres à part entière. C'est à nous de réclamer ce territoire. Les hommes ne peuvent pas le faire à notre place. Ce n'est pas leur combat. Nous devons apprendre à nous aimer et à nous sentir solidaires sans exiger d'être idéologiquement conformes. Nous devons apprendre à nous unir dans la contestation, à mener un combat d'adultes, sans coups bas, à accepter d'accueillir plusieurs féminismes sous le chapiteau, à ne pas nous laisser scinder en groupes de plus en plus petits et de moins en moins puissants. Car c'est cela qui fait le triomphe du sexisme, avec notre complicité. Le féminisme ne peut pas se permettre le « Gros Mensonge » sur lequel il s'est pourtant appuyé ces vingt dernières années, ce qui l'a discrédité. Non, on ne peut pas réduire les femmes à des êtres gentils et doux, victimes d'une avidité sexuelle dans laquelle elles ne sont pas partie prenante. Non, nous ne sommes pas des êtres châtrés, aux crocs et aux griffes limés. C'est simplement l'image qu'on nous a imposée au nom d'un faux féminisme. Et celles qui, dans leurs livres, ont porté un autre regard sur les femmes se sont fait accuser de traîtrise et exclure du grand chapiteau.

Comme c'est ce qui m'est arrivé dans mon pays (mais beaucoup moins à l'étranger), je me sens bien placée pour en parler. J'ai traversé des périodes de blocage complet : toutes mes tentatives échouaient, car je savais que tout ce que j'écrirais se retournerait contre moi. Je me rendis compte peu à peu que les femmes avaient réussi là où les hommes échouaient depuis longtemps : à cause d'elles, j'étais persuadée d'être totalement dans l'erreur, je haïssais ma propre créativité, je me méfiais de mes impressions. Jamais satisfaite de ce que j'avais écrit, je le reprenais jusqu'à le rendre incompréhensible. Je m'asseyais à mon bureau et, dégoûtée de moi-même, je n'écrivais pas une ligne. Chaque fois que je traçais un mot, j'entendais un concert de sarcasmes féminins : mes opinions, soufflaient-ils, n'intéressaient personne.

Une fois que les femmes sont infectées par la maladie sexiste au point de se la transmettre, on est en présence d'un parfait système d'autoalimentation qui en assure la propagation. Incapables de nous imposer face aux hommes, nous nous opposons l'une à l'autre, et nous nous embourbons dans nos éternels problèmes. Il est impératif de rénover la machine — non, pas de la rénover, de la mettre en pièces, pour que les femmes puissent construire selon leurs besoins.

Si l'analyste jungienne Clarissa Pinkola Estés s'est acquis un vaste public, c'est en partie grâce à sa très juste perception des forces vives féminines :

> Dans presque tout ce qui a été écrit sur le pouvoir féminin, on rencontre l'idée qu'il terrifie les hommes. J'ai toujours envie de dire : « Mais enfin ! Et les femmes ? N'en ont-elles pas peur, elles aussi ? » Car les attributs et les pouvoirs féminins sont immenses, et effrayants... Si les hommes doivent un jour apprendre à s'en accommoder, il faudra évidemment que les femmes passent par là aussi.

Mais nous ne sommes qu'au début d'un processus, et non à la fin. À preuve nos mutuelles critiques et hostilités. À preuve le règne de la pénurie de talent, du déni de la sexualité, du « bon » féminisme opposé au « mauvais » féminisme. L'émergence d'une nouvelle génération assumant sa sexualité est un signe d'espoir, signe qu'un jour, les femmes auront une vie moins étranglée, moins effrayée par le côté sombre de la créativité, dont la clé est donnée par Éros. Ce jour-là enfin, nous aurons accès à toute la gamme de l'inspiration, jusqu'ici interdite. Accès à toutes les parties de nous-mêmes — à tous les animaux qui nous habitent, du loup à l'agneau. Et le jour où nous les aimerons tous, ces animaux, nous saurons les faire aimer des hommes.

Et l'âge, dans tout cela ? La peur de vieillir nous est-elle inculquée par les hommes, ou nous vient-elle de ce que nous ne connaissons qu'une seule sorte de pouvoir, celui de la jeunesse et de la beauté ?

Ne peut-on imaginer que si nous arrivons à vivre d'autres formes de pouvoir féminin, les hommes nous suivront ? Dans son magnifique roman futuriste *He, She and It,* Marge Piercy imagine un humanoïde à qui on apprend à aimer le corps des femmes âgées. Idée délicieuse, qui suggère que nos rêves les plus fous peuvent se réaliser. Les femmes détestent souvent leur corps. Je me dis parfois qu'il est bon d'avoir au moins une relation homosexuelle dans sa vie, surtout pour les femmes : le plus grand bénéfice à en tirer est de se trouver confrontée à la haine de soi et de la retourner en son contraire, l'amour.

Vers la quarantaine, je tombai amoureuse d'une artiste blonde qui me ressemblait comme deux gouttes d'eau. Nous eûmes une relation intime ; parfois nous faisions l'amour, parfois non. Mais quand nous éprouvions du désir l'une pour l'autre, c'était le désir de deux doubles cherchant à accepter ce que leur renvoyait le miroir. C'était une affirmation, non seulement de l'amitié, mais de soi-même. Dans un monde sain d'esprit, l'amour et l'érotisme ne seraient pas divisés par l'appartenance sexuelle. Nous pourrions aimer des êtres semblables et des êtres différents, et les aimer pour toutes sortes de raisons. Les habituels qualificatifs dont on affuble l'homosexualité — gay, pédé, gouine — disparaîtraient ; il n'y aurait que des gens qui feraient l'amour de différentes manières, avec différentes parties de leur corps. Nous sommes bien trop frappés par le fléau de la surpopulation pour qu'on vienne nous raconter que la procréation est un composant fondamental du désir. Le désir se suffit à lui-même ; il n'a pas besoin d'un bébé pour preuve. Nous ferions bien de nous materner les uns les autres au lieu de faire tous ces bébés non désirés que personne n'a le temps d'aimer.

À l'âge que j'ai, je suis heureuse en amitié féminine. Je ne fais aucune distinction entre mes amies lesbiennes et hétéros. Je déteste ces mots, car je pense qu'en chacune de nous l'éventail est très vaste, et qu'en lui permettant de s'ouvrir on pourrait en explorer toutes les possibilités.

La transformation des rôles ne touche pas seulement les femmes. Les hommes aussi ont dû chambouler leur vie. Ils se tournent vers un travail de plus en plus sédentaire, chose pénible pour des gens bourrés d'une testostérone qui leur donne la bougeotte. On leur demande de s'occuper des enfants, et de partager des responsabilités auxquelles leurs mères ne les ont pas préparés. Si nous prétendons leur demander de changer leur mode de relation avec nous, soyons prêtes à en faire autant. N'oublions pas qu'au début, notre haine de nous-mêmes fera que nous aurons peut-être du mal à aimer les autres femmes. Mais peu à peu, nous désapprendrons les comportements hostiles et nous les remplacerons par la solidarité. Nous ne laisserons pas les hommes nous diviser ou nous utiliser comme symboles de réussite. Avec un peu de pratique, nous y arriverons. Lorsque nous nous laisserons tenter par le refus de partager notre pouvoir ou de collaborer, il faudra nous souvenir que le pouvoir féminin dépend d'un changement d'attitude non chez les hommes, mais chez nous. Nous échangerons le modèle du harem si profondément ancré dans notre psyché contre un modèle de soutien et d'amour mutuel. Quand les hommes commenceront à s'apercevoir qu'ils ne peuvent pas nous séparer, la force que nous représentons statistiquement dans la population aura acquis le pouvoir qu'elle devrait avoir depuis plusieurs décennies déjà. Quand nous cesserons de nous faire du mal, nous pourrons nous unir, et vaincre les bourreaux des femmes et des enfants.

ALCESTE DANS LE CIRCUIT DE LA POÉSIE

(À la mémoire de Marina Tsvetaïeva, d'Anna Wickham, de Sylvia Plath, de la sœur de Shakespeare, etc., etc.)

La meilleure esclave
n'a pas besoin qu'on la batte.
Elle se bat elle-même.

Pas avec un martinet de cuir
ni un bâton ni une badine,
pas avec une trique
ni un gourdin,
mais avec le fouet cinglant
de sa propre langue
& le subtil matraquage
de son esprit.

Car qui peut la haïr mieux
qu'elle ne se hait ?
& qui peut égaler le raffinement
des mauvais traitements qu'elle s'inflige ?

Pour cela, il faut
des années d'entraînement.
Vingt années subtiles
où elle ne se refusera rien,
où elle se sacrifiera ;
jusqu'au moment où le sujet
se sentira reine

& mendiante
à la fois.
Il faut qu'elle doute d'elle-même
en tout sauf en amour.

Elle doit choisir passionnément
& mal.
Elle doit se sentir chien perdu
sans son maitre.

Pour toutes questions morales, elle doit en référer
à son miroir.
Elle doit tomber amoureuse d'un cosaque
ou d'un poète.

Ne jamais sortir
sans son voile de peinture.
Porter des chaussures étroites
qui lui rappellent son esclavage.
Ne jamais oublier
qu'elle est enracinée au sol.

Elle apprend vite pourtant,
& on la dit intelligente,
mais sa nature, le doute de soi,
l'affaiblit tant, forcément,
qu'elle s'essaie, brillante,
à une demi-douzaine de talents
& ainsi embellit
mais ne change pas
notre vie.

Qu'elle soit artiste,
qu'elle approche le génie,
alors l'existence même de ce don
devra tant la faire souffrir
qu'elle s'ôtera la vie
plutôt que de nous surpasser.
Après sa mort, nous la pleurerons
& ferons d'elle une sainte.

Voilà le vieux schéma de la haine que s'inspirent les femmes, le schéma qu'il faut détruire. Le changement ne vient pas du déni, mais de l'acceptation. Les féministes qui se plaignent que nous parlons trop de la torture que s'infligent les femmes, du dégoût qu'elles s'inspirent, de leur obsession pour l'amour, mutilent une phase capitale de l'évolution des femmes. Cette mue, par laquelle nous nous débarrasserons de notre dégoût de nous-mêmes, de l'esclave qui nous habite, est incontournable ; c'est une sorte d'exorcisme de groupe ou d'analyse de masse. Si la littérature féminine doit être prescriptive et non descriptive, jamais l'esclave ne sera exorcisée. Ce n'est pas un avenir selon l'art réaliste socialiste — féministes épanouies en salopette bleue agitant la main sur leur tracteur flambant neuf, ou l'équivalent contemporain — qui va nous mener à bon port. Il faut libérer Éros et son pouvoir phénoménal dans la psyché féminine. Nous en avons fait un synonyme d'esclavage, sans penser qu'il avait le pouvoir de nous libérer. Nous devons exiger le droit à montrer les vies des femmes telles qu'elles sont et non telles que nous les voudrions.

Nous devons cesser d'appliquer des prescriptions politiques à la créativité.

De ce côté-là, nous avons imposé beaucoup moins d'entraves aux femmes de couleur, qui peignent ainsi leur vie d'une plume plus libre que bien des femmes blanches. La luxuriance, la franchise et le poids moral d'auteurs telles que Zora Neale Hurston, Gwendolyn Brooks, Toni Morrison, Maya Angelou, Alice Walker, Terry McMillan, Lucille Clifton, Rita Dove — et j'en passe — puisent à une source commune. Pour ce qui est de tuer l'esclave en elles, les Noires ont pris au moins un siècle d'avance sur les Blanches. Question de nécessité : si le monde blanc et les hommes noirs se liguent tous ensemble pour vous priver de pouvoir, mieux vaut ne pas se mettre de leur côté. « Les femmes sauvages ne connaissent pas le cafard », écrivait la poète afro-américaine (déguisée en chanteuse de blues) Ida Cox. L'énergie que nous admirons tant chez les auteurs afro-américaines est celle qui nous vient quand nous cessons de nier la réalité. Dans cette écriture, il n'y a ni honte ni besoin de tricher sur la réalité pour servir un but politique particulier. Le racisme qui prévaut dans notre culture permet à la femme noire et à elle seule de rester en relation avec les pulsions chtoniennes sous le vernis de la civilisation. La femme noire a le droit de devenir notre visionnaire, notre poète lauréate, notre oracle. J'aimerais voir toutes les femmes écrivains — de toutes ethnies — revendiquer ce pouvoir, pour qu'enfin couleur et sexe masculin ou féminin perdent toute importance.

Si je m'en tiens simplement à ma propre origine ethnique — juive —, je trouve que mes collègues ne manquent pas d'ambivalence dans leurs identifications. Nous semblons avoir tourné le dos à nos grandes poètes, telle Muriel Rukeyser, faisant écho au mépris que les intellectuels juifs ont toujours montré pour les femmes de leur race. Il va falloir comprendre cette ambivalence et triompher d'elle si nous voulons revendiquer notre droit à un discours qui en soit dénué. La plupart du temps, les femmes de lettres juives ont gommé leurs origines comme un fait sans importance. Depuis Emma Lazarus qui s'identifiait aux « masses populaires » jusqu'à Gloria Steinem lisant tout haut les poèmes d'Alice Walker pour se donner une voix quand la sienne était trop étouffée, nous avons endossé des rôles de travailleurs sociaux, ou encore de défenseurs d'une liberté dont nous n'avons pas osé poser l'acte premier : la libération de soi. Dans son livre *Ce qu'on y trouve : Carnets de poésie et de politique,* Adrienne Rich accomplit sa triple acceptation de soi : en tant que poète, en tant que lesbienne, en tant que juive. Juive vient en dernier ; c'est une identité dont on nous a appris à ne pas nous embarrasser. Raison de plus pour penser qu'elle devrait prendre la première place.

Qu'est-ce qu'être femme dans une tradition qui enseigne à ses hommes de se réjouir de ne pas être nés femmes ? Qu'est-ce qu'une religion qui nous impose dans ses principes mêmes l'abnégation de soi ? Tant que nous n'aurons pas répondu à ces questions, tant que nous continuerons à nous cacher derrière les « masses populaires », nous ne pourrons jamais revendiquer le droit qui nous incombe à la naissance : la liberté d'expression. Imaginons ce que serait l'écriture féminine juive américaine si elle cessait de se tapir derrière l'ascension sociale et osait exprimer nos sentiments profonds.

Quelle ironie que d'avoir célébré cette liberté chez les Afro-Américaines tout en nous la refusant ! Pourquoi continuons-nous à feindre d'être assimilées à une société mâle qui veut bien de nous comme conseillers culturels mais pas comme artistes ? Si nous osons répondre à cette question, je prédis un épanouissement de l'expression littéraire chez les femmes juives.

Il est étrange que si peu d'entre nous se soient réclamées de leur identité ethnique. Celles qui ont commencé de le faire — Letty Cottin Pogrebin,

Phyllis Chesler, Anne Roiphe, Esther Broner, Marge Piercy — ont parfois subi les foudres de ces mêmes critiques qui applaudissent la spécificité ethnique des Américaines d'origine africaine ou asiatique. Cette difficulté à se réclamer d'une double identité, féminine et juive, m'inquiète ; car je vois les poètes qui auraient dû suivre les pas de Nelly Sachs ou de Muriel Rukeyser manifester une fausse solidarité avec des hommes juifs qui n'accepteraient jamais de les voir prier à côté d'eux au Mur des Lamentations de la littérature.

Cynthia Ozick et Grace Paley comptent parmi les rares auteurs juives à avoir été reconnues en tant que féministes et en tant que Juives sans se faire lyncher. Mais on refuse généralement de voir dans leur féminisme virulent une des sources de leur talent.

Il reste beaucoup à faire. Nous devons nous avouer à nous-mêmes, et confier à nos écrits, combien nous nous haïssons. Nous devons cesser de porter des guêtres de cuir et des manteaux Chesterfield. Nous devons laisser notre snobisme de classe au placard et cesser de croire que nous pouvons passer pour Jane Austen. Nous devons nous réclamer d'Emma Goldman et de Muriel Rukeyser — et de la force que représente leur voix.

De la culture dominante, nous avons réussi à absorber non seulement la misogynie mais aussi l'antisémitisme. Il nous arrive à nous aussi de trouver la Juive vulgaire et « grande gueule », en conséquence de quoi nous mettons la sourdine. Nous laissons l'expression de la judéité à nos stars de comédie musicale et à nos comédiennes. Si la femme juive fait si peur, c'est peut-être parce qu'elle exprime la force, la sexualité, et qu'elle le fait avec une voix de poissarde. Mais jamais son courage ne nous a été aussi nécessaire. Loin de moi l'idée de diviser les féministes américaines en groupes hostiles : Juives, Africaines, Asiatiques, Indiennes, etc. En vérité, l'universalité de notre expérience est beaucoup plus importante que les détails de nos différences. Mon but est simplement de mettre le doigt sur la bizarrerie qui consiste à refouler nos origines raciales alors que nous en faisons grand cas chez les autres groupes. Si nous sommes réellement persuadées que la liberté passe par la connaissance de soi, nous devons nous permettre d'appliquer cette exploration à notre propre ethnie.

À cinquante ans passés, je remets peu à peu en question l'ambivalence de ma relation à l'identité juive, et le mouvement d'assimilation aveugle dont j'ai parlé plus haut. Je m'étonne qu'on n'ait pas inculqué à une femme née à l'apogée de l'Holocauste un sens plus aigu du judaïsme. Je commence aussi à regretter de ne pas avoir élevé Molly dans un esprit plus juif, et de n'avoir pas eu davantage d'enfants juifs pour remplacer les petites victimes parmi les six millions de morts. Depuis peu, je recherche la solidarité avec d'autres féministes juives, je participe à la recherche de rituels juifs non sexistes, je suis fière de ma judéité — sans antisémitisme inconscient — et, lorsque j'écris, j'inclus cette judéité dans ma recherche de la vérité. Je dois cette dernière démarche à l'influence des Américaines d'origines ethniques diverses, qui ont dépassé l'attitude de pseudo-assimilation à la classe dominante. Moi, Juive séculière, j'inventerai un héritage autant que je le redécouvrirai. Pour la première fois, je suis prête. Mon cœur est ouvert.

CHAPITRE XVI

Assez femme : entretien avec ma mère

Croyez-moi, le monde ne vous fera pas de cadeaux.
Si vous voulez avoir une vie, volez-la.

Lou ANDRÉAS-SALOMÉ.

D'une prison on peut se faire une amie...

Emily DICKINSON.

De ce qu'il te faut, beaucoup s'est perdu. Les poèmes que nous connaissons ne sont que des fragments... Il faut utiliser ce que nous avons pour inventer ce que nous désirons.

Adrienne RICH, *Ce qu'on y trouve.*

ASSEZ FEMME : ENTRETIEN AVEC MA MÈRE

Mon premier souvenir de mon arrivée en Amérique, c'est mon père qui m'attend sur le quai. Je lui ai craché à la figure : « C'est pas mon père ! » Je ne l'avais pas revu depuis son départ pour New York, quand j'avais deux ans ; j'avais dû l'imaginer sous les traits de mon oncle Boris, que j'adorais.

Nous habitions Bristol avec Tatie Sarah, la sœur de ma mère, et nos deux cousines Minnie et Lennie. Régulièrement, ma mère et ma tante se disputaient comme chien et chat et nous déménagions pour aller nous installer dans un meublé — mais de moins en moins souvent parce que ma mère, qui était devenue tuberculeuse, maigrissait à vue d'œil.

Nous avons fait la traversée sur un bateau grouillant de soldats qui revenaient de la Grande Guerre. Même très maigre et ravagée par la maladie, ma mère était restée une belle femme que les hommes remarquaient et admiraient. Elle ne se rendait même pas compte qu'elle attirait les regards.

Un jour où je jouais derrière les canots de sauvetage (là où il n'y a pas de bastingage) j'ai failli tomber à la mer. Un soldat m'a rattrapée de justesse. Après ça, on ne parlait plus que de nous. J'étais la petite-fille-qui-avait-failli-se-noyer.

Notre premier logement était tout au nord du Bronx, dans les quartiers est. Nous étions habillées comme de bonnes petites Anglaises avec des nœuds dans les cheveux, nous savions faire la révérence et dire S'il vous plaît Mademoiselle, Merci, Mademoiselle. Comparées aux gosses du Bronx, nous étions de vraies petites reines. Alors, évidemment, nos professeurs, de vieilles grincheuses d'origine irlandaise, nous trouvaient purement et simplement merveilleuses. Dans toute l'école, nous étions des modèles de tenue et de comportement. Ç'a été radical : les autres nous attendaient à la sortie pour nous flanquer des raclées. Je peux te dire que nous nous sommes vite américanisées : après un coup pareil, fini, les bonnes petites Anglaises ! Nous nous sommes mises à porter des chaussettes de laine et de ces choses qu'on appelait des « peignes ronds », comme les gosses du Bronx.

Comme Mama regrettait son jardin de Bristol, Papa nous emmena habiter cette banlieue déserte de Long Island, Edgemere, une ville qui avait connu son heure de gloire. La mer était grise et glacée. J'avais une amie dont le père était musicien au Théâtre du Capitole ; dans mon esprit, nous étions toutes les deux les enfants non désirées de parents artistes. À l'époque, Papa avait un studio dans la 14e rue, près de Union Square. Les rares fois où il rentrait à la maison, il y avait des disputes terribles avec Mama. Après, il se mettait à hurler en russe ; Kitty et moi allions nous réfugier sous la table de la cuisine. Un jour, je me souviens qu'il a cassé la porte vitrée à coups de poing et qu'il s'est avancé droit dans la mer. Il est rentré avec le pantalon trempé et les mains qui saignaient. Mama sanglotait sur la table de la cuisine.

Je me souviens aussi que plus tard, elle s'est fait avorter sur cette même table de cuisine — un horrible secret dont on ne parlait qu'à voix basse et en russe. Après, on l'avait transportée d'urgence à l'hôpital... elle saignait... une vraie boucherie. Kitty et moi, nous sentions qu'il se passait quelque chose d'épouvantable, mais nous ne savions pas exactement quoi. Nous n'avons compris que plus tard. Papa ne voulait pas d'autre enfant, point final. C'était lui qui décidait de tout. Dire que Mama n'était pas heureuse serait en dessous de la vérité : elle était très malheureuse. Elle n'a jamais pensé qu'elle pouvait le quitter.

Mais tous les étés, tant que mes grands-parents ont été en vie, nous retournions en Angleterre. C'était la grande évasion ! Papa gagnait assez bien sa vie pour pouvoir nous envoyer chez nos grands-parents, qui tenaient toujours leur épicerie dans la banlieue est de Londres. Ma grand-mère avait des yeux d'un bleu éclatant, mon grand-père portait le bouc et montait à cheval. Il n'adressait jamais la parole aux petites filles : elles n'en valaient pas la peine. Mais ma grand-mère nous adorait. Mon grand-père avait été exploitant forestier en Russie : il achetait des arbres sur pied qu'il revendait sous forme de bois de construction (les Juifs n'avaient pas le droit de posséder la terre). Il était bon cavalier ; quand son seul fils, Jacob, eut fait fortune — d'abord comme fourreur puis comme exploitant de films —, il alla avec ma grand-mère s'installer chez lui, dans sa ferme d'élevage du Surrey : toits de chaume, paddocks et tout le bataclan. Évidemment, oncle Jacob abandonna sa femme juive pour épouser une shiksa. Chevaux et shiksas : signes extérieurs de grâce pour un fils de famille juive. En faisant venir ses parents chez lui, il les sauvait de l'épicerie ! Dans sa vieillesse, mon grand-père fit des études pour devenir rabbin. Mais il ne parlait toujours pas aux filles.

Mon père a dû se bâtir une petite fortune dans les années vingt, d'abord en faisant des tableaux fantômes pour des agents qu'il appelait des « portraitistes faussaires », puis en peignant les visages des acteurs de cinéma sur les affiches de la Metro Goldwin Mayer. Dans le temps, on se répartissait le travail, comme les peintres de catalogues. Il y avait des gens spécialisés dans les têtes, d'autres dans les corps. Lui, il faisait les têtes.

Les « portraitistes faussaires » étaient des types qui s'installaient comme artistes peintres dans des stations estivales telles que Palm Beach. Ils prenaient un studio fabuleux, portaient béret et blouse, et liaient conversation avec les dames de la société. Ils jouaient *leur rôle de peintre jusqu'au bout, en prenant bien soin de ne jamais laisser voir la toile. Ensuite, Papa venait la nuit, en cachette, et il exécutait le portrait à partir d'une photo, d'une mèche de cheveux, d'un bout de tissu. Il en a fait des centaines comme ça. Un jour, il m'a dit avoir perdu 100 000 dollars dans le krach de 29, ce qui veut dire qu'en dollars d'aujourd'hui, il devait être millionnaire. Et tout ça grâce à son pinceau. Après le krach, il a dû repartir de zéro. Pendant la Dépression, il travaillait pour MGM.*

J'aurais pu faire mes études dans la fac de mon choix, mais comme Kitty avait quitté l'école pour l'Académie nationale des Beaux-Arts et qu'elle rentrait tous les soirs en répétant que c'était sensationnel, que les garçons étaient beaux et qu'on s'amusait comme des fous, j'ai décidé d'abandonner mes études moi aussi. Papa m'a laissé faire. Il méprisait profondément les études classiques. Aux Beaux-Arts, les profs n'arrêtaient pas de taquiner les garçons : « Attention à la petite Mirsky, elle va gagner le Prix de Rome. » C'était la bourse de voyage la plus importante, mais on ne la décernait jamais à une fille, et je le savais. D'ailleurs, le jour où j'ai remporté deux médailles de bronze, ça m'a mise dans une colère noire parce que je voyais bien qu'on ne me donnait que des récompenses honorifiques, et pas des espèces sonnantes et trébuchantes. Tout ça parce que j'étais une fille ! Vas-tu me dire pourquoi ils répétaient « Attention à la petite Mirsky ! » si ce n'est pour me faire du mal ?

Je n'aurais jamais rencontré ton père sans un ami de Papa, un Russe blanc qui s'appelait Rebas. C'était un de ces peintres de catalogue spécialisés dans les têtes ; lui et son ami, un certain Mr. Hittleman, un violoniste, avaient acheté une petite station dans les Catskill, qu'ils avaient baptisée Utopia. Je devais y aller comme conseillère pour les enfants. J'avais dix-sept ans. Mais Mr. Rebas, va savoir pourquoi, insista pour partager ma chambre. Pour me protéger, soi-disant. Il ne m'a jamais touchée. Je crois qu'il était homo, et qu'il se servait de moi comme couverture. Toujours est-il que quand ton père a débarqué avec son orchestre de jazz, tout le monde devait croire que je couchais avec le proprio. Je portais des vêtements merveilleux : un manteau de velours noir que je m'étais fait moi-même, et des chapeaux fabuleux. D'une démarche aérienne, je fendais les prairies pleines de boutons-d'or, telle une apparition du Songe d'une nuit d'été. *Il n'en fallait pas plus pour que ton père jette son dévolu sur moi. Il était très beau. Et très décidé.*

C'était un brun aux yeux bleus. Il était le tumler, *c'est-à-dire le directeur des animations, le chef d'orchestre, le principal compositeur des sketches, il faisait absolument tout. Je trouvais les sketches d'une bêtise navrante, les blagues d'une grossièreté épouvantable. L'humour était au ras du sol. Le vendredi soir, la plaisanterie favorite était l'arrivée du « train des raides » : les maris citadins en mal d'amour.*

Mais ma sœur chérie ne supportait pas que j'aie quelque chose qu'elle n'avait pas. Dès qu'elle arriva de New York, elle commença à s'intéresser à Seymour. Sans ses petites manœuvres, je n'aurais peut-être pas été si sûre qu'il était l'homme de ma vie. Mais après ça, je ne me posais plus la question. Puisque Kitty le voulait pour elle, il serait à moi. C'était ça, les sœurs ! Je n'envisageais pas du tout le mariage. J'étais indépendante d'esprit, j'étais une artiste. Je ne voyais pas les femmes autrement que libres. Mon idole était Edna St Vincent Millay. Et même ma mère, dont le mariage avait été un calvaire, était fière de son amie dentiste. Elle croyait dur comme fer à ce que tu appelles le MLF. Elle n'était pas le genre de femme à descendre dans la rue, mais elle y croyait. Quand j'ai eu des problèmes avec ton père avant ta naissance, elle m'a dit : « Si tu as envie de le quitter, fais-le. Je t'aiderai dans toute la mesure du possible. » Elle me souhaitait une vie meilleure que la sienne. Elle ne voulait pas me voir emprisonnée dans un mariage malheureux.

Un jour que j'étais en voyage au Japon avec ton père, j'ai rêvé d'elle. Je n'oublierai jamais. Elle avait les jambes coupées et elle saignait ; elle était attachée à un poteau, ou peut-être au sommet d'un clocher ; je me souviens que je me traînais par terre en pleurant de la voir comme ça, mais elle me répétait : « Ne pleure pas, chérie, c'est tout à fait supportable. » Toute notre relation est résumée dans ce rêve.

Enfant, j'avais eu un père qui ne méritait pas le nom de père. Mais à la naissance de ta sœur Nana, il a redécouvert la paternité comme on découvre un truc passé de mode. Comme il n'avait jamais pu s'entendre avec ma mère, il s'est arrangé pour qu'on vive tous ensemble ; on s'est retrouvés attachés pieds et poings liés dans ce grand appartement où le bébé était devenu le centre de tout. J'étais la bonne, ton père le majordome, Mama la cuisinière, lui le roi et ta sœur la princesse. Alors tu vois, le grand-père que tu as tant aimé, c'était une invention toute récente. Pour moi, il n'a jamais été un père. Quand je pense à tous les souvenirs merveilleux que tu as de lui... et dire que pour moi il n'a été qu'un épouvantable tyran ! Comme macho, il se posait là ! Il traitait Mama comme une idiote. Il passait son temps à la rabaisser. Il fallait vraiment que je sois une battante pour m'en sortir avec un père pareil. Et après, avec ses petites-filles, Monsieur s'est mis à jouer au saint ! Il commence par me ficher ma vie en l'air, et après il m'enlève mes enfants !

À ta naissance, pendant la guerre, tu as failli mourir. Tu es le seul bébé qui ait survécu. J'ai toujours pensé que tu étais ma préférée parce que j'avais dû me battre pour que tu vives.

C'est la mi-septembre, environ un an après l'interview de mon père. Nous sommes chez moi, au Connecticut, par une belle journée d'été indien. J'ai demandé à ma mère de se laisser enregistrer. Sans le vouloir, elle vient de vendre la mèche sur la brouille avec Kitty.

« Donc, nous lui devons beaucoup, dis-je. Sans elle nous ne serions pas là.

— Peut-être bien », dit ma mère qui n'en pense pas un mot.

Il y a entre nous une autre querelle ancienne : elle m'en veut d'idéaliser mon grand-père. Elle a l'impression qu'il m'a donné le meilleur de lui-même, et elle n'a jamais pu se débarrasser de son amertume envers lui. Elle voudrait m'imposer son point de vue.

Je proteste : « Mais avec moi, il était différent ! Tu ne peux donc pas me laisser le voir avec mes yeux à moi ? »

Apparemment non. Même à l'âge que j'ai, alors que je l'interroge pour être sûre de ne pas écrire de bêtises dans mon autobiographie, ma mère ne supporte pas que j'aie un point de vue différent du sien, le seul, le vrai.

« Pourquoi es-tu restée avec eux si ça t'était si pénible ?

— C'était la solution de facilité, me répond-elle. Nous avons fini par nous débarrasser d'eux. Et nous ne les avons jamais laissés revenir s'installer chez nous. »

C'est une très ancienne querelle dont je commence à me dire que je ne toucherai jamais le fond. Mes grands-parents sont morts, la brouille est toujours vivante. Elle sape toute notre énergie depuis des années, et elle reste gravée dans les noms que nous nous donnons. J'appelle mes grands-parents Mama et Papa moi aussi, et mes parents « Eda » et « Seymour ». À l'âge adulte, j'ai essayé de les appeler papa et maman, mais comme ça, dans l'après-coup, c'est artificiel. Ce sont toujours mes grands-parents qui règnent sur la tribu, bien qu'ils aient disparu depuis longtemps.

Mon père a la bougeotte depuis que ma mère et moi sommes occupées avec le magnétophone. Il se sent exclu. Le voilà qui arrive ; il tient à la main un bristol sur lequel il a noté une longue citation. Il nous la lit comme un poème :

Je suis devenu l'homme que je suis,
Vieux, décrépit, irréel à mes yeux,
Victime des incompréhensibles

Aléas de la vie
Et de l'atroce écoulement du temps.

Pourquoi suis-je, moi et pas un autre ?
Jeune, et non vieux ou à naître —
Plutôt que le résultat
D'une union due au hasard —
Fait chair — et déposé dans un
Monde dur,
Pour m'y épanouir — m'y accoupler et bientôt mourir.

« Vous savez de qui c'est ? » nous demande-t-il.

Et sans nous laisser le temps de répondre, il ajoute : « De Gore Vidal. Un grand écrivain. C'est tiré de *1876*.

— Lui aussi, il a eu maille à partir avec la critique, lui dis-je, espérant le réconforter.

— Qu'ils aillent se faire foutre, répond-il avec cran. Quand on a gagné une fois contre toute attente, on peut gagner deux.

— Tu as failli mourir à la naissance », dit ma mère. Après une pause, elle ajoute gravement : « Mais il n'était pas question que je laisse mourir un de mes enfants. »

La journée a été extraordinairement douce. Ma mère est sortie sur la terrasse peindre une aquarelle d'un tonneau débordant de capucines. Ken a préparé le déjeuner et nous avons pu goûter le plaisir d'être tous ensemble, chose qui aurait été impossible avant mon mariage avec lui. Pourtant, les divisions ne sont pas effacées. Je n'arrive pas à imaginer tout ce qui freinait ma mère et ma grand-mère. Je sais que c'est en se heurtant aux freins de leurs mères que les filles sont poussées à trouver leur identité. Je vois ma propre fille et la manière dont elle me démolit, dont elle me déconstruit. C'est nécessaire si elle veut se libérer de moi. Elle se moque de moi et de ma distraction, de ma nature soucieuse, de mes éternels délais contractuels. Elle tourne en dérision mes mariages, mes amis, ma réputation d'écrivain porno. C'est à cette condition qu'elle se forgera une identité différente de la mienne, qu'elle pourra grandir. Je suis le sol sur lequel poser ses fondations. Il faut qu'elle me démolisse pour bâtir l'édifice de sa personnalité. Pour elle, je ne suis qu'un terrain constructible, et c'est normal.

L'amour est-il liberté ou servitude ?

C'est la question qui revenait toujours quand Ken et moi parlions mariage. Et c'est la question de fond. « Amour contre liberté », ai-je écrit quelque part dans mes notes pour ce livre : « Comment éliminer le "contre". »

« Si nous savons que nous nous aimons, disait Ken, ce sera la liberté. Et quelle liberté que de savoir qui on va retrouver le soir ! Quelle liberté que de ne pas avoir à se soucier des petites réalités de la vie quotidienne ! Quelle liberté que de se savoir aimé pour ce qu'on est ! »

Au début, je m'insurgeais ; *c'est bien d'un homme !* me disais-je. Pour moi, le mariage avait toujours été synonyme de servitude et de soumission, à quoi j'avais toujours été impatiente d'échapper. Un homme pouvait très bien se sentir confortablement ancré dans un mariage que sa femme vivait comme une prison.

Mais cette fois-ci, je me jurai que ce serait différent. Nous construisions selon d'autres règles. Je me mariai bien décidée à ne pas devenir cette chose épouvantable qu'est une épouse. J'insistai pour obtenir un partenariat à égalité, sachant que c'était la seule condition pour que ça marche.

Et pourtant, au début, malgré toutes les promesses que je m'étais faites, je m'aperçus que je tombais peu à peu dans le rôle d'épouse : au lieu d'écrire, je m'occupais de la rénovation de l'appartement ou de tâches domestiques idiotes ; je faisais de ce rôle un prétexte à fuir mon travail, ce travail qui m'avait toujours entraînée dans la controverse et qu'une partie de moi cherchait à éviter. Je pouvais toujours accuser Ken, il n'y était pour rien. La faute en était à mon réflexe conditionné au mariage. Même à quarante-sept ans, pleine de mon propre pouvoir, de ma propre identité, j'avais gardé en moi quelque chose qui voulait échapper à la mêlée et se recroqueviller dans le rôle d'épouse. C'était si confortable, si sécurisant. Et j'étais si fatiguée de me battre. Je me laissais porter au fil des jours, je passais mon temps entre le sommeil et le shopping. Je n'avais pas envie de poursuivre la guerre.

Beaucoup de battantes ont connu ce passage... le désir de lever le pied, de se cacher, le désir de confier les rênes à un homme. Tant que je ne serais pas allée braver ce dragon-là au fond de sa grotte, comment prétendre me faire le porte-parole d'autres femmes ?

Je me suis souvent posé la question de savoir comment la révolution féministe a pu démarrer, s'arrêter, redémarrer tant de fois au cours de son histoire, se propager avec la violence d'un tremblement de terre et s'apaiser tout aussi soudainement. Les femmes font couler des océans d'encre, changent quelques lois, modifient quelques attentes, puis disparaissent et se remettent à jouer le même rôle que leurs grands-mères. Quelle est cette dialectique qui les habite ? Quelle est cette culpabilité qui les pousse à saboter leurs victoires ? À moins que la culpabilité n'y soit pour rien. C'est peut-être, comme le dit Margaret Mead dans *Du givre sur les ronces,* que « le bébé est trop souriant ». Ou qu'un combat quotidien contre le monde est trop épuisant affectivement.

Et en effet, le combat pour les droits de la femme n'est pas encore gagné. Les femmes ne mesureront la ruse des pièges patriarcaux qu'après avoir mûri. Les nouvelles féministes comme Naomi Wolf ont sous-estimé l'enracinement du pouvoir patriarcal et l'adhésion profonde qu'il reçoit souvent des femmes. Elles ne prennent pas en considération le parcours complet d'une vie de femme. Nous adhérons au statut d'épouse parce qu'il est très facile d'avoir quelqu'un à accuser, et très difficile d'être libre. Nous préférons la punition à la victoire sur nos peurs. Nous préférons notre colère à notre liberté.

Si les femmes étaient totalement conscientes de vouloir quelque part céder le pouvoir aux hommes, la victoire annoncée aurait des chances de s'accomplir. Mais nous sommes loin d'une telle connaissance de soi, et nous nous en éloignons de plus en plus à mesure que nous nous écartons du modèle psychanalytique de la personnalité. Tant que nous nierons l'importance des motivations inconscientes et l'existence de l'inconscient lui-même, nous ne pourrons pas tuer l'esclave qui est en nous. La liberté est difficile à aimer. La liberté nous enlève toutes nos excuses.

Prenons-en conscience, et tout sera facile, et facile à changer. Mais notre attitude est profondément enracinée. Nous ne savons même pas que nous valorisons le masculin et dévalorisons le féminin. Que nous sommes divisées contre nous-mêmes. Que dans nos images internes, papa a raison et maman tort.

J'ai écrit chacun de mes livres en passant par-dessus le cadavre sanglant de ma grand-mère. Avec culpabilité, poussée par la douleur. Chaque livre a été un bébé que je n'ai pas eu, dix mille repas que je n'ai pas préparés, dix mille lits que je n'ai pas faits. Avant tout, je veux être indivise, entière — et c'est le thème de toute mon œuvre —, mais quelque part je reste divisée. Comme quelqu'un qui aurait commis un crime épouvantable et échappé au châtiment, j'attends que tombe la hache du bourreau. En cela, je ne crois pas être différente des autres femmes.

Ma grand-mère est morte en 1969. Dix ans plus tard, j'ai écrit ce poème en essayant d'y rassembler les sentiments que j'éprouve devant son exemple.

ASSEZ FEMME

Parce que les heures de ma grand-mère
étaient des tartes aux pommes dans un four
et des moutons sous les lits
et du linge jauni
et des coutures et des ourlets
qui se défaisaient inévitablement,
je ne m'occupe pas de la maison
et pourtant j'aime les maisons,
j'aimerais en avoir une propre.

Parce que les minutes de ma mère
étaient englouties dans le vacarme
de l'aspirateur,
parce qu'elle valsait avec le sèche-linge
et s'arrachait les cheveux en attendant le réparateur
j'envoie mon linge à la laverie,
et vis dans une maison pleine de poussière
et pourtant j'aime les maisons propres,
comme tout le monde.

Je suis assez femme
pour aimer la pâte à pain que l'on pétrit
et les touches
de la machine à écrire
sous les doigts
souples, souples.
Et l'odeur du linge propre
et la soupe qui mijote
me sont presque aussi chères
que l'odeur du papier et de l'encre.

Si seulement il n'y avait pas le choix ;
si seulement je pouvais être double.
Si seulement les jours étaient plus longs.
Mais ils sont courts.
Alors, j'écris
et la poussière s'amasse.

Assise à ma machine
je me souviens de ma grand-mère
et de toutes mes mères,
et des minutes qu'elles ont perdues
à aimer leur maison mieux qu'elles-mêmes —

et l'homme que j'aime nettoie la cuisine ;
il ne rouspète pas trop
parce qu'il sait
qu'après tous ces siècles
cela lui est plus facile
qu'à moi.

Aujourd'hui, après plusieurs dizaines d'années, ces sentiments se sont exacerbés.

Au milieu de tout cela, où est la place de la femme qui crée ? En plein dilemme, comme d'habitude. J'essaie de faire taire ma grand-mère perchée sur mon épaule. Elle me rappelle mes devoirs : la réunion à l'école, les courses, la construction d'un nid, la responsabilité de la sphère privée. Mais j'ai besoin de travailler et de dire non à mon enfant. Mon mari doit lui aussi cuisiner et prendre soin des autres. Et faire le ménage. Existe-t-il une liberté androgyne transcendant le masculin et le féminin ? Les hommes en ont besoin autant que les femmes.

Un souvenir d'enfance me revient, entre deux synapses. Je suis dans le grand lit parental. Je dois avoir quatre ou cinq ans. J'ai été réveillée par un cauchemar, et mon père à moitié endormi m'a emportée dans le lit et m'a déposée entre lui et ma mère.

Félicité. Avant-goût du paradis. Souvenir de l'océan amniotique – chaleur du corps de ma mère d'un côté, de celui de mon père de l'autre. (Les freudiens diraient que je suis contente de les séparer, et ils n'ont peut-être pas tort, mais laissons cette question de côté pour le moment.) Qu'il me suffise de dire mon bonheur d'être là, dans la grotte primitive, baignée de la lumière paradisiaque.

Je remonte loin, loin dans le temps. Allongée sur le dos, je lève les yeux : le plafond est un kaléidoscope de petits pois et de carottes coupées en dés — un repas de bébé, réconfortant et chaleureux. Les odeurs de mes parents mêlées à la mienne. Phéromones familiales. Odeurs familières dont nous sommes nés. Pour le moment, le monde se borne à cela :

pas de sœurs, pas de professeurs, pas de rues, pas de voitures. L'Éden est là, entre mes parents endormis, et il n'est pas prévu de m'en chasser. Je lutte contre le sommeil pour savourer l'instant de *paradiso* qui s'insinue dans le *purgatorio* quotidien, *l'inferno* de l'école et de mes sœurs, les bagarres dans le bac à sable et la cruauté des autres enfants.

C'est là notre origine à tous : le *paradiso* de l'enfance. Et c'est là que la poésie cherche à nous ramener. Les deux pôles de notre être — l'amour et la mort — sont le lit parental et la tombe. De l'un à l'autre, notre passage.

Ma grand-mère, toujours sur mon épaule, se fâche. Elle voudrait m'interdire d'écrire ces choses-là. Pour elle, la sagesse féminine veut qu'on taise toute la vérité apprise au cours de la vie. Il est dangereux — elle le sait d'expérience — de faire étalage de ses connaissances intimes. La femme intelligente sourit, bouche cousue. Mais il y a un hic : ce n'est pas comme ça qu'on écrit un livre. Surtout un livre qui se prétend sincère.

Et cela nous ramène, inévitablement, au problème de la vérité dans l'écriture féminine. La vérité est nécessaire si nous voulons valider nos sentiments et notre vie ; ces droits, nous venons de les conquérir tout récemment, et provisoirement seulement. Si les dictateurs brûlent les livres, c'est parce qu'ils savent que les livres aident les gens à se réclamer de leurs sentiments, et que cela les rend plus difficiles à écraser.

La société patriarcale bâillonne les femmes par tradition ; elle les empêche d'exprimer publiquement ce qu'elles ressentent, car le silence est père de l'obéissance. Ma grand-mère croit me protéger. Elle ne veut pas me voir lynchée sur la place du village. Elle ne veut pas me voir mise au pilori à cause de mes opinions. Elle veut me savoir en sécurité, pour qu'à mon tour j'assure celle de la prochaine génération. En voulant préserver la pérennité de la famille, elle défend son intérêt de matriarche.

Chut, Mama, le monde a changé. Nous revendiquons notre droit à nous exprimer. Nous parlerons en notre nom, mais aussi en ton nom. Et nous espérons que nos filles n'auront jamais à tuer leurs grands-mères.

Je fais une incursion dans la cuisine pour aller chercher des tartines beurrées à la compote de pommes et au sucre en poudre pendant que ma sœur aînée monte la garde au fort et retient le bébé en otage.

« Qu'est-ce que tu fais ? demande ma grand-mère.

— Oh, rien, dis-je en courant me mettre à l'abri avec mes tartines.

— Les enfants, appelle ma grand-mère, les enfants ! »

Nous faisons la sourde oreille.

« Les enfants, où êtes-vous ? répète-t-elle. À quoi jouez-vous ?

— Oh, à rien. » Nous mâchonnons nos tartines, cachées dans le placard pour échapper à nos nazis imaginaires.

Nous ne pouvons pas lui expliquer que nous jouons à l'amour et à la mort. Nous n'avons même pas de mots pour le dire. Mais nous jouons à gagner notre vie, à gagner du temps, nous jouons pour apprendre la vie.

Ma sœur aînée, qui a inventé ce jeu, est née en 1937. Venue au monde à la veille de la guerre, elle a bu la menace du danger avec le lait maternel. J'ai suivi ses pas, comme tous les cadets. J'étais obsédée par les détails : le bébé emmailloté dans le landau de poupées, mes missions d'approvisionnement à la cuisine, ma course éperdue dans le couloir, au milieu de bois imaginaires bourrés de nazis imaginaires armés de mitraillettes imaginaires, le sentiment de mon importance parce que j'avais pu survivre, pourvoir, approvisionner.

« La responsabilité prend ses racines dans le rêve », dit le poète Yeats, prétendant citer des textes anciens. Le sérieux de la vie prend ses racines dans le jeu. Toujours messagère, toujours pouvoyeuse, je me cache dans la grotte parfumée du placard à linge pour écrire, je cours récolter mes moyens de subsistance dans le monde, et je me précipite à la maison où je nous nourrirai, le bébé et moi.

Ce bébé, c'est parfois ma fille, parfois moi-même, parfois mes livres. Mais le modèle de survie frénétique est clair : j'alterne des périodes de calme et des périodes de stress intense. Dans ma tête, la Seconde Guerre mondiale fait toujours rage.

J'essaie d'imaginer la vie de ma grand-mère comparée à la mienne. Née en Russie dans les années 1880, élevée à Odessa, elle est arrivée en Angleterre à l'adolescence ; elle s'est mariée et a eu deux filles avant la Première Guerre. Dans les années vingt, elle a élevé ses deux enfants à New York, après avoir survécu aux pogroms, à l'agitation prérévolutionnaire, à la grippe espagnole, à la tuberculose, à la guerre, au déplacement, à l'émigration, à l'adaptation à une langue étrangère et à deux pays. Et moi, fille cadette de la fille cadette d'une fille cadette, je porte ses fardeaux dans mon âme.

J'y vois des occasions à saisir. Je prends à pleines mains le courage et la ténacité qu'elle m'a légués. Mais j'ai gagné le droit d'en parler — un droit dont elle n'avait jamais rêvé.

*

Où vont tous les souvenirs ?

Depuis que ma mère sait que j'écris une autobiographie, elle m'apporte des petits mots sur des « Post-it ». Sur le dernier en date, elle a écrit : « Dee-Dee, Rigolette et Le Type Célèbre. »

« Ah oui, ça me rappelle vaguement quelque chose, dis-je. Qui était-ce ?

— Oh, c'étaient tes amis imaginaires, me répond-elle. Tu leur parlais pendant des heures et des heures. Où que tu ailles, tu emmenais toujours Dee-Dee, Rigolette et Le Type Célèbre avec toi. »

Je suis au milieu d'un cimetière. Chaque jour, il

meurt quelqu'un de plus jeune que moi. Chaque jour, les rubriques nécrologiques annoncent la mort d'une personne que j'ai connue en fac, au lycée ou en colonie de vacances, morte à quarante-sept, quarante-huit, quarante-neuf ou cinquante ans. Parfois je vois à la télé d'anciens camarades de classe et je leur trouve l'air vieux. Et parfois je rencontre des gens dont j'ai totalement oublié le nom. Quand serai-je comme Tante Kitty ? Quand aurai-je tout oublié ?

Et voilà que même les si précieux amis imaginaires de mon enfance ont mordu la poussière. Tout ce qu'il me reste d'eux, ce sont des noms sur un « Post-it ». Je n'ai aucun souvenir d'eux. Qui étaient-ils donc ? Faut-il les réinventer à partir de leur nom ?

Le Type Célèbre est, j'imagine, une sorte de substitut paternel déguisé. Il porte un smoking d'un blanc immaculé avec un bleuet à la boutonnière. Il a les cheveux gominés et il empeste l'Aqua Velva « Ice Blue », odeur qui rappelle le son du piano dans l'appartement voisin et les limousines bleu nuit aux ailerons phalliques. Il danse comme un dieu et glisse sur des sols anthracite cirés dans ses chaussures anthracite cirées. Il est le désir, l'amour, la chance, un voyage lunaire sur des ailes diaphanes. Il sait jouer toutes ses partitions, des chansons oubliées comme « So many memories » ou « The Jersey bounce », ou encore des chansons célèbres comme « Love walked in » et « Smoke gets in your eyes ». Il danse le tango, le mambo, la rumba, et quand il s'en va, on a le cafard (mais c'est toujours mieux que d'avoir un autre type). Il est le père, et aussi le roux échevelé à l'écharpe de Harvard qui tenait la porte dans le métro au coin de la 78e rue et de Central Park West. Un jour, il a mis son t-shirt trempé de sueur dans votre panier à linge, vous l'en avez sorti et ne l'avez jamais lavé. Depuis, vous dormez avec.

Tous les hommes qu'on a aimés ou épousés ensuite sont des substituts du Type Célèbre. Il a les yeux bleus, verts, bruns et dorés à la fois. Il peut changer de tête plus vite que la Princesse Langwidere. En vieillissant, on le rencontre de moins en moins souvent. Une bribe de mélodie entendue à travers un mur, une odeur de sueur et d'eau de Cologne, et on croit l'apercevoir. Une nuit, on a quadrillé la ville dans une limousine bleu nuit à sa recherche, certaine, quand on le trouverait, de l'y faire monter et de faire l'amour là, par terre, tandis que le chauffeur aux yeux de Braille et au crâne de cristal vous soignait une conduite de velours mouillé pour vous laisser le loisir d'en faire autant. *Oh, Type Célèbre, quand viendras-tu habiter ma vie ?*

« Jamais.

— Mais pourquoi ?

— Tu le sais bien. »

Parce que le désir est une limousine qui ne s'arrête jamais, un tapis volant que Peter Pan voit planer au-dessus des cheminées, un fragment de chanson dont on a oublié le refrain. *Ah, Type Célèbre, viens me faire l'amour tout de suite.*

« Mais je ne fais que ça. En te dictant ces mots. »

Et Dee-Dee ? Qui est-elle ? Dee-Dee est l'Américaine pure souche. Chez elle, il n'y a ni grands-parents russes ni batik balinais suspendu à la rambarde de l'escalier. Elle a des dents blanc freezer et des cheveux blond l'Oréal, une crinoline à rayures multicolores et, par-dessus, une jupe en lainage bleu avec plein de pompons reliés entre eux. Vous aussi, vous avez eu une jupe comme ça, mais vous ne l'avez jamais portée avec l'allure de Dee-Dee. Et pourquoi donc ? Mais parce qu'elle est l'Américaine pur jus, chose que vous ne serez jamais même si vous deviez vivre cent sept ans. Vous aussi vous aviez une jupe à pompons et un ensemble pull-cardigan et des perles et un serre-tête, mais ça ne trompait personne. Vous n'étiez pas pur jus. Et vous savez quoi ? Vous ne l'êtes toujours pas devenue — même dans le monde littéraire. Vous ne serez jamais Dee-Dee. Vous n'avez pas votre place dans la société, vous avez un drôle de nom, vous êtes définie par ce que vous n'êtes pas. Vous ne pouvez pas changer de nom et vous appeler Dee-Dee. Vous êtes Erica, Erotica, Eroïca, comme on vous appelait au lycée ; ou Isadora, Fanny, Jessica, Leila comme vous vous êtes appelée dans vos livres. Mais jamais la normale, la blonde, l'heureuse Dee-Dee qui épouse le capitaine de l'équipe de foot américain et ne rêve jamais du Type Célèbre, et encore moins de quadriller la ville pour l'inviter à monter dans la limousine à rallonge.

Dee-Dee s'est mariée en blanc et a eu deux enfants virgule cinq. Elle n'a jamais eu ce dont elle ne voulait pas, et n'a jamais désiré quelque chose qu'elle n'avait pas. Mais comment se fait-il qu'elle jouait avec vous ? Eh bien justement : elle a repris ses billes et elle est rentrée chez elle, sans laisser de souvenir. Sa mère le lui avait défendu. D'abord, elle n'avait rien à faire chez vous. Mais elle vous manque. Elle lit vos livres, et elle essaie de vous dire, dans les librairies des centres commerciaux, qu'elle est aussi peu pur jus que vous, et qu'en réalité, Dee-Dee n'existe pas. Elle vous aime de ne pas être Dee-Dee, d'avoir fait exploser le mythe de Dee-Dee, de lui avoir volé ses vêtements et de lui avoir rempli la tête de rêves humides qui ne s'effaceront jamais.

Quant à Rigolette, c'était un nom que je m'étais inventé : fille cadette, « moi-aussi-je-veux », j'aimais bien rigoler, j'avais de l'énergie à revendre, envie de faire plaisir, j'étais une gentille gosse obéissante et polie, qui remerciait ses parents pour son dîner, mouchait son nez et disait bonjour à la dame, et ne faisait jamais, mais alors jamais pipi dans son bain. Rigolette embrassait des garçons qui ne lui plaisaient pas tant que ça de peur qu'on ne la trouve pas très rigolette. Elle faisait les commissions, remplissait sa tirelire, faisait des petits jobs de plage à Fire Island en attendant d'avoir assez d'argent pour s'acheter tous les polars de Nancy Drew. Ensuite, elle les lisait un à un, et elle comprenait enfin comment on écrivait un livre, comment on donnait envie au lecteur de tourner la page ; c'était la chose la plus rigolette que Rigolette ait jamais faite.

Oh, Rigolette, vas-tu épouser le Type Célèbre ? Seulement dans les livres, répondait-elle, pour que Dee-Dee puisse l'épouser aussi.

Mon quatrième compagnon imaginaire n'était pas de mon invention. Il me venait de ma mère, ou de ma grand-mère, ou peut-être même de mon arrière-grand-mère. C'était Hashka la Messhuggeneh. (Elle n'est pas sur le « Post-it », mais les trois autres m'ont fait penser à elle.)

Qui est-elle ? (Car elle est sans erreur possible de sexe féminin.) On l'invoquait quand quelqu'un piquait une colère formidable (ce qui était fréquent chez nous) ; on disait alors : « Tu as l'air de Hashka la Messhuggeneh. » Était-ce une apparition venue de quelque *shtetl* lointain ? La folle de Grodno ou une chiffonnière des faubourgs d'Odessa ? Été comme hiver, elle portait un chapeau délirant. Sous ses volumineux vêtements noirs, elle abritait des hiboux, des enfants, des morceaux coupés de corps humains. Elle caquetait comme une poule, battait des ailes comme un cygne, et lançait des éclairs de ses yeux fous. Elle racontait des histoires de bébés transformés en compote, de saucisses qui chantaient et de pantins qui devenaient de vrais enfants.

Elle s'entendait assez bien avec le Type Célèbre, qui venait la chercher tous les soirs en limousine à rallonge. (Au village, personne n'avait jamais vu de voiture et encore moins de limousine.) Nous ne savions pas ce qu'il lui voulait, mais nous étions sûres qu'il était séduit par sa folie.

Ils se marièrent et eurent plusieurs filles. L'une, Dee-Dee, était parfaite, naturellement. Une autre, Rigolette, prête à tout pour l'être aussi, en faisait tant et plus et toujours plus, et faisait rigoler tout le monde. Une autre encore, Erica, celle au prénom ambigu, n'arrêtait pas de changer de nom de famille dans l'espoir de se donner prise sur les souvenirs. Mais la mémoire est une amie volage, et en fin de compte, il n'en reste que ce qu'on lit dans les livres.

Nous voyons bien que le fil élimé de la mémoire peut se brûler au premier feu follet. Si, dans votre enfance, vous ne vous êtes pas fait punir pour vos fantasmes, si vous avez une mère ravie de se rappeler le nom de vos amis imaginaires, vous pouvez devenir une adulte faite de ce trio d'alter ego : Dee-Dee, Rigolette, et Erica tout simplement.

De toutes les choses que je dois à ma mère, je mettrais en premier son goût de la fantaisie, le droit à rêver, qu'elle m'a transmis. Ce don est le plus grand cadeau qu'elle m'ait fait.

C'est seulement après quelque temps de mariage avec Ken que je pus connaître cette trêve avec ma mère.

Au début, j'avais peur de devenir sa copie conforme — évolution assez naturelle dans une relation qui reprenait beaucoup d'éléments du mariage de mes parents : la proximité, les bagarres acharnées, le sentiment de sécurité. Je crois qu'il n'est pas rare de voir des couples passer par cette phase de mimétisme du mariage parental, mais il est important de la dépasser. Sinon, la relation risque de se désexualiser pour toujours.

Enfant, je me sentais condamnée à la solitude, désaxée, martyre. Ce sentiment de solitude ne disparaissait que lorsque je dormais dans le creux magique entre mes parents. Mais j'étais, comme tous les gosses, une intruse. N'ayant pas de partenaire pour moi toute seule, pendant des années j'interprétai diverses variations sur le thème de mon rêve œdipien. Il fallut que j'aie plus de quarante ans pour me rendre compte que mes perpétuels voyages, mes rencontres avec des hommes dans des chambres d'hôtels lointaines étaient, déguisé, mon rêve de retrouver mon père dans ses incessants déplacements à l'étranger. Quand je le compris tout d'un coup — peut-être pendant ce voyage fatidique en Ombrie —, le jeu des rencontres à l'hôtel devint superflu. Je n'allais pas séduire mon père dans un hôtel d'Europe. Sa place était avec ma mère. Quand j'abandonnai le fantasme de l'arracher à elle pour me l'approprier, je pus enfin accepter d'avoir mon propre partenaire et cesser de voler de ville en ville et d'homme en homme. (Peut-être qu'en jetant mon dévolu sur des hommes mariés pour décider ensuite de ne pas les laisser quitter leur femme, je revivais l'Œdipe : je les aurais sans les avoir.)

Ma mère accepta Ken comme elle n'avait jamais accepté personne. Peut-être par simple lassitude. Où à cause du *mamaloschen.* Ou parce qu'elle savait que j'avais enfin reconnu son mariage et cessé d'être sa rivale. J'avais, moi aussi, un homme à moi qui m'aimait tous les jours. Ma mère et moi pûmes parler autrement. Mais j'avais aussi appris à écouter autrement. Selon les étapes de notre vie, nous jetons un regard différent sur nos parents. À cinquante ans, mariée à un homme qui était mon ami et acceptant son amour, je pouvais voir mes parents comme des gens ordinaires.

Je n'aurais jamais pensé que ma mère accepterait de se faire interviewer, mais j'avais tort. Je me suis trompée sur tellement de choses dans ma vie... pourquoi pas là-dessus ?

Ma mère est devenue si fragile que j'ai envie de la prendre dans mes bras, mais j'ai peur de la casser. Avec elle, je marche sur des œufs — drôle de métaphore, appliquée à une mère. Même pendant notre entretien, j'essaie de la ménager. Mais en vérité, si j'en suis là, c'est parce que je l'ai rudoyée quand j'étais jeune. J'ai fait un pied de nez à sa vie. Je me suis émancipée grâce au *Complexe d'Icare,* et j'ai largué mes amarres. J'ai rédigé un manifeste contre ma mère, alors que c'était elle qui m'avait donné le courage de le faire.

« J'ai l'impression que c'est mon faire-part de décès », me disait-elle après avoir lu certains de mes poèmes. Quant aux romans, elle prétendait ne pas les lire, et me préférer dans le rôle de poète.

« Je ne suis pas en train de t'enterrer, lui disais-je. Je t'aime. » Mais c'était elle qui avait raison. Et de toute manière, ça n'avait pas grand-chose à voir avec l'amour. Aimer n'a jamais empêché de tuer, ni de pleurer ensuite. Depuis quand l'amour excluait-il le meurtre ?

Mais en effet, j'avais bien écrit son faire-part de décès, tout comme son rêve épouvantable avait sonné le glas pour sa mère, tout comme Molly sonne le mien. Si on peut annoncer la mort de sa mère, c'est qu'on est en vie. C'est l'acte indispensable par lequel on s'approprie une vie.

Et la mère dont on a arraché le cœur en sacrifice sur l'autel de la poésie, du roman, de l'amour ou de la liberté, cette mère continue de dire à son enfant adulte qui trébuche : « Tu t'es fait mal ? »

CHAPITRE XVII

Naissances, décès, fins

Agir et faire fleurir...

Muriel RUKEYSER, *Vie de la poésie.*

Nous avons encore un dernier antidote à apprendre : les aimer et leur pardonner. C'est une attitude qui vient difficilement et s'acquiert dans l'angoisse.

Louise BOGAN, *Voyage autour de ma chambre : Autobiographie de Louise Bogan : une mosaïque.*

NAISSANCES, DÉCÈS, FINS

À mesure que j'approche de la fin de cet ouvrage, quelque chose en moi panique et a envie de faire barrage. Je n'avance plus. Je reviens en arrière et j'essaie de réécrire les plus anciens chapitres de ma vie : de les refondre, de les affûter, d'en changer les épisodes, l'ordre, la fin. Pour être honnête, je n'ai pas envie de terminer le livre et de m'en séparer. C'est comme de me séparer de ma vie. Il cessera de m'appartenir ; après sa sortie dans le monde, il deviendra une sorte de bouche d'incendie sur laquelle tous les corniauds du quartier viendront lever la patte. Il entamera son long voyage loin de ma volonté, de mon cerveau, de mon langage, pour pénétrer dans le cœur de ceux qui en ont besoin. Mais entre-temps, comme un enfant, il devra peut-être subir des mauvais traitements. Mes livres sont parfois des messagers qui donnent aux gens l'envie de tirer dessus. Mais contre toute attente, ils perdurent.

Autour de moi, la folie règne sur l'Amérique. La Ligue antisexe a le contrôle de la situation, aidée par quelques féministes de ma génération qui ont pris fait et cause pour elle. La vérité, c'est que les relations sexuelles sont terrifiantes, avec leur illogisme et leur côté obscur qu'on a tôt fait de refouler. Car il est plus facile de crier au viol que de se reconnaître complice du désir, plus facile de se poser en victime au nom de la morale que d'admettre notre côté bourreau, plus facile de projeter le mal à l'extérieur que de le voir comme partie intégrante d'un moi anarchique.

Faut-il brûler la chair au lieu de lui permettre ses effervescences ? Les femmes, remuées comme elles le sont par la sexualité, incapables de la compartimenter, deviennent des proies faciles pour la mortification ; et les États-Unis sont encore un pays puritain. Ce n'est pas Marie, mais l'homme d'Église Cotton Mather que nous adorons. Pas la mère, mais la Vierge folle éviscérée, la préadolescente qui décrète que toutes les sécrétions corporelles sont *beurk* et veut tuer tout ce qui est *beurk* en elle et en ses congénères.

Les valeurs que j'ai défendues dans ma vie et dans mes livres — l'ironie, cette double vision qui perçoit le bien et le mal comme une médaille et son revers, l'intégration du corps et de l'esprit, de la sensualité et de la spiritualité, de la douceur voluptueuse et de la rigueur philosophique — sont les choses les plus menacées aujourd'hui. En Catharine MacKinnon, nous avons un Savonarole moderne prêt à jeter l'art au feu sous prétexte qu'il peut « faire souffrir » les femmes. Or, depuis des siècles, les femmes souffrent précisément d'être privées de cette manne. Mais cette question ne sera jamais débattue dans une société qui ignore la précision linguistique, l'ironie et la satire, et qui prétend faire passer pour de la communication des images subliminales.

Voilà plus de vingt ans que j'écris, et le moment de me séparer d'un livre est chaque fois plus douloureux. Je vois dans les divers stades de la publication une loterie à la Shirley Jackson, où chaque réaction est une pierre qui m'est jetée. On ne me lance pas que des pierres, certes ; mes lecteurs m'abreuvent d'éloges, et même d'affection. Mais pour les atteindre, je me rends compte qu'il faut que je passe sous les fourches caudines. C'est précisément cette exposition à la moquerie, au ridicule et à l'humiliation qui fait que les femmes tremblent d'accéder à une position d'autorité (d'auteur-ité). La haine est immense, la colère impitoyable, le dégoût de soi insondable. Pour quel crime ? Avoir osé exprimer une opinion ? Avoir osé être exubérante, drôle, têtue, excessive ? Avoir osé vivre pleinement sa sexualité ? Si vous doutez que ce soit des crimes, allez voir ce qui a été écrit sur l'exubérance, la sexualité, l'humour et le côté excessif des femmes. Cela vous clouera le bec.

Car c'est de cela qu'il s'agit : de nous clouer le bec en nous faisant taire les unes les autres. Quand cesserons-nous de jouer ce jeu de lâches ?

Nous sommes à la période de l'année que j'aime le moins : la parenthèse entre la fête de Thanksgiving et celle de Noël. Les jours sont courts. L'obscurité s'immisce dans l'après-midi. La ville, immobile, s'embourbe dans sa fausse gaieté et son rituel vidé de sens.

Il y a presque un an que Kitty est entrée à la Maison de retraite hébraïque. Elle se plaint qu'on lui donne des pilules qui lui font perdre la mémoire, et son explication en vaut bien une autre. Elle est devenue incapable de peindre. L'assistante sociale qui s'occupe d'elle m'explique que de deux choses l'une : soit la peinture la bouleverse trop, soit elle ne sait plus comment s'y prendre et c'est cela qui la bouleverse. On ne sait pas trop. Si elle ne peut plus peindre, je pense qu'elle a vécu trop longtemps. Mais je ne le dis pas. Je me contente de prendre rendez-vous avec elle et son « équipe de soutien », et retourne à mon corps-à-corps avec mon livre.

Fin novembre, il y a une éclipse lunaire. Ken et moi avons fait toute la route de retour du Vermont sous son disque doré ; à minuit, nous montons par l'escalier de secours jusqu'au vingt-neuvième et dernier étage, et nous allons marcher parmi les étoiles. La ville dort. Sur le toit, le paysage est lunaire. Les bruits de la circulation semblent s'être arrêtés brusquement. Seuls, debout au milieu de la terrasse, tête relevée jusqu'à en avoir le cou raide, nous observons une ombre noire qui vient mordre sur la lune. L'éclipse dure une heure et demie en tout. Cloués sur place, tremblants de froid, nous ne pouvons nous détacher du spectacle tant que la lune n'a pas entièrement disparu dans l'obscurité. Lorsqu'un croissant de lumière émerge de l'autre côté, je dis : « Je suis contente d'avoir vu ça.

— Moi aussi », répond Ken.

Nous serions bien incapables de vous dire pourquoi.

Après l'éclipse, je n'arrive pas à dormir. Basil le chat et Puccini le bichon frisé se sont trouvé un creux bien au chaud entre nous deux et dorment paisiblement. Ken s'est découvert ; il respire légèrement ; son visage de bébé barbu est serein. J'ai un peu faim, mais j'ai la flemme de me lever. Tout d'un coup, je sens dans ma bouche le goût du fromage blanc fermier et de la confiture de prunes maison, avec les peaux toutes ridées... et mes grands-parents sont là.

C'est ça qu'ils prenaient au petit déjeuner : du pain de seigle ou *challah,* du fromage frais coupé en un rectangle qui s'effritait un peu, froid, salé et légèrement crayeux sur la langue, de la confiture de prunes de Damas dans laquelle ma grand-mère avait laissé les peaux, et parfois un noyau. On mettait le fromage sur le pain, on étalait à peine, et on faisait tomber la confiture par-dessus. On mangeait rapidement pour ne pas faire de saletés. On buvait du thé sucré au miel.

Mes grands-parents sont assis à leur petite table ; ils me donnent à manger tout en déjeunant.

« Le patriotisme est le souvenir des nourritures de l'enfance », dit Lin Yutang.

Et tout d'un coup, je me souviens que j'ai dû jeter les affaires de mon grand-père après sa mort. Et je me rends compte qu'il va falloir que je fasse la même chose pour mes parents et pour Kitty, et

Molly pour moi. Et le goût de ces nourritures sera perdu, éclipsé, comme la lune.

Reviendra-t-il un jour ? Jamais.

Nos souvenirs sont trop grands pour notre consommation quotidienne, jusqu'au jour où ils deviennent trop petits. Pendant cette insomnie, j'ai mal à la tête de tout ce passé, ce présent, cet avenir si riches. Mais déjà je sens venir le sommeil.

À la Maison de retraite, je trouve Kitty assise entre deux hommes. L'un d'eux se présente comme dentiste et admire mes prémolaires. « L'incisive est la dent la plus puissante de toute la mâchoire ; vous saviez pas ça, hein ? » me dit-il. L'autre, un certain Mr. Goldlilly, a posé la main sur la cuisse de Kitty, qui semble avoir oublié qu'elle est lesbienne.

« Chérie, dit-elle, comme je suis contente de te voir. » Elle semble se porter comme un charme ; on dirait même qu'elle a grossi. Elle appelle tout le monde « chéri » pour ne pas montrer qu'elle a oublié les noms. (C'est d'ailleurs une explication possible de la chérification particulièrement répandue dans le monde du théâtre.) Quittant ses deux admirateurs, Kitty m'accompagne dans un autre salon de réception, où nous nous asseyons devant le fleuve étincelant sous la lumière de décembre.

« Ce que je suis contente de te voir, dit-elle.

— Moi aussi », dis-je. Et c'est vrai.

« Qu'est-ce que tu deviens, Kitty ?

— Pas grand-chose. Je vis au jour le jour. Mais je me fais du souci pour mon appartement.

— Ne te tracasse pas, je m'en occupe. »

Je ne lui dis pas que nous allons devoir le vendre pour payer ses frais de pension dans cette éblouissante station thermale pour personnes âgées.

« Pourquoi ne le prends-tu pas ? Tu pourrais le louer. Et moi je pourrais venir habiter avec toi. Tout ce dont j'ai besoin, c'est une chambre exposée au nord et une salle de bains. Je ne suis pas du genre à m'imposer. Nous pourrions nous voir de temps en temps. »

Tout d'un coup, c'est le branle-bas de combat dans le service. Molly et deux de ses amies arrivent en courant dans le hall. Avec leurs cheveux longs, leurs jeans troués, leurs grosses chaussures, leurs chemises à carreaux plutôt crades, elles apportent une bouffée d'énergie. Elles sont immenses. Kitty s'est recroquevillée à mesure qu'elles grandissaient.

Pendant que je parlais avec Kitty, une femme à cheveux blancs et au visage poupin faisait le tour du hall. Elle s'arrête et demande à Molly : « Où est ma chambre ? Je ne sais pas où est ma chambre. » Molly l'emmène gentiment jusqu'au poste d'infirmerie et se renseigne. Puis je la vois qui accompagne la vieille femme jusqu'à sa chambre.

« Qui est-ce ? Qui est-ce ? » demande Kitty quand Molly et ses amies s'approchent de nous.

Molly fait les présentations : Sabrina, Amy.

Kitty leur dit : « Enchantée de faire votre connaissance. » Elle a peut-être perdu la mémoire, mais son charme est resté intact. Elle leur sourit avec tendresse.

« Chérie, dit Kitty à Molly. Tu comprends bien que je ne peux pas passer le restant de mes jours ici. Je veux venir habiter chez toi.

— Non, Kitty, lui dit ma fille. Tu es beaucoup mieux ici. Chez toi, tu te sentais seule et tu avais peur. » Elle est très solide, très directe. Elle est beaucoup plus courageuse que moi. « Je crois qu'il va falloir que maman vende l'appartement, dit-elle.

— Et mes tableaux ?

— Je m'en occupe, dit Molly. Je les adore, tes tableaux. »

Pendant l'année que Kitty a passée ici, Molly est devenue une *mensch*.

« Tu dois avoir raison », lui dit Kitty.

Quand je m'en vais pour raccompagner les filles, Kitty retourne auprès de ses deux amis éberlués.

Je l'entends dire au dentiste et à Mr. Goldlilly : « C'était ma nièce. » Mais elle ne se souvient toujours pas de mon nom.

Ma mère célèbre son quatre-vingt-deuxième anniversaire le 10 décembre. Entourée de ses petits-enfants, elle rit ; elle a presque l'air heureuse. La voyant détendue, je laisse quelque chose se détendre en moi. Si seulement elle pouvait prendre la vie avec joie, alors je le pourrais aussi. J'ai l'impression de m'être torturée toute ma vie uniquement parce que je la sens torturée. Toute ma vie, j'ai souffert parce que je sens qu'elle veut qu'il en soit ainsi. *Sois heureuse,* me dis-je en la regardant au milieu des jeunes. *Je t'en prie, sois heureuse pour que je puisse l'être aussi.*

Deux jours plus tard, en soirée, mon père m'appelle du New York Hospital.

« Ta mère a eu une attaque. Nous sommes aux urgences. Ne viens pas. »

Si je le prends au mot, il va être furieux, je le sais. Mais pour une fois, je décide de le faire : c'est un défi que je lui lance. Je le rappelle plus tard chez lui pour prendre des nouvelles.

« Elle est furieuse contre toi, me dit-il ; tu aurais tout de même pu te déplacer. » Et il me raccroche au nez.

Je dors d'un sommeil de mort, en espérant ne jamais me réveiller, ne plus jamais avoir à affronter mes parents. Je rêve que j'erre aux Enfers, dans les Champs Élysées, et que je demande à chacun de mes ancêtres : « Est-ce que je suis morte ? »

Dans ma poche, j'ai un embryon desséché, de la taille de mon index. C'est un enfant que je n'ai jamais eu, à moins que ce soit moi. Ses jambes ont fini par tomber. Ses bras aussi. Pourquoi n'ai-je jamais eu cet enfant ? Pourquoi s'émiette-t-il dans ma poche ?

Au matin, je me rends à l'hôpital ; dans l'air froid, je marche comme un zombi. Je ne suis pas maquillée ; je porte un caleçon noir, un col roulé noir, une veste noire à capuche : tenue de deuil. Très bien, si je suis le vilain petit canard, autant l'assumer. Je me perds dans le labyrinthe des couloirs du sous-sol ; je cherche l'ascenseur qui m'amènera au service de cardiologie. Je finis par le trouver. Je monte au troisième étage et entre dans la chambre de ma mère ; elle m'accueille avec une grimace de dépit.

« Qu'est-ce que tu fais là ?

— Je t'aime.

— Ha ! Où étais-tu, hier soir ?

— Papa m'a dit de ne pas venir.

— Il est bouleversé. Il ne faut pas l'écouter quand il est dans cet état.

— Je sais », dis-je.

Mais j'attends, j'attends qu'on me donne des règles de vie (ou de mort), j'attends une immense déclaration d'amour, un nourrissement final, une épiphanie, une transcendance spirituelle. Ma mère se renverse sur ses oreillers, les cheveux épars, les yeux froids mais bienveillants.

« Ce n'est pas agréable, dit-elle, de regarder sa propre mort en face. »

Et je me dis : si je pouvais prendre mes années et les lui donner, sorte d'Alceste des temps modernes, le ferais-je ? Échangerais-je ma vie — ou ce qu'il en reste — contre la sienne ? Non. Non, je ne le ferais pas. Je m'accrocherais à mes années de vie de toute la force de mes mains avides. Je finirais ce livre et je passerais à un autre, et à un autre encore. Je me débarrasserais du plaisir secret que j'éprouve devant ma paralysie.

Des générations de femmes ont sacrifié leur vie pour devenir leur mère. Mais nous ne pouvons plus nous offrir ce luxe. Le monde a trop changé pour nous permettre de ne pas évoluer par rapport à elles. Et la culpabilité qui nous tirait vers le passé est devenue un luxe elle aussi. Il faut grandir, que nous le voulions ou non. Il faut cesser d'accuser les hommes et nos mères, il faut embrasser avec passion chaque seconde de notre vie. Nous n'avons plus les moyens de gâcher notre créativité. Nous n'avons plus les moyens de nous prélasser dans la paresse spirituelle.

Comme ce n'est pas ma mère qui me donnera des

règles de vie, peut-être que je peux me les donner moi-même.

« À quoi penses-tu ? demande-t-elle.

— Je pense que je t'aime, et que je ne veux pas que tu meures.

— Je ne vais pas mourir », dit-elle, et tout d'un coup, son visage s'éclaire.

Le sang revient à ses joues ; les larmes roulent sur les miennes.

En quittant l'hôpital, je rentre chez moi ; pour la première fois depuis des lustres, je me soûle au vin rouge en attendant que mon mari et mon père viennent me rejoindre pour dîner.

Je bredouille pour moi seule, l'esprit de plus en plus embrumé : « Ma mère va mourir, et si ce n'est pas cette fois-ci, ce sera la prochaine, ou la fois d'après... » J'attends du vin une inspiration quelconque, mais il ne fait que m'engourdir.

Le temps que nous passions à table, j'ai une bonne migraine et la tête dans du coton ; je passe à côté de la conversation, qui se déroule à la périphérie de ma conscience. Ken et mon père chantent des chansons de music-hall en yiddish : rituel de filiation. Je me mets à boire du café pour dissiper ma gueule de bois. Quand je sors de ma torpeur, mon père est prêt à partir.

Le lendemain matin, je me lève pour déjeuner avec Molly, comme tous les jours, puis je vais me recoucher. Huit heures, neuf heures, dix heures, onze heures. Je reste au lit, comme pour mourir... à la place de ma mère. Et bien sûr que oui, je meurs. Nous mourons tous, à chaque instant. Mais je me sens extrêmement coupée de moi-même. Je ne décolère pas, je suis déprimée, bloquée, je ne veux pas lâcher mon livre dans la nature.

À quoi bon aimer ma mère puisqu'elle va mourir, à quoi bon m'aimer puisque je vais mourir, à quoi bon aimer mon livre puisqu'il doit finir dans le maelström de la publication ?

J'ai oublié mes lecteurs. J'ai oublié que mon travail est d'être une voix. Je n'ai pensé qu'à mon petit moi étriqué et à ses bobos. Je ne pense qu'aux fins, pas aux parcours. Chaque fois que je pense aux fins, je me retrouve bloquée.

Tout l'été dernier, voulant maigrir et paraître jeune, j'ai pris des pilules coupe-faim. J'ai perdu beaucoup de poids, mais j'étais si nerveuse que je ne tenais plus en place. Quand j'ai arrêté le traitement, j'ai eu l'impression que ma personnalité se fragmentait. Je voyais des animaux sauvages au coin de mes yeux. Au bout de cette phase, j'ai sombré dans le désespoir. Déchirée, j'avais besoin d'une substance qui tisserait de nouveau les fibres de ma vie. Je buvais peu, mais quelle importance, vu que le peu que j'avalais me déprimait terriblement. La substance qui me manquait était la vie, pas l'eau-de-vie. C'était de *moi* que j'avais besoin pour terminer ce livre, et je me trouvais un million d'excuses pour me fuir.

Peu à peu, je me tire du lit et j'entame la journée. « Il ne faut pas que je boive, me dis-je. Surtout, surtout pas. » J'avale un café, pédale un peu sur mon vélo d'appartement, m'habille et traverse la rue pour me rendre à mon bureau.

« Je ne peux pas finir le livre si je ne me retrouve pas, c'est évident », me dis-je. L'âme s'éveille en servant une cause et ma cause, c'est l'écriture. Servir, c'est ma manière de relier l'intellect et le spirituel. Sans ce dernier, je ne suis que poussière. Je ferais mieux d'épargner le vin et les médicaments à ma tête si je veux écrire.

Ce n'est pas une promesse d'ivrogne. C'est une vision très lucide de la réalité. Je me suis trop éloignée de l'énergie qui me maintient en vie.

Le lendemain, je ne prends ni boisson ni pilules. Ma mère rentre de l'hôpital. Le lendemain, ni boisson ni pilules. Ma mère va chez son médecin qui lui changera son traitement. Le lendemain encore, ni boisson ni pilules. Je déjeune avec des amis. Pour une fois, je m'accorde une journée de répit : c'est bon pour le moral. Si le livre ne vient pas, n'insistons pas. Laissons-le fabriquer ses cristaux bizarres dans l'obscurité.

Après le déjeuner, je vais voir ma mère et la trouve allongée sur son lit, dans un kimono de soie jaune. Sa fenêtre donne sur Central Park. Du douzième étage, on a une vue à échelle humaine : cime des arbres, toit du restaurant Tavern on the Green, sommet des immeubles de la Cinquième Avenue. Sa chambre est tapissée de jaune chrome, sur lequel dansent des roses roses, des cent feuilles. Un peu partout parmi les fleurs, des portraits de bébés. Ce mur accueille tous les bébés de la famille, exécutés de sa main talentueuse : Molly avec sa petite houppe rousse, moi avec mes anglaises filasse, Nana et ses cheveux auburn, Claudia poil-de-carotte, Tony et Peter, les bébés bruns, et le blond Alex... tous les enfants et petits-enfants immortalisés dans leur sommeil, un mois ou deux après leur naissance.

« Pourquoi es-tu venue ? demande ma mère. Quelque chose qui ne va pas ?

— Non. Je voulais simplement savoir comment tu te soignes. »

Ma mère me parle vaguement de son traitement, d'un air las, indifférent.

« Écoute, lui dis-je. Si tu veux mourir, pourquoi ne nous rassembles-tu pas tous pour nous dire adieu ? C'est ton droit le plus strict. Mais si tu as envie de vivre, alors prends tes médicaments et tâche de te donner encore quelques bonnes années.

— J'ai envie de vivre, dit-elle.

— Je t'aime. Je ne suis pas encore prête à me passer d'une mère », dis-je. Et je me penche pour la prendre dans mes bras, comme j'aurais pris un des bébés qui sont sur le mur. Son corps est très léger, quelques os enveloppés de soie, mais son odeur est tout mon passé. C'est notre plus forte étreinte depuis des années.

« Pourquoi n'as-tu pas terminé ton livre ? me demande-t-elle.

— Je ne sais pas.

— Tu as peur de la critique. Mais la critique, c'est la vie ! Sais-tu qui est à l'abri de la critique ? Les bons à rien. Il n'y a que les morts qui échappent à la critique.

— C'est vrai.

— Nous allons tous dormir pendant très longtemps, dit-elle. Ne t'endors pas dans la peur. Crois-tu que je t'aie gardée en vie au milieu de tous ces bébés agonisants pour que tu restes à trembler comme une empotée ?

— Ben... non.

— Bon : alors rentre chez toi, et finis ce livre !

— Promis, dis-je.

— Alors ? C'est quoi, la dernière phrase ? »

Je réfléchis un instant, promenant le regard sur tous les bébés accrochés au mur, moi comprise. Soudain, une phrase me vient à l'esprit. Je la dis d'une voix ferme.

« Je ne suis pas ma mère ; j'ai devant moi la seconde moitié de ma vie. »

Table

Du même auteur

LE COMPLEXE D'ICARE, *roman,* Éditions Robert Laffont.
LA PLANCHE DE SALUT, *roman,* Éditions Robert Laffont.
AMOUR RACINE, *poèmes,* Éditions Seghers.
FANNY, *roman,* Éditions Acropole.
LES PARACHUTES D'ICARE, *roman,* Éditions Acropole.
SERENISSIMA, *roman,* Éditions Acropole.
A L'ORÉE DU CORPS, *poèmes,* Éditions Acropole.
NANA BLUES, *roman,* Éditions Grasset.
HENRY MILLER OU LE DIABLE EN LIBERTÉ, *biographie,* Éditions Grasset.
DE MÉMOIRE DE FILLES, *roman,* traduit de l'américain par Richard Crevier, Éditions Grasset.

Composition réalisée par S.C.C.M. (groupe Berger-Levrault), Paris XIVe

IMPRIMÉ EN FRANCE PAR BRODARD ET TAUPIN
Usine de La Flèche (Sarthe).
LIBRAIRIE GÉNÉRALE FRANÇAISE - 43, quai de Grenelle - 75015 Paris.
ISBN : 2 - 253 - 14553 - X
31/4553/9